BEN LEWIS

DAS KOMISCHE
MANIFEST

BEN LEWIS

DAS KOMISCHE MANIFEST

Kommunismus und Satire
von 1917 bis 1989

Aus dem Englischen von Anne Emmert

Karl Blessing Verlag

Titel der Originalausgabe: Hammer & Tickle
Originalverlag: Weidenfeld & Nicolson, London

FSC
Mix
Produktgruppe aus vorbildlich
bewirtschafteten Wäldern und
anderen kontrollierten Herkünften
Zert.-Nr. SGS-COC-001940
www.fsc.org
© 1996 Forest Stewardship Council

Verlagsgruppe Random House FSC-DEU-0100
Das für dieses Buch verwendete
FSC-zertifizierte Papier *Munken Premium*
liefert Arctic Paper Mochenwangen GmbH.

1. Auflage
Copyright © der Originalausgabe 2008 by Ben Lewis
Copyright © der deutschsprachigen Ausgabe 2010
by Karl Blessing Verlag, München,
in der Verlagsgruppe Random House GmbH
Umschlaggestaltung: Hauptmann und Kompanie Werbeagentur, Zürich
Layout und Herstellung: Ursula Maenner
Satz: Leingärtner, Nabburg
Druck und Einband: GGP Media GmbH, Pößneck
Printed in Germany
ISBN: 978-3-89667-393-0

www.blessing-verlag.de

For Nick and Dad, und für K.

INHALT

Vorwort 11

Einführung –
Auf der Suche nach dem verlorenen Witz 13

1 Lachen unter Lenin 45

2 Stalins grimmiges Grinsen 87

3 NS-Witze und der kommunistische Witz 145

4 Der Ostblock 171

5 Das goldene Zeitalter des kommunistischen
Witzes 219

6 Stagnation 295

7 Das bittere Ende 347

8 Schluss mit lustig 395

9 Schluss 441

Danksagung 447

Literaturverzeichnis 451

Quellenangaben 457

Je schlimmer die Sklaverei, desto ausgezeichneter
die Possenreißerei.

Anthony Ashley Cooper, Dritter Earl of Shaftesbury,
Sensus Communis, 1711

Es gibt so eine Faustregel: Schlechte Zeiten, gute Witze.

Ernst Röhl im Interview mit dem Autor

Die letzte Phase einer weltgeschichtlichen Gestalt
ist ihre Komödie.

Karl Marx, *Einleitung zur Kritik der Hegelschen Rechtsphilosophie*,
Februar 1844

VORWORT

Ich habe mir in diesem Buch nicht viele Freiheiten genommen, doch wenn man über Witze und den Kommunismus schreibt und mehrere Länder und Epochen abdeckt, kommt man ohne nicht ganz aus. So verwende ich oft das Wort Kommunismus, mit dem man im Westen das politische System der Sowjetunion und des Ostblocks bezeichnete, statt des Begriffs Sozialismus, der in dieser Zeit dort üblich war. Sozialismus ist das nettere Wort, das sehe ich auch so, es steht aber auch für eine Ideologie, die es in Europa noch heute gibt. Zweitens spreche ich von »kommunistischen Witzen«, wenn es präziser »antikommunistische« oder »antisowjetische« Witze heißen müsste. Das liegt daran, dass der freiere Begriff meinem Verständnis nach besser die gemeinsame Kultur heraushebt. Die Witze in diesem Buch sind historisch dokumentiert, doch da jeder, der Witze erzählt, seinen eigenen Stil hat, habe ich mir oft erlaubt, sie entsprechend umzuschreiben. Es gibt eine ganze Reihe kommunistischer Witze, deren Pointen sich aus den jeweiligen Originalsprachen nicht übertragen lassen. Da eine Pointe, die erklärt werden muss, nicht mehr komisch ist, habe ich solche Witze weggelassen.

Die Witze in diesem Buch kommen aus den kommunistischen Gesellschaften Europas und der ehemaligen Sowjetunion. In Südostasien oder China gab es das Phänomen, aus welchem Grund auch immer, in dieser Form nicht. Die kommunistischen

Witze Jugoslawiens kommen nicht vor, weil sie mit denen, die im übrigen kommunistischen Europa erzählt wurden, identisch waren. Und die kommunistischen Witze auf Kuba habe ich weggelassen, weil sie überwiegend nicht von dort lebenden Kubanern erfunden wurden. Bei diesem Buch handelt es sich demnach nicht um eine erschöpfende Sammlung aller kommunistischen Witze. Vielmehr zitiere ich die Witze, um meine Darstellung und Argumentation zu stützen. Viele Witze, auch einige der besten, fehlen daher, etwa der über den alten Juden, der auf dem Totenbett den Rabbi um die Erfüllung seines letzten Wunsches bittet: Er will Mitglied der Kommunistischen Partei werden, denn »es ist besser, wenn einer von denen stirbt als einer von uns«. Ich hoffe, der Leser wird mir diese Auslassungen, Vereinfachungen und Verkürzungen nachsehen.

EINFÜHRUNG

AUF DER SUCHE NACH DEM
VERLORENEN WITZ

Abb. 1. Wandteppich mit Marx, Engels und Lenin, industriell gefertigt von Halbmond, Oelsnitz, Sachsen, wahrscheinlich achtziger Jahre (Stasimuseum, Berlin).

Kennst du den von dem politischen System, das einfach wegge-lacht wurde?

In den Gesprächen, die ich mit Bewohnern des ehemaligen Ostblocks führte, hieß es oft, der Humor habe den Kommunismus zu Fall gebracht. Doch kaum jemand konnte erklären, wie das geschehen war. Als ich in Mittel- und Osteuropa nach Belegen für eine humorvolle Vergangenheit forschte, schwebte dieser hohe Anspruch über mir wie der erste Satz eines Witzes, zu dem mir noch die Pointe fehlte.

Im Lauf der Jahre hörte ich jede Menge Pointen zu Witzanfängen, die so und anders lauteten: *Was würde passieren, wenn man den Kommunismus in Saudi-Arabien einführte? Kann man einen Elefanten in eine Zeitung wickeln? Was hat vierzig Beine und vier Zähne? Ist der Marxismus-Leninismus eine Wissenschaft? Was kostet der beste politische Witz? Warum ist Ungarn das größte Land der Welt? Wie vervierfacht man den Wert eines Trabi? Sind die Russen unsere Brüder oder unsere Freunde? Warum war in der DDR trotz Mangelwirtschaft das Toilettenpapier immer zweilagig?* Die Antworten auf diese Fragen stehen nicht in anderen historischen Darstellungen, sondern in diesem Buch, denn gestellt und beantwortet werden sie von kommunistischen Witzen, dem eigentümlichen, verführerischen, faszinierenden und überraschenden kulturellen Erbe, das zweiundsiebzig Jahre Marxismus-Leninismus zurückgelassen haben.

Meine Liebe zum kommunistischen Witz entdeckte ich auf dem Dimitrie-Cantemir-Boulevard, einer der heroischen, mit klotzigen Wohnblöcken aus blankem Beton gesäumten Prachtstraßen, die in den siebziger Jahren in Bukarest gebaut worden waren. Ich unterhielt mich mit Doina Daru, einer hübschen blonden Frau Mitte fünfzig, die unter Ceaușescu für eine der staatlichen Zeitungen als Korrektorin gearbeitet hatte.

Ein Kollege hatte mich Doina vorgestellt. Ich war in der Stadt, um eine Fernsehsendung über Ceaușescus Propaganda zu drehen. Wochenlang hatte ich inmitten von Bergen rostender Fünfunddreißig-Millimeter-Filmdosen in Archiven gesessen und die Berichterstattung über die pompösen Feierlichkeiten durchgesehen, mit denen das Regime sich selbst in den Himmel hob. Hunderte von Fabrikarbeitern drängten sich in diesen Filmen auf den Tribünen eines Stadions und hielten farbige Karten in die Luft, mit denen sie in der einen Minute einen pflügenden Traktor abbildeten und in der nächsten die Frau des Diktators im Laborkittel. Heerscharen von Tänzern in Pappuniformen führten, mit Spielzeugwaffen ausgestattet, »Bau-« oder »Kampfszenen« vor. Dann zogen sich die Tänzer zurück, und Hunderte von Kindern schwärmten, der Choreografie folgend, ins Stadion und stellten sich so auf, dass ihre dürren Körperchen die Worte »Lang lebe Ceauşescu« bildeten. An manchen Tagen schlenderte ich durch Bukarest, traf mich mit ehemaligen Künstlern und Dichtern, die den unfähigen rumänischen Despoten in ihren Arbeiten verherrlicht hatten, und versuchte – meist ohne Erfolg –, sie zu einem Interview vor der Kamera zu überreden. »Wir haben jede Menge Witze erzählt«, hörte ich von meinen rumänischen Freunden. »Doina kennt sie alle noch.« Nach den vielen Propagandafilmen hielt ich Witze für ein geeignetes Gegengift, also ging ich sie besuchen.

Doina saß in ihrer winzigen Wohnung und beschwor das alte Rumänien der achtziger Jahre für mich herauf, der ich damals in einem roten Backsteinhaus im Nordlondoner Stadtteil Hampstead Garden Suburb aufgewachsen war. Sie zählte die bekannte Liste der Versorgungsmängel in den untergehenden kommunistischen Volkswirtschaften auf: Es gab kein Fleisch, kein Make-up, kein Toilettenpapier, keine Tampons, keine Heizung. Die historischen Fakten, über die ich so häufig in Büchern gelesen hatte, legten sich wie Blei auf mein Gemüt. Dann sagte sie: »Es gab damals den Witz: Was ist in Rumänien kälter als das kalte Wasser? Das warme Wasser.«

Das war wirklich witzig. Wir lachten gemeinsam ein ganz besonderes Lachen, das Glucksen über unangenehme Wahrheiten, die allem Galgenhumor zugrunde liegen. Doinas heißes Wasser ist immer noch mein kommunistischer Lieblingswitz – schlicht, schön und wahr wie ein japanisches Haiku.

»Wir hatten damals so viele Witze«, fuhr sie fort. »Ich glaube, manche waren richtige kleine Meisterwerke.«

An jenem Nachmittag erzählte mir Doina noch viele Witze. Ob ich den kenne, fragte sie, und den müsse sie mir auch erzählen! ... »Da fällt mir gerade noch einer ein ...«

»Da war noch ein Witz, der war richtiggehend authentisch, wie aus dem Leben gegriffen. Ceauşescu ist sehr wütend, weil ihm keine Witze über seine Person zu Ohren kommen. Also beruft er eine große Massenversammlung ein und verkündet: ›Ab sofort arbeitet ihr ohne Bezahlung.‹ Niemand sagt etwas. ›Na gut‹, fährt er fort, ›und ab sofort arbeitet ihr alle für mich.‹ Niemand sagt etwas. ›Morgen werdet ihr alle zum Tode durch den Strang verurteilt‹, setzt er hinzu. Niemand sagt etwas. ›He‹, sagt er, ›seid ihr verrückt? Habt ihr denn gar nichts zu sagen? Wollt ihr nicht protestieren?‹ Ein kleines Männchen piepst: ›Herr Präsident, ich habe eine Frage. Müssen wir unser Seil selbst mitbringen, oder stellt uns das die Gewerkschaft?‹ Genau so war das. Er hängte uns, und wir fragten, ob wir das Seil selbst mitbringen sollen. Die Lage war so verzweifelt, dass solche Witze unsere Realität wie ein Spiegelbild wiedergaben. So waren sie alle.«

Doina saß in einem billigen Korbstuhl. Wäre sie auf der anderen Seite des Eisernen Vorhangs zur Welt gekommen, hätte sie es mit ihrem wachen Verstand und ihrer klaren Artikulation wohl zur Chefredakteurin einer Zeitschrift gebracht, doch solche Jobs gab es im Rumänien des ausgehenden zwanzigsten Jahrhunderts nicht.

»Warum, lautete ein anderer kommunistischer Witz, hat Ceauşescu am 1. Mai eine Großveranstaltung abgehalten? Um zu sehen, wie viele Leute den Winter überlebt haben.

Wissen Sie, wann die Grundlagen für das rumänische Wirtschaftssystem gelegt wurden? Das war schon in biblischen Zeiten: Als Jesus ans Kreuz genagelt wurde, befahlen sie ihm, die

Arme auszustrecken, und schlugen die Nägel ein. Dann sagten sie: ›Überkreuze die Beine. Wir haben nur noch einen Nagel übrig.‹

Und was ist der Unterschied zwischen dem rumänischen Radio und einer rumänischen Zeitung? Mit der Zeitung kann man einen Fisch einwickeln.«

Manchmal kicherte ich, manchmal stöhnte ich. Aus der historischen Distanz waren nicht alle Witze komisch, aber ich stellte fest, dass mir diejenigen, die nicht mehr komisch waren, genauso gefielen wie die anderen. Als ich später in meinem pastellfarbenen postkommunistischen Hotelzimmer ins Bett ging, wurde mir klar, warum: Es war der nachgerade proustsche Genuss, den ich verspüre, wenn ich morgens in eine Bar oder in einen Nachtclub gehe. Der fade Salmiakgeruch und der abgestandene Zigarettenqualm hängen in der Luft und wecken sehnsüchtige Gedanken an eine Party, die ich verpasst habe. Die Witze, die mich nicht zum Lachen brachten, erinnerten mich an die Worte des berühmten Romanciers L. P. Hartley in *Der Zoll des Glücks*: »Die Vergangenheit ist ein fremdes Land, dort gelten andere Regeln.« Ich sollte deshalb jetzt darauf hinweisen, dass mein Buch davon handelt, warum die Leute lachten, und nicht, worüber sie lachten. Es ist nicht so sehr eine humorvolle Geschichte als eine Geschichte des Humors.

Was zählte, waren nicht die Witze selbst, sondern das Empfinden, das sie in den Menschen auslösten. Millionen von Bürgern ehemaliger kommunistischer Staaten sehen in den Witzen einen Akt der Rebellion. Doina pochte darauf, dass das Erzählen von Witzen gefährlich war: »Man konnte dafür ins Gefängnis kommen.« Und sie glaubte sogar, dass auch sie wegen der gefährlichsten aller subversiven Machenschaften nur knapp dem Kittchen entkommen war.

Als Korrektorin war es ihre wichtigste Aufgabe, darauf zu achten, dass die Namen von Nicolae Ceauşescu und seiner Frau

Elena, die in einer Ausgabe der Tageszeitung *Gazeta* über drei-ßigmal auftauchten (an Parteitagen, so erinnerte sie sich, waren es vierzig), auch richtig geschrieben waren. Das war keine Lappalie. Ceaușescu hatte das Pech, dass sein Vorname mit einer winzigen Änderung – Nicholai – auf Rumänisch »kleiner Penis« bedeutet. »Für diesen Fehler konnte man ins Gefängnis wandern.«

»Mir ist es mal passiert«, sagte sie und sah mich mit ihren verwirrend jugendlich blauen Augen eindringlich an. Doch als ich sie nach Einzelheiten fragte, stellte sich heraus, dass es sich um einen anderen, weniger schwerwiegenden Fehler gehandelt hatte. »Bei dem rumänischen Wort für ›Genosse‹ musste man gut aufpassen. Wenn man einen Buchstaben weglässt, erhält man das Wort für ›fieser Sträfling‹. Eines Morgens, als ich zur Arbeit kam, sagte mir mein Redakteur, ich solle zu dem ›Genossen im Raum sowieso‹ gehen; damit meinte er den Securitate-Offizier. Ich sagte: ›Meine Güte, was habe ich getan?‹ Und er antwortete: ›Sehen Sie sich mal hier die erste Seite an. Sie haben das Wort Genosse falsch geschrieben.‹ Ich wurde mehrere Stunden verhört. Man fragte mich, ob ich die Partei unterstützte, und dann fragte man alle meine Kollegen, ob ich mich je kritisch über die Regierung oder Ceaușescu geäußert hatte. Wissen Sie, meine einzige Rechtfertigung war, dass ich die Korrekturfahne für die Zeitung abgezeichnet hatte. Wenn ich Sabotage vorgehabt hätte oder einen Angriff auf unseren erlauchten Präsidenten, wäre ich doch nicht so dumm gewesen zu unterschreiben. Aber ich brauchte vier oder fünf Stunden, um sie davon zu überzeugen.«

Doinas Geschichte war nicht so grauenvoll, wie ich es mir erhofft hatte, doch die Enttäuschung schreckte mich nicht ab. Die von ihr beschriebene Witzekultur zog mich augenblicklich in ihren Bann. Fast zwanzig Jahre nach dem Fall des Kommunismus machten es die Nostalgie der Unterlegenen und die

Schadenfreude der Sieger schwer, sich ein objektives Bild vom Leben damals zu machen. Ich sprach ein paar Brocken Rumänisch, gerade genug, um zu verstehen, was mein Taxifahrer sagte, als er seinen Dacia über die Schlaglöcher der Bukarester Hauptstraßen hetzte: »Ceauşescu, Patriot.« In Rumänien wimmelte es vor armen Leuten wie ihm, zu denen der Wohlstand des Kapitalismus noch nicht vorgedrungen war. Aus Enttäuschung blickten sie sehnsüchtig auf die alten Zeiten zurück. Auch mir missfiel der selbstgefällige Ton europäischer Nachkriegshistoriker rechter Couleur, deren Monografien sich zu Hause auf meinem Schreibtisch stapelten. Alle beteten die schreckliche Litanei kommunistischer Verbrechen herunter – den Gulag, die Säuberungen, die wirtschaftlichen Katastrophen –, als hätte der Kapitalismus keine Leichen im Keller, angefangen mit den Belgiern im Kongo über die McCarthy-Ära und die Militärdiktaturen Südamerikas bis zur wirtschaftlichen Schocktherapie des Internationalen Währungsfonds. Die Witze, so schien es mir, öffneten einen dritten Weg. Sie kamen anonym direkt aus dem Munde einfacher Leute und der damaligen Zeit. Damals dachte ich, sie seien völlig unbeleckt von den Interessen der Historiker, der Propaganda staatlicher Organe und den Unwägbarkeiten des individuellen Gedächtnisses.

»Aus soziologischer Sicht«, sagte Doina in einem Anflug akademischen Gebarens, »waren die Witze eine Geisteshaltung und repräsentierten die Reaktion eines Ausschnitts aus der Bevölkerung. Deshalb glaube ich, dass sie etwas veränderten. Sie veränderten etwas in den Menschen. Die Witze machten ihnen Mut. Es war, als erhoben sie sich, als sagten sie, nein, uns gefällt das nicht, wir sind nicht damit einverstanden …«

Draußen vor dem Fenster ratterte eine klapprige Bukarester Straßenbahn vorüber, und Doinas Worte gingen in dem Lärm unter.

Ich war nie mit einer Kommunistin verheiratet, bin aber oft neben einer aufgewacht. Sie hatte das schönste Haar Mitteleuropas, kräftig, lockig, tintenschwarz. Mit meiner Begeisterung für den kommunistischen Humor konnte sie zwar wenig anfangen, dafür faszinierten mich ihre antiquierten politischen Neigungen.

Ariane wuchs in einer im Süden der DDR gelegenen langweiligen Stadt auf, die damals eine Viertelmillion Einwohner hatte. Seit dem Fall der Mauer ist die Bevölkerung auf hunderttausend Einwohner geschrumpft. Ariane erzählte mir, als man eine neue Eisenbahnlinie von Leipzig nach München gebaut habe, führte diese nicht durch ihre Geburtsstadt: »Die haben einfach beschlossen, dass wir von der Landkarte verschwinden.«

Diese kleine verkehrspolitische Entscheidung des vereinten Deutschland symbolisierte für Ariane die rücksichtslose Vernichtung der DDR durch die Bundesrepublik. Die langsame Demontage des DDR-Parlamentsgebäudes in Berlin mit seiner billigen kupferfarbenen Glasverkleidung und dem asbestverseuchten Kern war ein weiterer Beleg dafür. »Die haben das so lange wie möglich hinausgezögert«, sagte sie, »damit sie es uns ständig unter die Nase reiben konnten.«

Ich hatte immer Kommunist sein wollen – die coolsten Typen in der Schule waren welche –, konnte mich aber nie so richtig für ihre Argumente erwärmen. Mit fünfzehn saß ich in der großen Pause im Gemeinschaftsraum und las Zeitung, wobei ich mir zielsicher die linken Kolumnisten herauspickte, von denen ich erfuhr, warum keine Pershing-Raketen in Europa stationiert werden sollten. Mein bester Freund ging zu den Friedensdemonstrationen für nukleare Abrüstung. Eigentlich wollte ich da auch hin, fand aber dann doch, die Demokratie sei es wert, mit Waffengewalt verteidigt zu werden. Vielleicht lag es daran, dass ich Jude bin, vielleicht auch daran, dass meine Eltern Maggie Thatcher wählten. Wenn ich an den Wochenenden auf dem Camden Market hippe Psychobilly-T-Shirts erstand, stöberte ich auch in den alternativen Buchläden und kaufte die anarchistische Zeitschrift *Class War*, in der die Arbeiter dazu aufgerufen wurden, die Macht an sich zu reißen und die Reichen zu meucheln. Anders als meine Altersgenossen hielten mich meine wohlhabende Herkunft und meine teure Ausbildung davon ab, mich für diese Sache einzusetzen. Doch Jahrzehnte später fand ich dann einen völlig anderen Zugang zum Kommunismus.

Ariane und ich stritten ständig. »Zweifelst du denn nie an der Demokratie?«, wollte Ariane wissen. »Warum stellst du immer nur den Kommunismus infrage?«

»Wenn du den Kommunismus infrage stellst, landest du bei der Demokratie«, erwiderte ich. »Wenn du die Demokratie infrage stellst, dann landest du bei« – pointierte ironische Pause meinerseits – »mehr Demokratie.«

Manchmal schickte ich ihr den neuesten Witz per SMS:

Warum dauerten Wahlen in der DDR immer zwei Tage?
Damit jeder Bürger frei entscheiden konnte, ob er am Freitag oder am Samstag wählen ging.

Wie ertrug das unterdrückte russische Volk vor der großen Oktoberrevolution sein schreckliches Schicksal unter dem Zaren?
Die Menschen überlegten sich, wie es später sein würde, und da hielten sie es noch eine Weile aus.

Ariane zeigte mir die wichtigsten touristischen Attraktionen der DDR, etwa das alte Stasi-Hauptquartier. Sie war selbst nie ein Fan der trübseligen DDR gewesen und hatte 1989 an den Demonstrationen teilgenommen. Doch es missfiel ihr, wie das Land, in dem sie aufgewachsen war, abserviert wurde. »Das ist die Geschichte der Sieger«, sagte sie.

Hin und wieder führte sie mich in ihre Vergangenheit zurück, in die Innenhöfe und Treppenhäuser der Berliner Wohnblöcke, in denen sie in den neunziger Jahren als Hausbesetzerin gewohnt hatte. An den Wänden prangten leuchtende Graffiti und Cartoons. Ariane hatte sich mühelos vom jugendlichen kommunistischen Punk in eine Antikapitalistin verwandelt. Nach dem Mauerfall war sie in eines der unzähligen leer stehenden Ostberliner Gebäude gezogen. Damals besetzten Hunderte junger Ostdeutscher die verfallenden Wohnblöcke, deren Mauerwerk noch mit den Einschusslöchern aus den letzten Wochen des Dritten Reichs übersät war. Das berühmteste Gebäude war das Tacheles, ein vier Stockwerke hohes ehemaliges Kaufhaus. Das Treppenhaus war noch in Ordnung, doch auf der Rückseite war der Bau komplett offen, sodass er aussah wie eine Felswand mit lauter Höhlen. Wenn man hinaufschaute, sah man, dass Menschen dort lebten. Das Jahr 1990 verlief friedlich, bis im November die Polizei mit Schlagstöcken und Wasserwerfern anrollte und in der »Schlacht um die Mainzer Straße« die Gebäude räumte.

»Die bundesdeutsche Polizei hat ein Ausmaß von Gewalt an den Tag gelegt, das ich in der DDR nie erlebt habe«, sagte Ariane.

Nun, fünfzehn Jahre später, war Ariane eine erfolgreiche »aufsteigende« Künstlerin mit Galerien in Berlin, Köln und London. Sie hatte an Gruppenausstellungen im Pompidou und in der Tate Gallery teilgenommen und bereitete gerade ihre erste Einzelausstellung in New York vor. Mit ihrer ganz eigenen – überaus marktgängigen und ziemlich teuren – Kommunismusnostalgie partizipierte Ariane am Boom, den die zeitgenössische Kunst im angehenden einundzwanzigsten Jahrhundert erlebte. Sie fertigte große Collagen mit alten Propagandabildern, die sie mit abstrakten modernistischen Formen übermalte. Ariane sah den Kommunismus durch einen Dunstschleier aus Farbe, unbeholfenen Posen und unerfüllbaren Träumen in der Ferne entschwinden.

»Warum bist du nach allem, was dein Land unter Stalin erleiden musste, immer noch Kommunistin?«, fragte ich.

»Was soll man heutzutage denn sonst sein?«, erwiderte sie. Doch bei ihr war es mehr als eine Modeerscheinung. Mit dem Erlös einer ihrer Ausstellungen hatte sie eine alte Sechziger-Jahre-Leuchtreklame sowjetischer Machart, die auf einem Hochhaus in einer ostdeutschen Stadt thronte, renovieren lassen. Die Arabeske aus mehrfarbigem Licht zeigte die Silhouette einer Sportlerin, die einen Ball wirft. Ich musste unwillkürlich an die gesundheitsschädlichen leistungssteigernden Mittel denken, die Ostblocktrainer ihren jugendlichen Athleten vor der Olympiade verabreicht hatten, empfand Arianes Geste aber als so liebevoll, dass ich das ihr gegenüber nie erwähnte. Ihre Liebe zum Kommunismus erinnerte mich an einen alten Witz:

> Eine Schülerin soll für ihren Lehrer einen Hausaufsatz schreiben mit dem Titel: »Warum ich die Sowjetunion liebe«. Das Mädchen geht nach Hause und fragt ihren Vater: »Papa, warum liebst du die Sowjetunion?«
> »Ich liebe sie nicht, ich hasse sie«, erwidert ihr Vater.
> Das kleine Mädchen fragt ihre Mutter und dann ihren Bruder.
> Von beiden erhält sie die gleiche Antwort.
> Dann geht sie nach oben und schreibt in ihrem Aufsatz:
> »Ich liebe die Sowjetunion, weil es sonst niemand tut.«

Ariane und ich waren der Beweis dafür, dass sich Gegensätze anziehen: Sie hatte ihre Bilder, ich meine Worte, sie ihre Staatspropaganda, ich meine Untergrundwitze. Etwas musste auf der Strecke bleiben, das wusste ich, aber was? Ich kam auf drei Alternativen. Nummer eins: Unsere Beziehung würde an den Witzen zugrunde gehen. Nummer zwei: Ihre politische Überzeugung würde die Witze nicht überleben. Nummer drei: Mein Interesse an den Witzen würde unsere Beziehung nicht überleben.

Heute gibt es nur noch wenige nachweislich kommunistische Regimes auf der Welt. Die Chinesen behaupten, sie seien kommunistisch, sind aber in Wirklichkeit eine autokratische kapitalistische Gesellschaft unter einer starken zentralen Führung. Allein Nordkorea und Kuba orientieren sich noch an den ökonomischen und politischen Regeln von Marx und Lenin. Doch es war einmal eine Zeit, da sah es so aus, als sei der Kommunismus ein ernsthafter Rivale des Kapitalismus und könne am Ende sogar den Triumph davontragen. Anfang der achtziger Jahre lebte fast ein Drittel der Weltbevölkerung in kommunistischen Staaten.

Der Kommunismus hatte viele Vorläufer. Definiert man ihn als ein Gemeinwesen, in dem sich sämtliches Vermögen im Gemeinbesitz befindet, nahm er in klösterlichen Gemeinschaften seinen Anfang und wurde von Thomas Morus in seinem *Utopia* umrissen. Als politische Ideologie wurde er erstmals von Karl Marx und Friedrich Engels im *Kommunistischen Manifest* formuliert, das im Revolutionsjahr 1848 erschien. Marx und Engels waren entsetzt über die grauenhaften Lebensbedingungen der Menschen, beklagten die »offene, unverschämte, direkte, dürre Ausbeutung« und den Mangel an politischer Freiheit im neuen städtischen Proletariat – die »Knechte der Bourgeoisieklasse« –, das im Zuge der rasanten Industrialisierung in Europa entstanden war.[1] Ihr Kommunismus, der sich gegen diese Phänomene richtete, war ein soziopolitisches System, eine revolutionäre Strategie und eine Prophezeiung in einem.

Sie strebten eine neue Gesellschaft an, in der alles in Gemeinbesitz war, Klassengrenzen verschwanden, eine Regierung überflüssig war, keine Kriege mehr geführt wurden, die

Religion »abgeschafft« wurde und es freie Bildung für alle gab. Der Einzelne sollte die Freiheit haben, jeder gewünschten Arbeit nachzugehen, und der Wohlstand würde gerecht verteilt: »Jeder nach seinen Fähigkeiten, jedem nach seinen Bedürfnissen!« Diese neue Gesellschaft müsse durch eine Revolution herbeigeführt werden, und die Arbeiterklassen, vertreten durch die Kommunistische Partei, sollten die Macht erobern: »Mögen die herrschenden Klassen vor einer kommunistischen Revolution zittern. Die Proletarier haben nichts an ihr zu verlieren als ihre Ketten.«

Eine Zeit lang sollten die neuen Herrscher unter Umgehung der Demokratie den »gewaltsamen Umsturz aller bisherigen Gesellschaftsordnung« betreiben, sämtliches Privateigentum abschaffen und enteignen, um die Unternehmen, Höfe und Fabriken in einer »Diktatur des Proletariats« zu führen, die auch die »Errichtung industrieller Armeen, besonders für den Ackerbau« vorsah. Die Übergangsphase bezeichnete Lenin, der Marx recht genau folgte, als »Sozialismus« (Abb. 1). Sogar Lenins große Innovation – Russland könne eine bourgeoise Phase überspringen und vom Feudalismus direkt zum Kommunismus gelangen – war bereits von Marx bedacht worden. Nach einer nicht näher definierten Zeitspanne würde sich laut Marx und Engels der sozialistische Staat zum Utopia des Kommunismus entwickeln. Später behaupteten die sowjetischen Staatschefs in schöner Regelmäßigkeit, diese Endphase stehe unmittelbar bevor, doch sie wurde nie offiziell für erreicht erklärt.

Diese historische Entwicklung hielten Marx und Engels für unausweichlich, denn die Entwicklung einer »feudalen« Regierung der Oberschicht – Monarchie und Aristokratie – weiche im neunzehnten Jahrhundert bereits einer Mittelschichtregierung, und der logische nächste Schritt, der dann auch der letzte sei, führe die soziale Leiter hinab zur Arbeiterklasse.

Diese Theorie wurde 1917 in Russland von Lenin und seiner politischen Partei, den Bolschewiken, in die Praxis umgesetzt. In den folgenden zweiundsiebzig Jahren wurde versucht, Marx' und Engels' Vision in der Sowjetunion Realität werden zu lassen. Kurz nach 1945, als die Sowjets einen Großteil Mittel- und Osteuropas besetzt hatten, waren viele weitere Länder gezwungen, sich dem unglückseligen Unternehmen anzuschließen: die baltischen Staaten, Polen, die Tschechoslowakei, Rumänien, Bulgarien, Jugoslawien, Ungarn, Albanien und die Hälfte Deutschlands. Weiter weg folgten die Hälfte Koreas, China, Kuba und die Hälfte Vietnams.

Der Kommunismus war eine Theorie für ein rationales Utopia, die einige der größten historischen Figuren des zwanzigsten Jahrhunderts umsetzten und den Menschen im großen und kleinen Stil aufzwangen. Eine Konsequenz daraus war der große ideologische Zweikampf des zwanzigsten Jahrhunderts. Zehntausende von Büchern sind über dieses Thema erschienen. Dennoch hat sich kaum ein Historiker ernsthaft mit den typischen Früchten des Kommunismus beschäftigt: den Witzen.

In einigen Kulturen und Epochen avancieren spezifische kulturelle Ausdrucksformen zu charakteristischen Mittlern ihrer Ideen und Werte. Die Griechen hatten ihre Mythen, die Elisabethaner ihre Theaterstücke. In der Nachkriegszeit definierte die Popmusik die westliche Kultur in Großbritannien und Amerika. Die Kommunisten hatten ihre politischen Witze. Natürlich gab es unter dem Kommunismus auch Filme, Rock, Punk, klassische Musik, Theaterstücke und Romane. Und natürlich erzählten die Kommunisten auch die üblichen Zoten über Sex, Dummköpfe und ethnische Minderheiten. Doch die politischen Witze waren die beherrschende Form.

Der Kommunismus ist das einzige politische System, das im Humor sein eigenes Genre geschaffen hat. Geprägt wurde die-

26

ses Genre von der Loyalität und Leidenschaft der Zuhörer und vom ständigen Nachschub faszinierender Neuschöpfungen und sorgfältig gestalteter aufmüpfiger Karikaturen, die von einem (meist anonymen) Kreativteam entwickelt wurden.

»Witze waren unsere Art, die Wahrheit zu sagen«, erzählte mir Simon Wilenski, ein Überlebender des Gulag. »Ich bin in den Lagern Leuten begegnet, die verhaftet worden waren, nur weil sie sich einen Witz angehört hatten.«

»Sie können die gesamte Geschichte des Kommunismus in Witzen erzählen«, sagte ein anderer ehemaliger Gulag-Häftling, Lasar Schereschewski.

»Jeden Tag gab es einen neuen Witz. Keiner wusste, wo sie herkamen oder wer sie sich ausdachte, aber jeder erzählte sie«, erklärte Ernst Röhl, dessen Sinn für Humor ihm 1961 ein halbes Jahr Einzelhaft eingebracht hatte.

Die Witze beschränken sich aber nicht auf die Regimegegner. Auch die Apparatschiks mochten es witzig. Günter Schabowski, Chefredakteur und Politbüromitglied, erzählte mir: »Im *Neuen Deutschland* in der Kantine hat man sich auch Witze erzählt. Sie sind ja nicht blind gegenüber den Defiziten in der Gesellschaft. Nur Sie reden sich ein, dass sie nur damit zusammenhängen, dass Sie sich in der Anfangsphase der sozialistischen Gesellschaft befinden und dass der Klassenfeind Sabotage betreibt, wo er nur kann.«

Der Dissident Wladimir Bukowski, der in den sechziger Jahren in psychiatrischen Kliniken der Sowjetunion einsaß, schrieb:

Dem politischen Witz sollte mal jemand ein Denkmal setzen. Diese erstaunliche kreative Ausdrucksform ist insbesondere in den sozialistischen Ländern beliebt, wo den Menschen Informationen und eine freie Presse vorenthalten werden. Dort äußert sich so die verbotene und unterdrückte öffentliche Meinung. Ein sowjetischer Witz ist prallvoll mit Informationen und so viel wert wie ganze Bände philosophischer Aufsätze. Mit seiner Simplifizierung entlarvt der Witz die Absurdität sämtlicher Propagandatricks. Die Witze haben die härtesten Zeiten überlebt, haben sich behauptet und zu Witzfamilien ausgewachsen, und man kann daran die gesamte Geschichte des Sowjetregimes ablesen … In den Witzen findet man, was in den gedruckten Quellen keine Spuren hinterlassen hat: die Meinung der Menschen.

Es gibt eine ganze Reihe von Gründen dafür, warum die *politischen* Witze unter dem Kommunismus etwas so Spezielles waren. Ihre Homogenität war einzigartig: Aufgrund des staatlichen Machtmonopols war jeder Witz über jedweden Aspekt der Politik, der Wirtschaft oder der Medien ein Witz über den Kommunismus. Dadurch, dass er sie verbot, vergrößerte der sowjetische Staat ihre Geschlossenheit nur. Er stellte politische Witze als »antisowjetische Propaganda« unter Strafe und versuchte sie – wie man oft liest, ohne Erfolg – durch den faden offiziellen Humor zu ersetzen, den er in Satirezeitschriften unters Volk brachte. Nach dem Zweiten Weltkrieg passierten die kommunistischen Witze die Landesgrenzen und wurden fortan in allen Ostblockstaaten erzählt – auch dies illustriert, dass es sich um eine gemeinsame Kultur handelte. Stefan Wolle, der das Alltagsleben in der DDR historisch untersuchte, schreibt: »Der politische Witz gehörte zu den zeittypischen, untrennbar mit dem SED-System verbundenen Phänomenen.«[2]

Typische Merkmale der kommunistischen Witze sind neben der Homogenität ihre Allgegenwart, ihre Langlebigkeit und ihre Vielfalt. Sie deckten ein ungewöhnlich breites Spektrum ab und behandelten alle Aspekte des Alltags: das Schlangestehen, den

Personenkult um die Führungspolitiker, die Propaganda in den Medien, die marxschen Theorien. Sie charakterisierten jeden sowjetischen Staatschef von Stalin über Chruschtschow und Breschnew bis Gorbatschow. Sie beschrieben viele wichtige politische Ereignisse, unter anderem den Großen Terror und den Gulag, den Sputnik-Flug, den Einmarsch in die Tschechoslowakei, die Jahrestage der Revolution und die Feiern anlässlich Lenins hundertstem Geburtstag.

Viele Witze wurden Jahrzehnte später auf andere Ereignisse angepasst und sprechen somit für die Kontinuität der kommunistischen Erfahrung. Gleichzeitig tauchten ständig neue Witze auf. Eine Erklärung für die schiere Masse an Witzen liefern die utopische Zielsetzung und die prophetische Natur des Kommunismus (Abb. 2): Spaßmacher hatten es leicht, die Diskrepanz aufzuzeigen zwischen dem, was sein sollte, und dem, was tatsächlich geschah. Ton und Inhalt der Witze änderten sich je nach Ära der sowjetischen Geschichte, von den neuen Lebensumständen im postrevolutionären Russland über Stalins Bürokratie der Unterdrückung, die wirtschaftlichen Misserfolge Chruschtschows und die Apathie in der Ära der Stagnation bis hin zum wachsenden Bewusstsein der Unaufhaltsamkeit des Wandels in den achtziger Jahren.

Im Rückblick erzählen heute alle ehemaligen Sowjetbürger dieselbe sagenhafte Geschichte über die Witze: Es war einmal, in einem weit entfernten Land, ein Volk, das lebte unter einem politischen System, das mittlerweile im Dunst der Vergangenheit entschwunden ist. Es nannte sich Kommunismus. Die Kommunisten sagten, unter dem Kommunismus werde es von allem mehr geben, und sie hatten recht. Die Parteitage waren größer, die Schlangen vor den Geschäften waren länger, es gab zehnmal so viele Geheimpolizisten, und statt einem Deutschland gab es zwei.

Doch von nichts gab es so viel wie von den Witzen.

Abends nach der Arbeit, wenn die Leute mit ihren Freunden am Küchentisch saßen, wenn sie feierten oder sich in der Kneipe trafen, vertrieben sie sich die Zeit mit dem Erzählen kommunistischer Witze. In der Welt des Kommunismus gab es für jeden Aspekt des Alltags und für jedes Ereignis einen Witz.

Die kommunistischen Herrscher waren böse, und vieles war ihnen verhasst: die Bourgeoisie, die Liberalen, die Imperialisten, freie Wahlen, reiche Bauern, Kapitalisten, aber eines hassten sie mehr als alles andere, und das waren die kommunistischen Witze. Wenn ihnen zu Ohren kam, dass jemand einen Witz erzählt hatte, ließen sie ihn ins Gefängnis werfen. Doch die Menschen waren mutig und hörten einfach nicht damit auf. So vergingen viele Jahre des Lachens und des Leids. Langsam, aber sicher untergruben die Witze die Macht der kommunistischen Politiker. Dann, eines Tages, hatten die Leute genug von den Witzen, und sie erhoben sich gegen ihre grausamen Herrscher. Bald schon gaben die Staatschefs zu, dass die Witzeerzähler die ganze Zeit recht gehabt hatten, und der Kommunismus war am Ende. Doch leider waren damit auch die Witze am Ende. Das Leben war nicht mehr so komisch wie vorher, und die Leute leben seither nicht mehr ganz so glücklich bis ans Ende ihrer Tage, wie es in anderen Märchen üblich ist.

Abb. 2. Einlegearbeit, die den Aufbau des Sozialismus in der DDR darstellt, gefertigt aus wertvollen importierten Hölzern (Maria Wild, Intaglio Master, Leipzig, siebziger Jahre, Stasimuseum, Berlin).

Einige Monate lang landeten durchschnittlich zwei bis drei am Tag in meinem Briefkasten. Mir gefiel, wie sorgfältig sie oft verpackt waren, nicht einfach in einem Umschlag oder einer Versandtasche, sondern eingeschlagen in graues Seidenpapier, wie Kleider aus der Designerboutique.

Während der Kommunismus für seine technische Rückständigkeit berühmt war und die Päckchen so liebevoll handgefertigt aussahen, bediente ich mich der neuesten Technik. Im Internet hatten Tausende von Antiquariaten aus den USA, aus Deutschland und der EU, Australien und Neuseeland ihre Bestände auf eine gemeinsame Website geladen. Ich tippte in allen möglichen Sprachen die Stichwörter »Kommunismus + Witz« ein, die Namen osteuropäischer Länder, den Begriff »Humor« und die Titel der Satirezeitschriften aus dem Ostblock und bestellte, was das Zeug hielt. *Wo wir sind, ist vorn: Der politische Witz in der DDR* von Klement de Wroblewsky (Hamburg 1986) kam aus einem Buchladen im niedersächsischen Eicklingen, *Hammer and Tickle: Clandestine Laughter in the Soviet Union* (The Golem Press 1980) wurde mir aus Tulsa, Oklahoma, zugeschickt. *Look comrade – The People are Laughing: Underground Wit, Satire and Humour from Behind the Iron Curtain* (Toronto 1973) erhielt ich von einem Antiquar im englischen Derbyshire. Bald besaß ich eine internationale Sammlung von Büchern über den kommunistischen Humor, die man in einem früheren Stadium der menschlichen Geschichte nie hätte zusammentragen können und die dazu erschöpfender war als alles, was man in jeder der großen Nationalbibliotheken hätte finden können.

In all diesen Büchern werden die kommunistischen Witze als Erbe Mittel- und Osteuropas und Russlands präsentiert. Auch die Chinesen haben Humor, doch weder sie noch die Vietnamesen oder Kambodschaner scheinen ihre Erfahrungen mit dem Kommunismus auf diese Art verarbeitet zu haben. Die Kubaner erzählten gern Witze über Castro, doch gab es keine kommunistischen Witze im europäischen Sinne, solche also, die sich eindeutig im System lebende Menschen ausgedacht hatten. Viele kommunistische Witze aus Europa wurden in Kuba adaptiert, und die neuen Witze stammten nicht nur von Kubanern, sondern auch von Exilkubanern und konservativen Amerikanern. Daher lassen sie sich kaum als authentische Äußerungen kommunistischer Bürger erforschen.

Die berühmteste Witzsammlung war der 1969 in Bratislava veröffentlichte Band des slowakischen Schriftstellers Ján Kalina *Nichts zu lachen: Politik und andere Witze aus den Ländern des real existierenden Sozialismus zwischen Zweitem und Drittem Weltkrieg*.[3] Kalina hatte sein Manuskript schon drei Jahre vorher beim Verlag eingereicht, als die politische Liberalisierung, die im Prager Frühling gipfelte, gerade Fahrt aufnahm. Bezeichnenderweise gab es damals aber, obwohl die Druckerei keinen anderen Auftrag auszuführen hatte, nicht genug Papier für den Druck des Buches. Folglich kam es erst heraus, nachdem sowjetische Panzer ins Land geschwärmt und das »Experiment eines demokratischen Kommunismus« beendet hatten. Die fünfundzwanzigtausend Exemplare starke Auflage war innerhalb von zwei Wochen vergriffen.

Mehrere Jahre lang blieb Kalina unbehelligt. Erst als er in seiner Wohnung eine Wanze fand und lautstark Witze darüber riss, sie am Ende fotografierte und die Bilder dem Präsidenten schickte, veranlasste der Staat seine Verhaftung. Bei seinem Prozess wurde er am 23. Oktober 1972 vom Ankläger gefragt: »Was haben Sie dem Schriftsteller P. B. am 16. Juli 1970 in Ihrer Wohnung gezeigt?« Kalina antwortete mit einem bekannten Witz:

Kennen Sie den von dem Ermittlungsbeamten, der den Beschuldigten fragt: »Was haben Sie vor fünf Jahren am 23. Oktober um 17.15 Uhr gemacht?« Der Beschuldigte erwidert prompt: »Das weiß ich noch genau. Mit dem einen Auge hatte ich die Uhr, mit dem anderen den Kalender im Blick.«

Die Staatsanwaltschaft präsentierte unter anderem Aussagen von Druckereiangestellten, die Setzer hätten bei der Arbeit an dem Buch dermaßen gelacht, dass Kollegen von anderen Tischen zu ihnen gekommen seien, um nachzusehen, was da so komisch sei. Die Wanze, die Kalina unter den Dielen gefunden habe, so behauptete die Anklage, sei von westlichen Geheimagenten dort platziert worden.

»Den Witz habe ich nie erzählt!«, erwiderte Kalina.

Die Verhandlung dauerte drei Tage. Kalina wurde zu zwei Jahren Haft verurteilt, weil er »aufrührerische Tonaufnahmen und Texte mit staatsfeindlichem Inhalt gesammelt und in Umlauf gebracht« und die Veröffentlichung eines »komisch-satirischen Buches« betrieben habe, das »Staat und Gesellschaft der Tschechoslowakischen Republik und ihre Solidarität mit der Sowjetunion auf geschmacklose Weise beleidigt« habe. Nach seiner Freilassung siedelte Kalina nach Deutschland über. Im Jahr 1981 wurde die Geschichte seines Witzebuches und des Prozesses in dem britischen Fernsehspiel *Tiny Revolutions* verarbeitet.

Insgesamt erwarb ich etwa vierzig Sammlungen kommunistischer Witze, die von den sechziger Jahren bis heute in überwiegend kleinen, seit Langem nicht mehr existierenden Verlagen erschienen waren. Eines der frühesten war *Humor hinter dem Eisernen Vorhang*, das auf Deutsch von einem gewissen Mischka Kukin verfasst wurde, ein Pseudonym Simon Wiesenthals.[4] Ich malte mir innerlich aus, wie der Nazijäger die Witze in einer Kartei sammelte, während er im Flugzeug zu seinen diversen Missionen unterwegs war. Die Witze von der anderen Seite des politischen Spektrums brachten ihm möglicherweise die gewünschte Ablenkung von seiner Arbeit, hatten thematisch aber durchaus Anknüpfungspunkte an seinen Kampf gegen eine grausame Diktatur. In den siebziger Jahren fanden auch Soziologen die Witze unterhaltsam – ein wunderbares Thema für eine Vorlesung zum Semesterende, die sie auch in Buchform veröffentlichen konnten. Eine dritte Untergruppe unter den Autoren bildeten in der Bundesrepublik und in den USA lebende Emigranten: Kaum dem Ostblock entkommen, schrieben sie alle Witze auf, an die sie sich erinnern konnten.

In den Einführungen zu ihren Büchern riefen die Autoren häufig eine Kultur des Witzeerzählens in Erinnerung, etwa Alex Beam, der für die *World News* von McGraw Hill's als Korrespondent in Leningrad war und die Stadt so beschreibt:

Witze oder *anekdoty* sind der selbst gemachte Klebstoff, der alle Sowjetbürger in ihrer Ablehnung der von der ewig leiernden staatlichen Propagandamaschine vorgebrachten leeren Unwahrheiten zusammenhält. In Gesellschaft wird der erste Witz nach mehreren Runden Alkohol wie ein kleines Geheimnis zum Besten gegeben. Wenn das Abendessen auf den Tisch kommt, sprudeln die Witze nur so. Ich erinnere mich an einen alkoholreichen Abend, an dem unser armenischer Gastgeber uns durch mehrere weitläufige Witzkategorien geführt hatte: Stalinwitze, Breschnewwitze, Emigrantenwitze und Witze über Georgier (eine regionale Spezialität). Um drei Uhr morgens erhob er sich schwankend und kündigte eine neue Runde *anekdoty* an: »Und jetzt ... Witze über Kamele!«

Vielleicht war meine Lektüre der verblichenen Paperback-Bändchen von übertriebener Ernsthaftigkeit geleitet, doch mir fielen in der bestehenden Literatur über kommunistische Witze rasch größere Mängel ins Auge.

Eine offensichtliche Schwäche war die nationalistische Haltung der Autoren. Alle Bücher enthielten in etwa dieselben Witze, doch jeder Autor behauptete, sie kämen aus seinem Land. Im Buch eines Tschechen las ich, dass die Tschechen mit ihrer langen Humortradition – Paradebeispiel sei *Der brave Soldat Schwejk* – die besten kommunistischen Witze erfunden hätten. Besuchte ein amerikanischer Soziologe Rumänien, so stellte er unweigerlich fest, dass dort die besten Witze erzählt wurden. Aus einem russischen Buch erfuhr ich, dass die Russen mit ihrer Kultur der geistreichen Geschichte, dem *anekdot*, den wichtigsten Beitrag zum Korpus des kommunistischen Witzes geleistet hätten. Das einzige Land, in dem sich die Autoren nicht zu dieser Behauptung verstiegen, war die DDR, und dafür gab es eine einfache Erklärung: Sie wussten, dass ihnen niemand glauben würde. Der Originalitätsanspruch lief quer durch Länder, Städte und Religionen. Da gab es *Politische Witze aus Leningrad* (1977) und *Das Buch des sowjetischen jüdischen Witzes*, in dem sämtliche Witze zu jüdischen umgearbeitet waren, was mir angesichts der großen Zahl verbürgter jüdischer kommunistischer Witze maßlos erschien.

Diese einander widersprechenden Ansprüche und Überlappungen hatten einen Vorteil: Sie zeigten, dass es nur eine begrenzte Anzahl kommunistischer Witze gab, die im gesamten Ostblock kursierten. Insgesamt waren es etwa tausend bis tausendfünfhundert Witze, eine eher kleine Zahl, verglichen mit ihrem Ruf.

Ein weiteres Thema, das in den Witzbüchern oft unterging, war die Datierung. Das erste Buch mit kommunistischen Witzen, *Der Kreml und das Volk* des Exilrussen Jewgeni Andrejewitsch, erschien 1951 auf Russisch. Der Autor beschrieb, erstmals in einer Publikation, den Mythos des kommunistischen Witzes, der seither im Wesentlichen unangefochten ist:

Ein politischer Witz ist oft die einzige Waffe, die den Menschen in einem totalitären Regime bleibt … Der Inhalt ist praktisch immer antisowjetisch, ein ausgezeichneter Indikator, wie die Menschen unter Stalin wirklich denken … Für die Verbreitung dieser Witze wurden zahllose Menschen von der Geheimpolizei verhaftet und in Lager geschickt. Die übliche Strafe für Witzeerzähler betrug fünf Jahre.[5]

Andrejewitschs schmales Bändchen ist schon deshalb sehr nützlich, weil sich alle Witze darin der Stalin- und Leninära zuschreiben lassen. Doch innerhalb dieses Zeitraums von 1917 bis 1951 ist kaum nachvollziehbar, was wann erfunden wurde. Nur die Themen lassen sich grob Ereignissen zuordnen: Witze über die Kollektivierung den Jahren 1929 bis 1931, Terrorwitze den dreißiger Jahren und so weiter. Auch wenn die Witze in zeitgenössischen Memoiren erwähnt werden, etwa denen des Schriftstellers Michail Bulgakow, ist gelegentlich eine genauere Datierung möglich.

Zahlreiche westliche Witzesammler haben ihre jeweiligen Datierungen dem Buch *The Soviet Union Through the Prism of the Political Anecdote* der Exilrussen Dora Shturman und Sergey Tictin entlehnt. Dieses Buch erschien 1985 in Jerusalem in einem US-finanzierten Verlag, der im Dienste des Kalten Krieges stand. Es will Hunderte kommunistischer Witze von den zwanziger bis in die achtziger Jahre auf zehn Jahre genau datieren. Doch die Chronologie basiert, und das ist lachhaft, darauf, wann die Autoren oder ihre Freunde den Witz zum ersten Mal gehört haben. Darüber hinaus räumt das Autorenpaar in der Einleitung ein, dass kein Witz ihrer Sammlung vor 1956 zum ersten Mal gehört oder niedergeschrieben wurde.

Als mir die Witze langweilig wurden, wandte ich mich der kleinen Zahl soziologischer Texte zum Thema zu, die überwiegend von deutschen Autoren verfasst worden waren. Der erste war wohl ein Artikel, der 1972 in der Zeitschrift *Bohemia* erschien, »Zur Phänomenologie und Soziologie des politischen Witzes in Osteuropa«. Mühsam arbeitete ich mich durch eine weitere wissenschaftliche Abhandlung unter dem Titel *Witzkultur in der DDR: Ein Beitrag zur Sprachkritik*, verfasst von einem Germanistikprofessor und seiner Frau, einer Pharmazeutin.[6] Vielleicht sind mir die Feinheiten der Ideen in der mir eher fremden Sprache entgangen, doch trotz der angenehm knusprigen deutschen Terminologie wurde ich das Gefühl nicht los, dass ich es mit viel warmer Luft zu tun hatte: »In jedem Fall korrigiert der Witz einen offiziellen *Schein*, indem er ein anderes *Sein* dagegenstellt. Der Schein wird durch eine ideologisch untermauerte und überhöhte Sprache aufgebaut, die Gegenkonstruktion des Seins bedient sich entideologisierten Alltagssprache.«[7] Was bedeutet, dass kommunistische Witze einen verborgenen Sinn transportieren.

Doch nicht die aufgeblasene Plattitüde, die so typisch ist für die Geisteswissenschaften, erschütterte mich. Je mehr ich las, desto mehr beunruhigte mich vielmehr ein ungeheures Manko: Weder die Witzkompilatoren noch die Autoren soziologischer Texte hatten den Versuch unternommen, den kommunistischen Humor zu definieren. Natürlich gab es offenkundige thematische Unterschiede, die sich aus einer neuen politischen Lage ergaben. Es tauchten neue Witze über den Gulag und das lange Anstehen nach Nahrungsmitteln auf, weil es vorher weder den Gulag noch Warteschlangen gegeben hatte. Aber waren das neue Witz*gattungen*? Wurden mit kommunistischen Witzen einfach nur bereits existierende Spielarten des Humors auf eine neue soziale Ordnung übertragen, oder entstand vielmehr etwas Neues?

Niemand wagte darauf eine Antwort zu geben, denn es lauerten doch allzu viele Fallgruben. Es war gar nicht so leicht zu unterscheiden, *worüber* die Leute ihre Späße machten und *wie* sie ihre Späße machten. Bei dieser Vielfalt an Witzen schien es geradezu unmöglich, größere Gemeinsamkeiten zu bestimmen. Und unser Humor unterscheidet sich nicht grundlegend von dem früherer Zeiten. Doch wenn kommunistische Witze so ein wichtiges kulturelles Phänomen waren, dann, so schien es mir, musste es doch etwas geben, das für die kommunistischen Witze charakteristisch war.

Um diese Frage zu beantworten, war ich bereit, mein Sofa und meine Bücher zu verlassen. Ich würde eine Forschungsreise quer durch Mitteleuropa, Osteuropa und Russland unternehmen müssen, doch damit wäre meine Mission immer noch erst zur Hälfte erfüllt.

Bis heute besteht große Einigkeit darüber, dass die kommunistischen Witze ein literarisches »Korpus« bilden, das gegen den Kommunismus gerichtet war, und dass der Staat einen wahren Krieg gegen die Witzeerzähler führte. Doch abgesehen von diesem Teil des Mythos »kommunistischer Witz« haben sich zwei Schulen zum kommunistischen Humor herausgebildet, die jeweils von Witzsammlern, Romanciers, Theoretikern und Historikern vertreten werden: die minimalistische und die maximalistische Schule.

Den Minimalisten zufolge war es möglich, mit Witzen gegen die Propaganda zu Felde zu ziehen und sich so ein Gefühl der Wahrhaftigkeit zu bewahren. Ihre intellektuellen Wurzeln finden die Minimalisten in Freuds *Der Witz und seine Beziehung zum Unbewussten* (1905). Dort zeigt Freud auf, dass sich hinter Witzen etwas Wahres verbirgt und dass sie somit ein befreiendes Moment besitzen. Für den politischen oder »aggressiven« Witz stellte Freud dar, dass »der tendenziöse Witz mit ganz besonderer Vorliebe zur Ermöglichung der Aggression oder der Kritik gegen Höhergestellte, die Autorität in Anspruch nehmen, verwendet wird. Der Witz stellt dann eine Auflehnung gegen solche Autorität, eine Befreiung von dem Drucke derselben her.«[8] Doch mittels Witzen, so Freud und mit ihm die Minimalisten, ließe sich lediglich ein Moment der persönlichen Genugtuung herbeiführen – mehr nicht.

In der großen russischen Literatur der Epoche gab es zahlreiche Bezüge zu Witzen. So reflektiert in Wassili Grossmans Roman *Leben und Schicksal* einer der Charaktere:

Er erinnert sich an das Gesicht seines Assistenten, in dessen Anwesenheit er einmal ironisch verlauten ließ, Stalin habe das Gravitationsgesetz lange vor Newton formuliert. ... wozu, wozu diese Scherze? Witze reißen war nun wirklich dumm, gerade so, als würde man mit dem Fingernagel gegen ein Gefäß mit Nitroglyzerin klopfen. Oh, klare Kraft eines freien, heiteren Wortes! Sie äußert sich ebendarin, dass man aller Angst zum Trotz das Wort plötzlich ausspricht.

Fast jede historische Darstellung des Kommunismus enthält zumindest ein paar Sätze über die Bedeutung von Witzen, doch die meisten folgen eher der minimalistischen Linie. Der russische Historiker Dmitri Wolkogonow, der eine Monografie über die Sowjetführer verfasste, erwähnt sie in seiner großartigen Darstellung in einem Absatz über die Opposition:

[Es gab] immer winzige Inseln des freien Denkens, der Würde und einer historischen Betrachtungsweise. Manchmal kam dies auf absurde Weise zum Ausdruck, etwa in politischen Witzen, die in den schlimmsten Zeiten am häufigsten kursierten und die man nur unter hohem Risiko weitererzählen konnte. ... Solche kleinen, schwachen Proteste ... änderten nichts daran, dass das System 70 Jahre lang übermächtig blieb, aber sie unterstrichen zumindest die Tatsache, dass es immer noch eine Chance gibt, solange die Menschen ein Gewissen haben.

So viel zur minimalistischen Position.

Die Maximalisten gehen erheblich weiter, denn sie vertreten die Ansicht, dass die Witze ihren Anteil am Niedergang des Kommunismus hatten.

Der maximalistische Guru wider Willen ist George Orwell. Im Jahr 1945 schrieb er einen Artikel über den englischen Humor, der die legendäre Zeile enthielt: »Jeder Witz ist eine kleine Revolution.« Das Zitat wird häufig aus dem Kontext gerissen. Orwell behauptete nicht, dass Witze ein totalitäres System zu Fall bringen können wie diejenigen, die er in seinen antikommunistischen Romanen *Farm der Tiere* und *1984* beschrieb. In der Zeitungskolumne, in der diese Zeile vorkommt, bedauert Orwell vielmehr, dass der britische Humor zu zahm sei. Dennoch ging sie in den Katechismus ein.

> Etwas ist komisch, wenn es – auf eine Weise, die nicht beleidigend oder furchteinflößend ist – die etablierte Ordnung durcheinanderbringt. Jeder Witz ist eine kleine Revolution. Müsste man Humor mit einer kurzen Formulierung umschreiben, so könnte man ihn definieren als die Würde, die auf einer kleinen Nagelspitze sitzt. Alles, was die Würde vernichtet und die Mächtigen von ihren Sitzen holt, vorzugsweise mit einem Rums, ist komisch. Und je tiefer der Fall, desto wirkungsvoller ist der Witz. Besser ist es, den Bischof mit Sahnetorte zu bewerfen als den Hilfspfarrer. Beachtet man dieses allgemeine Prinzip, erkennt man, glaube ich, was mit der komischen englischen Literatur im derzeitigen Jahrhundert nicht stimmt.[9]

Doch abgesehen von seinem vordergründigen Thema gibt es guten Grund zu der Annahme, dass Orwell, als er den obigen Absatz verfasste, an kommunistische Witze dachte. Er studierte den kommunistischen Humor mit großem Enthusiasmus. Orwell bekannte, dass ein satirischer sowjetischer Roman aus den zwanziger Jahren, Jewgeni Samjatins *Wir*, ihn zu *1984* inspiriert hatte, und eine Handvoll von Aphorismen in *Die Farm der Tiere* lassen Witze anklingen: »Vier Beine gut, zwei Beine besser« beispielsweise spielt auf den folgenden Witz an:

Ein kommunistischer Funktionär verkündet auf einer Versammlung: »Zwei mal zwei ist sechs.« Seine Worte werden mit tosendem Applaus aufgenommen.

Da ruft jemand von hinten: »Das stimmt nicht, zwei mal zwei ist vier.« Der Mann wird auf der Stelle verhaftet und verschwindet für die nächsten zwanzig Jahre im Lager.

Nach seiner Rückkehr aus Sibirien nimmt er erneut an einer Versammlung teil, wo er dieselben kommunistischen Funktionäre auf dem Podium erkennt, die unter lautem Applaus verkünden: »Zwei mal zwei ist fünf.«

Der ehemalige Häftling kann nicht an sich halten: »Zwei mal zwei ist vier.«

Nach der Versammlung kommt der Funktionär zu ihm, umarmt ihn und flüstert: »Du willst doch bestimmt nicht, dass zwei mal zwei wieder sechs ist?«

Auch Milan Kundera sprach den Witzen eine politische Wirkung zu. Er nannte seinen ersten Roman, der kurz vor dem sowjetischen Einmarsch in die Tschechoslowakei 1968 erschien, *Der Scherz*. Ein junger tschechischer Student wird verhaftet, nachdem er seiner Freundin eine Postkarte mit der Zeile »Optimismus ist das Opium des Volkes« geschickt hat, eine zynische Abwandlung der berühmten marxschen Aussage »Religion ist das Opium des Volkes«. Dafür wird er, nachvollziehbarerweise, mit der Exmatrikulation und Zwangsarbeit in einem Kohlebergwerk bestraft. Ein Freund erzählt dem Protagonisten: »... keine große Bewegung, die die Welt verändern soll, duldet

Lächerlichmachung und Herabsetzung, denn das ist der Rost, der alles zerfrißt.«[10]

Der Volkskundler Alan Dundes brachte dieses Argument in seiner Sammlung kommunistischer Witze *First Prize: Fifteen Years* vor, als er die Witze zugespitzt als »fiktionales Dauersperrfeuer auf ein repressives System und seine Führung« bezeichnete.[11]

Welche Bedeutung hatten also die Witze als kulturelle Schöpfungen? Handelte es sich, wie Orwell meinte, um revolutionäre Akte? Oder waren sie vielmehr ein zahnloses, wenn auch wohltuendes Grummeln, hinter dem sich bisweilen gar ein nachsichtiges Vertrauen in den Kommunismus verbarg? Die hochfliegenden Behauptungen der Maximalisten hatten zwar ihren Charme, doch war ihre Theorie mit einer grundlegenden Schwäche behaftet: Sie konnten keinen Beweis dafür vorlegen, dass die Witze tatsächlich das System zu Fall gebracht hatten. Gab es einen?

Ich war naiv und den verstaubten Klischees über den Kalten Krieg verhaftet. In den folgenden Monaten kam ich nach und nach dahinter, dass die Argumentation der Minimalisten und die der Maximalisten gleichermaßen simplifizierend und unbefriedigend waren. Hätte ich gewusst, auf was für ein Minenfeld ich mich mit dem Studium der kommunistischen Witze begab,

Abb. 3. Wandteppich in rotem Plüsch mit dem Händedruck, dem Emblem der SED (Einzelanfertigung, etwa siebziger Jahre, Stasimuseum, Berlin).

wäre ich zu Hause geblieben. Tat ich aber nicht. Wie bei vielen anderen großen Forschungsprojekten waren auch hier Optimismus und Ignoranz die Triebfedern.

Ich machte mich auf die Suche nach einem Heiligen Gral, der Monty Python alle Ehre gemacht hätte. Auf meiner ganz persönlichen Reise durch die Länder des ehemaligen Ostblocks wollte ich versuchen, den kommunistischen Witz mit seinen Merkmalen zu definieren, doch mein Hauptziel war gewagter und höhergesteckt: Ohne Rücksicht auf finanzielle, physische oder emotionale Opfer schwor ich mir, nicht zu ruhen, ehe ich den Beweis, den Kausalzusammenhang zwischen dem Erzählen von Witzen und dem Sturz des Systems zutage gefördert hatte.

den Kampf zwischen David und Goliath aussehen: kleine Spaß-
kieselchen, die gegen den tyrannischen Sowjetriesen geschleu-
dert wurden.

Am Anfang gab es keinen Kommunismus und keine kommunistischen Witze. Dann kam die russische Revolution.
Wegen der anhaltenden Hungersnöte gingen in Petrograd
(nach julianischem Kalender) am 23. Februar 1917 Arbeiter auf
die Straße. Die Demonstration wuchs sich zu einem General-
streik und dann zu einem Aufstand aus. Die Polizei eröffnete
das Feuer. Ganze Garnisonen von Soldaten meuterten und
schlossen sich der Revolution an, und eine Woche später dank-
te der Zar ab. Handwerker, Fabrikarbeiter, Gewerkschafter und
Soldaten gründeten improvisierte Räte, die *Sowjets*. Unter den
dort vertretenen politischen Parteien waren auch Lenins Bolschewiken. Zunächst bildete eine Allianz aus liberal gesinnten
Adligen eine provisorische Regierung, die jedoch den Fehler
beging, dass sie Russlands überaus unpopuläre Beteiligung am
Ersten Weltkrieg nicht beendete. Sechs Monate später riss Lenin in der Oktoberrevolution, die im Wesentlichen ein Militär-
putsch war, die Macht an sich.

Die russische Revolution glich einem Zusammenstoß zweier Kontinentalplatten, der Vergangenheit und der Zukunft.
Auf der einen Seite stand der anachronistische, hartnäckig reaktionäre Zarismus. Der Zar glaubte noch an die absolute Monarchie und die Herrschaft von Gottes Ganden. Die Leibeigenschaft war erst 1861 abgeschafft worden. Ein Drittel der
Kleinbauern besaß kein Pferd und arbeitete noch mit einfachen Holzpflügen, deren Technik auf das Römische Reich
zurückging. Gegen diese primitive Lebensweise ging die erbarmungslose Moderne in Stellung. Russland war nicht indus-
trialisiert, erlebte aber im Ersten Weltkrieg den industriellen
Massenmord. Das Land verlor mit 1,7 Millionen Soldaten

mehr als jede andere Kriegsnation. Noch stärker fiel für die Revolution ins Gewicht, was die Schützengräben mit den Überlebenden anrichteten: Die Armee wider Willen, in der Meutereien seit 1916 an der Tagesordnung waren, war brutalisiert und radikalisiert. Daraus erklärt sich die gewalttätige Lösung für die Probleme Russlands, der Leninismus.

Verglichen mit späteren Epochen, sind aus dem ersten Jahrzehnt der Revolution relativ wenig kommunistische Witze bekannt. Der folgende gefällt mir am besten:

> Eine alte Bäuerin geht zum ersten Mal in ihrem Leben in
> den Moskauer Zoo und sieht dort ein Kamel. »O Gott«,
> sagt sie, »was haben die Bolschewiken nur mit dem armen Pferd
> gemacht.«

Das ist ein Musterbeispiel für den kommunistischen Witz: Mit einem Minimum an Mitteln erreicht er ein Maximum an Bedeutungen. Der Witz beschreibt das Staunen der einfachen Russen über die neue Welt der Kommunisten und ihre Verwirrung über deren Ideen und Ziele. Die Vorstellung, dass aus dem Pferd ein Kamel wird, verweist auf die von den Bolschewiken versprochene ökonomische Umgestaltung und deutet prophetisch voraus auf die Sinnlosigkeit vieler industrieller Großprojekte. Die Tiermetapher verleiht dem Witz das Gewicht einer äsopischen Fabel.

Eine Vielzahl weiterer Witze reflektiert nicht ganz so gekonnt, wie Lenin die soziale Ordnung auf den Kopf stellte. Banken wurden verstaatlicht, die Depots der Reichen von den Bolschewiken geleert. Privatgeschäfte größeren Umfangs wurden verboten, Geschäftsleute als »Spekulanten« gebrandmarkt. All das führte prompt zu einem Mangel an Zucker und anderen Grundnahrungsmitteln.

Zwei Polizisten halten einen Passanten an und verlangen seine
Papiere. Er hat nur die Analyse seiner Urinprobe dabei.
Der erste Polizist liest:»Eiweiß negativ, Zucker negativ.«
Da sagt der zweite:»Kein Zucker. Dann ist er kein Spekulant.
Sie können weitergehen, Bürger.«

Im Dezember 1917 erklärte Lenin den Reichen öffentlich den
»Kampf auf Leben und Tod«. Begüterte Familien wurden gezwungen, ihre Villen mit armen Familien zu teilen. Nicht selten
mussten sie in die Dienstbotenquartiere ziehen, während die
neuen Bewohner die feinen Wohnräume erhielten. In den Städten kehrten mittellose Aristokraten Bürgersteige oder verkauf-
ten Streichhölzer, um zu überleben. Auf dem Land nahmen die
Kleinbauern den Grundbesitzern das Land weg oder legten
ihre Pacht selbst fest. Die regionalen Sowjets wurden aufgefordert, sich Sondersteuern für Reiche auszudenken.

Die Tscheka, Lenins wachsender Staatssicherheitsapparat,
nahm die Betroffenen in Haft, bis die Steuern bezahlt waren.
Nicht selten richtete sie, um die Sache zu beschleunigen, Steu-
ersünder auch hin. Einer der Gründer dieser Organisation sagte:»Die Tscheka ist keine Untersuchungskommission, kein Gericht oder Tribunal. Sie ist ein Kampforgan an der internen
Bürgerkriegsfront ... Sie urteilt nicht, sie schlägt zu. Sie begnadigt nicht, sie zerstört.«

Nach der Oktoberrevolution schickt Gott drei Beobachter nach
Russland: die Heiligen Lukas, Georg und Petrus. Jeder schickt ihm
ein Telegramm.
»Bin der Tscheka in die Hände gefallen – Sankt Lukas.«
»Bin der Tscheka in die Hände gefallen – Sankt Georg.«
»Alles bestens. Mir geht's gut. Tscheka-Kommissar Petrow.«

An die Stelle des schwachen zaristischen Rechtssystems traten die Volksgerichte der Bolschewiken, in denen sich Dorfbewohner und Sowjetfunktionäre spontan Gesetze und Strafen ausdachten. Land und Besitz der Kirche wurden konfisziert. In einer geheimen Anweisung schrieb Lenin: »Je mehr Vertreter des reaktionären Priesterstands und der reaktionären Bourgeoisie an die Wand gestellt werden, desto besser für uns.«[12]

Als die Bauern 1922 die neue Silbermünze zu Gesicht bekommen, mit der die Regierung für ihre landwirtschaftlichen Erzeugnisse bezahlt, bekreuzigen sie sich.
»Warum bekreuzigt ihr euch?«, fragt der Dorfpriester. »Das ist das Geld der Sowjets.«
»Ja, aber es ist das Silber der Kirche.«

Sämtlicher Marktanreize beraubt, brach die sowjetische Wirtschaft zusammen. Die verstaatlichten Unternehmen unterstanden einer Bürokratie, deren Beschäftigtenzahl sich von 1917 bis 1921 auf 2,4 Millionen vervierfachte.

Ein Inspektor führt in einer Fabrik eine Kontrolle durch. Er spricht einen Arbeiter an: »Was machen Sie hier?«
»Nichts.«
»Und Sie?«, fragt er einen anderen.
»Nichts.«
Er schreibt in seinen Bericht: »Wegen unnötiger Doppelbesetzung kann der zweite Arbeiter entlassen werden.«

Die Revolution folgte dem Weltkrieg, und auf die Revolution folgte ein Bürgerkrieg. Während die »roten« Bolschewiken die russische Gesellschaft umkrempelten, schmiedeten gemäßigt linksgerichtete und zaristische »weiße« Kräfte eine Allianz gegen sie und führten einen Krieg der Massaker, Hungersnöte,

Repressalien und Foltermaßnahmen. Der Bürgerkrieg führte zum »Kriegskommunismus«, einer Art Notstand, in dem die Bolschewiken den Bauern ihr Getreide mit militärischen Mitteln entrissen. Daraus erwuchs ein neuer Krieg, diesmal mit den Bauern. Ganze Eisenbahnzüge mit Rotarmisten verließen unter Trotzkis Führung den Bahnhof Moskau, um im Hinterland Getreide zu beschaffen.

Anruf aus dem Bahnhof Liski in Moskau: »Hier spricht der Vorsitzende des Revolutionären Militärkomitees Trotzki.«
»Hier der Vorsitzende des Rats der Volkskommissare Lenin.«
»Genosse Lenin, schick sofort zwei Tanks Getreidealkohol zum Bahnhof Liski.«
»Wofür, Genosse Trotzki?«
»Die Bauern sind wieder nüchtern«, erwiderte Trotzki. »Sie wollen wissen, warum der Zar abgesetzt wurde.«

Im Jahr 1921 wurde der »Kriegskommunismus« von der »Neuen Ökonomischen Politik« abgelöst, die im sowjetischen Russland wieder private Unternehmen zuließ und den Hungersnöten vorübergehend ein Ende setzte. Unter der Neuen Ökonomischen Politik wurde der erste sowjetische Wodka hergestellt, der mit 42 Prozent zwei Prozent mehr Alkohol hatte als der zaristische. Die Leute spotteten: »Haben wir für die läppischen zwei Prozent wirklich eine Revolution gebraucht?« Die industrielle und landwirtschaftliche Produktion ging schleichend auf das Niveau von vor 1917 zurück.

Ein Parteifunktionär erläutert, wie der Kommunismus eines Tages aussehen wird: »Es wird von allem reichlich geben – Nahrung, Kleidung und alles Mögliche. Und ihr werdet ins Ausland reisen können.«
»Oh«, sagt eine alte Frau, »genau wie unter dem Zaren.«

51

Über die neue Ideologie wurde nach Kräften gelacht. Die Witze stellten die ungewollten Nebeneffekte der neuen politischen Dogmen bloß, machten sich darüber lustig, dass Fehlschläge durch eine Neudefinition von Normen kaschiert werden sollten, und spotteten über den Traum, der Kommunismus werde sich wie ein Lauffeuer über Europa ausbreiten (Abb. 4).

Lenin arbeitet bis tief in die Nacht. Gegen drei Uhr morgens legt er sich hin. Davor bittet er einen jungen Wachmann der Roten Armee, ihn um sieben Uhr zu wecken.
Der Soldat zerbricht sich die ganze Nacht über den Kopf, wie er Lenin ansprechen soll. Soll er sagen: »Es ist Zeit, aufzustehen, Herr Lenin?« Zu förmlich. »Aufwachen, Genosse Lenin«?
Zu vertraulich.
Als es sieben schlägt, schmettert der Soldat die Internationale, die mit den Worten beginnt: »Wacht auf, Verdammte dieser Erde.«

In Moskau hat der Volkskommissar angeblich befohlen, wegen des Brennstoffmangels alle Thermometer vier Grad höher einzustellen.

Ein Jude erzählt seinem Freund: »Meinem Sohn Mosche und mir geht es hervorragend. Mosche arbeitet als schwarzafrikanischer Kommunist in der Komintern, und ich sitze im Kreml ganz oben auf dem Glockenturm ›Iwan der Große‹ und warte, bis ich die Glocke für die Weltrevolution läuten kann.
»Das muss aber doch langweilig sein, auf die Weltrevolution zu warten«, sagt sein Freund.
»Stimmt, aber es ist eine Lebensanstellung.«

Manche kommunistischen Witze entwickelten sich aus politischen Witzen des 19. Jahrhunderts.

Ein Mieter bezieht ein neues Zimmer. In der kahlen Wand steckt nur ein Nagel. Die unvermeidlichen Bilder von Lenin und Trotzki in der Hand, fragt er sich: »Welchen hänge ich auf, und welchen stell ich an die Wand?«

Die Enttäuschung über die politische Führung und ihre leeren Versprechungen war nicht dem Kommunismus vorbehalten – dieser Witz war schon hundertfach erzählt worden, mit Talleyrand, Metternich, Napoleon und anderen Berühmtheiten anstelle der Architekten der russischen Revolution. Die meisten Herausgeber kommunistischer Witze geben gern zu, dass eine Handvoll ihrer gesammelten Schätze die Wurzeln im 19. Jahrhundert hat. Erst später stellte ich fest, dass sie das ganze Ausmaß des Plagiats unterschlagen. Zunächst wusste ich allerdings nicht mehr, als dass die Erfinder kommunistischer Witze aus einer langen Tradition schöpfen konnten.

Abb. 4. Lenin auf der Weltkonferenz (D. Moor, *Krokodil*, 1922). In dieser und vielen weiteren Karikaturen wird Lenin als Schrecken der Westpolitiker dargestellt. Die Bolschewiken glaubten, die Weltrevolution werde ihrer eigenen rasch folgen – sie täuschten sich.

Die Russen bezeichnen ihre Witze als *anekdoty*.

Die kommunistischen *anekdoty* können sich einer edlen Herkunft rühmen, die sich bis ins 16. Jahrhundert zurückverfolgen lässt. Damals waren *anekdoty* historische Geschichten über berühmte Menschen, in der geistreich eine Weisheit transportiert wurde, so in dem 1788 auf Russisch veröffentlichten Band *Anekdoten über Zar Peter den Großen*, gesammelt von Jakob Schtelin:

Nach seinem Sieg gegen die Schweden in der Schlacht bei Polkawa bat Peter der Große gefangene Offiziere an seinen Tisch. Er gab einen Toast aus: »Ich trinke auf das Wohl meiner militärischen Lehrmeister!«

Der schwedische Feldmarschall Reinschild fragte Peter, wen er damit meine.

»Euch, meine Herren«, lautete Peters Antwort.

»In diesem Fall hat Eure Majestät seinen Lehrmeistern auf dem Schlachtfeld schrecklichen Undank erwiesen.«

Der Zar war so erfreut über Reinschilds Antwort, dass er umgehend befahl, dem Feldmarschall seinen Säbel zurückzugeben.

Im Jahr 1840 definierte das *Wörterbuch russischer Synonyme* das Wort *anekdot* als eine Geschichte, die »Geheimnisse aus Politik und Literatur erhellt oder den verborgenen Ursprung von Ereignissen enthüllt«.

Mitte des 19. Jahrhunderts erstreckte sich die Wortbedeutung bereits auf humorvolle Geschichten aus dem Volk, die von Bauern erzählt wurden und heute alles andere als komisch klingen. Wie die älteren *anekdoty* enthüllten auch sie eine verborgene Erkenntnis, und sei es nur, dass der jeweilige Bauer strohdumm war.

An einem Wintertag fuhr ein Bauer mit dem Pferdewagen über das Eis der Wolga. Da bäumte sich sein Pferd plötzlich auf und jagte samt Wagen zum Flussufer. Der Bauer sprang ab, lief hinterher und wollte dem Pferd gerade mit der Peitsche eins überziehen, als dieses durch das Eis brach und samt Wagen unterging.

»Danke Gott, dass du eingebrochen bist«, schrie der Bauer seinem Ross hinterher. »Sonst hätte ich dich grün und blau geschlagen!«

Ein junger Bauer wollte auf die Jagd gehen. Seine Frau begleitete ihn noch ein Stückchen. Sie waren wohl eine Meile gegangen, da brach sie in Tränen aus.

»Wein doch nicht, Frau, ich bin ja bald wieder zu Hause.«

»Deshalb weine ich doch nicht! Ich habe eiskalte Füße!«

Als das neue Jahrhundert anbrach, füllten sich die russischen Städte mit Millionen von Wanderarbeitern. Es entstanden Kleinkunsttheater, in denen Lieder und Kabarett geboten wurden. Einige der neuen Komödianten waren so beliebt, dass ihre Sketche aufgeschrieben wurden. Daher wissen wir, dass antisemitische *anekdoty* recht verbreitet waren. Der folgende Sketch von A. V. Stepanow entstand zwischen 1905 und 1910 und wurde in Sankt Petersburg aufgeführt.

Eine voll besetzte Postkutsche ist auf dem Weg von Schitomir nach Kiew, als sie von Räubern überfallen wird. Der Räuberhauptmann befiehlt: »Halt! Keine Bewegung. Hände hoch!« Die Passagiere klettern alle gehorsam aus der Kutsche und nehmen die Hände hoch. Einer von ihnen sagt zum Hauptmann: »Herr Hauptmann, in wenigen Minuten nehmen Sie uns alles weg. Erlauben Sie mir, nur kurz in meine Tasche zu greifen. Ich möchte meinem Nachbarn hier etwas geben.«

»Dann aber schnell!« Der Räuber zielt mit dem Revolver auf den Reisenden.

Der Passagier fasst sich in die Gesäßtasche, nimmt hundert Rubel heraus und sagt zu seinem Nachbarn: »Solomon, schulde ich dir nicht hundert Rubel? Hier, nimm sie. Und denk dran: Jetzt sind wir quitt.«

Zu Beginn des zwanzigsten Jahrhunderts gab es auch bereits ein Korpus politischer *anekdoty*, die zum Großteil vom Zaren handelten und als die wahren Vorläufer des kommunistischen Witzes gelten können.

Jakob, ein russischer Jude, rutscht eines Tages auf dem nassen Flussufer aus und fällt ins Wasser. Da er nicht schwimmen kann, droht er zu ertrinken.

Zwei zaristische Polizisten hören seine Hilferufe und eilen herbei. Als sie aber sehen, dass es sich um einen Juden handelt, lachen sie ihn nur aus und sehen tatenlos zu, wie er langsam untergeht.

»Hilfe, ich kann nicht schwimmen«, ruft Jakob.

»Dann musst du eben ertrinken«, erwidern sie.

Plötzlich brüllt Jakob mit letzter Kraft: »Nieder mit dem Zaren!«

Sofort stürzen sich die Polizisten in den Fluss, ziehen Jakob heraus und verhaften ihn wegen Unruhestiftung.

Ein Mann soll gesagt haben: »Dieser Nikolaus ist ein Schwachkopf!« Wegen Beleidigung von Zar Nikolaus II. wird er von der Polizei festgenommen.

»Aber nein«, sagt der Mann, »ich meinte doch nicht unseren verehrten Zaren, sondern einen anderen Nikolaus!«

»Mich legst du nicht herein«, erwidert der Polizist. »Wenn du ›Schwachkopf‹ sagst, kann nur unser Zar gemeint sein.«

Diese Witze über den letzten russischen Zaren entwickelten sich später zu Stalinwitzen.

Unter dem Kommunismus verschmolzen die drei Arten der Anekdote – der Volkswitz, der politische Witz und die Geschichte mit einer politischen Lehre – zu einem neuen Genre. Die junge Sowjetunion, ihre rasche Urbanisierung, die Schaffung neuer Arbeiterkollektive aus Heerscharen einander wildfremder Menschen, der Massenmarkt für leichte Unterhaltung und die klaren politischen Ziele des Kommunismus – das war ein fruchtbarer Boden, auf dem *anekdoty* reichlich erfunden und verbreitet wurden. *So schnell ging es allerdings doch nicht.* Verglichen mit späteren Perioden, waren vor den dreißiger Jahren relativ wenig kommunistische Witze im Umlauf. Erklären ließe sich das mit der Neuheit des Systems: Möglicherweise merkten die Russen erst nach und nach, was an ihrem neuen Staat so komisch war. Aber es gibt noch eine bessere Erklärung: In dieser frühen Ära wurde der Humor noch nicht nachhaltig zensiert und florierte daher auch in Druckschriften. Die zwanziger Jahre gelten deshalb als goldenes Zeitalter der sowjetischen Satire.

Ariane und ich saßen wie Spiegelbilder des jeweils anderen auf dem Sofa. Sie liebte das Brimborium und die Rituale des Kommunismus, ich beschäftigte mich ausgerechnet mit dem Phänomen, das beides untergrub. Ich hatte ein französisches Paperback-Büchlein mit Witzen aufgeschlagen, dessen Titel übersetzt lautet: *Der Kommunismus – Löst er sich in Alkohol auf?* Ariane blätterte, über den Couchtisch gebeugt, in einer Ausgabe von *Soviet Life*, einer monatlich erscheinenden, mittlerweile eingestellten sowjetischen Propagandazeitschrift, die für teures Geld eigens für das Ausland hergestellt wurde. Die Buchstaben hoben sich tiefschwarz vom Hochglanzpapier ab, und die Farbfotografien schimmerten sinnträchtig in der grellen Ektachrome-Farbpalette der alten Drucktechnik. Ariane suchte nach Bildern, die sie für ihre Arbeiten verwenden,

Kunstkritiker würden sagen, »sich aneignen« konnte. Die Bilder, die ihr gefielen, schnitt sie aus und brachte sie in einen guten Copyshop, wo sie sich stark vergrößerte Farbkopien anfertigen ließ. Diese schnitt sie dann mit einem Teppichmesser zurecht, klebte sie in riesenhaften Collagen auf eine Leinwand und fügte am Schluss noch etwas Farbe hinzu.

Die Zeitschrift *Soviet Life* wurde im Jahr 1956 aus der Taufe gehoben und war ein Produkt der »Tauwetterperiode« unter Chruschtschow, in der kulturelle Kontakte zum Westen gefördert wurden. Nach sowjetischem Maßstab handelte es sich um eine Luxuspublikation, die illustrieren sollte, wie gut es mit dem »kommunistischen Aufbau« voranging. Sie enthielt Artikel mit Titeln wie »Wissen x (Talent + Leidenschaft) = Wissenschaft«, »Usbekistan: 60 Jahre Fortschritt«, »Freie Gesundheitsversorgung« oder »Das Bolschoiballett besucht Sibirien«. Die Sowjetunion wurde als eine bunte Mischung aus farbenfroher ethnischer Geschichte, zeitgenössischer Hochkultur, technischem Fortschritt und großzügigen staatlichen Hilfen präsentiert. Aber selbstverständlich ist der Kommunismus nicht das einzige politische System, das zu verlogener Selbstidealisierung neigt. Die Zeitschrift war aus einem Handel zwischen den Supermächten hervorgegangen: Die Russen durften monatlich dreißigtausend Exemplare ihrer schamlosen Selbstbeweihräucherung *Soviet Life* in den Westen schicken, und im Gegenzug lieferten die Amerikaner ihre nicht weniger unverfrorene Eigenreklame *Ameryka*.

Ich sah Ariane zu. Sie schnitt mit der Schere ein romantisches Schwarz-Weiß-Foto von einem jungen Leningrader Bürger aus, der am Ufer der Newa steht und beobachtet, wie die Sonne hinter den Türmen der Stadt versinkt. Die Türme sind nur als Silhouette zu sehen, doch man erkennt die Arbeiterkluft der Menschen, das Baby im Kinderwagen und ein älteres Ehepaar.

Auch ich hatte in dem Buch, das ich las, etwas gefunden: einen thematisch passenden Witz. Er handelte von der sowjetischen Tageszeitung *Prawda*, ließ sich aber leicht abwandeln. »Ein Mann kauft die *Soviet Life*«, legte ich los. »Als er sein Wechselgeld bekommt, merkt er, dass der Verkäufer ihm zu viel gegeben hat. Er deutet auf den aufgedruckten Preis und bietet ihm an, ihm das Geld zurückzugeben. Der Zeitschriftenverkäufer schüttelt den Kopf. ›Man braucht nicht alles glauben, was da steht ...‹«

Ariane schüttelte den Kopf. Die Zeitschriften, die sie gesammelt hatte, waren in dermaßen gutem Zustand, dass sie wahrscheinlich nie verkauft, jedenfalls aber nie gelesen worden waren. Nicht dass ihr das aufgefallen wäre – auf solche Kleinigkeiten achtete sie nicht.

Doch in Wahrheit war Arianes Arbeit konzeptionell der meinen weit voraus. Ich steckte noch immer im Kampf der Klischees fest, gerade wie im Kalten Krieg, suchte ich doch nach neuen Beweisen dafür, wie furchtbar das Leben in der Sowjetunion gewesen war. Ariane hatte von einer feindseligen zu einer versöhnlichen Haltung gefunden. Sie blickte wohlwollend auf diese historische Episode zurück, die sie wie viele ihrer trendigen Kollegen in der zeitgenössischen Kunstszene als eine verlorene Welt der Unschuld betrachtete. In ihrer Arbeit schlug sich die Spannung von Ambivalenz und Protest nieder. Die Gewissenhaftigkeit, mit der sie die Bildsprache der sowjetischen Propaganda wiedergab, war gleichermaßen ironisch und ernst gemeint. Die Ironie ergab sich aus der offenkundigen Banalität und Unaufrichtigkeit der Bilder; der Staat log nicht besser als ein Kind. Andererseits sprach aus der trotzigen Überzeugung des Regimes, ein Utopia erschaffen zu können, eine große Ernsthaftigkeit. Heute sind wir zu zynisch, um so viele Probleme mit nur einer großen Idee lösen zu wollen.

Arianes Arbeit gab mir zu denken: Bargen die Witze womöglich dieselbe Doppeldeutigkeit und Vielschichtigkeit in sich wie ihr Gegenstück, die Propaganda? Ich lag auf dem Sofa meiner Wohnung im Norden Londons und reiste gedanklich zurück in Lenins Russland. Tyrannei erforsche ich am liebsten in behaglicher Atmosphäre. Auf dem modernistischen Couchtisch lag in Reichweite ein Stapel Bücher mit den Meisterwerken der sowjetischen Satire der zwanziger Jahre. Im Lauf der Woche nahm ich sie mir eines nach dem anderen vor.

In dem Bemühen, das noch jungfräuliche politische System einer mangelhaft informierten und ungebildeten Bevölkerung nahezubringen, wuchsen der Fantasie Russlands Flügel. Obwohl die Bolschewiken 1917 in einem ihrer ersten Dekrete die oppositionelle Presse verboten hatten, dockte eine Handvoll aufgeweckter Schriftsteller rasch an die Defizite und Widersprüche des Kommunismus in Theorie und Praxis an. Der Staat hatte in dieser frühen Phase Journalisten und Schriftsteller noch nicht der Zensur unterworfen. Daher war die vorherrschende Form des Humors nicht der Volkswitz, sondern die feinsinnige literarische Satire. In der Anarchie des Bürgerkriegs und auch noch anschließend in der chaotischen Welt der Neuen Ökonomischen Politik Mitte der zwanziger Jahre konnten in Zeitungen, auf Flugblättern, auf Plakaten und in Büchern vielfältige politische Ansichten formuliert werden. Vieles kam mit trockenem Humor daher. Zwischen 1922 und 1928 erschienen in Moskau und Sankt Petersburg wöchentlich sieben Satirezeitschriften mit einer Gesamtauflage von einer halben Million Exemplaren – das entsprach der Auflage der Tageszeitung *Prawda*. Es war die erste Blüte des kommunistischen Humors. Michail Bulgakow ist heute der bekannteste Vertreter dieser Satirikergeneration. In den zwanziger Jahren verfasste er mehrere allegorische Science-Fiction-Novellen. In der ersten, die ursprünglich unter dem Titel *Der rote Strahl* erschien, heute aber als *Die verhängnisvollen Eier* bekannt ist, erfindet ein Professor einen rätselhaften Strahl, der das Wachstum von Tieren beschleunigen und steigern kann. Bewaffnet mit einem Stapel Papiere und offizieller Genehmigungen, beschlagnahmt ein sowjetischer Bürokrat die Maschine, um einen der vielen Nahrungsmittelengpässe zu beseitigen, die ein bleibendes Merkmal des sowjetischen Kommunismus darstellten. In diesem Fall gibt es keine Eier und keine Hühner zu kaufen, weil das Geflügel von einer rätselhaften Krankheit dahingerafft wird. Der Beamte will die Maschine auf Hühnereier anwenden, bestrahlt aber versehentlich einen Karton mit Schlangeneiern aus dem Labor. Bald schon wird das ganze Land von riesigen Schlangen heimgesucht, gegen die auch die Rote Armee machtlos ist. Die Rettung kommt in Form eines für den Hochsommer ungewöhnlichen Kälteeinbruchs, der den Schlangen den Garaus macht. Die Parabel verdammt die bolschewistische Lösung zu den Problemen Russlands, weil damit alles nur noch schlimmer wird.

Der rote Strahl erschien im Jahr 1924, und Bulgakows nächste Novelle *Hundeherz* (1925) wurde bereits verboten. Hier setzt er die Geschichte fort: Ein Arzt verpflanzt Hoden und Hypophyse eines Diebes in einen Hund, der sich bald zu einem jungen sowjetischen Eiferer entwickelt und diverse Unarten an den Tag legt, etwa Gewalt, Trunksucht und Wollust. Am Ende wendet sich der fanatische Hund gegen seinen Schöpfer und denunziert ihn bei der Geheimpolizei. Bulgakow macht sich hier über die Bemühungen der Kommunisten lustig, die ungebildeten russischen Massen in überzeugte Marxisten-Leninisten zu verwandeln. Der Arzt sagt mit ätzendem Spott: »Kurz und gut, ich … habe in meinem Leben noch nie etwas Komplizierteres gemacht. Man könnte [aus] dem Hund … ein hoch stehendes Wesen machen. Aber wozu, zum Teufel?«[13]

Bulgakow berühmtester Roman, *Der Meister und Margarita*, den er Anfang der dreißiger Jahre begann, persifliert die Welt der korrupten Beamten, der denunziatorischen Nachbarn und der Geheimpolizei im Russland der dreißiger Jahre. Der Teufel kommt nach Moskau, begleitet von einer riesigen schwarzen Katze und einem skrupellosen Auftragsmörder – alle drei Personifikationen des sowjetischen Unterdrückungsapparats. Die schwarze Magie der drei fasziniert und ängstigt die Bürger; einige von ihnen werden wegen Devisenbesitzes verleumdet, der in der Sowjetunion verboten war. Viele Opfer des Teufels haben sich selber der Bestechung und anderer Verbrechen schuldig gemacht. In Bulgakows Höllenpanorama der mitleidlosen sowjetischen Hauptstadt hat jeder Dreck am Stecken. Der Roman war daher bis 1966, also 26 Jahre nach Bulgakows Tod, verboten.

Bulgakow war Teil einer Massenbewegung. Viele Jahre vor *Der Meister und Margarita*, als der Kommunismus noch in den Kinderschuhen steckte, schrieben mehrere aufsteigende russische Schriftsteller bereits ihre Versionen von *Farm der Tiere* und *1984*. Einer von ihnen war Jewgeni Samjatin, der im Revolutionsjahr 1917 31 Jahre alt war. In seinem bekanntesten Roman *Wir* (1920) beschreibt er eine Gesellschaft, in der die Menschen Nummern tragen, und einen Mann, dessen Menschlichkeit von einer leidenschaftlichen Frau wiedergeweckt wird. Es ist faszinierend, wie hellsichtig Samjatins Roman war.

Wir war kein komisches Buch, doch Samjatin schrieb auch Kurzgeschichten, die den Bolschewismus humoristisch auf die Schippe nahmen. In *Das Märchen über Fita* (1922) möchte ein Bürgermeister die Bewohner seiner Stadt glücklich machen und beschließt daher, dass alle gleich sein sollen. Er steckt sie gemeinsam in große Baracken, rasiert allen Bürgern den Kopf, damit sie den Glatzköpfigen nicht überlegen sind, und setzt sie auf dasselbe intellektuelle Niveau. Auch hier sieht man auf den ersten Blick, dass Orwells *Farm der Tiere* und *1984* Samjatin einiges zu verdanken haben. In einer seiner Kurzgeschichten aus dem Jahr 1926 marschieren mehrere Bauern zum Gut eines reichen Grundbesitzers und wollen wissen, was nach dem Tod ihres Führers geschehen ist. Plötzlich kommt ein weiterer Bauer hinzu und überbringt die Nachricht von der Revolution, der Absetzung des Zaren und der Zerstörung diverser Paläste. »… und wir werden alle leben wie arme Proletarier, genau wie in der Bibel, nur dass es jetzt wegen der Wissenschaft unseres geliebten Marx ist«, erklärt der Bauer und dokumentiert damit die Unkenntnis des Marxismus, die auf dem Lande vorherrscht. Der revolutionären Lehre folgend, beschließen die Bauern, das Gutshaus zu zerstören, und beginnen mit einer klassischen Statue. Doch als der Landbesitzer den Mob beschwört, es handle sich doch um eine Statue des Mars, ziehen die Bauern den Hut und erweisen der Statue ihre Reverenz, weil sie Marx verstanden haben.

Samjatin emigrierte 1931 nach Paris und starb sechs Jahre später in Armut.

Eine weitere wichtige Kraft im goldenen Zeitalter der Satire war Juri Olescha. In seiner Novelle *Neid* (1927) porträtiert er den überzeugten bolschewistischen Revolutionär Babitschew, der in der auswuchernden sowjetischen Bürokratie rasch zum Kombinatsdirektor einer Nährmittelfabrik aufgestiegen ist. Hier hat er eine neue Wurstsorte erfunden, auf die er sehr stolz ist. Sein Untermieter Kavalierow, ein reaktionärer junger Mann ohne Selbstbewusstsein, der die Geschichte erzählt, will die materialistischen Werte der von Babitschew repräsentierten kommunistischen Gesellschaft nicht akzeptieren. Gleichzeitig beneidet er ihn um sein Selbstbewusstsein und seinen Erfolg.

63

Mich packt die Wut. Er ist eine führende Persönlichkeit, ein Kommunist, er erbaut die neue Welt. Und der Ruhm in dieser neuen Welt erstrahlt, wenn unter den Händen eines Wurstmachers eine neue Wurstsorte entsteht. Ich begreife diesen Ruhm nicht, was bedeutet das? Nicht von solchem Ruhm kündigen mir die Lebensbeschreibungen, die Denkmäler, die Geschichte ... also hat sich die Natur des Ruhms geändert? Überall oder nur hier in der neu erstehenden Welt? Aber ich spüre, dass diese neue, im Aufbau begriffene Welt dominiert und triumphieren wird ... ich bin nicht blind, ich trage einen Kopf auf den Schultern. Man braucht mich nicht zu belehren, mir nicht zu erklären ... Ich bin kein Analphabet. Gerade in dieser Welt will ich Ruhm erwerben! Ich will so strahlen, wie Babitschew heute gestrahlt hat. Aber eine neue Wurstsorte kann mich nicht zum Strahlen bringen.[14]

Diese Satiren wurden häufig als feindselige Kritik am Kommunismus fehlinterpretiert. Dabei handelte es sich gar nicht um eine Gegenkultur. Selbst die fanatischsten Parteiideologen räumten ein, dass die neue Gesellschaft mit Fehlern behaftet war. Zudem waren viele Satiriker der neuen politischen Anschauung durchaus gewogen und wollten sie zum Positiven verändern, indem sie die Unzulänglichkeiten der entstehenden Gesellschaft ins Lächerliche zogen. Diese optimistischen Kommunisten glaubten, dass faulen Bürokraten, egoistischen Kapitalisten, rückständigen Bauern und fehlgeleiteten religiösen Eiferern beizukommen sei, indem man sie verlachte, aber auch verfolgte.

In der Kurzgeschichte »Ostern am 1. Mai« etwa machte sich Walentin Katajew über die Religion lustig, auch wenn sie sich heute wie eine Farce über den Kommunismus liest.[15] Der Präsident des Ortskomitees lädt Gäste zu einem Osteressen ein. Es ist zufällig der 1. Mai. Die Gäste stimmen das übliche »Christus ist auferstanden!« an, da trifft unerwartet ein Parteigenosse ein. »Was geht denn bei dir hier vor, mein Lieber?«, fragt er. »Das scheint ja eine Ostertafel zu sein? Religiöse Vorurteile? Kleinbürgerliche Gäste? Ei, ei, ei! Das hätte ich von dir nicht erwartet, wenn du auch ein Parteiloser bist!« Nach einer kurzen Denkpause erklärt der Präsident kurzerhand, die Versammlung widme sich dem »Studium der Qualität der Produktion«. Beim Essen auf dem Tisch handle es sich um Kostproben der staatlichen Erzeugnisse, und die Buchstaben Kh. V. (*Khristos Voskrese,* »Christus ist auferstanden«) stünden in Wahrheit für *Khozystvennoe Vozrozhdenie* (»Ökonomische Erholung«). Sodann wenden sich die Gäste der wichtigen Aufgabe zu, die Nahrungsmittel zu verkosten.

Romane stellten im Russland der zwanziger Jahre nur einen kleinen Teil der satirischen Textproduktion. In der überwiegenden Mehrheit fanden sich ironische Darstellungen der neuen sowjetischen Gesellschaft in satirischen Kolumnen und Kurzgeschichten. Die Texte, die zwischen einem Absatz und zweitausend Wörtern lang waren, mithin die Länge eines Witzes haben konnten, wurden in den zahlreichen Zeitungen abgedruckt, die überall in der Sowjetunion aus dem Boden schossen. Scharen freiberuflicher Satiriker verdienten sich ihr Geld mit dem Spott über die offiziellen Feinde des Sowjetstaats. Zu ihnen gehörte das Schriftstellerteam Ilf und Petrow, die sich im Moskau der zwanziger Jahre kennenlernten. Beide waren bei einer Eisenbahnerzeitschrift dafür zuständig, die Leserbriefe mit Beschwerden über die Bürokratie, Ungerechtigkeiten und die Versorgungsengpässe zu sichten. Einige Briefe wählten sie für die Veröffentlichung aus, andere benutzten sie als Rohmaterial für ihre humorvollen Kurzgeschichten.

Eine der Figuren in ihrem ersten großen Roman *Zwölf Stühle* ist mit Sicherheit ein Selbstporträt: Absolom Wladimirowitsch

Isnurenkow, offizieller Satiriker, »lieferte monatlich nicht weniger als 60 erstklassige Witze«:

Niemals machte er seine Witze aus Spaß. Er machte sie im Auftrag humoristischer Zeitschriften. Auf seinen Schultern lasteten die verantwortungsvollsten Kampagnen, denn er versorgte die meisten satirischen Zeitschriften in Moskau mit Ideen für Zeichnungen und scharfgeschliffene Feuilletons. …
Mit dem Schwert seines Witzes traf er Liebesdiener, Hausverwalter, Schleichhändler, Bürochefs, Banditen, Händler, die nicht gewillt waren, die Preise zu senken, und Wirtschaftsfunktionäre, die das Sparsamkeitsregime verletzten. Waren die Zeitschriften erschienen, so wurden die Witze von den Zirkusclowns kolportiert, in den Abendzeitungen ohne Quellenangabe nachgedruckt und im Varieté von den Conférenciers zum Besten gegeben.[16]

Ein unbestrittener Meister des satirischen Zeitungssketches war Michail Soschtschenko, der heute außerhalb Russlands kaum bekannt ist, damals jedoch den russischen Lesern vertrauter war als Gorki, Mandelstam oder Pasternak.

Soschtschenko kämpfte im Bürgerkrieg für die Rote Armee und war in den zwanziger Jahren ein produktiver Schriftsteller. In seinen knappen Geschichten präsentiert er eine breite Palette menschlicher Typen und sozialer Werte in den sowjetischen Städten. In »Der Spürhund« (1924) ist Russland zu einer Nation Kleinkrimineller verkommen. Ein Kaufmann ruft die Polizei, nachdem ihm der Mantel gestohlen worden ist. Ein Polizist trifft mit seinem Spürhund ein. Der Hund stürzt sich in die Menge und identifiziert einen Verdächtigen nach dem anderen. Alle bekennen sich spontan verschiedener postrevolutionärer Verbrechen für schuldig: Eine alte Frau gesteht, dass sie Wodka gebrannt hat, der Vorsitzende der Hausverwaltung räumt ein, dass er den Wasserzins der Bewohner in die eigene Tasche abgezweigt hat, und ein junger Mann gibt zu, dass er sich vor dem Militärdienst gedrückt hat. Am Ende richtet sich der Hund gegen seinen Besitzer, den Polizisten, der gesteht: »Beißen Sie mich, Bürgerin! ... Ich bekomme für Ihre Hundekost drei Tschweronzen ausbezahlt und behalte davon zwei für mich zurück!«[17]

In »Ein Opfer der Revolution« (1923) macht sich Soschtschenko über angebliche Helden der Oktoberrevolution lustig. Einer, der behauptet, im Kampf für die Bolschewiken verletzt worden zu sein, ist in Wahrheit nur mit dem Fuß unter die Räder eines Autos geraten, mit dem sein Arbeitgeber, ein Aristokrat, von der Polizei abgeholt wurde.[18] Eine andere Kurzgeschichte handelt von den Droschkenkutschern, die sich in den russischen

Abb. 5. Gemeinschaftsküche (Kukryniksi, 1932). Nach der Revolution lebten die Menschen in vielen russischen Städten in überfüllten Wohnungen, oft eine Familie pro Zimmer.

Städten dauernd verfahren, weil sie sich mit den neuen Karl-Marx-Plätzen und Lenin-Alleen nicht mehr auskennen. Eine ähnliche Stoßrichtung hat die Geschichte »Ein Vorfall auf der Wolga« [19]: Eine russische Urlaubergruppe muss auf einer Wolga-Kreuzfahrt nach jedem Landgang ihr Schiff suchen, nachdem es immer wieder umbenannt worden ist, unter anderem, weil die Personen, deren Namen es trug, noch leben: »Darum besteht die Misere hier höchstwahrscheinlich darin, dass es noch lebende Menschen gibt.«

In »Die Galosche« (1927) verliert der Erzähler im Feierabendverkehr eine Galosche.[20] Der Versuch, sie in einem Fundbüro zurückzubekommen, führt ihn durch das Labyrinth der sowjetischen Bürokratie. Als er seine Galosche endlich wiederhat – was beweist, dass das System funktioniert –, muss er feststellen, dass er bei der Suche den anderen Überschuh verloren hat.

In den zwanziger Jahren herrschte chronische Wohnungsknappheit, die sich im Lauf des Jahrzehnts immer weiter zuspitzte. Es war völlig normal, dass zehn Familien in einer Wohnung hausten, eine pro Zimmer (Abb. 5). Kinder schliefen unter, die Großmutter auf dem Esstisch. Im Jahr 1928 betrug in Moskau der durchschnittliche Wohnraum pro Person unter sechs Quadratmeter. In einer anderen Geschichte aus dem Jahr 1925 erzählt Soschtschenko von einer Familie, die in ein Badezimmer einzieht. Der Vermieter erklärt seinen Mietern, es gebe zwar keine Fenster, aber doch eine Tür und fließend Wasser. Die Familie ist zufrieden, ärgert sich nur darüber, dass abends die Mieter der anderen Wohnungen hereinplatzten, um sich zu waschen.

Die Terminologie der neuen kommunistischen Organisationen knöpft sich Soschtschenko in »Affensprache« vor (1925). Zwei ungebildete Bürger unterhalten sich auf einer Versammlung: »Wir haben heut eine sehr plenare Sitzung, und ein Forum hat sich zusammengefunden, da passen Sie bloß auf«, sagt der eine und zankt sich anschließend mit dem anderen darüber, ob die Versammlung »ganz konkret« oder »konkret faktisch« ist.[21] Die Zeitungen waren damals voll mit gewöhnungsbedürftigen politischen Begriffen, die eilfertig und übereifrig angewendet wurden. »Der *Bauernanzeiger* überbringt der Konferenz der Roten Lehrer seine innigsten Grüße«, vermeldet die gleichnamige Zeitschrift im Jahr 1925. »Wir müssen unsere Parteizelle reformieren«, heißt es in einer anderen Ausgabe. Kritiker solcher einschüchternder Schlagzeilen brandmarkten sie als »bloßen Versammlerismus«.

Die zeitgenössischen Zeitungen rühmten in ihren Artikeln die Fortschritte der sowjetischen Wirtschaft. In einer Kurzgeschichte hält ein Abgeordneter einer Gewerkschaft eine Rede vor einer Arbeiterversammlung, in der Soschtschenko die hochtrabende Sprache des sowjetischen Erfolgs parodiert. Doch als sich der Redner eine Zigarette anzünden will, bricht die Zündspitze des minderwertigen Streichholzes ab und fliegt ihm ins Auge.

Je weiter das Jahrzehnt voranschritt, desto klarer wurde den Kommunisten, dass sie für die Schaffung ihres sozialen Utopia die sowjetische Bevölkerung grundlegend umerziehen mussten. Dies entging auch Soschtschenko nicht. In einer Kurzgeschichte wird das alte Petroleumlicht durch elektrisches Licht ersetzt. Plötzlich sieht jeder Bewohner, in welchem Elend er haust. Eine Mieterin wird, »nachdem sie drei Tage im Licht gelebt hatte, … auffallend mürrisch und maulfaul«. Sie erklärt: »Sehen Sie, ich bin mit der Beleuchtung unzufrieden. Das Licht … beleuchtet einen derartigen Plunder, dass ich mich gar nicht in mein Zimmer traue.«[22] Am Ende aber wird renoviert, und alle sind mit dem elektrischen Licht zufrieden. Die Ursprünge dieses Gedankens lassen sich bis ins Jahr 1917 zu Gorki zurückverfolgen, der beobachtete, dass die neue Struktur des politischen Lebens ein neues Gefüge der Seele erfordere. Auch Trotzki forderte: »Eine neue, ›verbesserte Auflage‹ des Menschen herzustellen – darin liegt die künftige Aufgabe des Kommunismus.« Eines der Schlüsselmerkmale des Kommunismus ist es, dass der Kampf um die Befreiung des Proletariats rasch zu einem Kampf um die Schaffung eines noch nicht existenten sozialen Organismus mutierte, des Sowjetmenschen. Der Kommunismus war eine Bewegung der sozialen Innovation, nicht der sozialen Transformation. Und kommunistische Witze spalten diese soziale Innovation gewissermaßen akribisch in ihre Bestandteile auf, in eine lange Liste kommunistischer Erfindungen.

Wie viele andere Satiriker hatte auch Soschtschenko Ende der zwanziger Jahre Schwierigkeiten, seine Texte zu publizieren. Dennoch blieb er Mitglied im Sowjetischen Schriftstellerverband. Doch 1945 wurde er nach der Veröffentlichung seiner Erzählung »Abenteuer eines Affen« aus dem Verband ausgeschlossen. In der Geschichte flieht ein Affe nach dem Einschlag einer faschistischen Bombe aus einem sowjetischen Zoo. Der Affe verbringt einen Tag in der sowjetischen Gesellschaft, wo er Schlangen vor Geschäften, Versorgungsengpässe und eine aggressive Bevölkerung kennenlernt. Er gelangt zu dem Schluss, es sei dumm von ihm gewesen, den Zoo zu verlassen – im Käfig habe er es besser. Stalins Kulturminister Schdanow war nach der Lektüre außer sich.

Die verschlungene Bürokratie, die künstlich geschaffenen neuen Helden, die politische Ignoranz der Massen, minderwertige Waren, die übereifrige Polizei, die sinnentleerte Sprache – Soschtschenko nahm in seinen glänzenden Geschichten die Themen voraus, die in den folgenden sieben Jahrzehnten den kommunistischen Witz beherrschten. Auch die Überraschungseffekte, die Detailfreude und die Themenvielfalt seiner Humoresken setzten einen hohen Maßstab.

Soschtschenkos Geschichten waren recht pauschal angelegt. Sie befassten sich mit dem Beginn der Massengesellschaft und mit dem Versuch aufseiten der kommunistischen und der kapitalistischen Staaten, dieses neue Phänomen vernünftig zu organisieren. Dass der Beginn der kommunistischen Gesellschaft ein in Quantität und Qualität goldenes Zeitalter der Satire einläutete, belegt, dass der Humor von Anbeginn ein charakteristisches Merkmal der kommunistischen Erfahrung war.

Gedruckte Texte waren in den folgenden Jahrzehnten allerdings nicht die vorherrschende Form. Schon Mitte der zwanziger Jahre wurden Argumente gegen die Satire vorgebracht, und als Stalin gegen Ende des Jahrzehnts sein Machtmonopol festigte, wurden viele satirische Zeitschriften und Zeitungen eingestellt. Die Schriftsteller brachte man dazu, sich im Ton zu mäßigen – sofern sie überhaupt noch publizieren durften, was etwa für Jewgeni Samjatin nicht galt. Anfang der dreißiger Jahre bat Samjatin Stalin in einem Brief: »Für mich als Schriftsteller kommt der Entzug jeder Möglichkeit zu schreiben einem Todesurteil gleich ... in einer Atmosphäre systematischer, sich von Jahr zu Jahr verstärkender Verfolgung ist jegliche Art von schöpferischer Tätigkeit undenkbar.« [23]

Im Jahr 1934 fand im ehrwürdigen Kolonnensaal des Moskauer Gewerkschaftshauses, eines Palastes aus dem 18. Jahrhundert, der Erste Sowjetische Schriftstellerkongress statt. Der Saal wurde zu diesem Anlass mit gigantischen Porträts geschmückt: Shakespeare, Tolstoi, Gogol, Cervantes, Heine, Puschkin und Balzac. Mit der Wahl des Ortes unterstrich man die Bedeutung des Ereignisses. Hier hatte der Zar die Leibeigenschaft aufgehoben, hier war Lenin 1924 nach seinem Tod feierlich aufgebahrt worden, und hier hatte George Bernard Shaw 1931 seinen 75. Geburtstag gefeiert. Fünfzehn Tage lang lauschten sechshundert Schriftsteller und Politiker zweihundert Reden. In den

Seitenflügeln gingen Arbeiterdelegationen, Kolchosebauern und Vertreter der Roten Armee sowie der Kommunistischen Jugend ein und aus.

Der Kongress war die erste Zusammenkunft der devoten Schriftstellergewerkschaft, die Stalin 1932 gegründet hatte. Sein Zweck war die ritualhafte Konsolidierung der staatlichen Kontrolle über das literarische Schaffen in der Sowjetunion. Dazu gehörte auch, dass unabhängige Satirezeitschriften unterdrückt und Schriftsteller dazu gebracht wurden, mit ihren literarischen Schöpfungen eine besondere Weltsicht zu befördern. Der sozialistische Realismus, die Darstellung der kommunistischen »Wunder des Heroismus und der organisierten Disziplin, die in aller Welt Bewunderung finden«, wurde zur offiziellen Stilrichtung in der kommunistischen Kunst erklärt. Die Durchsetzung dieses Stilmonopols hatte einen unerwarteten Nebeneffekt: Sie verfestigte und beschleunigte die Untergrundkultur des anonymen politischen Witzes.

Alle namhaften sowjetischen Schriftsteller der Zeit nahmen an dem Kongress teil: Maxim Gorki, Boris Pasternak, Michail Schdanow, Ilja Ehrenburg, Karl Radek, Isaak Babel. Unter den Delegierten war Michail Kolzow (Abb. 6), einer der bedeutendsten Journalisten seiner Zeit, Mitglied der Redaktionsleitung bei der *Prawda* und Gründer mehrerer Satirezeitschriften, darunter 1922 das *Krokodil*, das bis heute besteht. Für diese Zeitschrift arbeitete auch sein Bruder, der Karikaturist Boris Jefimow, von dem im nächsten Kapitel die Rede ist.

Abb. 6. Michail Kolzow (Boris Jefimow, 1920er Jahre).

Kolzow hatte als regimefreundlicher Satiriker Einfluss, und seine Texte würden wir heute als Schmähschriften bezeichnen. Seine einschüchternden Kolumnen folgten wie die Karikaturen seines Bruders sklavisch der Parteilinie und überzogen Imperialisten, Christen, zaristische Emigranten, ineffiziente Bürokraten und gierige Geschäftsleute mit Hohn und Spott. Am Neujahrstag 1924 beispielsweise nahm Kolzow den politischen Opportunismus sowjetischer Intellektueller ins Visier, als er anhand der Neujahrsgrüße ein und desselben Russen von 1914 bis 1924 illustrierte, wie sich dieser von einem loyalen Monarchisten zum radikalen Kommunisten wandelte, dann emigrierte und zu einem flammenden Antikommunisten wurde. Kolzow war kein Liberaler, und die Blätter, die er herausgab, waren Bestandteil eines Propaganda- und Denunziationssystems, in das die Satire fest eingebunden war.

Doch auf dem Kongress wollten Rivalen den *Prawda*-Herausgeber außer Gefecht setzen und gingen mit seinem Humor hart ins Gericht. Als Kolzow aufs Podium stieg, musste er die Satire daher in Schutz nehmen, und zwar nicht etwa, weil er an die Pressefreiheit glaubte, sondern weil sie die Quelle seiner politischen Macht war. Er begann seine Rede mit einer Anekdote:

In Leningrad ist ein Autofahrer betrunken unterwegs gewesen. Als die Polizei ihn angehalten hat, hat er ihnen den Ausweis eines Freundes gezeigt. Nachdem das Vergehen ans Licht gekommen ist, berufen seine Arbeitskollegen eine Versammlung ein und diskutieren darüber, was nun mit ihm geschehen soll. Einige meinen, er solle entlassen und aus der Gewerkschaft ausgeschlossen werden, andere fordern seine sofortige Verhaftung. Eine dritte, besonders blutrünstige Gruppe allerdings verlangt, ihn dem Schriftsteller Soschtschenko zu überstellen, damit er eine Geschichte über ihn verfasst.[24]

Das Publikum lachte und applaudierte, obwohl es ein schlechter Witz war und nichts bewies – der Esprit eines Schriftstellers sollte als Bestrafung einem sowjetischen Straflager ebenbürtig sein? Schon seit Mitte der zwanziger Jahre war die Satire aus Teilen der bolschewistischen Partei unter Beschuss. Der einflussreiche Theaterkritiker Wladimir Blium stellte als Erster ernsthaft die Frage, ob in einer utopischen Gesellschaft Witze zulässig seien. Im Jahr 1925 schrieb er in einem Artikel unter dem Titel »Der Weg des geringsten Widerstandes«, das junge kommunistische System sei noch zu zart, als dass es das Gewicht satirischer Kritik tragen könne: »Den proletarischen Staat mit den herkömmlichen satirischen Mitteln zu verspotten und damit in seinen Grundfesten zu erschüttern, über die ersten Schritte der neuen sowjetischen Gesellschaft zu lachen – so unsicher und ungeschickt sie auch sein mögen –, ist zumindest unklug und unbedacht.«[25]

Der Humor stellte die frühen Kommunisten vor dieselben philosophischen Fragen wie alle anderen Bereiche der Kultur: Was war passé, was hatte Perspektive? Oft wurde angeführt, die alten bourgeoisen Gewohnheiten, die sich so hartnäckig hielten, ließen sich am besten mit Humor aufs Korn nehmen. Aber, wendeten die anderen ein, da die Sowjets eine perfekte Welt schufen, werde es in der russischen Politik und Gesellschaft bald nichts mehr zu verlachen geben; das Ende des politischen und sozialen Humors sei praktisch besiegelt. Nein, nein, erklärte die Gegenfraktion nicht minder ernsthaft: Nach der Befreiung der Arbeiterklasse würden die Massen die Macht über Sprache und Humor an sich reißen, die früher der Elite vorbehalten war. Weit gefehlt, theoretisierte eine dritte Gruppe die Komik salbungsvoll: Es werde auch unter dem Kommunismus weiter gelacht, doch in der neuen Gesellschaft werde sich ein völlig neuer Humor entwickeln.

Auf dem Podium des Schriftstellerkongresses 1934 wiederholte Kolzow die verdrehten Gegenargumente der vorangegangenen zehn Jahre. Wenn das System eines Tages perfekt sei, so räumte er ein, werde sich der Humor möglicherweise erübrigen, doch im Moment habe er noch eine Daseinsberechtigung. Auch wenn sich die Satire formal am altmodischen zaristischen Humor orientiere, sei sie nicht als reaktionär zu betrachten. Da die Arbeiterklasse gemäß der marxistisch-leninistischen Theorie die letzte Klasse vor dem Erreichen einer klassenlosen Gesellschaft sei, sei ihr Gelächter annehmbar, denn, so Kolzow pfiffig: »In der Geschichte des Klassenkampfes wird es die Arbeiterklasse sein, die am letzten lacht.«

Die ritualhafte Debatte liest sich heute verwirrend. Keine Seite behandelte die Satire in ihrer Gesamtheit, und niemand verschwendete auch nur einen Gedanken daran, die Satire über den Imperialismus, den Kapitalismus und die bürgerlichen Werte außerhalb Russlands einzustellen. Allerdings ging man davon aus, dass sie nach dem weltweiten Sieg des Kommunismus eines Tages hinfällig sein werde. Auf dem Kongress wurde überwiegend die Frage diskutiert, welche Kritik in der Sowjetunion erlaubt sei, wer diese Kritik äußern und wie vehement er das tun dürfe.

Kolzow nahm wieder Platz. Kurz darauf fuhr er nach Spanien, wo er über den Bürgerkrieg berichten wollte. Andere Kongressteilnehmer wie der sowjetische Schriftsteller Panteleimon Romanow trugen mit einer neuen Theorie zur Zukunft des Humors den Sieg davon: »Ich möchte meinem Wunsch Ausdruck verleihen, dass am Ende des dritten Fünfjahresplans die Satire in der Sowjetunion überflüssig geworden ist und nur das Bedürfnis nach Humor, nach fröhlichem Gelächter bleibt.«

Die Vorstellung von einer neuen Art Lachen wurde als »positiver Humor« bezeichnet. Der Sowjetstaat würde dem »Neuen Menschen« nicht nur eine neue Haltung zur Arbeit, zur Familie, zur Religion und zur Gesellschaft einimpfen, sondern auch einen neuen Sinn für Humor. Es sollte eine neue Art Witz entstehen, die mit einem neuen Lachen quittiert wurde. In seiner Rede kündigte Romanow an:

Im Lande der Sowjets wird eine neue Komödie erschaffen: die Komödie der positiven Helden. Eine Komödie, die ihre Helden nicht verspottet, sondern sie heiter porträtiert und ihre positiven Qualitäten mit solcher Liebe und Zuneigung herausstreicht, dass das Lachen des Publikums fröhlich ist und die Zuschauer es den Helden der Komödie gleichtun, ihre Alltagsprobleme mit derselben Leichtigkeit, demselben Optimismus angehen wollen. Das bedeutet nicht, dass in unserer Literatur kein Platz mehr für bissige Satire ist. In unserer Lebensweise ist noch immer allerlei Hässliches, Überbleibsel aus dem Kapitalismus sind noch spürbar. Das sind die geeigneten Themen für den Stift des Satirikers. Doch das Lachen der Sieger, ein Lachen, das so erfrischend ist wie Frühsport, ein Lachen, das nicht daraus erwächst, dass man den Helden verspottet, sondern dass man sich mit ihm freut, dieses Lachen wird auf unseren Bühnen immer lauter erschallen.[26]

Romanow meinte damit, dass die Satire zahnlos werden müsse, es sei denn, sie griff die Feinde des Kommunismus an. Mit den bissigen Geschichten über rappelvolle Wohnungen, Lebensmittelengpässe und sowjetische Neologismen solle Schluss sein.

Der Staat vermochte nie zu steuern, wie und worüber die Menschen lachten. Aber er versuchte es. Zum Zeitpunkt des Kongresses war die unabhängige politische Satire bereits zum Erliegen gekommen. Die Zeitschriften waren eingestellt, die

Verfasser zum Schweigen gebracht worden. Nach seiner Rückkehr aus Spanien wurde Kolzow 1938 unter Stalin verhaftet und 1940 hingerichtet. Doch wie Romanow es gefordert hatte, werden wir noch sehen, dass die Kommunisten nicht ohne den Humor auskamen. Und davon gab es zweierlei: den offiziellen und den inoffiziellen, den schriftlichen und den mündlichen, den öffentlichen und den privaten. In dem Vakuum, das durch die Zensur entstand, entwickelte sich eine Kultur des gesprochenen Witzes, ein kollektives satirisches Werk, erschaffen von der gesamten Bevölkerung.

Ariane erschien in der Tür zu ihrem Wohnzimmer. Sie trug ihre übliche Kluft: ein Kleid in sich beißenden Farben, lila Strümpfe, die ihr über die Knie reichten, und schwarze Stiefel mit dicker Gummisohle und Schnürsenkeln. Das war noch ihr Hausbesetzerlook – obwohl sie mittlerweile Miete für ihre Wohnung zahlte, hielt sie hartnäckig am Outfit und an der politischen Agenda fest. Ihre Kleidung strahlte eine merkwürdige Mischung aus Naivität und Gewalt aus – dieselbe emotionale Dialektik, die auch den frühen Kommunismus befeuerte. Ich hatte eine völlig andere Garderobe: Desig-

Abb. 7. Karikatur Majakowskis, 1928 gezeichnet vom Künstlertrio Kukryniksi. Man beachte die Beine der Tänzerin auf dem Bild an der Wand, sicher eine Anspielung auf die amourösen Abenteuer des Dichters.

nerklamotten in Blau, Grau, Schwarz und Weiß, die ich im Schlussverkauf oder bei eBay erwarb. Ariane war das zu monochrom.

Sie gab mir eine C90-Kassette. Ich betrachtete die durchsichtige Plastikhülle mit der schlanken grauen Kassette. »Das kannst du vielleicht brauchen«, sagte sie. Ungeachtet unserer Differenzen wollte sie mir bei meiner Recherche helfen, vielleicht, weil sie die vage Hoffnung hegte, mich noch zu ihrer Sache bekehren zu können. Ihre Wahl des Aufnahmemediums sprach Bände. Meine Freunde und ich hatten unsere Kassettenrekorder mit den Klicktasten und dem ärgerlich fauchenden Laufgeräusch längst entsorgt und durch iPods ersetzt. In den einstigen Ostblockstaaten war die antiquierte Analogtechnik dagegen offenbar noch im Einsatz. Technisch war man Jahre im Rückstand. Arianes Geschenk enthielt ein Interview mit Wladimir Kaminer. Es ging um den sowjetischen Dichter Wladimir Majakowski. Kaminer hatte zwei Wochen zuvor an einem literarischen Themenabend teilgenommen, der einmal im Monat in einem Lokal im ehemaligen Ostberlin stattfand.

Majakowski, geboren 1893 (Abb. 7), gehörte zu den Kulturschaffenden, die missionarisch für die russische Revolution warben, und wurde später von Stalin als größter sowjetischer Dichter bezeichnet. Wie der Fotograf Alexander Rodtschenko und der Maler El Lissitzky stellte er sein Können begeistert in den Dienst der Revolution. Avantgardistische Kunst, so Majakowski, könne die Massen für den Kommunismus gewinnen. Heute gilt er unter linken Schriftstellern wie Kaminer als literarischer Che Guevara, und zwar aus zwei Gründen: Zum einen verkörpert er den Geist der Revolution – die exzentrische, avantgardistische Gegenkultur –, ehe sie von der sowjetischen

Politik diskreditiert wurde. Zweitens ist Majakowski einer der wenigen Künstler, die mit ihrem Werk den Nachweis für die eigenwillige Behauptung führen, dass Kunst in der Lage sei, etwas gegen politische Unterdrückung auszurichten. Doch Majakowski ist noch aus einem dritten Grund interessant. Der Verlauf seiner Karriere illustriert, dass der kommunistische Witz unentbehrlich war: Der Dichter begann als leidenschaftlicher Verfechter der Ideologie und verfasste am Ende Satiren darüber.

Kaminer sprach in dem Interview mit starkem russischen Akzent über die Zeit vor der Revolution. Der vierzehnjährige Majakowski nahm in Georgien an sozialistischen Demonstrationen teil. Im Jahr 1906 zog die Familie nach Moskau. Majakowski entwickelte eine Leidenschaft für marxistische Literatur. Bis zum Alter von sechzehn Jahren wurde er dreimal wegen seiner politischen Aktivitäten inhaftiert. Im Jahr 1911 besuchte er die Moskauer Hochschule für Malerei, Bildhauerei und Architektur. Dort lernte er die russischen Futuristen kennen, deren Sprecher er wurde. Seine ersten Gedichte veröffentlichte er 1912 in dem futuristischen Band *Eine Ohrfeige für den öffentlichen Geschmack*. Während der Oktoberrevolution hielt er sich in Sankt Petersburg auf, und schon bald schrieb er Gedichte zur Unterstützung des neuen Regimes, beispielsweise »Links Marsch! Für die Roten Matrosen: 1918«, das er in mehreren Marinetheatern rezitierte:

Lässt das Auge des Adlers je nach?
Sollen wir wieder nach dem Alten starren?
Proletarische Finger
Halten die Gurgel der Welt
Nur umso fester!
Brust raus!
Schultern gerade!

Hängt den Himmel voll mit rotwehenden Fahnen!
Wessen Marsch ist noch mit den Rechten?!!
Links!
Links!
Links![27]

Im Jahr 1919 erhielt Majakowski eine Schlüsselposition in der Agitprop. Das neu geschaffene Propagandaministerium sollte den Kommunismus in der Sowjetunion, in der noch kaum jemand von dem deutschen Philosophen Marx gehört hatte, bekannt machen. Das Zentralkomitee und die Regionalkomitees der Kommunistischen Partei hatten jeweils Agitprop-Abteilungen, die ein flächendeckendes Netz aus Informationsbüros betrieben. Agitprop-Züge fuhren durchs Land, und in den größeren Städten wurden in Niederlassungen die Prinzipien, Vorzüge und Ziele des sowjetischen Kommunismus angepriesen. Die Aktionen richteten sich gegen Religion, Kriminalität, Vandalismus, Alkoholismus, Analphabetentum, Antisemitismus und bäuerlichen Landbesitz. Zahlreiche Künstler und Schriftsteller schlossen sich der Agitprop an. Künstler wandten sich von der Malerei dem Plakatentwurf zu, Dichter schrieben tagsüber statt romantischer Lyrik griffige Slogans und trugen abends auf Lesungen kommunistische Gedichte vor. Zeitungsjournalisten verfassten Artikel, die, statt Neues zu berichten, die Bevölkerung bilden und motivieren sollten.

Und Majakowski war mittendrin. Als Angestellter der revolutionären Nachrichtenagentur ROSTA schrieb er Texte, entwarf Plakate, drehte Filme und schrieb wohl an die zwanzigtausend Gedichte. In »Nach Hause« (1925) erklärte er leidenschaftlich:

Ich will,
dass meinen Gedanken
die Zeit
als Kommissar Befehle erteilt.
Ich will,
dass mein Herz auch das Liebesglück
wie ein Spezialist seinen Höchstlohn kriegt.
Ich will,
der Betriebsrat
soll kommen müssen,
mir meinen Mund
nach Dienstschluss zu schließen.
Ich will, dass die Feder
schlägt und sticht,
dass Stalin
im Namen des Politbüros
über die Arbeit der Dichter spricht
wie über Eisen-
und Stahlproduktion.[28]

Während ich das Band abhörte, nähte Ariane mir so eine Augenbinde, wie man sie auf Langstreckenflügen bekommt, allerdings aus lauter bunten Stoffflicken. Wie die meisten DDR-Bürgerinnen hatte sie das Schneidern gelernt, um nicht in den unmodischen Klamotten herumlaufen zu müssen, die es zu kaufen gab. »In der DDR konnte man keine schöne Mode kaufen«, erzählte sie mir. »Die Hosen in den Läden sahen alle gleich aus und saßen schlecht. Wenn mal eine Lieferung hübscher Röcke eintraf, sprach sich das so schnell herum, dass sie an einem Nachmittag ausverkauft waren.«

Ich brauchte die Augenbinde, weil es im Schlafzimmer meiner Freundin keine Vorhänge gab. Ihr alternativer Lebensstil brachte es mit sich, dass sie morgens nicht vom Licht der aufgehenden Sonne wach wurde. Ich dagegen war den Luxus gewöhnt, im Dunkeln zu schlafen.

Auf der Kassette war neben Kaminers Stimme gedämpft das Publikum zu hören, das sich flüsternd unterhielt. Sein Vortrag wurde alle zehn Minuten von einer Musikeinlage unterbrochen, die darin bestand, dass ein DJ namens Doc Choc entweder eine sowjetische Hymne oder Lieder obskurer deutscher Punkgruppen abspielte. Lenin hätte diese revolutionäre Melange wohl verwirrend gefunden.

Als Revolutionär war Majakowski ein unsicherer Kantonist. Er ließ sich in einer Luxuslimousine mit jungen Tänzerinnen durch Moskau chauffieren und schrieb Tausende von Liebesbriefen, deren Wortlaut er für verschiedene Frauen wiederverwendete. Er bewarf sowjetische Funktionäre mit Orangen und schlug auf einem Empfang den schwedischen Botschafter. Majakowski habe aufgrund einer Lungenerkrankung im jugendlichen Alter nie rauchen dürfen, so Kaminer, ließ sich aber stets mit Zigarette ablichten.

Majakowski entwarf die Schablone für das sowjetische Stereotyp von den westlichen Staatschefs als kriegstreibenden und raffgierigen Kapitalisten. In einem Theaterstück lässt er eine Krone, eine große Goldmünze und einen Sack mit der Aufschrift »Gewinne aus imperialistischen Massakern« in den Ring werfen. Der britische und der französische Premierminister raufen sich um den Sack, der amerikanische Präsident kämpft mit einem Spekulanten (dem bürgerlichen Russland) um die Goldmünze. Als die Revolution den Ring betritt, weigert sich die westliche Allianz, gegen sie zu kämpfen, und bittet um eine zehnminütige Pause – selbst nach dem bescheidenen Maßstab der sowjetischen Propaganda ist das eine jämmerliche Wendung.

Plumpe Handlungen wie diese haben dazu geführt, dass Majakowski einen nur mäßigen literarischen Ruf genießt, was

Kaminer allerdings verschwieg. Neben Zeitungskolumnen und mehreren nostalgischen Romanen über den Kommunismus hatte Kaminer soeben gemeinsam mit seiner Frau *Küche totalitär: Das Kochbuch des Sozialismus* herausgegeben, das Rezepte zu Gerichten enthielt, die unter dem Kommunismus gegessen wurden. Für ihn war Majakowski nach wie vor leckere revolutionäre Kost, ungeachtet seines Selbstmords im Jahr 1930. Nach einem Applaus war das Band zu Ende.

Vielleicht aus Zeitmangel hatte Kaminer nicht erklärt, dass bei Majakowski Ende der zwanziger Jahre Ernüchterung eintrat. Stalin hatte den Dichter aufs Abstellgleis geschoben. Seine avantgardistischen Pläne für die Feiern anlässlich des zehnten Jahrestages der Gründung der Sowjetunion im Jahr 1927 waren abgelehnt worden. In einem Gedicht folgert er im Jahr 1930:

So trete ich
einst
vors Zentralkomitee
gegen die Bande
poetischer
Kriecher
und erhebe
als Ausweis der KP
alle hundert Bände
meiner
parteiischen Bücher.[29]

Im Jahr 1929 schrieb Majakowski *Die Wanze*, ein satirisches Drama gegen den Kommunismus. In der Bühnenanweisung zur 5. Szene wird eine große Parteikonferenz ohne Delegierte beschrieben. An ihrer Stelle füllt Technik den Saal:

Großer, bis zur Decke amphitheatralisch ansteigender Sitzungssaal. Anstelle menschlicher Stimmen Radiotrichter, daneben etliche herabhängende Hände in der Art von Autowinkern. Über jedem Trichter farbige elektrische Lämpchen, direkt unter der Decke Bildschirm. In der Mitte Rednerpult mit Mikrofon. Zu dessen Seiten Verteiler und Regler für Ton und Beleuchtung ...

Zwei Angestellte fuhrwerken im abgedunkelten Saal herum. Der ältere weist seine Kollegin an: »Schmier den Stimmapparat der landwirtschaftlichen Bezirke mit Öl und prüf ihn dann durch.« Die Kollegin stellt fest: »Bei den hauptstädtischen Dienststellen muss man die Schrauben anziehen, sonst gibt es Unregelmäßigkeiten: Die rechte Hand krallt sich an der linken fest.« Dann betritt der Vorsitzende des Instituts für Humanwiederbelebung den Saal und geht zum Rednerpult. Er erklärt, eine gefrorene menschliche Gestalt sei unter dem Eis entdeckt worden, und: »Das Institut hält die Wiederbelebung des vor fünfzig Jahren eingefrorenen Individuums für möglich. Das Institut hält dafür, dass jedes Arbeiterleben bis zur letzten Sekunde genutzt werden muss.«[30] Daher bittet er darum, über die Wiederbelebung abzustimmen. Es ist die futuristische Vision einer entmenschlichten Welt, in der die proletarische Demokratie zu industrieller Sklaverei mutiert ist – genau, wie es in den dreißiger Jahren geschah.

»Die Revolution und der Kommunismus waren eine großartige Sache, aber« sie wurden von Stalin pervertiert«, sagte Ariane und reichte mir die fertige Patchwork-Augenblende. Ich setzte sie auf. Sie passte. Ich streckte die Arme nach ihr aus, um sie zu umarmen. »Jetzt sehe ich gar nichts mehr«, sagte ich.

»Macht nichts«, sagte sie. »Dafür hast du Farbe.« Sie nahm mich bei den Händen und legte mir ihre Hände auf den Rücken.

Am 14. April 1930 beging Majakowski Selbstmord. Kurz nach seinem Tod tauchte folgender Witz auf:

Was waren Majakowskis letzte Worte, bevor er Selbstmord beging? »Nicht schießen, Genossen!«

So entwickelten sich aus den leidenschaftlichen Hymnen der Hingabe die Satiren der Ernüchterung und, als auch diese erloschen war, die Witze.

2

STALINS GRIMMIGES GRINSEN

Stalin riss schauerliche Witze über den eigenen Terror, der jüngsten realistischen Schätzungen zufolge 24 Millionen Sowjetbürger, also ein Zehntel der Gesamtbevölkerung, ins Exil trieb, ins Gefängnis, ins Straflager oder ins Grab brachte. Wladimir Nosenko, der als Kommissar für den Schiffsbau verantwortlich zeichnete, war Opfer eines Running Gag. Es begann kurz vor dem Zweiten Weltkrieg, als Stalin Nosenko auf dem Flur zurief: »Na, Genosse Nosenko, warum sind Sie denn noch nicht verhaftet worden?« Kollegen erzählten, Nosenko habe mehrere schlaflose Nächte lang darauf gewartet, dass es an der Tür klopfte. Jedes Mal wenn Stalin in den folgenden Jahren Nosenko begegnete, scherzte er: »Ich dachte, ich hätte Sie erschießen lassen.« Anlässlich der Feierlichkeiten zum Sieg im Zweiten Weltkrieg fragte Stalin Nosenko dann: »Was hat uns eigentlich den Sieg beschert? War es die überlegene sowjetische Technik? War es unsere Hingabe ans Vaterland? War es unser proletarisches Bewusstsein? Ja. Es war all das. Vor allem aber war es unser Humor. Stimmt's, Genosse Nosenko?«

Im Jahr 1932 begab sich Stalin in der Pause einer Aufführung von Bulgakows Stück *Die Tage der Turbins* von der ehemaligen Zarenloge herunter, um sich mit den Schauspielern zu unterhalten.

Der Hauptdarsteller fragte ihn: »Ich möchte bald in Urlaub fahren. Welches Ziel würden Sie empfehlen?«

»Warum fragen Sie *mich* das?«, erwiderte Stalin kühl. Der Schauspieler antwortete tapfer: »Sie kommen aus dem Süden, Sie kennen sich sicher aus.«

»Fahren Sie nach Turuchansk«, sagte Stalin. Turuchansk ist eine trostlose Stadt nördlich des Polarkreises, in die Stalin 1913 vom Zaren verbannt worden war.

Der Schauspieler, noch immer nicht eingeschüchtert, fragte weiter: »Warum sind Sie dann dort weg?«

Stalin erwiderte: »Es gab nichts mehr zu essen.«

Bei einer anderen Gelegenheit empfing Stalin in seiner makellos weißen Marschalluniform den fürs Kino zuständigen Minister Bolschakow. Bolschakow wollte mit dem Füller etwas unterzeichnen, doch der Füller schrieb nicht. Er schüttelte ihn und verspritzte dabei Tinte auf Stalins weiße Jacke. Der verängstigte Bolschakow entschuldigte sich wortreich.

Stalin verließ ohne ein Wort den Raum.

Bolschakow saß, so schien es ihm, eine Ewigkeit da, am ganzen Leib zitternd. Da erschien Stalin mit einer sauberen Jacke.

»Sie haben wohl gedacht, ich hätte nur eine Marschalluniform«, sagte er.

Stalin riss gern Witze über seine Macht und seine liebenswürdige Art. Alle sind ähnlich zweigliedrig gebaut: Zunächst räumt er ironisch ein, eine Gewaltherrschaft auszuüben, dann aber betont er in der Pointe seine Großzügigkeit – oder umgekehrt.

Der Tenor Iwan Koslowski, der 1926 bis 1954 Solist am Bolschoitheater war, gab einmal eine seiner vielen Privatvorstellungen im Kreml. Politbüromitglieder verlangten nachdrücklich nach einer bestimmten Arie. Koslowski zögerte.

»Setzen wir doch den Genossen Koslowski nicht unter Druck«, sagte Stalin, »er soll singen, was er will.« Er machte eine kurze Pause und fuhr dann fort: »Und ich glaube, er will die Arie des Lenski aus *Onegin* singen.«

Im Dezember 1944, kurz vor Kriegsende, reiste der spätere französische Staatspräsident Charles de Gaulle nach Moskau, um einen Vertrag mit Stalin zu unterzeichnen. Beim Staatsbankett stellte ihn der betrunkene Sowjetführer den anderen Gästen vor, allesamt Mitglieder des Politbüros. Stalin erhob sein Glas auf den »eisernen« Lasar Kaganowitsch. Kaganowitsch hatte die Kollektivierung in der Ukraine durchgesetzt und eine brutale Aufsicht über die sowjetische Eisenbahn und die Schwerindustrie geführt. Er war daher dafür verantwortlich, dass Tausende von Menschen verhaftet, deportiert, exekutiert oder hungers gestorben waren. »Ein mutiger Mann«, sagte Stalin. »Er weiß, dass wir ihn erschießen, wenn die Züge nicht pünktlich sind!« Er stieß mit Kaganowitsch an und trank dann auf die Gesundheit des Armeegenerals Chrulew, der im Zweiten Weltkrieg wahre logistische Wunder vollbracht hatte. »Er muss sein Bestes geben, sonst wird er gehängt. So machen wir das hierzulande!« Dann deutete Stalin auf Nowikow, seinen glänzenden Luftwaffenchef, der in Stalingrad mit Neuerungen wie panzerbrechenden Bomben, Nachtjägern und Bombenabwürfen im Tiefflug die Wende herbeigeführt hatte, und sagte: »Trinken wir auf ihn, und wenn er seine Arbeit nicht anständig macht, hängen wir ihn auf.« Stalin sah de Gaulles angewiderten Gesichtsausdruck und sagte: »Die Leute sagen, ich sei ein Monster, aber wie Sie sehen, mache ich Witze darüber. Vielleicht bin ich ja gar nicht so schrecklich.« Kurze Zeit später wurde Nowikow verhaftet, gefoltert und zu fünfzehn Jahren Zwangsarbeit verurteilt.

Viele kommunistische Witze haben Ähnlichkeit mit diesen wahren Anekdoten.

Stalin hält in einer großen Fabrik vor Arbeitern eine Rede.
»Am höchsten schätzen wir in der Sowjetunion ein Menschenleben«,
sagt er.
Plötzlich bekommt einer der Zuhörer einen Hustenanfall.
»Wer hustet da?«, bellt Stalin.
Stille.
»Na gut, ruft die Geheimpolizei«, sagt der Diktator.
Stalins Geheimpolizei stürmt mit halb automatischen Waffen herein
und eröffnet das Feuer. Bald stehen nur noch sieben Männer.
Stalin fragt erneut: »Wer hat gehustet?«
Einer der Männer hebt die Hand.
»Das ist ja eine furchtbare Erkältung«, sagt Stalin. »Lassen Sie sich
von meinem Chauffeur ins Krankenhaus fahren.«

**Ein anderer beliebter Witz ging noch einen Schritt weiter und
verspottete Stalins Milde.**

Eine georgische Delegation besucht Stalin. Die Abgesandten
tauschen sich in seinem Büro mit ihm aus und gehen dann wieder.
Kaum haben sie den Raum verlassen, da sucht Stalin seine Pfeife.
Er zieht die Schubläden heraus und sieht unter seinen Papieren
nach, doch er kann sie nirgends finden. Deshalb ruft er Lawrenti
Berija zu sich, den Chef der Geheimpolizei. »Berija«, sagt er,
»ich habe meine Pfeife verloren. Lauf doch mal der georgischen
Delegation hinterher und sieh nach, ob einer von denen sie
eingesteckt hat.«
Berija eilt durch den Flur davon. Stalin sucht unterdessen weiter.
Fünf Minuten später sieht er unter dem Tisch nach und findet die
Pfeife auf dem Boden. Er ruft Berija zurück. »Es ist gut«, sagt er. »Ich
habe meine Pfeife gefunden. Du kannst die Georgier laufen lassen.«
»Dafür ist es leider zu spät«, erwidert Berija. »Die eine Hälfte hat
zugegeben, deine Pfeife mitgenommen zu haben, und die andere ist
während des Verhörs gestorben.«

Ich erfuhr, dass von den Menschen, die sich diese Witze einst erzählt hatten, noch eine Handvoll am Leben sei. Daher buchte ich einen Flug nach Moskau, selbstverständlich mit Aeroflot. Und natürlich handelte es sich bei der Maschine nicht etwa um einen neuen Airbus, sondern um eine klapprige alte Tupolew. In meiner kapitalistischen Fantasie erschien mir der Flug holpriger als gewohnt, Start und Landung lauter – als brauchten Passagiere aus ehemaligen kommunistischen Staaten eine weniger sanfte Behandlung als wir Kapitalisten. Ich blendete die Angst aus, indem ich mich auf ein humorologisches Problem konzentrierte: Wie war es zu verstehen, dass Stalin dieselbe Sorte Witze über sich erzählte wie seine Kritiker? Das Problem bestand ja darin, dass niemand wusste, was zuerst da war: Stalins grausame Scherze oder die Scherze über den grausamen Stalin.

Und das war ein himmelweiter Unterschied: Waren Stalins Scherze zuerst da, so wurden die Witze, die über ihn erfunden wurden, nicht von seinen Taten, sondern von seinem Humor beflügelt. Und da er die Witzeerzähler verfolgte, musste Stalin seinen eigenen Humor ablehnen oder, marxistisch formuliert, von ihm entfremdet sein.

War aber das Gegenteil der Fall, tauchten also Volkes Witze zuerst auf und wurden dann von Stalin übernommen, so war auch eine andere Lesart möglich. Ich wusste zwar nicht mehr viel über die marxistische Kulturtheorie, die während meines Studiums in den Achtzigern en vogue gewesen war, doch man konnte das wohl als Aneignung oder Vereinnahmung des Witzes bezeichnen. Damals beklagten linksgerichtete Professoren, dass jeder Versuch einer Kapitalismuskritik von der dominanten Ideologie, mithin vom Staat, vereinnahmt werde. Kunstwerke, die sich kritisch mit dem Kapitalismus auseinandersetzten, würden meist gegen hohe Geldbeträge verkauft. Stalin gelang es offenbar auf der anderen Seite des politischen Spektrums, mit den Witzen ähnlich zu verfahren.

Indem er die Witze selbst erzählte, bereicherte er sein brutales Regime um eine weitere Facette des Zynismus, wie sie nur Witze zustande bringen. Statt seine Taten moralisch zu rechtfertigen, setzte er die Willkür in Szene. Die Schwäche des kommunistischen Witzes als Waffe bestand demnach darin, dass sie gegen den gewendet werden konnte, der sie führte.

Obwohl ich mir größte Mühe gab, fand ich nicht heraus, welche der beiden Lesarten auf Stalins Witze zutraf – ein erster Hinweis darauf, dass meine Vorgänger auf diesem Gebiet der Volkskunde eine allzu starke Trennlinie zwischen dem Humor der Unterdrückten und dem der Unterdrücker gezogen hatten.

Unter Stalin entstand ein charakteristischer Typus von Witzen, der nicht nur die neuen sozialen Bedingungen unter dem Stalinismus, sondern auch die neue Stimmung im Volk reflektierte. Das uralte Genre des Galgenhumors, bei dem ein Mensch den drohenden Tod oder andere Katastrophen von der heiteren Seite nimmt, erlangte im stalinistischen Witz eine nie da gewesene Intensität und Tiefe.

Im Jahr 1922 übertrug Lenin Stalin eine Position, deren politisches Potenzial bis dahin niemand erkannt hatte: Generalsekretär der Kommunistischen Partei – im modernen Unternehmensjargon entspräche das dem »Head of Human Resources« oder Personalleiter der Bolschewiken. Stalin nutzte sie, um die Positionen im ständig wachsenden Staatsapparat mit seinen Gefolgsleuten zu besetzen. Ein Jahr später verschwand Lenin nach einem Schlaganfall von der politischen Bühne, ein weiteres Jahr später starb er. Er wurde einbalsamiert wie ein Pharao des Proletariats und in einem eigenen Mausoleum ausgestellt, wo man ihn bis heute besichtigen kann. Daraus entstand der folgende Witz:

Ein Mann geht ins Lenin-Mausoleum und betrachtet die Leiche.
»Lenin ist tot«, erklärt ihm der Wachmann, »aber seine Ideen sind
unsterblich.« Darauf der Besucher: »Wäre es doch nur andersherum.«

In den folgenden vier Jahren rang Stalin mit seinen Rivalen, deren prominentester Leo Trotzki war, um die Macht.
Im Jahr 1927 betrieb er Trotzkis Parteiausschluss und setzte
seine anderen Konkurrenten außer Gefecht. Stalin blieb bis
zu seinem Tod 1953 im Amt. Zu Beginn seiner Herrschaft
war die Sowjetunion noch die pluralistische Gesellschaft der
Neuen Ökonomischen Politik, ein Flickenteppich aus florie-
renden Privatunternehmen und schwerfälligen Staatsbetrie-
ben, aus landwirtschaftlichen Märkten und Kolchosen, aus
Fraktionen und Splittergruppen innerhalb des Bolschewismus. Zehn Jahre später hatte der Staat ein Monopol auf die
gesamte politische, wirtschaftliche und kulturelle Macht und
auf Brutalität. Der mündliche Witz entwickelte sich entsprechend. Als Stalin die Macht übernahm, gab es eine chaotische
Vielzahl politischer Witze. Als er starb, waren sie zu einer
neuen homogenen Einheit verschmolzen – dem kommunistischen Witz.

Stalins Lösungsansätze für die wirtschaftliche Rückständigkeit seines Landes lauteten Größe, Zentralisierung und Sibiri-
en. Im Jahr 1929 schaffte er unter dem Schlagwort »Die große
Wende« den beschränkt freien Markt der Neuen Ökonomischen Politik ab und ersetzte ihn durch ein Industrialisierungs-
und Kollektivierungsprogramm, für das der erste von zahlreichen Fünfjahresplänen erstellt wurde.

Wie schon unter Lenin endete auch der zweite Versuch, die
Wirtschaft der staatlichen Leitung zu unterstellen, in der Katastrophe. Beim Bau von Fabriken, Kanälen und Dämmen (allerdings unter Hinzuziehung von Zwangsarbeitern) war das Sys-

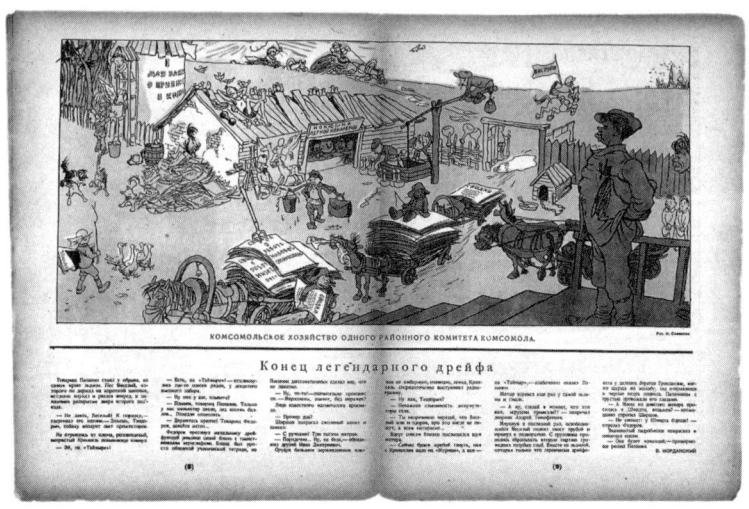

Abb. 8. Diese Karikatur, die in den dreißiger Jahren in der Wochenzeitschrift *Krokodil* erschien, idealisiert das Leben in der Kolchose (I. Semenow, 1938).

tem noch einigermaßen erfolgreich, doch die Landwirtschaft konnte es nicht ankurbeln, und auch das komplizierte Vertriebssystem des freien Marktes vermochte es nicht zu ersetzen. Die Folge waren Güterengpässe, Armut und Hunger.

Stalin ist mit seinem Chauffeur in der Staatslimousine unterwegs.

»Genosse Fahrer«, sagt er zum Chauffeur. »Sagen Sie mir, geht es Ihnen jetzt besser oder schlechter als vor der Revolution?«

»Ehrlich gesagt, schlechter«, erwidert der Fahrer.

»Warum denn?«, fragt Stalin hochfahrend.

»Na ja, vor der Revolution hatte ich zwei Anzüge. Jetzt habe ich nur noch einen.«

»Sie sollten sich glücklich schätzen«, sagt Stalin. »In Afrika laufen die Leute splitternackt herum!«

»Wirklich? Wann hatten die denn ihre Revolution?«

Im Jahr 1929 führte Stalin eine groß angelegte Kollektivierung durch, um, wie ein Parteiaktivist es formulierte, die letzten Reste der kapitalistischen Landwirtschaft »auszuradieren«. Das Ausmaß des von Stalin in Gang gebrachten gesellschaftlichen Strukturwandels ist heute kaum vorstellbar. In den ersten beiden Monaten des Jahres 1930 wurde die Hälfte aller sowjetischen Bauern – sechzig Millionen Menschen in hunderttausend Dörfern – in Kolchosen eingegliedert (Abb. 8). Die Partei machte sich an die Vernichtung einer weitgehend fiktiven Klasse reicher Bauern, die sie als »Kulaken« bezeichnete. Sie setzte klare Ziele: Im Januar 1930 sollten sechzigtausend »Kulaken« in Arbeitslager deportiert und weitere hundertfünfzigtausend »Kulaken«-Haushalte nach Nordsibirien, in den Ural und nach Kasachstan umgesiedelt werden. Zwei Millionen Menschen mussten im Rahmen der »Entkulakisierung« 1930 und 1931 ihre Heimat verlassen.

Doch diese Aktion machte die sowjetische Landwirtschaft nicht etwa effizienter, sondern führte in die Katastrophe. Von 1928 bis 1930 halbierte sich die Zahl der Rinder in der Sowjetunion. Im Jahr 1933 hungerte bereits die Hälfte der sowjetischen Bevölkerung. In der Ukraine starben in der großen Hungersnot von 1932 und 1933 drei Millionen Menschen. Das katastrophale Versagen der kommunistischen Wirtschaft ging in die folgenden bitteren Witze ein:

Stalin merkt, dass er in seinem Büro im Kreml Mäuse hat.

Er beschwert sich bei Staatschef Kalinin.

Kalinin denkt einen Moment nach und rät dann: »Stellen Sie doch ein Schild mit der Aufschrift ›Kolchose‹ auf. Die eine Hälfte der Mäuse wird verhungern und die andere fliehen.«

In Kiew begegnen sich auf der Straße zwei Skelette.

»Hallo«, sagt das eine. »Wann bist du denn gestorben?«

»In der großen Hungersnot 1932«, erwidert das andere. »Und du?«

»Oh, ich lebe noch, Gott sei Dank.«

»Schsch! Weißt du nicht, dass es Gott jetzt nicht mehr gibt?

Du musst sagen: Stalin sei Dank!«

»Und wenn Stalin stirbt, was soll ich dann tun?«

»Dann kannst du sagen: Gott sei Dank!«

Die überwiegende Mehrheit der nun aufkommenden Witze handelte vom Gulag, einem System aus Festnahmen, Inhaftierungen, Deportation, Verbannung und Zwangsarbeit, mit dessen Hilfe Stalin den Strukturwandel durchsetzte. Der Gulag war kein Instrument des Gesetzesvollzugs, sondern eine allumfassende Wirtschaftspolitik. Die Kollektivierung wurde vollzogen, indem man Bauern in die Zwangsarbeit schickte und umsiedelte. Um die Industrialisierung voranzutreiben, stützte sich Stalin auf eine ähnliche Strategie, die er auf Menschen aller Arbeitsbereiche ausdehnte: Die Standorte der großen Bergbauprojekte in Sibirien und nördlich des Polarkreises waren zum Teil viel zu kalt und zu unwirtlich, die Arbeitsbedingungen zu hart, als dass man Freiwillige hätte gewinnen können, die zu einem für den Staat erschwinglichen Lohn dort gearbeitet hätten. Also baute man Lager, in die man die »Kulaken« und andere »bourgeoise Elemente« steckte, damit sie Sklavenarbeit verrichteten. Ein Lagerleiter bezeichnete das als »experimentelle Form der industriellen Entwicklung«. Auf diese Weise errichtete Stalin Industriestädte wie Magnitogorsk und Norilsk, den Moskau-Wolga-Kanal und den Weißmeer-Ostsee-Kanal, die Moskauer Metro und die Dnjeprostroj-Talsperre mit dem damals größten Wasserkraftwerk der Welt, das seit 1932 in Betrieb ist.

Die Bevölkerung in den Gulag-Lagern stieg von zwanzigtausend im Jahr 1928 auf eine Million 1934; insgesamt waren etwa achtzehn Millionen Menschen in Gefangenschaft. Weitere sechs Millionen wurden deportiert oder zum Exil in entlegenen Gebieten der Sowjetunion verurteilt. Es folgte eine Flut von Witzen, die alle Aspekte des stalinistischen Polizeistaates aufs Korn nahmen: Denunzierung, willkürliche Verhaftungen, die Atmosphäre des Misstrauens und der Angst, Schauprozesse, Inhaftierung, Deportation, Zwangsarbeit und Stalins Säuberungsaktionen in der eigenen Partei.

Ein Mann klopft bei seinem Nachbarn an die Wohnungstür.
»Schnell, stehen Sie auf und ziehen Sie sich etwas über.«
Aus der Wohnung hört er lautes Wehklagen. »Keine Angst«,
fügt er hinzu, »es ist nichts Schlimmes, ich bin nicht von
der Geheimpolizei. Es ist nur: Das Haus brennt.«

Eine Schafherde wird an der russisch-finnischen Grenze angehalten.
»Warum wollt ihr Russland verlassen?«, fragen die Grenzsoldaten.
»Wegen der Geheimpolizei«, erwidern die verängstigten Schafe.
»Berija hat befohlen, alle Elefanten festzunehmen.«
»Aber ihr seid doch keine Elefanten!«
»Erklär das mal der Geheimpolizei!«

Ein legendärer Witz aus der Zeit des Großen Terrors betraf Karl Radek, einen führenden Kommunisten, der sich mehrmals mit Stalin überwarf und wieder versöhnte, 1937 aber wegen konterrevolutionärer Umtriebe zu Lagerhaft verurteilt wurde.

In einem Konzentrationslager in Sibirien unterhalten sich
drei Insassen darüber, warum sie da sind. Einer sagt:
»Ich bin hier, weil ich behauptet habe, Karl Radek sei ein
Konterrevolutionär.«

Der zweite sagt. »Das ist ja interessant. Ich bin hier, weil ich gesagt
habe, er sei kein Konterrevolutionär.« Die beiden fragen den dritten:
»Und warum bist du hier?«

»Ich bin Karl Radek.«

Radek, 1905 in Warschau geboren, lebte Anfang des Jahrhunderts in der Schweiz, wo er vor der Revolution Lenin und andere bolschewistische Emigranten kennenlernte (Abb. 9). Nach
1917 wurde er Mitglied des Zentralkomitees und einer von Lenins engsten Beratern. Er hatte gute Kontakte zu deutschen und
polnischen Kommunisten und nahm eine Schlüsselposition in
der Komintern ein, der Kommunistischen Internationale, die
die Weltrevolution in Gang bringen sollte. Radek hielt sich
von 1918 bis 1919 in Berlin auf, wo er auf die kommunistische Revolution in Deutschland hinarbeitete. Erfolglos versuchte er Rosa Luxemburg davon zu überzeugen, dass der Terror, der ihn später selbst auffraß, ein annehmbares Mittel sei,
die Weltrevolution herbeizuführen, um die verlorene Zeit gut-
zumachen.

Radek war nicht nur Gegenstand eines klassischen Witzes, sondern auch einer der wenigen Menschen, denen die Erfindung
kommunistischer Witze nachgewiesen werden kann. Seine Kalauer belegen, dass die Menschen vom einfachen Bürger bis hinauf in die sowjetische Führungsspitze den Kommunismus mit
einem ähnlichen, klassenlosen Humor quittierten. Radek war
ein glänzender und geistreicher Journalist, und seine Artikel
für die *Iswestija* brachten ihm den Beinamen »Megafon der
Revolution« ein. Das hielt ihn aber nicht davon ab, den Grif-
fel auch gegen seine Meister zu wenden. So benannte er Lenins »Elektrifizierungsplan« in »Elektrifiktionsplan« um. Seine
mündliche Schlagfertigkeit stand seinen schriftlichen Formu-
lierungskünsten in nichts nach. Auf einem der ersten Kongresse

der Komintern fragte ein Delegierter Radek, warum von der Kommunistischen Partei der Zulu keiner da sei. Radek soll geantwortet haben: »Wir konnten keine Juden finden, die bereit waren, sich einen Ring durch die Nase zu stecken« – eine Anspielung auf die große Zahl jüdischer Mitglieder in den Kommunistischen Parteien, aber auch auf die enttäuschend geringe Beteiligung an solchen Konferenzen und die falsche Annahme, der Kommunismus werde sich rasch über den Globus ausbreiten. Radek sprach mehrere Sprachen und übersetzte auf Kongressen viele Reden ausländischer Delegierter. Ein Besucher fragte ihn: »Warum verstehen Sie eigentlich so viele Sprachen und können sie so flüssig übersetzen?«

»Wie meinen Sie das?«, erwiderte Radek. »Ich weiß doch, was die Leute hier sagen dürfen.«

Diese Bonmots gingen in Volkswitze ein. Aus der Aussage mit den Nasenringen etwa wurde folgender Witz:

Warum kam die afrikanische Delegation zu spät zur Zweiten Internationale? Sie musste warten, bis die schwarze Farbe auf Rabinowitschs Haut trocken war.

Abb. 9. Karl Radek, gezeichnet von Bucharin.

Witze treten naturgemäß kollektiv und anonym auf, kollektiv ganz besonders im Kommunismus. Dass sich ein Autor identifizieren lässt, wie in diesem Falle Radek, ist daher fast einmalig. Mitarbeiter Radeks bezeugten, dass er eine der Standard-*anekdoty* überhaupt erfand.

Was ist Kapitalismus?
Die Ausbeutung des Menschen durch den Menschen.
Und was ist Kommunismus?
Das Gegenteil.

Radek stand politisch Trotzki nahe, was nach Lenins Tod zu seinem Untergang führte. Auf dem Zwölften Kongress der Kommunistischen Partei stand der Stalin loyal ergebene sowjetische Marschall Woroschilow auf dem Podium, als Trotzki und Radek den Saal betraten. »Ach, da kommt ja der Löwe, gefolgt von seinem Schwanz«, feixte Woroschilow.

Radek antwortete: »Lieber Trotzkis Schwanz als Stalins Arsch!«

Stalin, der davon hörte, fragte Radek, als er ihn das nächste Mal traf, ob er sich den Witz ausgedacht habe.

»Ja«, erwiderte Radek. »Aber dass Sie der Führer des internationalen Proletariats sind, den Witz habe ich nicht erfunden.«

Der waghalsige Radek war dann auch der Einzige, der Stalin nachgewiesenermaßen einen Stalin-Witz erzählte. Er wurde zum Modell für einen immer wieder gern erzählten Witz über alle späteren Parteiführer.

Der Chef der Kommunistischen Partei [Namen bitte einsetzen] hört, dass ein einziger Bürger für 99 Prozent aller Witze über ihn und das kommunistische System verantwortlich ist. Er zitiert den Mann zu sich in seine pompösen Staatsgemächer. Es ist alles zu einem großen

Bankett hergerichtet. »Eines Tages«, sagt der Generalsekretär, »werden alle Genossen so tafeln.«

»He, ich dachte, ich mache hier die Witze«, sagt sein Gast.

Im Jahr 1925 stellte Stalin Radek kalt, indem er ihm den drögen Rektorenposten an einer Hochschule für chinesische Kommunisten gab. Der deutsche Kommunist Erich Wollenberg erinnerte sich:

> Radek diskutiert mit einer Gruppe Studenten. Stalin kommt vorbei und fragt, ob Radek mal wieder die neuesten Anekdoten über ihn verbreite.
>
> Radek: »Nein, wir reden gerade über die neue Machtverteilung nach der Machtübernahme.«
>
> Stalin: »Und ich komme wohl ins Gefängnis?«
>
> Radek: »Nein, wir haben beschlossen, eine jüdische Universität zu gründen, und du wirst Rektor.«
>
> Alles lacht, nur der stotternde Molotow sagt: »Aber der Genosse Stalin ist doch kein Jude.«
>
> Radek: »Bin ich Chinese?«[31]

Im Jahr 1927 verbannte Stalin Radek gemeinsam mit Trotzki nach Sibirien. Ein Jahr später sagte sich Radek von Trotzki los und durfte nach Moskau zurückkehren. In den Redaktionsräumen der *Istwestija* vollzog er vor hundert Zuhörern die öffentliche »Selbstkritik«, indem er kniefällig seine »Verbrechen« gegen die Revolution gestand. Stalin erlaubte ihm, wieder für die Presse zu schreiben und als außenpolitischer Berater zu arbeiten. Doch Mitte der dreißiger Jahre erreichte Stalins Kampagne gegen Trotzki einen neuen Höhepunkt, und in den Zeitungen häuften sich Denunzierungen und Karikaturen. Der Schriftsteller Bulgakow zitiert in seinen Erinnerungen einen Witz Radeks aus dieser Zeit.

Trotzki wacht eines Morgens auf.

»Wie geht es Ihnen?«, fragt einer seiner Mitarbeiter.

»Ich weiß noch nicht«, sagt er. »Ich habe noch keine Zeitung gelesen.«

Im Jahr 1936 ließ Stalin Radek erneut verhaften. Man setzte ihn unter Druck, sich »zum Wohle der Partei« erneut als Trotzkist zu bekennen. Er blieb standhaft und wurde schließlich vom Chef der Moskauer Geheimpolizei Moltschanow verhört. Radek machte Moltschanow ein Angebot: Er werde gestehen, dass er alle Politbüromitglieder ermorden und Hitler zum Chef des Kreml küren wollte, wenn sich Moltschanow als Komplize in diesem Komplott zu erkennen gebe. Wenn die Partei ein so großes Interesse daran habe, ihm ein Geständnis zu entlocken, so Radek, dann werde sie doch sicher bereitwillig zwölf Moltschanows dafür opfern. Am Ende trafen Stalin und Radek aufeinander und wurden handelseinig. In einem theatralischen Schauprozess gab Radek 1937 zu, mit Trotzki den Sturz des Kommunismus geplant zu haben. Im Gegenzug wurde er verschont, allerdings nur wenige Jahre lang, denn im Jahr 1942 verschwand er spurlos.[32]

Von 1917 bis 1953 war die sowjetische Gesellschaft dauerhaft traumatisiert. Zwei von drei Familien hatten Angehörige, die in die sowjetische Strafmaschinerie geraten waren. Dass sich dennoch immer nur ein bis zwei Millionen Menschen in den Straflagern aufhielten, erklärt sich daraus, dass eine starke Fluktuation herrschte, dass Menschen begnadigt oder entlassen wurden und mehrere Tausend im Jahr flohen. In immer neuen Schüben der Unterdrückung füllte die Partei die Lager und festigte so ihre Macht über den Rest der Bevölkerung. Auch Stalin sicherte mit solchen Methoden seine Führungsposition in der Partei. Lenin hatte mit dem »Roten Terror« begonnen, der im Bürgerkrieg auf der Gegenseite seine Entspre-

chung im »Weißen Terror« fand, und nach dem Ende des
Zweiten Weltkriegs verhaftete und deportierte Stalin im weniger bekannten »Kleinen Terror« Hunderttausende von Menschen. Die Gulag-Bevölkerung erreichte im Jahr 1952 mit
rund zweieinhalb Millionen Menschen ihren Höhepunkt.
Nichts aber reichte an den Großen Terror der Jahre 1937 und
1938 heran. Stalin führte in der Partei unter den eigenen Genossen groß angelegte Säuberungsaktionen durch. Neunzig
Prozent aller Hinrichtungen unter Stalin fanden während des
Großen Terrors statt, nach Schätzungen des Innenministeriums fast siebenhunderttausend. Es war eine Art politischer
Kannibalismus, bei dem das Monstrum seinesgleichen verschlang. Viele Lagerleiter und führende Offiziere des NKWD
(Volkskommissariat für innere Angelegenheiten) der ersten
Generation wurden in diesen Jahren hingerichtet. Die künftigen sowjetischen Parteiführer Chruschtschow und Breschnew erlebten damals einen Karriereschub, indem sie jeweils
in die Fußstapfen eines in Ungnade gefallenen Parteifunktionärs traten. Ein Witz würdigte die Geschwindigkeit, in der
Parteifunktionäre befördert und anschließend »liquidiert«
wurden:

Ein internationaler Zaubererwettbewerb.
Ein Inder tritt auf. Er zeigt seine leere Hand: »In meiner Hand
ist nichts. Abrakadabra!« Er wedelt mit der geschlossenen Faust
durch die Luft und öffnet sie: Ein Ei ist darin. »Abrakadabra!«
Er schließt die Hand, öffnet sie dann wieder, und es kommt ein
Küken zum Vorschein. »Abrakadabra!« Er schließt die Hand, öffnet
sie, und sie ist wieder leer. »Nichts da.«
Als Nächster kommt ein Amerikaner. Nach dem gleichen Muster
präsentiert er einen Klumpen Stahl, ein Lenkrad, ein Modellauto und
dann wieder die leere Hand.
Schließlich betritt der sowjetische Magier die Bühne.

»In meiner Hand ist nichts«, sagt er und macht denselben Trick.
»Abrakadabra! Ein Sekretär des Stadtkomitees! Abrakadabra!
Ein Sekretär des Zentralkomitees. Und noch einmal
Abrakadabra – nichts mehr da.«

Das Regime behauptete nicht etwa, dass diese grauenhafte Gesellschaft das kommunistische Utopia sei – nein, man bediene sich lediglich verzeihlicher Mittel, um dorthin zu gelangen. Lenin, Stalin und ihre Nachfolger konstruierten, Marx' Beschreibung der Entwicklung des Kommunismus folgend, einen Ablaufplan, nach dem sich die Sowjetunion vom Kapitalismus über mehrere wundersam definierte Übergangsphasen des Sozialismus kontinuierlich weiterentwickelte in Richtung »Vollkommunismus«. Stalin nahm für sich in Anspruch, die »Grundlagen« für den Sozialismus gelegt zu haben, Breschnew verkündete später, er habe den »entwickelten Sozialismus« erreicht, und die DDR prägte den Begriff des »real existierenden Sozialismus«. Das Wort »Kommunismus« wurde deshalb in der Nachkriegssowjetunion kaum verwendet. Am offiziellen Ziel dieses Mythos stand die Überflussgesellschaft. Spaßbolde machten sich über diese unglaubwürdige Prognose lustig.

Papa, haben wir schon den Vollkommunismus, oder wird es noch schlimmer?

Hundert Jahre später. Der Kommunismus wurde vor geraumer Zeit erreicht. Ein kleiner Junge fragt seine Großmutter, was »Schlange stehen« bedeutet.
»Im Sozialismus musste man sich anstellen. Die Leute standen in einer langen Schlange nach Butter oder Wurst an.«
»Großmutter, was sind Butter und Wurst?«

War der Vollkommunismus erst erreicht, so versprachen sowjetische Theoretiker, würde es mit dem Hunger ein Ende haben. Geld werde überflüssig, der Staat werde sich zurückziehen und die Polizei verschwinden.

Wird es noch einen Polizeiapparat geben, wenn wir den Vollkommunismus erreicht haben?
Nein, die Leute können sich dann selbst verhaften.

Die Themen für kommunistische Witze kristallisierten sich heraus: die Geheimpolizei und der Staatsterror, die politische Theorie und die Staatspropaganda.

Stalin stirbt und weiß nicht recht, ob er in den Himmel oder in die Hölle will. Er bittet um einen Rundgang. Im Himmel sieht er Menschen, die im stillen Gebet oder in der Meditation vertieft sind. In der Hölle essen, trinken, tanzen und vergnügen sie sich. Stalin entscheidet sich für die Hölle. Man führt ihn durch mehrere Labyrinthe in einen Bereich mit kochenden Kesseln. Mehrere Teufel packen ihn beim Schlafittchen. Stalin beklagt sich, man habe ihm auf seinem Rundgang doch Leute gezeigt, die sich amüsiert hätten. »Ach was«, erwidert ein Teufel, »das war doch nur Propaganda.«

Einige Witzbolde trieben ihren Spott mit den staatlichen Slogans. Der Spruch »Schließt auf und überholt den Westen« erwies sich als besonders anfällig für bissige Bemerkungen wie diese: »Wenn wir aufgeschlossen haben, dürfen wir dann dort bleiben?«
Der Staat erfand auch seine Riege von Arbeiterstars, eine Elite ultraproduktiver Werktätiger. Nach dem ersten »Helden der Arbeit« Alexej Stachanow, der im Jahr 1935 eine Rekordmenge Kohle förderte, wurden sie Stachanowisten genannt. Stachanowisten konnten Fabrikarbeiter sein, Lehrer oder Kol-

chosebauern. Gemeinsam war ihnen, dass sie angeblich den Plan übererfüllt und neue Rekorde aufgestellt hatten, was allerdings nicht selten eine Erfindung von Zeitungsjournalisten und ehrgeizigen Funktionären war. Die Stachanowisten erhielten einen Orden, eine Wohnung und finanzielle Privilegien, wurden in der Zeitung erwähnt und trafen sich auf speziellen Stachanowisten-Konferenzen. Einige wurden Mitglieder des Obersten Sowjet. Die Witze über sie sind geprägt von Skepsis, aber auch Neid.

Eine alte Hausfrau stellt sich in einer Schlange an.
»Was gibt es denn?«
Jemand in der Schlange sagt: »Eine Ohrfeige.«
Die alte Hausfrau fragt nach: »Für jeden? Oder nur für Stachanowisten?«

Ein anderer Witz handelt von der Auszeichnung stachanowistischer Melkerinnen. Die erste erhält ein Radio, die zweite ein Grammofon, die dritte ein Fahrrad. Dann kommt die vierte, »führende Schweinepflegerin« einer Kolchose. Der Kolchosedirektor schenkt ihr die »Gesammelten Werke unseres geliebten Genossen Stalin«. Von hinten murmelt jemand: »Das hat das Miststück auch verdient.«

Müsste man für den Stalinismus eine mathematische Formel finden, so lautete sie: Stalinismus = Kommunismus x Nationalismus. Die internationale Orientierung der Leninzeit war dahin, der Traum vom Weltkommunismus begraben. An seine Stelle trat ein hysterischer, gleichermaßen messianischer und paranoider Nationalismus. Der Wandel vollzog sich mühelos, endete der Kommunismus doch an der Grenze dieses einen Landes.

Da der Kommunismus nach eigenem Verständnis das fortschrittlichste politische und soziale System der Welt war, musste die UdSSR nach der messianischen Logik auf allen Gebieten führend sein. In einer Zeitung hieß es 1949:»Es lässt sich beobachten, wie im Lauf der Menschheitsgeschichte … die Sprachen der Welt einander ablösten. Latein war die Sprache der Antike … Französisch war die Sprache des Feudalismus. Englisch wurde zur Sprache des Imperialismus. Und wenn wir in die Zukunft blicken, werden wir sehen, dass die russische Sprache zur Weltsprache des Sozialismus wird.«

In den Zeitungen war zu lesen, da das Proletariat in der kommunistischen Meritokratie gleiche Bildungschancen habe, werde die Sowjetunion eine neue Generation naturwissenschaftlicher Genies hervorbringen. Bekanntester Vertreter war Trofim Lyssenko, ein ukrainischer Bauer, der Ende der zwanziger Jahre mit der Behauptung auf sich aufmerksam machte, er pflanze im Winter erfolgreich Erbsen. Die von Hungersnöten bedrängte sowjetische Führung war anfällig für radikale Antworten auf ihre Agrarprobleme. Lyssenko hatte sie: Er geißelte die international anerkannte Genetik als reaktionär, und Hunderte anständiger sowjetischer Wissenschaftler wurden in einer landwirtschaftlichen Variante des Großen Terrors in Lager gesteckt, weil sie ihm widersprachen.

Für die Naturwissenschaften brauchte es nicht mehr als kommunistischen Eifer.»Um zu einem bestimmten Ergebnis zu gelangen, muss man genau dieses Ergebnis erzielen wollen; wenn man zu einem bestimmten Ergebnis gelangen will, so wird das auch geschehen. … Ich kann nur Leute brauchen, die zu den von mir benötigten Ergebnissen gelangen«, sagte Lyssenko.[33] Er stieg zum Präsidenten der Akademie der landwirtschaftlichen Wissenschaften auf und vertrat ein Kuddelmuddel aus esoterischen Anbaumethoden, die auf der lamarckschen Annahme gründeten, erworbene Eigenschaften würden vererbt (Abb. 10).

Wer hat den Stacheldraht erfunden?
Lyssenko. Er hat eine Schlange mit einem Igel gekreuzt.

Hast du schon gehört, dass Genosse Lyssenko einen Unfall hatte?
Er ist beim Petersiliepflücken von der Leiter gefallen.

Merkwürdig unlogisch, aber umso nationalistischer war es, dass man die Größe der Sowjetunion auf das zaristische Russland zurückführte: Sämtliche großen technischen Errungenschaften einschließlich des Radios und der Dampfmaschine wurden als Werk einheimischer Genies dargestellt.

Wer hat den Rasierapparat entdeckt?
Iwan Petrowitsch Sidorow – im Mülleimer hinter der amerikanischen Botschaft.

Im Museum hängen zwei Porträts. Das eine zeigt den Wissenschaftler Iwanow, der die Lokomotive, das Dampfschiff und das Flugzeug erfunden hat. Das andere zeigt den Wissenschaftler Petrow, der den Wissenschaftler Iwanow erfunden hat.

Die Paranoia wirkte alles andere als messianisch, sondern vielmehr isolationistisch. Die Sowjetunion war nun ein einsamer Außenposten des Kommunismus, der – um die offizielle Terminologie zu gebrauchen – vom »feindlichen Kapitalismus umzingelt war«. Zahllose ausländische »Saboteure« wollten mit allen Mitteln das sowjetische Wirtschaftswachstum stören. Es kam daher nicht selten vor, dass ein Arbeiter, der in der Fabrik versehentlich eine Maschine beschädigte oder in dessen Schicht eine kaputt ging, zu Zwangsarbeit verurteilt wurde.

Irgendwo in Sibirien sitzen drei Gefangene beieinander. Sie kommen auf die Gründe für ihre Deportation zu sprechen. »Ich bin hier, weil ich immer fünf Minuten zu spät in die Fabrik gekommen bin. Man hat mir Sabotage vorgeworfen«, erzählt der erste. »Das ist ja merkwürdig«, sagt der zweite. »Ich bin hier, weil ich immer fünf Minuten zu früh dagewesen bin. Sie haben mich wegen Spionage verurteilt.« »Ach ja?«, sagt der dritte überrascht. »Ich bin hier, weil ich jeden Tag pünktlich in der Fabrik war. Da haben sie herausgefunden, dass ich eine Uhr aus dem Westen hatte.«

Stalins Kampagne gegen den Westen gipfelte in einer Hexenjagd auf jüdische Professoren, Wissenschaftler und Forscher, die erst mit seinem Tod 1953 ein abruptes Ende nahm.

Was war also anders am kommunistischen Witz unter dem Stalinismus?

Die Antwort darauf liegt auf der Hand. Zunächst einmal gab es erheblich mehr Witze als je zuvor. Der Stalinist Michail Kolzow, der uns bereits im vorangegangenen Kapitel begegnet ist, ging dieser Frage 1933 in einer seiner satirischen Kolumnen nach, »Iwan Wladimowitsch begräbt einen Genossen«. Der geschwätzige Erzähler unterhält sich auf einem Begräbniszug mit einem Freund.

Erinner mich später daran, dass ich dir den Witz über die beiden Juden erzähle, die [den sowjetischen Staatschef] Kalinin besucht haben. Konterrevolutionär, aber sehr komisch. Es wäre interessant zu erfahren, wer sich die Witze alle ausdenkt ... Nein, jetzt kann ich ihn dir nicht erzählen, hier sind zu viele Leute. Besser auf dem Rückweg ...

Abb. 10. »Störung in einem wissenschaftlichen Forschungsinstitut« (W. Litwinenko, *Krokodil*, 1952). Diese Karikatur der fünfziger Jahre bringt die Verachtung des Regimes für konventionell forschende Agrarexperten zum Ausdruck. Während die Wissenschaftler Vorträge zu obskuren und belanglosen Themen wie »Die Nutzung des Zebras als Lasttier«, »Probleme der Straußenzucht in der Nordukraine« oder »Die Hufbeschaffenheit bei Antilopen« halten, stecken normale Nutztiere den Kopf durchs Fenster.

Das Lachen der Menschen hatte auch einen Zweck. Der Gulag-Überlebende Lew Rasgon wurde während des Großen Terrors verhaftet und verbrachte siebzehn Jahre in Arbeitslagern. Der Hauptvorwurf gegen ihn lautete, dass er Freunde hatte, die bereits verhaftet worden waren. In seinen Memoiren schrieb er:

»Wir haben unsere Angst mit allen Mitteln verborgen, sie tief in uns vergraben. Wir haben Witze darüber gemacht, uns lustige Geschichten erzählt, und in unseren Gesprächen waren ›sie‹ nicht nur grausam, sondern auch dumm.«[34]

Eine Eigenart stammte schon aus vorkommunistischer Zeit, wurde dann aber zum beherrschenden Merkmal des kommunistischen Witzes: Die Witzeerzähler thematisierten ihr eigenes Schicksal. In anderen Gesellschaftssystemen handelten die meisten politischen Witze von anderen Bevölkerungsgruppen, von Juden, Arabern, Iren. Im Kommunismus erzählten die Leute überwiegend Witze über sich selbst.

Humorologische Pedanten behaupten, dass die Neuartigkeit der kommunistischen Witze unter Stalin nicht etwa im Stil, sondern in den neuen Situationen begründet sei, die in den Witzen beschrieben werden. Zugegeben, es ist schwierig, überzeugend nachzuweisen, dass verschiedene Epochen einen unterschiedlichen Humor hatten, doch manchmal, wenn ich mir die Witze laut vorspreche, meine ich einen neuen Ton zu erkennen: Sie sind trocken und zynisch, mitleidslos und überwiegend knapp, also kurz genug, um sie jemandem schnell zuzuflüstern. Der Unterschied zwischen den alten und den neuen Witzen lässt sich vielleicht verdeutlichen, indem ich einen traditionellen politischen Witz, der auf Stalin angepasst wurde, mit einem völlig neuen vergleiche. Der folgende *anekdot* reicht mindestens bis in die Donaumonarchie zurück.

Zwei Freunde gehen durch die Stadt. »Was hältst du von Stalin?«, fragt der eine den anderen.

»Das kann ich dir hier nicht sagen. Das müssen wir privat bereden.« Er führt seinen Freund in eine Nebenstraße.

»Jetzt kannst du's mir doch sagen«, meint der erste.

»Nein. Hier ist es nicht sicher. Komm mit.« Sie gehen in den Innenhof eines großen Wohnhauses.

»Gut, also hier.«

»Nein, das ist noch zu öffentlich. Komm mit.« Die beiden gehen eine Treppe hinunter in den dunklen Keller des Hauses.

»Hier kann uns keiner hören. Jetzt kannst du mir aber wirklich sagen, was du von Stalin hältst.«

»Na gut. Ich finde ihn eigentlich ganz gut.«

Und hier ist ein neuer Witz:

Das Politbüro diskutiert darüber, wie man den Jahrestag der Oktoberrevolution begehen könnte. Schließlich sagt Stalin: »Ich schlage vor, dass der Jahrestag zu einem Tag der kollektiven Züchtigung erklärt wird.«

Die anderen Mitglieder des Politbüros sind entsetzt, wagen es aber nicht, ihm zu widersprechen. Am Jahrestag der Oktoberrevolution kommen sie in den Kreml und befürchten schon das Schlimmste. Ein aufgeregter Sicherheitsoffizier betritt den Raum. »Genosse Stalin«, sagt er atemlos, »eine Delegation von kunstschaffenden Arbeitern ist in den Kreml eingebrochen. Sie verlangen, zuerst gezüchtigt zu werden.«

Der Witz aus der Donaumonarchie zeichnet sich durch liebenswerte Situationskomik aus, der aus der Stalinzeit dagegen durch dumpfen Zynismus.

Stalins Geheimpolizei NKWD verfolgte die Witzeerzähler. Schon unter den römischen und chinesischen Kaisern und den absolutistischen Königen Europas sind zahllose Fälle dokumentiert, in denen Schriftsteller und Redner festgenommen, inhaftiert und gelegentlich auch hingerichtet wurden, weil sie mit den Herrschern ihren Spott trieben. Als der griechische König Antigonos im vierten Jahrhundert vor Christus dem Dichter Theokrit anbot, ihn zu begnadigen, wenn er ihm »unter die Augen« trete, antwortete Theokrit, der wusste, dass der König nur ein Auge hatte: »Nun, so ist Rettung denn unmöglich.« Dafür wurde er hingerichtet. Der Dichter Sotades von Maroneia, der im dritten Jahrhundert vor Christus König Ptolemäus II. Philadelphos (308–246 v. Chr.) erklärte, mit der Heirat seiner Schwester habe er »seinen Schwanz in einen unheiligen Ort gestoßen«, ließ ihn der König in einer Bleikiste im Meer versenken. Der römische Kaiser Caracalla richtete in Alexandria mehrere Tausend Bürger hin, weil sie Witze über seinen Brudermord rissen. Ovid verbrachte seine letzten Lebensjahre wegen seiner Satiren über Augustus im Exil am Schwarzen Meer. Im Frankreich des siebzehnten Jahrhunderts wurde Molière wegen seiner Witze verhaftet, und im Russland des achtzehnten und neunzehnten Jahrhunderts ließen die Zaren die Herausgeber satirischer Zeitschriften einkerkern und schickten die Satiriker ins Exil.

Unter dem Kommunismus verlief die Verfolgung von Witzbolden allerdings in zweierlei Hinsicht anders. Erstmals seit Caracalla wurden massenhaft einfache Leute verhaftet, weil sie Witze über ihren Herrscher erzählt hatten. Und zum ersten Mal überhaupt wurden Menschen verurteilt und inhaftiert, weil sie Witze über ein politisches System gerissen hatten – und nicht über ein Staatsoberhaupt. Die Geheimpolizei verfolgte die Scherzbolde gemäß Artikel 58, Paragraf 10, Strafgesetzbuch wegen »antisowjetischer Propaganda«. Darunter fiel ein breites Spektrum antisowjetischer Äußerungen, angefangen von Beleidigungen und flapsigen Bemerkungen über Flüche, Karikaturen, Wandschmierereien, Broschüren und Flugblätter bis hin zu Witzen. Nach diesem Paragrafen war es verboten, Witze zu erzählen, anzuhören oder aufzuschreiben.

Nachdem das Erzählen von Witzen im Januar 1933 im Protokoll der ZK-Sitzung erstmals als antisowjetische Aktivität ausgewiesen wurde, stieg die Zahl von Verhaftungen erheblich an. Ein ehrgeiziger stalinistischer Eiferer, das spätere ZK-Mitglied Matwei Schkiriatow, kündigte in einer Rede die Säuberungen des Großen Terrors an und warnte vor Genossen aus den eigenen Reihen, die »heimlich Aktionen gegen die Partei« organisierten. Zu den Aktivitäten dieser missliebigen Kommunisten erklärte er:

Ich möchte auf eine weitere gegen die Partei gerichtete Vorgehensweise eingehen, nämlich die sogenannten *anekdoty*. Was sind das für Witze? Witze gegen die Partei stellen eine Hetze gegen die Partei dar. Wissen wir Bolschewiken nicht alle, wie wir damals gegen den Zarismus kämpften, wie wir Witze erzählten, um die Autorität des Systems zu untergraben? ... [Heute] wird dies als wirksame Waffe gegen das Zentralkomitee der Partei eingesetzt.[35]

So begann die Verhaftung von Witzeerzählern, die sich wiederum die folgende glaubhafte Szene ausdachten:

Ein Gerichtsdiener hört hinter der Tür zu einem Gerichtssaal Gelächter. Er sieht hinein. Am anderen Ende des Raums sitzt der Richter an seinem Tisch und schüttet sich aus vor Lachen.
»Was ist denn so lustig?«, fragt der Schreiber.
»Ich habe gerade den komischsten Witz meines Lebens gehört«, erwidert der Richter.
»Erzählen Sie ihn mir?«
»Kann ich nicht.«
»Warum denn nicht?«
»Ich habe gerade jemanden dafür zu fünf Jahren Zwangsarbeit verurteilt.«

Da die NKWD-Statistik für die Verhaftungen nach Artikel 58, Paragraf 10, nicht methodisch geführt wurde, haben die Zahlen nur beschränkte Aussagekraft. Trotzdem sind sie schockierend.

Im Jahr 1935, drei Jahre vor dem Höhepunkt des Großen Terrors, wurden 43 686 Menschen wegen »konterrevolutionärer Propaganda« oder »antisowjetischer Agitation« verhaftet. In der Kategorie der Schläger und anderer gefährlicher Elemente waren 15 122 Verhaftungen verzeichnet. Für das Jahr 1936 und 1937 gibt es keine Unterlagen über Verhaftungen unter dem Artikel 58/10, doch man kann wohl von ähnlichen oder gar höheren Zahlen ausgehen. Auch nach dem Krieg nahm Stalins Polizei noch zehn- bis fünfzehntausend Menschen im Jahr wegen »antisowjetischer Propaganda« fest. Im Jahr 1949 erfolgten 15 633 Verhaftungen, 5707 davon wegen mündlicher Propaganda. Im Jahr 1951 wurden in dieser Kategorie 3974 Verhaftungen vorgenommen.

Drei Millionen Gerichtsakten über Menschen, die in Stalins Gulag-Maschinerie gerieten, liegen in den russischen Staatsarchiven, wurden aber erst 1999 freigegeben und aufgrund ihres Umfangs bislang nicht genauer untersucht. Mir ist ein Beispiel untergekommen, das Archivare in Perm zutage förderten: Der Imker Iwan Burilow wurde zu acht Jahren Lagerhaft verurteilt, weil er etwas »Komisches« auf seinen Wahlzettel geschrieben hatte (Abb. 11).

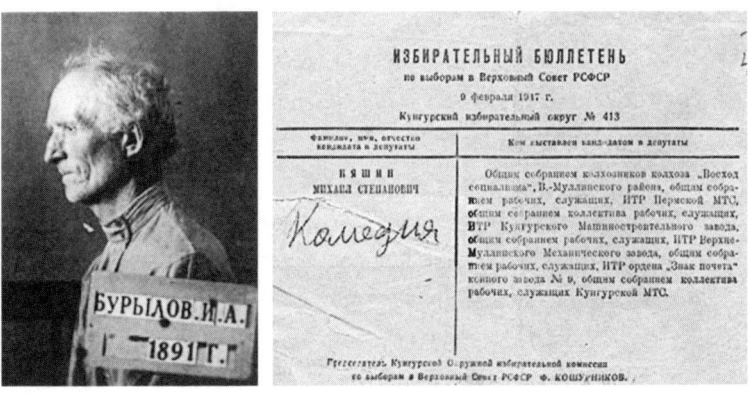

Abb. 11. Iwan Burilow, rechts der von ihm verunstaltete Stimmzettel.

Mangels dokumentierter Fälle verurteilter Witzeerzähler musste ich auf die Aussagen von Gulag-Überlebenden zurückgreifen. Tagelang fuhr ich mit dem Taxi kreuz und quer durch Moskau und traf mich mit mehreren Männern zwischen siebzig und Ende achtzig, die nach dem Zweiten Weltkrieg in den Straflagern eingesessen hatten. Sie bewohnten allein kleine Wohnungen in heruntergekommenen Moskauer Mietskasernen. Vom Staat hatten sie nie eine größere Entschädigung für die Lagerhaft erhalten, abgesehen von ein paar Monatslöhnen auf dem Niveau von 1938, die ihnen in den sechziger Jahren ausbezahlt wurden. An den dunklen Wänden ihrer Wohnungen hingen über kleinen Wandregalen mit zerfledderten Büchern Schwarz-Weiß-Fotografien der Eltern oder der Hochzeit. Die ehemaligen Zwangsarbeiter waren arm, aber würdevoll und sprachen mit wachem Verstand.

Einer von ihnen erzählte mir, dass seine Mutter einmal Zeugin einer beiläufigen Bemerkung geworden war. Sie stand in dem kleinen Dorf, in dem die Familie eine Datscha hatte, nach Fisch an. »Warum riechen Ihre Sardellen so eklig?«, fragte eine Frau in der Schlange den Fischhändler. Eine andere Kundin sagte sarkastisch: »Weil das Stalins Sardellen sind.« Sie wurde angezeigt und ins Lager geschickt.

Ein anderer Überlebender hatte im Lager Leute kennengelernt, die verurteilt worden waren, weil sie Witze, die sie gehört hatten, nicht gemeldet hatten. Über eben dieses Vergehen gab es einen klassischen Witz:

Zwei Lagerinsassen unterhalten sich über die Gründe ihrer Inhaftierung. »Ich bin wegen Trägheit hier«, sagt der eine. »Was meinst du damit? Bist du nicht zur Arbeit gegangen?«, fragt der andere.

»Nein. Ich saß mit einem Freund zusammen, und wir haben die ganze Nacht Witze erzählt. Schließlich dachte ich:

Ich gehe jetzt ins Bett. Anzeigen kann ich ihn auch noch am nächsten Morgen.«

»Und was war daran träge?«

»Mein Freund hat es noch am Abend getan.«

Einer, den ein dritter Überlebender im Lager kennenlernte, hatte einen Witz über das russische Wörtchen gerissen, das gleichzeitig »in etwas treten« und »eintreten« bedeutet. In dem Witz wird Rabinowitsch gefragt: »Bist du in die Kommunistische Partei eingetreten?« Er hebt den Fuß, untersucht die Sohle seines Schuhs und erwidert: »Nein, ich bin nirgends reingetreten.« Dieser Witz kostete den Scherzbold zehn Jahre.

In den Lagern selbst, so erfuhr ich, wurden wegen der vielen Spitzel dort kaum Witze erzählt; niemand wollte eine zweite Strafe riskieren.

Ein Neuer kommt im Gefangenenlager an. Dort haben die verängstigten Insassen ein System entwickelt: Sie erzählen einen Witz, indem sie einfach eine Zahl sagen. Der Neuankömmling sitzt mit einigen Leidensgenossen in der Baracke.

»Dreiundvierzig«, sagt einer, und die anderen brüllen vor Lachen.

»Siebenundfünfzig«, sagt ein dritter, worauf die übrigen in Gelächter ausbrechen.

Der Neue wagt ebenfalls einen Versuch. »Zweiunddreißig«, sagt er. Stille. Keiner lacht. »Dreiunddreißig«, lautet sein nächster Vorstoß. »Vierunddreißig. ... Fünfunddreißig.« Noch immer herrscht Stille.

Er sieht in die Runde seiner neuen Kameraden. »Was habe ich denn falsch gemacht? Warum lacht ihr nicht?«

»Nimm es nicht persönlich«, erwidert einer, »es liegt an der Art, wie du sie erzählst.«

Doch auf meiner Gesprächsrundreise durch Moskau erfuhr ich dann doch, dass das Erzählen von Witzen kein so schwerwiegendes Verbrechen war, wie ich vermutet hatte.

Kurz vor seinem Tod lernte ich Marlen Korallow kennen, einen von vielen mittelständischen Geschäftsleuten, die in den vierziger Jahren wegen des Verdachts auf Wirtschaftssabotage inhaftiert wurden. Er war ein echter politischer Gefangener gewesen und konnte der Behauptung meiner osteuropäischen Freunde, Witze seien eine Form des Widerstands gewesen, wenig abgewinnen. In den Lagern, so erzählte er, äußerten sich andere Gefangene abfällig über die sogenannten *anekdotchniks*, die nicht als echte »Volksfeinde« galten. Daraus entwickelte sich ein Untergenre von Witzen, das sich mit den Verurteilungen für das Erzählen von Witzen befasste:

Ein neuer Häftling kommt ins Gefangenenlager.
Die Insassen fragen ihn nach der Länge seiner Haftstrafe.
»Fünfundzwanzig Jahre«, erwidert der Neuankömmling.
»Wofür?«
»Nichts. Ich habe nichts getan. Ich bin unschuldig.«
»Ach, hör doch auf. Die Unschuldigen bekommen nur
fünf Jahre.«

Ein Fabrikarbeiter wird zu fünfzehn Jahren Haft verurteilt,
weil er den örtlichen Parteisekretär einen Idioten geheißen hat.
Nach dem Verlesen des Urteils legt sein Anwalt Widerspruch ein,
da das Strafgesetzbuch für solche Beleidigungen lediglich fünf
Jahre vorsehe.
Der Richter korrigiert ihn: »Der Angeklagte wurde nicht wegen der
Beleidigung eines Parteisekretärs verurteilt, sondern wegen der
Preisgabe eines Staatsgeheimnisses.«

Auf meiner Suche nach Belegen für das Ausmaß solcher Verhaftungen stieß ich auf eine weitere Adresse. Ein achtzig Jahre alter russischer Historiker, so sagte man, habe einst Zugang zu den Gulag-Statistiken über die inhaftierten Witzeerzähler gehabt. Ich fuhr in einen Außenbezirk Moskaus und besuchte ihn. Auf den Straßen drängten sich neben Ladas aus der alten Sowjetproduktion die wuchtigen Allradfahrzeuge »Neuer Russen«. Die Hammer-und-Sichel-Reliefs an den Fassaden der Wohnblöcke aus der Stalinzeit, das Standbild des Weltallhelden Juri Gagarin auf einer fünfzig Meter hohen Säule und Tafeln mit Handy- und Make-up-Werbung zogen an uns vorbei. Wir hielten vor einer blau gestrichenen Holzdatscha, in der Roy Medwedew zu Hause war. Die Apfelbäume im Garten ächzten unter der Last der Früchte. Medwedew führte mich in sein schwach beleuchtetes Büro, an dessen Wänden windschiefe, bis oben hin vollgestopfte Regale standen.

Nach Stalins Tod 1953 waren Hunderte von Gulag-Insassen freigelassen und rehabilitiert worden. Zwischen 1953 und 1962 hatte der überzeugte Kommunist Medwedew exklusiv Zugang zu dem Komitee erhalten, das diesen Prozess überwachen sollte. Medwedew war ermächtigt worden, eine kritische Biografie über Stalin zu schreiben, die schließlich unter dem Titel *Das Urteil der Geschichte* herauskam.[36]

»Zu Beginn der Rehabilitierung lautete die erste offizielle Anweisung, die per Telegramm an die Lager ging, dass die Frauen und Angehörigen derjenigen freizulassen seien, die im Rahmen der Säuberungen verhaftet worden waren. Das zweite Telegramm enthielt den schlichten Befehl, alle auf freien Fuß zu setzen, die wegen *anekdoty* einsaßen«, sagte Medwedew. »Soweit ich weiß, war ich der Einzige, mit dem die Ausschussmitglieder über diese Dinge sprachen. Sie seien überrascht, wie viele Menschen für das Erzählen von Witzen inhaftiert worden seien, sagten sie – etwa zweihunderttausend.«

Diese Zahl, so Medwedew, erfasse nicht diejenigen, die schon zuvor wieder freigelassen oder in den Lagern gestorben waren. Aber waren das wirklich so viele? Ich war von vielen Hunderttausenden ausgegangen. Immerhin kannte ich dazu einen Witz:

Wer hat den Weißmeer-Ostsee-Kanal gegraben?
Das rechte Ufer haben die ausgehoben, die Witze erzählt haben.
Und das linke?
Die, die ihnen zugehört haben.

Ich überschlug die Zahlen im Kopf. Bei Stalins Tod befanden sich etwa zweieinhalb Millionen Menschen im Lager – doch nur zweihunderttausend von ihnen waren Witzeerzähler. Das waren bescheidene acht Prozent der Gulag-Häftlinge. Ich fand das ernüchternd. Der stalinistische Terror bemaß sich immerhin in Millionen – einundzwanzig Millionen Tote, die Stalin zu verantworten hatte, achtzehn Millionen, die ins Gulag-System geraten waren ... Wenn Witze so eine wichtige Form des Widerstands waren, hätten dann nicht Millionen dafür ins Lager kommen müssen?

Medwedew ergänzte noch ein weiteres Detail: Witze waren etwas für Anfänger – auf beiden Seiten. Medwedew hatte einen Freund, der in den dreißiger Jahren eine Ausbildung beim NKWD absolvierte. Er erzählte ihm, dass er und die anderen angehenden Geheimpolizisten übungsweise in Leihbüchereien und Rauchsalons geschickt wurden, um sich dort unauffällig umzuhören, ob irgendwer Witze über Stalin erzählte.

Was ist der Unterschied zwischen Stalin und Roosevelt?
Roosevelt sammelt die Witze, die man über ihn erzählt,
und Stalin sammelt die Leute, die Witze über ihn
erzählen.

Ungeachtet meiner Enttäuschung wollte ich den Fakten tapfer ins Auge sehen. Ich sagte zu Medwedew, der niedrige Anteil von Menschen, die wegen Witzen inhaftiert worden waren, und das eher geringe Strafmaß legten es wohl nahe, dass Witze im stalinistischen Russland kein schwerwiegendes Vergehen darstellten. Doch Medwedew widersprach: Das Gegenteil sei der Fall. Die staatliche Unterdrückung von Witzeerzählern sei ein wichtiges Rädchen in Stalins Staatsterror-Maschinerie gewesen. Sie habe die erste Gefechtslinie zwischen dem Staat und seinen Gegnern markiert, an der der Staat demonstriert habe, dass er auch nicht den geringsten und unbekümmertsten Widerspruch duldete. Mit der Verfolgung der Witzeerzähler hielt der Staat dem Volk eindrucksvoll seine Unbarmherzigkeit und Allgegenwart vor Augen. Indem er solchermaßen reagierte und darüber hinaus die Verbreitung von Gerüchten und das Schimpfen über sowjetische Spitzenpolitiker kriminalisierte, kam die UdSSR der Ahndung des orwellschen »Gedankenverbrechens« besonders nah.

Der Staat unterdrückte die eine Art von Humor, förderte aber eine andere, die auf dem Schriftstellerkongress 1934 umrissen worden war. Dem anonymen regimekritischen Witz wurde der

Abb. 12. Karikatur über die »Selbstkritik« (*Krokodil*, 1950er Jahre). Der Text dazu lautet: »Ich glaube, dass diese Kritik gerechtfertigt ist, und ich gelobe, dass ich mein Fehlverhalten korrigieren werde.« »Aber das haben Sie uns schon zwanzigmal versprochen.« »Ich betrachte auch diese Kritik als gerechtfertigt und werde auch diesen Fehler korrigieren.«

Esprit des Staates entgegengesetzt. Anders als in manchem modernen Mythos dargestellt, konnte der Staat durchaus mit Humor aufwarten. Die Partei riss nach Kräften Witze, und zwar gezielt und strategisch.

Obwohl es in diesem politischen System keine Demokratie oder »Redefreiheit« gab, erlaubte, ja wünschte der Staat eine bestimmte Art der Kritik. Man durfte sie auf drei Arten zum Ausdruck bringen: Die erste war der Beschwerdebrief an Zeitungen oder Politiker, vom Ortssekretär bis hinauf zu Stalin. Es gingen Tausende solcher Briefe ein, in denen angeblich inkompetente Beamte und Unternehmen im Grunde denunziert wurden. Die zweite Form der Kritik war die Selbstkritik, in der Einzelne oder Gruppen ihre Fehler öffentlich eingestanden (Abb. 12). Anstelle parlamentarischer Wahlen, offizieller Ermittlungen oder rechtlich relevanter Beweise stützten sich die Sowjets auf diese Art des Geständnisses. Den Gipfel erreichte die Selbstkritik in Stalins Schauprozessen Mitte der dreißiger Jahre: Führende Parteimitglieder und Militärangehörige wurden verhaftet und gefoltert und räumten dann die ihnen vorgeworfene Spionage und Sabotage vor Gericht ein. Drittens gab es den offiziellen Humor. Ungeachtet der großspurigen Ankündigung auf dem Schriftstellerkongress 1934, die Satire sei am Ende, lebte sie in bestimmten politisch erwünschten Formen weiter. Diese lite-

Abb. 13. »Neue Welt mit Mängeln« (L. Gentsch, 1939). »Einen Nachteil hat es, dass unsere Stadt nach der Revolution erbaut wurde – wir haben keinen einzigen historischen Schauplatz aus der Revolutionszeit, den wir feiern könnten.«

Abb. 14. »Wie sähe es aus, wenn die Arbeiterinnen der Kleiderfabrik die Kleider trügen, die sie anfertigen?« Die Karikatur aus dem *Krokodil* lässt durchblicken, dass die Arbeiterinnen bessere Waren produzieren würden, wenn sie sie selber benutzten.

rarische oder gezeichnete Satire war die einzige erlaubte pauschale Form der Kritik – im Gegensatz zu jener, die auf Individuen abzielte. Als solche bildete sie den wichtigsten Bestandteil des Ersatzsystems für die demokratische Debatte.

In den satirischen Zeitschriften und Zeitungsbeilagen waren Untergrundwitze tabu – über die Führung, die Ideologie oder die Partei wurde nicht gespottet. Stattdessen nahmen sich die offiziellen Humoristen der Themen an, mit denen sich die Spaßvögel aus dem Volk nicht abgaben, insbesondere den westlichen Imperialismus, Kapitalismus, sowie der »positiven Satire« etwa über die Vorzüge der Revolution oder über verbesserungswürdiges Verhalten der Arbeiter. Die Produktion dieses Humors war erheblich schwieriger als die der inoffiziellen Witze, und man muss den Schreibern und Karikaturisten für ihre Leistung Anerkennung zollen. Nicht alle Witze waren platt, und auch wenn sie es waren, so waren Text und Bild doch von hervorragender Qualität.

Der Alkoholismus und die Wunder der sowjetischen Bauprogramme waren beliebte Themen für den positiven Humor, der auf dem Schriftstellerkongress 1934 gefordert worden war. In einer Karikatur begutachten zwei junge Sowjetbürgerinnen die Neubauten ihrer Stadt: »Einen Nachteil hat es, dass unsere Stadt nach der Revolution erbaut wurde – wir haben keinen einzigen historischen Schauplatz aus der Revolutionszeit, den wir feiern könnten.« (Abb. 13.) In einer anderen flüstert ein Betrunkener der Skulptur eines Diskuswerfers ins Ohr: »Können Sie mir sagen, wo die nächste Kneipe ist?«

Die Grenze zwischen Staats- und Volkshumor war immer verschwommen. Nicht immer trennten sich die Themen

Abb. 15. Diese Karikatur über Versorgungsmängel stammt von dem berühmten Karikaturistentrio Kukryniksi und erschien 1937 im *Krokodil*. Auf dem Schild vor dem Café sind bis auf den Wodka alle Getränke durchgestrichen. Das Kino rechts ist mit einem großen Schloss verhängt, und auf dem Schild heißt es, bis zur Wiederherstellung der Stromversorgung gebe es keine Vorführungen. In der Bildunterschrift werden die örtlichen Funktionäre verantwortlich gemacht, ja der Vorsitzende wird namentlich genannt. »Was den Stadtrat und seinen Vorsitzenden Genossen Kasatkin angeht, so haben die Kukryniksi beschlossen, sie nicht zu zeichnen, weil sie auf das Leben in der Stadt keinen Einfluss haben.«

klar in offizielle und inoffizielle, vielmehr wurden viele Sujets beiderseits aufgegriffen. Eines war die schlechte Qualität der in den staatlichen Fabriken produzierten Waren. Unterschiede zeigten sich allerdings in der Pointe. Während die staatlich sanktionierten Witze über minderwertige Produkte die Arbeiter verantwortlich machten, verspotteten die Volkswitze das unzulängliche Wirtschaftssystem (Abb. 14 und 16).

Eine thematische Schnittmenge zwischen den Untergrundwitzen und dem staatlichen Humor gab es allerdings: die Bürokratie (Abb. 15). Von den dreißiger Jahren bis zum Ende des Kommunismus wimmelte es in den offiziellen Publikationen von Karikaturen und Satiren über den kommunistischen Amtsschimmel. Die Komik stand im Dienste einer Strategie: Die

Abb. 16 und 17. Links: Mehrere Gruppen werden durch eine Fabrik geführt, statt ihrer eigentlichen Arbeit nachzugehen, so die Schlussfolgerung dieser Karikatur. Die Bildunterschrift lautet:»Innerhalb von fünf Tagen wurde eine einzige Textilfabrik besichtigt von Pflegeschülerinnen, Oberstufenschülern, Abordnungen verschiedener Branchen rund um Moskau sowie Angestellten der Gesellschaft zur Unterstützung der Luftfahrt und der Chemiewaffenabwehr. Begründet wurden die Besuche üblicherweise mit dem ›Gemeinschaftserlebnis‹.« (K. Rotow, *Krokodil*, 1939)

— Товарищи, в работе нашего месткома есть один существенный недостаток: уж очень много мы говорим и мало делаем! Вот об этом давайте подробно поговорим...

Abb. 18. Die Bildunterschrift lautet: »Wesentlicher Mangel unserer Arbeit: In unseren Sitzungen reden wir zu viel und tun zu wenig. Also lasst uns darüber reden.«
(W. Dobrowolski, *Krokodil*, 1951)

systemimmanenten Probleme, die Versorgungsmängel, die Korruption in der Verwaltung und die trügerische Propaganda sollten nicht etwa den führenden Politikern angelastet werden, sondern den Menschen, die für sie arbeiteten.

Von den dreißiger bis zu den achtziger Jahren erschien ein ungebrochener Strom von Karikaturen und Satiren über die Bürokratie, allesamt mit demselben Grundtenor, dass nämlich inkompetente und unehrliche Funktionäre und Bürokraten ein Hemmschuh für die sowjetische Wirtschaft seien (Abb. 17 und 18). Seine schärfste Form nahm der Witz über die sowjetische Bürokratie im erfolgreichen Musikfilm *Wolga, Wolga* (1938) an. Regie führte Grigori Alexandrow, und die Hauptrolle übernahm Igor Iljinski, damals einer der berühmtesten Schauspieler der

Sowjetunion. Der Film zeichnet ein herrlich gnadenloses Porträt von dem Provinzbürokraten Bywalow. An seiner Tür prangt ein Messingschild mit der Aufschrift »Leiter der Produktionsabteilung«, und seine Aktentasche legt er nie aus der Hand. Er führt eine kleine Musikinstrumentenfabrik in einer entlegenen Kleinstadt, kennt aber nur ein Ziel: den Aufstieg im sowjetischen Staatsapparat. In der ersten Szene sagt sein kriecherischer Sekretär: »Fünf Jahre bin ich jetzt schon bei Ihnen, und in der Zeit haben wir mehr als zwanzigmal die Arbeitsstätte gewechselt, um näher an Moskau zu kommen. Und nun, da wir nur noch drei- oder viertausend Kilometer vor uns haben, versetzen die einen so hervorragenden Mann wie Sie in diesen Saftladen.«

Schon früh im Film taucht ein Witz über minderwertige Produkte auf. Ein Angestellter klopft an Bywalows Tür und beklagt, dass die Balalaiken, die sie herstellen, keinen guten Klang haben. »Hör mal zu, Genosse«, erwidert Bywalow, »so ist die Massenproduktion. Wir können nicht jedes Instrument einzeln prüfen. Verstanden?« Zu Beginn des Films trifft die langersehnte Einladung nach Moskau ein, allerdings nicht zu dem Zweck, auf den Bywalow gehofft hat. Vielmehr soll er seine künstlerisch begabtesten Arbeiter zu einem Musik- und Tanzwettbewerb in die Hauptstadt bringen. Trotz Bywalows Bemühungen, das zu verhindern, gelangen die Arbeiter nach allerlei Lied- und Tanzeinlagen nach Moskau. Dort präsentieren sie ein von der Heldin des Films, einer armen, aber ehrlichen Arbeiterin, komponiertes Lied und gewinnen den Wettbewerb. Kurz vor dem Abspann kündigen sie ein Lied an, das »die Moral von der Geschicht« enthält:

Nicht viele Bürokraten sind wie Bywalow,
Doch manchmal hat so ein Hohlkopf das Sagen.
Lachen ist die beste Gegenwehr,
Lachend lässt sich das Böse bezwingen ...

Abb. 19. Iljinski als Bywalow in *Wolga, Wolga*.

Hier haben wir ein typisches Beispiel für den Einsatzbereich des sowjetischen Humors. Komik galt schon in den dreißiger Jahren als akzeptable Ausdrucksform der Opposition. Die Bürger, so behauptete der Staat, könnten das System mittels Humor besser korrigieren als durch jede andere Reformtätigkeit. Einmal abgesehen davon, dass sich die Probleme auf die Art wunderbar verharmlosen ließen.

Stalin liebte *Wolga, Wolga*. Als der Film in die Kinos kam, wurde sein Star Iljinski eingeladen, anlässlich des Jahrestags der bolschewistischen Revolution im Kreml zu singen. Iljinski war während der Aufführung sehr nervös, denn Stalin saß ganz in der Nähe und sah ihn nicht an, sondern aß, trank und redete stattdessen lautstark mit den anderen Gästen an seinem Tisch. Nach dem Liedvortrag nahm Iljinski Platz.

Später mischte sich Stalin unter die anderen Gäste. Bald kam er an Iljinskis Tisch, an dem auch eine berühmte Opernsängerin saß. »Sie singen hervorragend«, sagte Stalin zu ihr, »aber Sie müssen noch an Ihrem hohen C arbeiten.« Dann deutete er auf Iljinski und fragte seinen persönlichen Referenten: »Wer ist denn das?«

»Der berühmte Schauspieler Igor Iljinski.«

»Warum berühmt?«, fragte Stalin. »Ich habe noch nie von ihm gehört.« Iljinski wurde kreidebleich. Der Referent erklärte, Iljinski habe den Bywalow in *Wolga, Wolga* gespielt.

»Ah, Bywalow!«, rief Stalin aus. »Warum haben Sie das nicht gleich gesagt?« Und mit einem breiten Grinsen auf dem Gesicht sagte er zu Iljinski: »Genosse Bywalow? Wir Bürokraten, wir verstehen uns, nicht wahr? Viel Spaß noch!« Er schüttelte Iljinski die zitternde Hand und schritt davon.

Historiker behaupten gern, dass unter dem Kommunismus keine abweichende Meinung toleriert wurde und keine Redefreiheit bestanden habe. Der Witzehistoriker weiß, dass dem nicht so ist. Die inoffiziellen Witze belegen, dass die Redefreiheit unausrottbar war, während die offiziellen beweisen, dass eine bestimmte Art der Kritik geäußert werden durfte. Von Beginn an tobte nicht so sehr ein Krieg zwischen den Spaßvögeln und dem humorlosen Regime, sondern vielmehr ein Wettstreit zweier Parteien, die sich mit ihrem jeweils eigenen Typus taktischer Witze auf dem Feld des Humors eine Schlacht lieferten.

Im April 1934 schrieb ein nicht genannter Autor in einem Essay, der unter dem Titel »Self Criticism in Soviet Cartoons« in der marxistischen Zeitschrift *New Masses* in den USA erschien:

Der erste Fünfjahresplan war ein glänzender Erfolg. Wenn in der Kollektivierung glorreiche Siege errungen wurden, wenn die Industrieproduktion in einer beispiellosen Geschwindigkeit wächst, so hatte die schonungslose und zuweilen fast brutale Art, in der die Bolschewiken Selbstkritik

Abb. 20 und 21. Links: Boris Jefimow mit einer seiner Breschnew-Karikaturen.
Rechts: Karikatur von Boris Jefimow: Ein amerikanischer Kapitalist zählt sein Geld mit
einem Rechenschieber aus Totenschädeln.

betrieben, viel damit zu tun. Eine Nation rückständiger, einzeln wirtschaftender Bauern innerhalb kurzer Zeit in tüchtige, gebildete und verantwortungsbewusste Industriearbeiter und Kolchosebauern zu verwandeln ist eine kolossale Aufgabe. Daran haben die sowjetischen Schriftsteller und Künstler großen Anteil. Karikaturen sind ein überaus erfolgreiches Instrument, Schwächen zu persiflieren und Misserfolge zu kritisieren. Kein Wunder, dass die Kunst der Karikatur in der Sowjetunion eine Blüte erlebt.

Die kommunistische Karikatur brachte Künstler von internationalem Rang hervor, allen voran Boris Jefimow. Jefimow, der im Oktober 2008 im Alter von 108 Jahren verstarb, war einer

Abb. 22. Karikatur eines Kapitalisten
von Boris Jefimow.

der größten Karikaturisten des zwanzigsten Jahrhunderts (Abb. 20). Ich besuchte ihn in seiner Wohnung im siebten Stock eines modernistischen Moskauer Wohnblocks aus den sechziger Jahren. Sein Sohn öffnete mir die Tür und erinnerte mich sogleich an die Gebühr. Jefimow zeichnete nicht mehr, verlangte aber fünfhundert Dollar in der Stunde für sein gut einstudiertes Interview.

Er wurde im Jahr 1900 in Kiew als zweiter Sohn eines jüdischen Schuhmachers geboren. Von frühster Jugend an zog es ihn zur Karikatur hin. In der Schule las er die Wochenzeitschrift *Satyricon*, eine der besten vorrevolutionären Satirezeitschriften Russlands, und zeichnete Bilder, manchmal ganze Seiten ab. In den Monaten nach der Revolution fertigte Jefimow für die Kommunisten in Kiew seine ersten politischen Karikaturen: »Ich zeichnete jeden, der kein Roter war«, sagte er. Einige erschienen auf den Nachrichtenblättern der Armee.

Im Jahr 1921 bot sein Bruder Michail Kolzow, Journalist bei der *Prawda*, dem wir bereits im letzten Kapitel begegnet sind, Jefimow eine Stelle als Zeichner für politische Karikaturen an, und Jefimow ging nach Moskau. Seine Karikaturen führender Bolschewiken wurden allesamt veröffentlicht – bis auf eine.

»Es war damals in Mode, freundliche, harmlose Karikaturen berühmter Politiker zu zeichnen, auch jener, mit denen man sympathisierte«, erzählte er mir. »Eines Tages kam im Büro die Frage nach Stalin auf. Sollten wir eine Karikatur von ihm anfertigen? Wir wussten, dass Stalin Witze nicht besonders schätzte. Trotzdem wurde ich beauftragt, ein Bild von ihm zu zeichnen. Ich zeichnete es wie jede andere Karikatur, übertrieb also Stalins Gesichtszüge. Man entschied, es sei etwas gewagt, sie zu veröffentlichen, ohne sich vorher abgesichert zu haben, und holte daher den Rat von Lenins Schwester ein. Sie sah das Bild ohne den Anflug eines Lächelns an, sagte, sie sei sich nicht sicher, und schickte es an Stalins persönlichen Referenten. Zwei Tage später kam die Zeichnung mit der Bemerkung zurück: ›NICHT DRUCKEN!‹ Sie wurde nie veröffentlicht.«

Die erste Buchausgabe von Jefimows Karikaturen, die 1924 erschien, enthielt ein Vorwort von Leo Trotzki. Doch schon Ende der zwanziger Jahre stellte er Stalin zuliebe Trotzki als Verräter und Faschisten dar.

Anfang der dreißiger Jahre produzierte Jefimow Unmengen schonungsloser Karikaturen über den dicken, Zigarre schmau-

Abb. 23, 24 und 25: Beispiele für Boris Jefimows Karikaturen gegen NS-Deutschland aus den dreißiger Jahren.

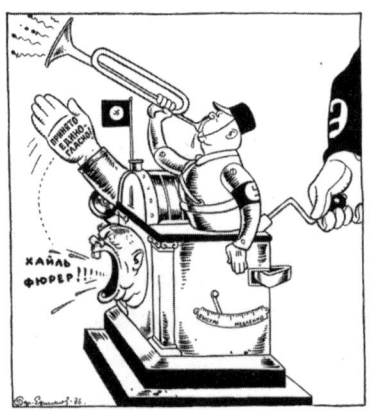

chenden US-Kapitalisten und über führende Westpolitiker
(Abb. 21 und 22). Eine Karikatur Chamberlains verärgerte die
britische Botschaft dermaßen, dass sie eine Protestnote an die
sowjetische Regierung schickte. Ab Anfang der dreißiger Jahre
zeichnete Jefimow auch erbarmungslose Karikaturen gegen
NS-Deutschland (Abb. 23, 24 und 25).

Dann, im Jahr 1938, wurde Kolzow verhaftet. Jefimow erzählte mir, wie er in der Nacht nach der Verhaftung seinen
Rucksack mit warmer Kleidung packte und darauf wartete,
dass es an der Tür klopfte. Wenn damals jemand verhaftet wurde, ereilte die anderen Familienmitglieder meist ein ähnliches
Schicksal. »Als sie meinen Bruder verhafteten, bereitete ich
mich innerlich auf meine Verhaftung vor, denn ich war so schuldig wie er. Doch es geschah nichts. Ich durfte auf freiem Fuß
bleiben. Etwa eineinhalb Jahre lang war ich arbeitslos. Als Bruder eines Volksfeindes durfte ich für die Zeitungen und Zeitschriften, für die ich tätig war, nicht mehr arbeiten. Doch nach
dem Abschluss des Falles und der Hinrichtung meines Bruders
bat man mich, die Arbeit wiederaufzunehmen. Es war grausam.
Ich hätte ablehnen können. Ich hätte aus Prinzip sagen können:
›Nein! Ihr habt meinen Bruder umgebracht, ich arbeite nicht für
euch.‹ Aber dann wäre es mir genauso ergangen. Ich hatte eine
Frau, ich hatte einen kleinen Sohn. Hätte ich das gemacht, dann
wären sie alle gestorben. Also ging ich wieder zur Arbeit.«

Stalin gab sich selbst gern als Freund der Künste und unterhielt eine Korrespondenz mit russischen Autoren, Dramati-
kern, Dichtern und Künstlern. Gelegentlich befahl er seiner
Geheimpolizei, Künstler von der neusten Verhaftungswelle
auszunehmen. Er forderte Manuskripte an und gab sie mit
kleinkarierten Korrekturvorschlägen zurück. Hin und wieder
konsultierte er Jefimow, der gern die Geschichte einer seiner
Karikaturen aus dem Jahr 1949, den frühen Tagen des Kalten
Kriegs, zum Besten gab:

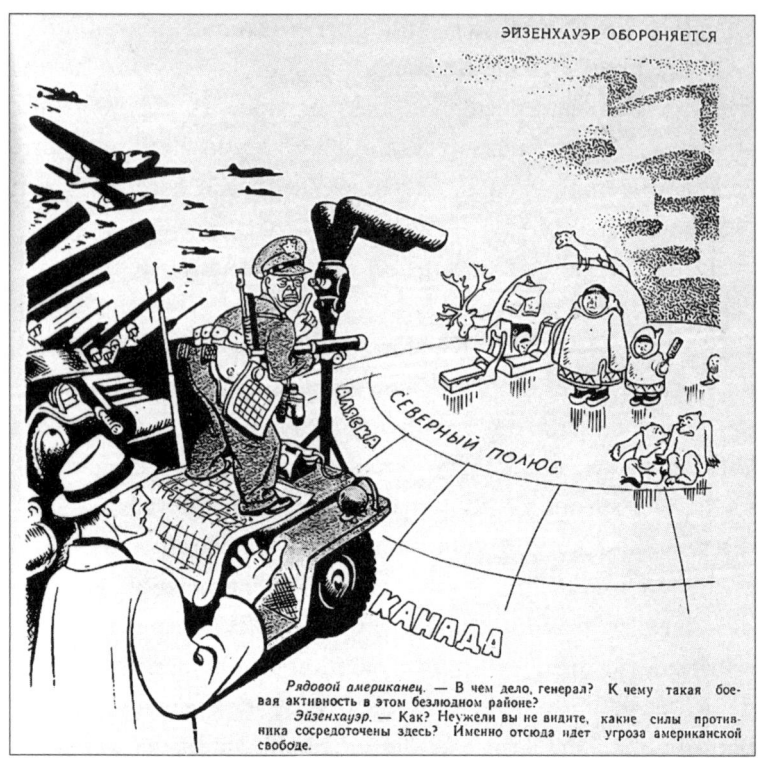

Abb. 26. Eisenhower-Karikatur (Boris Jefimow, 1949).

»Ende der vierziger Jahre wurde ich zu Andrej Schdanow gebeten, dem Kulturminister und Politbüromitglied. Er begrüßte
mich herzlich, bat mich, Platz zu nehmen, und sagte: ›Wir haben Sie aus folgendem Grund behelligt. Sie haben vielleicht der
Presse entnommen, dass die Amerikaner Soldaten in die Arktis
entsenden, angeblich, weil dort die russische Gefahr lauert.‹
Ich erwiderte: ›Ja, ich habe darüber gelesen.‹ ›Genosse Stalin
hat nun gesagt‹, sagte er, ›dass wir dieser Situation mit Humor
begegnen sollen. Da hat Genosse Stalin an Sie gedacht, und er
hat uns gebeten, Sie zu fragen, ob Sie eine Karikatur zu dem
Thema zeichnen würden.‹ Ich muss sagen, als ich hörte, Stalin
habe ›an mich gedacht‹, da wurde es mir ganz kalt ums Herz.

Wenn Stalin an jemanden dachte, wenn er ihm seine Aufmerksamkeit zuwandte, dann war das lebensbedrohlich. Beging man nur einen einzigen Fehler und enttäuschte ihn irgendwie, konnte das tödlich enden.«

»Schdanow erklärte mir, wie sich Stalin das Bild vorstellte: General Eisenhower fällt mit einer riesigen Armee in die Arktis ein. Neben ihm fragt ein interessierter Amerikaner, was eigentlich los sei. Eisenhower erwidert: ›Sehen Sie denn nicht schon von hier die russische Gefahr?‹«

»Ich gab natürlich zu verstehen, dass das eine große Ehre für mich sei, ich sei sehr stolz und so weiter. Ich fragte nur: ›Dürfte ich wissen, bis wann ich damit fertig sein soll?‹ Da sagte Schdanow: ›Nun, wir setzen Sie nicht unter Druck, aber Sie sollten auch nicht bummeln. Viel Glück.‹ Auf dem Nachhauseweg versuchte ich zu enträtseln, was er damit meinte: ›Wir setzen Sie nicht unter Druck, aber Sie sollten auch nicht bummeln.‹ Wenn ich die Karikatur bis morgen oder übermorgen zeichnete, würden sie wahrscheinlich sagen: ›Das war viel zu eilig. Er hat nicht begriffen, wie wichtig die Aufgabe ist, die Genosse Stalin ihm gestellt hat.‹ Das wäre gefährlich. Wenn ich ihnen aber die Karikatur erst drei oder vier Tage später gab, würden sie womöglich sagen: ›Er hat gebummelt. Er hat nicht begriffen, wie dringlich die Aufgabe war, die Genosse Stalin ihm gestellt hat. Wie nachlässig von ihm.‹ Am nächsten Morgen setzte ich mich hin, und bis Mittag war die Karikatur fast fertig.«

»Ich musste auf humorvolle Art zeigen, dass es die sogenannte ›russische Gefahr‹ in Wahrheit gar nicht gab. Also setzte ich wie von Stalin vorgeschlagen Eisenhower auf einen Panzer und ließ ihn mit seiner Armee in der Arktis eintreffen. Ich zeichnete ein Eskimo-Iglu und daneben einen Eskimo, der die Machtdemonstration der Amerikaner ungläubig betrachtet.

Neben ihm steht ein kleiner Eskimojunge mit einem ›Eskimo‹-Eis in der Hand, das damals in der Sowjetunion sehr beliebt war.« (Abb. 26.)

»Schdanow begrüßte mich herzlich in seinem riesigen Büro, legte den Arm um mich, führte mich zu dem Tisch, auf dem meine Karikatur lag, und sagte: ›Wir haben sie uns angesehen, und es wäre noch etwas zu ändern. An dem Bild haben wir nichts auszusetzen. Einige Politbüromitglieder meinten, Eisenhowers Hinterteil sei übertrieben groß, aber Genosse Stalin hielt das für nicht so wichtig. Doch in der Bildunterschrift hat Stalin selbst Änderungen vorgenommen.‹ Also sah ich mir den Text an. Neben Eisenhower hatte ich einen Durchschnittsamerikaner gezeichnet, der fragte: ›General, warum ist so viel Militär in dieser menschenleeren Gegend?‹ Und Eisenhower antwortet: ›Sehen Sie denn nicht, welche militärischen Kräfte hier konzentriert sind? Einer unserer Feinde ist drauf und dran, eine Handgranate zu werfen.‹ Ich bezog mich auf den kleinen Eskimo mit dem Eis am Stiel. Genosse Stalin hatte den Satz mit der Handgranate durchgestrichen und stattdessen hingeschrieben: ›Sogar hier ist die amerikanische Freiheit bedroht.‹«

Nach Ende des Zweiten Weltkriegs wurde Jefimow Chefredakteur der Agitprop und arbeitete bis in die achtziger Jahre für die *Prawda*. Wie alle anderen, die diese Epoche überlebten und für den Staat tätig waren, hatte auch er seine Leichen im Keller. So hatte er in den dreißiger Jahren die Angeklagten der Schauprozesse in grotesken Karikaturen als Schlangen dargestellt.

Ich fragte Jefimow, was er mittlerweile über die Jahrzehnte dachte, in denen er sowjetische Propaganda gezeichnet hatte. »Damals war alles besser«, sagte er, ganz der unverbesserliche Kommunist. »Es gab nur eine Propaganda, deshalb hatten die Leute nur eines, woran sie glauben konnten. Heute sind die

Leute verstört, weil es so viele verschiedene Arten der Propaganda aus so vielen verschiedenen Quellen gibt.«

Kurz nach dem Ende des Zweiten Weltkriegs betrat ein dritter Akteur die Bühne des kommunistischen Witzes: der Kapitalist. Dank einer umfangreichen Studie, die von der US-Regierung in Auftrag gegeben und vom Soziologischen Institut der Universität Harvard unter dem Titel *The Project on the Soviet Social Systems* veröffentlicht wurde, nahm nun der Westen die reiche Fülle kommunistischer Witze und ihre Unterdrückung wahr. In den Jahren 1950 und 1951 führten Harvard-Absolventen unter Leitung von Alex Inkeles und Raymond Bauer Gespräche mit sechshundert sowjetischen Bürgern, die sich damals in westeuropäischen Gefangenenlagern aufhielten. Den Forschern fiel auf, dass ihre Gesprächspartner auf die Frage nach den Lebensbedingungen in einem kommunistischen System häufig einen Witz zitierten. Es kristallisierten sich fünf Kategorien heraus: Witze über Stalin, kritische Witze über das Leben in der Sowjetunion allgemein, solche über die Geheimpolizei, antisemitische Witze und anzügliche Witze.

Die Befragten erzählten die Witze nicht nur, sondern erklärten sie auch. Ein Beispiel:

»Warum trug Lenin immer Halbschuhe, Stalin dagegen Stiefel? Weil Lenin um die Pfützen herumging, Stalin aber immer mittendurch.« Oder: »Warum trug Lenin Hemd und Krawatte, Stalin aber nicht? Weil Lenin wusste, wo er hinwollte, und Stalin nicht.« Und der Befragte erklärte: »Lenin galt als politisch flexibel, wohingegen Stalin stur seinen Weg ging.«

Einige der Befragten waren ehemalige NKWD-Mitarbeiter. Einer erzählte den berühmten Waisenwitz:

Ein Lehrer fragt seine Klasse: »Wer ist eure Mutter, und wer ist euer Vater?«

Ein Kind antwortet: »Meine Mutter ist Russland, und mein Vater ist Stalin.«

»Sehr gut«, sagt der Lehrer. »Und was möchtest du werden, wenn du einmal groß bist?«

»Vollwaise.«

Es gab auch Berichte über die Bestrafung derer, die Witze über Stalin erzählt hatten. Ein Befragter erzählte: »Ein Freund von mir ging in Stalingrad betrunken durch die Stadt. Als ihm ein Mann entgegenkam, der aussah wie ein Parteifunktionär, rempelte er ihn im Vorbeigehen an und sagte: ›Ich muss mich beeilen, weil ich noch den Fünfjahresplan erfüllen muss.‹ Er wurde verhaftet und erhielt eine dreijährige Haftstrafe, weil er sich über den Fünfjahresplan lustig gemacht hatte.«

Wohl von dieser Studie befeuert, veröffentlichte die *New York Times* in der Wochenendbeilage fortan kleine Kostproben kommunistischer Witze, überwiegend aus den Kriegsgefangenenlagern. Die erste Sammlung, die ich fand, erschien am 2. Oktober 1949. Ihr Autor David Dallin war in den frühen Jahren der Revolution ein gemäßigtes Mitglied des Moskauer Sowjets gewesen und im Jahr 1921 vor der Tscheka geflohen. »Bei einem längeren Aufenthalt in Westdeutschland«, schrieb er, »hatte der Autor erst jüngst Gelegenheit, eine stattliche Zahl an Flüchtlingen aus der Sowjetunion kennenzulernen. Im Verlauf vieler Gespräche wurde eine Fülle antisowjetischer Anekdoten erzählt, die in den Ländern hinter dem Eisernen Vorhang im Umlauf waren. Zum Beispiel diese:

Ein Bauer kehrt aus Moskau nach Hause zurück. Noch völlig von seinen Eindrücken überwältigt, stellt er die wunderbaren Fortschritte in der Hauptstadt völlig übertrieben dar.

»Es gibt da viele großartige Gebäude, die in zwei oder drei Monaten gebaut worden sind. Früher hätte man dafür zwei oder drei Jahre gebraucht!«

»Das ist noch gar nichts«, erwidert ein Nachbar. »Sieh dir nur unseren Friedhof an. Früher hätte es fünfzig Jahre gedauert, bis er voll ist. Heute geht das in zwei Jahren.«

»In den Satellitenländern ist es immer noch riskant, Witze zu erzählen«, heißt es zu Beginn des Zeitungsartikels »Laughter Behind the Iron Curtain« vom 2. September 1956, »doch in vielen Fällen ist die Leidenschaft der Menschen für Witze stärker als die Gefahr.« Die Autorin Flora Lewis, »Ehefrau von Sydney Gruson, Korrespondent der *New York Times* in Prag, Tschechoslowakei«, zitiert eine Reihe von Witzen aus verschiedenen Ostblockstaaten und erklärt, dass es in allen Ländern ähnliche Witze gab.

Eine alte Frau läuft jeden Morgen zum Zeitungsstand, um das erste Exemplar der *Scânteia* zu erhalten [eine rumänische Tageszeitung]. Sie kauft sie, überfliegt die Schlagzeilen auf der ersten Seite, knüllt sie angewidert zusammen und trampelt darauf herum. So macht sie das jeden Tag.

Der Zeitungsverkäufer kann schließlich seine Neugier nicht mehr zügeln. »Wenn Sie die Zeitung nicht lesen, warum haben Sie es dann jeden Morgen so eilig, sie zu kaufen? Zeitungen sind teuer.«

»Ich suche nach einer Todesanzeige«, erklärt die Alte.

»Kein Wunder, dass Sie sie nicht finden, Sie dumme alte Frau«, sagt der Verkäufer. »Wissen Sie denn nicht, dass Todesanzeigen immer auf der letzten Seite stehen?«

»Nicht die, nach der ich suche«, sagt die Frau. »Die würde auf Seite eins kommen!«

Vom Ende der vierziger Jahre bis Ronald Reagan zeigten kommunistische Witze nicht nur im Inland, sondern auch im Ausland Wirkung. Der Westen kannte nur eine Interpretation dieser Witze: »Der bittere Humor mit viel Ironie, aber ohne jedes Mitleid ... hält die Menschen unter der kommunistischen Herrschaft bei Laune«, schrieb ein Journalist 1956 im *New York Times Magazine*. Gelegentlich druckten westliche Journalisten antibürokratische Karikaturen aus dem *Krokodil* nach, weil sie sie fälschlicherweise für antisowjetisch hielten.

Neben solchen Missverständnissen kam es auch zu Manipulationen. Die Herausgeber veränderten oder tilgten Teile der Bildunterschriften, um die Karikaturen als antikommunistisch darzustellen. Ein Beispiel stammt aus einer späteren Zeit, dem Jahr 1962, als eine amerikanische Osteuropa-Zeitschrift

Abb. 27. Finden Sie den Unterschied! Oben: die Originalkarikatur, veröffentlicht in der ungarischen Satirezeitschrift *Ludas Matyi* (12. Oktober 1961). Die Überschrift lautet: »Herbstliches Pflügen in der ›Kolchose Schlamperei‹«. In der Bildunterschrift heißt es: »Der Traktor funktioniert zwar nicht, aber wir müssen ihn trotzdem nehmen.« Unten: die in der US-Zeitschrift *East Europe* (Jan./Feb. 1962) nachgedruckte und übersetzte Karikatur ohne Überschrift. So wandelt sich die Kritik an der inkompetenten Kolchoseleitung in eine Kritik an der offiziellen Politik.

eine ungarische Karikatur abdruckte, auf der ein von einem Pferd gezogener Traktor abgebildet ist. »Der Traktor funktioniert zwar nicht, aber wir müssen ihn trotzdem nehmen«, sagt der Bauer, der am Steuerrad sitzt. Der Satz impliziert, dass der Bevölkerung ein solchermaßen absurdes Vorgehen von oben aufoktroyiert wurde. Doch in der Originalkarikatur, die in einer ungarischen Satirezeitschrift erschienen war, wies der Titel über der Zeichnung die Schuld der Kolchoseleitung zu: »Herbstliches Pflügen in der ›Kolchose Schlamperei‹«. (Abb. 27).

Die Kapitalisten verstanden die Witze gemeinhin als Beweis dafür, dass der Kommunismus dumm und schrecklich war und die Menschen, die unter ihm lebten, ihn genau so empfanden. Beides war, wie wir sehen werden, eine grobe Vereinfachung und eine Fehlinterpretation. Durch diese voreiligen Schlüsse maß man den Witzen in der Geschichte des Kommunismus eine zusätzliche Bedeutung zu, denn sie bestärkten in den Staaten des Westens die Ablehnung des Kommunismus. Die als Gegengewicht zur sowjetischen Propaganda erdachten Witze wurden zu einer Waffe der kapitalistischen Propaganda.

Es dauerte noch einmal zwei Jahrzehnte, nämlich bis zum Juni 1978, bis in Washington am Kerman Institute for Advanced Russian Studies der erste wissenschaftliche Kongress über den sowjetischen Witz stattfand. »Drei Minuten lang war der Marxismus eine ernste Sache, und seither ist er komisch«, so Professor Stephen S. Cohen aus Princeton.

Stalin war noch nicht einmal tot, und schon war mir klar, dass ich mich humorologisch historisch betrachtet zu einem Revisionisten entwickelte. Je weiter ich in der sowjetischen Geschichte voranschritt, umso mehr entfernte sich mein Verständnis vom politischen Humor unter dem Kommunismus vom vorherrschenden Konsens.

Was die Ausbreitung und Kriminalisierung von Witzen anging, hatten die Historiker ja recht, doch kämpften die Witzeerzähler durchaus nicht gegen ein humorloses Regime. Vielmehr standen zwei Seiten mit einem jeweils anderen Humor miteinander im Wettbewerb. Zwischen den beiden gab es keine klare Trennlinie: Stalin lachte über die gleichen Witze wie die Leute, die er unterdrückte. Und der sowjetische Staat glaubte wohl, dass die Menschen dem Kommunismus womöglich stärker zugetan waren, wenn sie nur die richtigen Witze erzählten – und Witze über Stalin oder die Partei gehörten definitiv nicht dazu. Die Behauptung, die Witze seien ein Zeichen für eine im Volk weitverbreitete Ablehnung des Kommunismus, war sehr wahrscheinlich ein Mythos, der unter Mithilfe verdrossener sowjetischer Emigranten von Organen der US-Propaganda gestreut wurde.

Ariane bat mich, ihr in ihrem Atelier beim Zusammensetzen der größeren Collagen zu helfen. Diese neuen Arbeiten wollte sie auf ihrer ersten Einzelausstellung in einer namhaften New Yorker Galerie zeigen. Auf dem kalten Boden hatte Ariane mehrere weiße, übermannsgroße Leinwände ausgelegt. Dazwischen verteilten sich grobkörnige Vergrößerungen kommunistischer Propagandabilder.

Ariane hob eine große Kopie an der Ecke an und schmierte die Rückseite mit Klebstoff ein. Das Bild zeigte eine bis auf zwei gezielt platzierte Besucher leere Galerie mit Gemälden im Stile des sozialistischen Realismus.

»Was ist der Unterschied zwischen Impressionismus, Expressionismus und sozialistischem Realismus?«, fragte ich und fügte, ohne eine Antwort abzuwarten, hinzu: »Die Impressionisten malen, was sie sehen. Die Expressionisten malen, was sie fühlen, und die sozialistischen Realisten malen, was man ihnen sagt.«

Ariane sah mich mit gewollt leerem Blick an. Meine schlechtesten kommunistischen Witze sparte ich mir immer für sie auf. Sie hatte den Stapel mit den Propagandazeitschriften der *Soviet Life* mit ins Atelier genommen. Während sie noch den Klebstoff auftrug, deutete sie darauf und fragte mich: »Siehst du noch andere Bilder, die ich verwenden könnte?«

Ich fand eine Fotogeschichte aus den siebziger Jahren über die neu errichteten Ölraffinerien und Gaswerke in Sibirien. Zwischen Wolken aus weißem Dampf schimmerten silbern die verschlungenen Stahlrohre.

»Die Industriebilder hier wären gut«, schlug ich vor. »Mit so was macht Putin gerade seine Kumpels reich, erpresst den Westen und zettelt einen neuen Kalten Krieg an. Hast du schon davon gehört?«

Sie achtete nicht auf mich. Ariane suchte keine aktuellen Bezüge. Ich half ihr, Bilder ihrer Wahl auf die drei mal zwei Meter großen Leinwände zu kleben. Vorsichtig hielt ich einen dünnen Schnipsel an den Ecken hoch. Er zeigte aus der Vogelperspektive Kinder auf einem Spielplatz, auf dessen Asphalt mit Kreide lauter mathematische Gleichungen gezeichnet waren. Die Geschichte handelte von einem Mathematikwettbewerb sowjetischer Schulkinder.

»Hast du schon den von den Schulkindern gehört, die in Mathematik getestet werden? Der Lehrer fragt das erste Kind: ›Was ist zwei mal zwei?‹ ›Vier‹, antwortet das Kind. ›Versuch's noch mal‹, sagt der Lehrer. ›Fünf‹, sagt das Kind. ›Und noch einmal‹, sagt der Lehrer. ›Hmm ... sechs?‹ Der Lehrer schreibt in seinen Bericht: ›Vielversprechender junger Kommunist. Dumm, aber er macht Fortschritte.‹ Er stellt dem zweiten Schüler dieselbe Frage. ›Vier‹ lautet erneut die erste Antwort, ›Fünf‹ die zweite. Doch danach bleibt das Kind bei ›Fünf‹. Der Lehrer schreibt in seinen Bericht: ›Vielversprechender junger Kommunist. Dumm, aber entschlossen.‹ Als der Lehrer die Frage einem dritten Kind stellt, antwortet dieses entschlossen mehrmals hintereinander mit ›Vier‹. Der Lehrer notiert: ›Kind unter Beobachtung halten. Es scheint sich um einen Intellektuellen zu handeln.‹«

Über dem Spielplatz mit den Zahlen platzierten wir einen Bildausschnitt mit einer sowjetischen Raumsonde, hinter der unscharf die Erde zu sehen ist. Für jedes altmodische Bild aus Arianes Zeitschriften hatte ich einen Witz parat.

»Ein rumänischer Kosmonaut fährt zum Mond«, sagte ich. »Auf dem Küchentisch hinterlässt er eine Notiz für seine Mutter: ›Bin zum Mond gefahren, bin in einer Woche wieder da.‹ Als er zurückkommt, ist das Haus leer. Auf dem Tisch liegt eine Notiz seiner Mutter: ›Bin Käse kaufen gegangen. Weiß nicht, wann ich wieder da bin.‹«

»Lass doch den Zynismus«, sagte sie. »Er macht dich unattraktiv.«

3

NS-WITZE UND DER KOMMUNISTISCHE WITZ

Tausende deutscher Panzer, die am Ufer des Grenzflusses Bug zusammengezogen worden waren, setzten sich am 22. Juni 1941 um 3.15 Uhr in Bewegung und polterten über die sowjetische Grenze. Es war genau wie in den Hollywood-Kriegsfilmen, die am Sonntagnachmittag immer im britischen Fernsehen liefen. Die Deutschen wurden dem historischen Klischee voll und ganz gerecht und zermalmten alles, was ihnen in den Weg kam. Sowjetische Panzerdivisionen wurden dezimiert, Dörfer dem Erdboden gleichgemacht, Juden und Zivilisten massakriert, ganze Divisionen der Roten Armee in die Flucht geschlagen. Doch die Nationalsozialisten zerstörten noch etwas, und das haben die Historiker bislang übersehen: die kommunistischen Witze. Bis die Russen vier Jahre später Mittel- und Osteuropa in Besitz nahmen, blendete der NS-Witz sein kommunistisches Gegenstück vollständig aus. Ich habe aus dieser Zeit nur einen Witz über den Kommunismus gefunden, um den es bezeichnenderweise nur zum Teil geht:

Trotzki und Lenin fahren durch eine Kleinstadt in Russland. Die Kinder rennen auf die Straße und begrüßen sie mit einem Sprechchor: »Wir wissen, wer ihr seid! Wir wissen, wer ihr seid!«

»Sieh mal«, sagt Trotzki. »Die Revolution hat uns berühmt gemacht, sogar die Kinder kennen uns.«

Doch ehe Lenin antworten kann, rufen die Kinder im Chor:

»Juden seid ihr, Juden seid ihr!«

Der Grund für den Zusammenbruch des kommunistischen Witzes ist in diesem Witz bereits enthalten. Die NS-Kalauer waren nicht etwa besser, fortschrittlicher oder pointierter. Es lag wohl eher daran, dass die Nazis lieber Witze über Juden als über Kommunisten machten und sich die Kommunisten, die derweil gegen die Invasion ankämpften, solidarisierten, indem sie den Feind verspotteten statt sich selbst.

Wer den kommunistischen Witz erforscht, sollte vom NS-Witz nicht allzu enttäuscht sein. Seine Unzulänglichkeiten liefern dem Anhänger des kommunistischen Witzes die besten Argumente gegen humorlose Soziologen, die diese Witze generell als Rückgriff auf die traditionellen »Galgenhumor«-Witze betrachten. Da es eine ganze Reihe von Witzen gibt, die die Menschen unter jeder Diktatur und in jedem totalitären Staat erzählen, so argumentieren diese Soziologen, erfahren wir aus den Witzen nur wenig über den Kommunismus.

Die Witze, die sich die Unterdrückten in verschiedenen historischen Epochen und Kulturen über einen Tyrannen erzählten, haben natürlich manches gemein. Kommunistische Witze waren kein völlig neues Genre, doch der Humor unter der kommunistischen Repression hatte seine eigene Charakteristik. Das lässt sich unter anderem nachweisen, indem man den Kommunismus in dieser Hinsicht mit einem unmittelbaren Rivalen seiner Zeit vergleicht, einem totalitären System, das ebenso brutal, wenn nicht noch brutaler war, den geistreichen Humor aber vermissen ließ. Anhand des NS-Staates kann man der These, nach der der kommunistische Witz nichts Besonderes war, empirisch nachgehen.

Die Deutschen hatten schon seit Anfang der dreißiger Jahre gelegentlich NS-Witze erzählt. Wie die kommunistischen Witze werden sie seit den siebziger Jahren zum Glück erschöpfend katalogisiert. Es gibt wohl weniger als einhundert Originalwitze aus der NS-Zeit, und hier liegt auch schon der erste Unterschied: Die Zahl der NS-Witze war erheblich geringer. Da der Sowjetkommunismus sechsmal so lange dauerte wie das Dritte Reich, nämlich zweiundsiebzig Jahre im Vergleich zu zwölf, wären logischerweise ein Sechstel so viele NS-Witze zu erwarten wie kommunistische, also zwischen 166 und 250. Uns liegen aber nur halb so viele vor.

Wie beim kommunistischen Witz zogen wichtige politische Ereignisse entsprechende Witze nach sich. Nach dem Reichstagsbrand 1933 spotteten die Leute darüber, dass die Nationalsozialisten angeblich nichts damit zu tun hatten.

Am Abend des 27. Februar stürzt Görings Adjutant in das Büro seines Vorgesetzten. »Herr Ministerpräsident«, sagt er, »der Reichstag brennt!«
Göring sieht auf die Uhr und schüttelt verwundert den Kopf. »Schon?«

Nach der »Nacht der langen Messer«, in der Hitler eine Säuberungsaktion in der SA durchführte, tauchten Witze über Ernst Röhms Homosexualität auf.

Nun versteht das Volk erst, was Stabschef Röhm in seiner Rede an die Jugend so anschaulich darstellte: »In jedem Hitlerjungen steckt ein SA-Führer.«[37]

Und so ging es weiter. Wie die Witze in der Sowjetunion spiegelten auch die in NS-Deutschland die aktuellen Ereignisse wider, allerdings nicht in der gleichen Fülle.

Der zweite augenfällige Unterschied zwischen den Witzen der beiden Ideologien betrifft die Qualität. Wer vertraut ist mit dem gleichbleibenden Esprit der kommunistischen Witze, empfindet die NS-Kalauer als wenig unterhaltsam, und ich entschuldige mich besser gleich dafür, dass ich sie meinen Lesern auf fast sadistische Art zumute. Doch es wäre unangebracht, leichtfertig den deutschen Humor dafür verantwortlich zu machen – die DDR-Witze waren, wie wir in der Nachkriegszeit sehen werden, häufig schreiend komisch. Zu den besseren NS-Witzen zählen die über die vielen Medaillen an Görings Uniform:

Der Adjutant kommt in Görings Büro. »Im Luftfahrtministerium ist ein Rohr geplatzt!«
»Schnell!«, erwidert Göring, »bringen Sie mir meine Admiralsuniform!«

Göring hat neuerdings quer über seine Ordensschnalle einen Pfeil als Richtungsanzeiger: »Fortsetzung auf dem Rücken.«[38]

Ein dritter grundlegender Unterschied zwischen den kommunistischen und den nationalsozialistischen Witzen betrifft die Themen. Die kommunistischen Witze deckten alle politisch wichtigen Aspekte des Systems ab, wohingegen die NS-Witze sie geradezu mieden. Die Deutschen erzählten keine Witze über Hitlers Rassenideologie. Auch die bizarren NS-Rituale oder die Massenaufmärsche wurden nicht zum Gegenstand ihrer Kalauer. Mit ist kein deutscher Witz aus jener Zeit über den Stechschritt oder Hitlers Schnurrbart bekannt. Über Hitler gab es erstaunlich wenig Scherze. Der folgende ist wohl der bekannteste:

Hitler besucht eine Irrenanstalt. Die Patienten grüßen brav mit »Heil Hitler!« Da sieht er einen Mann, der unbeteiligt in einer Ecke sitzt. »Warum grüßen Sie nicht wie die anderen?«, herrscht er ihn an. »Mein Führer«, antwortet der Mann, »ich bin der Pfleger, ich bin doch nicht verrückt!«

Bis die »Endlösung« eingeleitet wurde, gab es nur wenige Witze über Konzentrationslager, und diese wenigen waren mehr als schwach. Der Stegreifkomiker Weiß Ferdl, der gelegentlich – seltsam, aber wahr – für Hitler als Stimmungsmacher auftrat, erzählte Mitte der dreißiger Jahre von einem Ausflug nach Dachau. »Na – da sieht's aus! Stacheldraht, Maschinengewehr, Stacheldraht, noch mal Maschinengewehre und wieder Stacheldraht! Oba des sog i eich – wann i will – i kumm rein!«[39] Als ich diesen Witz zum ersten Mal las, verstand ich ihn als puren Sarkasmus, doch das war ein Irrtum: Weiß Ferdl war überzeugtes NSDAP-Mitglied und wurde nach dem Krieg als Mitläufer verurteilt.

Auf der Straße erzählten sich die Leute auch den folgenden Lagerwitz:

Treffen sich zwei Männer auf der Straße. Da sagt einer zum anderen: »Schön, dich in Freiheit zu sehen! Wie war's denn im KZ?«
Darauf der andere: »Großartig! Morgens gab's Frühstück ans Bett. Bohnenkaffee oder Kakao nach Wahl. Dann etwas Sport. Zu Mittag Suppe, Fleisch und Nachtisch. Und bevor es Kaffee und Kuchen gab, haben wir Gesellschaftsspiele gemacht. Dann noch 'n kleines Nickerchen. Nach dem Abendessen haben wir Filme geguckt.«
Der Mann ist ganz erstaunt: »Toll! Was doch zusammengelogen wird! Neulich habe ich den Meyer gesprochen, der auch drinnen war. Na, und der hat mir Dinge erzählt!«
Da nickt der andere ernst und sagt: »Den haben sie ja auch schon wieder abgeholt.«[40]

Erst gegen Kriegsende sind in den NS-Witzen Verachtung und Bitterkeit zu spüren. Als die Alliierten ihre Städte dem Erdboden gleichmachten, spotteten die Deutschen:

»Sag, was machst du nach dem Krieg?«
»Ich fahre durchs Großdeutsche Reich.«
»Und am Nachmittag?«

Nach der Kapitulation ging dann der folgende Witz um, einer der wirklich guten:

Der Krieg ist vorbei. Die Urteile sind verkündet. Hitler, Göring und Goebbels hängen am Galgen. Göring sagt zu Goebbels:
»Siehst du, ich habe dir immer gesagt, dass die Sache in der Luft entschieden wird.«
»Wie die Zeit verfliegt, wenn man sich amüsiert!«, erwidert Goebbels, ehe sich die Schlinge zuzieht. »Im Nu sind tausend Jahre rum!«

Das ist ein geistreicher und zynischer Witz, der sich aber immer noch nicht mit der NS-Ideologie auseinandersetzt. Und hier deutet sich der grundlegende Unterschied zwischen den beiden Witzkulturen an. Zwar brachte die deutsche Bevölkerung mit ihren Kalauern der politischen Führung verspätet noch Verachtung entgegen, doch nahm sie deren Ideen oder den staatlichen Unterdrückungsapparat nicht kollektiv ins Visier, wie es die Bürger der Sowjetunion taten. Im Gegenteil: Dass es so wenige neue Witze gab, lag unter anderem daran, dass das Regime und seine Bürger so viele alte Judenwitze wieder aufgriffen.

»Es ist also unzureichend, den Humor im Dritten Reich auf regimekritische Flüsterwitze zu reduzieren«, so Rudolph Herzog, der sich jüngst mit dem Humor in der NS-Zeit beschäftigt hat. Wie andere Humorologen hat der Sohn des deutschen Regisseurs Werner Herzog und ehemalige Produzent der TV-Serie *Galileo Mystery* eine ungewöhnliche Biografie vorzuweisen. »Das Gros der Scherze, die einen Gegenwartsbezug enthielten, waren gänzlich harmlos und keiner politischen Richtung zuzuordnen.«[41] Anders als die kommunistischen Witze traten ihre nationalsozialistischen Gegenstücke daher nur sporadisch auf, hatten wenig ideologischen Gehalt, waren qualitativ eher minderwertig und deckten nicht alle soziopolitischen Bereiche ab.

Zugegeben, Stalin verfolgte auch mehr sozialpolitische Ziele als Hitler, der zwar die Judenvernichtung anpeilte, aber nichts gegen landbesitzende Bauern, Geschäftsleute und Kapitalisten einzuwenden hatte. Doch die Nationalsozialisten schickten Millionen junger Männer in den sicheren Tod, verschuldeten die Zerstörung der meisten deutschen Städte und verfolgten andersdenkende Intellektuelle und Journalisten. Daher ist es überraschend, dass in der deutschen Bevölkerung nicht mehr NS-feindliche Witze kursierten. Dieser Mangel an Witzen stützt die Ansicht jener Historiker, die davon ausgehen, dass ein Großteil der Deutschen dem NS-Staat wohlwollend gegenüberstand.

Ein Teil der deutschen Bevölkerung aber dachte sich doch bitterböse Witze gegen die Nationalsozialisten aus: die Juden. Ab Beginn der dreißiger Jahre wurden die Ungereimtheiten der NS-Ideologie, die Brutalität ihrer Anhänger und schließlich die Schrecken in den Lagern mit gebührender Ironie artikuliert.

Levi und Weinstein treffen sich zufällig im kongolesischen Dschungel. Beide haben einen schweren Rucksack auf den Schultern. Große Freude! »Wie geht es? Was machst du hier?«, fragt Levi. »Ich habe in Alexandrien eine Elfenbeinschnitzerei«, erwidert Weinstein. »Und um Kosten zu sparen, schieße ich die Elefanten selbst. Und du?«

»Ganz ähnlich, ich habe eine Krokodillederfabrik in Port Said und schieße hier Krokodile.«

»Wie steht es eigentlich mit unserem gemeinsamen Freund Simon?«

»Ach, der ist ganz zum Abenteurer geworden. Er ist in Berlin geblieben!«

Mehrere SA-Männer betreten während des Sonntagsgottesdienstes eine evangelische Kirche. »Deutsche«, sagt der Anführer, »ich bin im Interesse der Rassenreinheit hier. Wir haben Nichtarier lange genug geduldet, jetzt müssen wir sie loswerden. Ich befehle allen Anwesenden, die einen jüdischen Vater haben, die Kirche sofort zu verlassen.«

Mehrere Gläubige stehen auf und gehen.

»Und nun gehen alle, die eine jüdische Mutter haben.«

Bei diesen Worten springt der Pfarrer auf, nimmt das Kruzifix von der Wand und sagt: »Bruder, jetzt müssen wir beiden.«

Goebbels besucht deutsche Schulen. In einer Klasse fordert er die Schüler auf, deutsche Losungen zu nennen.

»Heil Hitler«, ruft ein Kind.

»Sehr gut«, sagt Goebbels.

»Deutschland über alles«, sagt ein anderes.

»Hervorragend. Wie wäre es mit einem stärkeren Spruch?«

Eine Hand stößt in die Luft, und Goebbels nickt. »Unser Volk soll ewig leben«, sagt ein kleiner Junge.

»Wunderbar!«, ruft Goebbels. »Wie heißt du denn, junger Mann?«

»Israel Goldberg.«

Jakob spaziert durch den Park. Da sieht er seinen Freund Chaim, der auf einer Bank Zeitung liest. Als er näher kommt, erkennt er, dass es der antisemitische *Stürmer* ist.

»Warum liest du das nur, Chaim?«, fragt er.

»Na, du weißt doch, was wir für schlechte Zeiten haben«, sagt

Chaim. »Unsere Geschäfte werden geschlossen. Auf der Straße schlägt und tritt man uns. Unser Besitz wird beschlagnahmt. Aber wenn ich den *Stürmer* aufschlage, lese ich, dass wir immer noch im Geld schwimmen und die Weltherrschaft an uns reißen!«

Zwei Juden wollen Hitler ermorden. Sie erfahren, dass er jeden Mittag um zwölf Uhr an einer bestimmten Straßenecke vorbeikommt, und lauern ihm, gut versteckt, mit ihren Waffen auf.
Um zwölf sind sie schussbereit, doch von Hitler keine Spur.
Fünf Minuten später ist immer noch nichts zu sehen. Weitere fünf Minuten vergehen, aber keine Spur von Hitler. Um Viertel nach zwölf verlieren sie langsam den Mut.
»Meine Güte«, sagt einer der Männer. »Es wird ihm doch nichts passiert sein?«

Die Regimegegner, nicht nur Juden, übernahmen Unmengen kommunistischer Witze und ersetzten den Namen Stalin einfach durch Hitler. Meist wurden sie einfach nur kopiert, doch ich habe ein interessantes Beispiel für einen Witz gefunden, dessen Syntax zwar übernommen, dessen Bedeutung aber verändert wurde.

Gegen Kriegsende. In einem Konzentrationslager werden zwei Juden zum Tod durch Erschießen verurteilt. Doch am Tag ihrer Hinrichtung wird ihnen von einem Wachmann mitgeteilt, dass die Strafe auf Tod durch Erhängen abgeändert wurde.
»Was für ein Glück!«, sagt der eine Jude zum anderen. »Denen geht die Munition aus.«

In dieser NS-Version verweist das Fehlen von Munition auf den anstehenden Sieg der Alliierten, im entsprechenden kommunistischen Witz dagegen geht es einfach nur um die Mangelwirtschaft.

Auch die unterschiedlichen Strafen, die Witzeerzähler in den beiden totalitären Ideologien erwarteten, sind ein interessanter Vergleichspunkt. Bis vor Kurzem waren sich die Historiker einig, dass der NS-Staat mit unbarmherziger Brutalität gegen regimekritische Witze vorging, was schon durch den deutschen Begriff »Flüsterwitze« impliziert sei. Einer, der Witze erzählte, so hieß es, musste mit der Inhaftierung in einem Konzentrationslager oder der Exekution rechnen, wenn ihn jemand verpfiff. Doch neue Untersuchungen haben diese Sicht revidiert. Von 1933 bis 1943 wurden im NS-Staat nur selten Gefängnisstrafen für das Erzählen von Witzen verhängt. Man konnte, so Rudolph Herzog, frei, öffentlich und ohne Angst vor Strafe Witze erzählen. Die Statistik belegt, dass in einundsechzig Prozent der Verfahren, in denen es um das Erzählen von Witzen ging, der Angeklagte mit einer Verwarnung davonkam. Häufig wurde Alkohol als mildernder Umstand angeführt. In wenigen Einzelfällen erhielt der Beschuldigte eine Geldstrafe, und in zweiundzwanzig Prozent der Verfahren wurden die Witzeerzähler zwar zu einer Gefängnisstrafe verurteilt, deren Strafmaß jedoch meist unter fünf Monaten lag.

Anders sah es mit Witzen aus, die in der Öffentlichkeit zum Besten gegeben wurden. Deutsche Komiker lieferten sich mit den Behörden gefährliche Gefechte über die Grenzen dessen, was auf der Bühne erlaubt war, und sie wurden mit ähnlichen Sanktionen belegt wie ihre Ostblockkollegen nach dem Krieg – einer Mischung aus Verwarnungen, Arbeitsverbot und kurzen Haftstrafen. Jüdische Komiker erlitten allerdings ein schlimmeres Schicksal.

Ein Zirkusartist brachte seinen Affen bei, Menschen in Uniform mit dem Hitlergruß zu bedenken. Als die Nationalsozialisten von diesem Trick erfuhren, drohten sie mit der Tötung der Affen, falls das noch einmal vorkomme. Die Tiere hörten rasch damit auf. Doch andere Komiker waren mutiger.

In Berlin beschloss der Conférencier Werner Finck in seinem Kabarett Katakombe sein abendliches Programm mit einer Stegreifeinlage, die er mit versteckt regimefeindlichen Witzen spickte. »Es geschehen noch Zeichen und Wunder«, teilte er seinem Publikum eines Abends im Jahr 1933 mit. »Wir haben Frühling, und die Blätter fangen schon an, braun zu werden« – eine Anspielung auf die »Braunhemden« der SA-Leute. Oder dieser: »Ein Mann kommt zum Zahnarzt. Sagt der Zahnarzt: ›Nun machen Sie mal schön den Mund auf.‹ Darauf der Mann: ›Wieso? Ich kenne Sie ja gar nicht.‹« In einem Sketch, den er kurz nach dem Erlass aufführte, dass in allen staatlichen Büros ein Hitlerporträt aufzuhängen sei, betrat Fincks Helfer die Bühne mit einem Bild, von dem das Publikum nur die Rückseite sehen konnte. Als der Mann stolperte, eilte Finck in gespielter Panik herbei und rief: »Nicht stürzen, nicht stürzen!« In einem anderen Sketch ging er zum Schneider, um sich einen neuen Anzug zu kaufen. »Darf es etwas Einheitliches oder etwas Gemustertes sein?« »Einheitliches hat man jetzt schon genug, aber auf gar keinen Fall Musterung.« »Vielleicht was mit Streifen?« »Die Streifen kommen von alleine, wenn die Musterung vorbei ist.« Ein Zwischenrufer schimpfte Finck einen »Judenjungen«. »Nein«, erwiderte er. »Ich sehe nur so intelligent aus.« Besuchten »›Kulturkontrolleure‹ der Partei« Fincks Vorstellung, so Rudolph Herzog, und schrieben jedes Wort mit, so »sprach er sie direkt an und sagte mit einem Augenzwinkern: ›Soll ich langsamer sprechen? Kommen Sie mit? Oder soll ich mitkommen?‹«

Im Jahr 1935 wurde die Katakombe geschlossen, Finck verhaftet und für sechs Wochen ins Konzentrationslager geschickt. Dort führte er für die Insassen Sketche auf, von denen Fragmente erhalten sind.

Kameraden, wir wollen versuchen, euch heute etwas zu erheitern. Unser Humor wird uns dabei helfen. Wir haben ihn behalten. Obwohl wir Humor und Galgen noch nie so dicht beieinander erlebt haben. ... Ihr werdet Euch bestimmt wundern, wieso wir hier so munter und fröhlich sind. Nun, Kameraden, das hat ja seine Gründe: In Berlin waren wir es schon lange nicht mehr. Im Gegenteil. Immer, wenn wir da aufgetreten sind, hatten wir ein unangenehmes Gefühl im Rücken. Das war die Furcht, ins KZ zu kommen. Und seht, jetzt brauchen wir keine Angst mehr haben: Wir sind ja drin![42]

Viele jüdische Komiker starben in den Lagern. Finck hatte mehr Glück, denn er wurde auf die Fürsprache der Schauspielerin Käthe Dorsch, einer früheren Verlobten Görings, freigelassen. Wenige Jahre später stand er in Berlin wieder auf einer anderen Bühne, bis er 1939 erneut Auftrittsverbot erhielt. »Der politische Witz wird ausgerottet, und zwar mit Stumpf und Stiel«, schrieb Goebbels in sein Tagebuch.[43]

Doch Finck, der das Land nicht verlassen wollte, überlistete seine Gegner, indem er sich freiwillig zum Kriegsdienst meldete. Er diente als Funker an der West- und an der Ostfront und erhielt das Eiserne Kreuz II. Klasse. An der Front unterhielt er die Soldaten mit Kabaretteinlagen, gleichgesinnte Offiziere schützten ihn vor Goebbels.

In den letzten Kriegsjahren, als sich das Blatt bereits gewendet hatte, sprach Richter Roland Freisler für das Erzählen von Witzen einige Todesstrafen aus, die auch vollzogen wurden. Der fanatische Freisler leitete den Volksgerichtshof, der mit politischen Strafsachen befasst war. Im Jahr 1943 wurde eine Kriegerwitwe, Arbeiterin in einer Waffenfabrik, verhaftet, weil sie den folgenden Witz erzählt hatte:

Hitler und Göring stehen auf dem Berliner Funkturm. Hitler sagt, er möchte den Berlinern eine Freude machen. Darauf Göring zu Hitler: »Dann spring doch!«[44]

Der Fall wurde von Freisler verhandelt, die Frau zum Tode verurteilt und mit dem Fallbeil hingerichtet. Ebenfalls 1943 wurde der Filmstar Robert Dorsay zum Tode verurteilt. Der folgende Witz wird ihm zugeschrieben:

Beim Einzug des Führers in eine Stadt stehen kleine Mädchen mit Blumen Spalier. Eins davon streckt dem Führer ein Grasbüschel entgegen.
»Was soll ich denn damit tun?«, fragt Hitler.
»Essen«, antwortet die Kleine. »Die Leute sagen jeden Tag: ›Erst wenn der Führer ins Gras beißt, kommen bessere Zeiten.‹«[45]

Diese bitteren Einzelfälle dokumentieren ebenfalls die *différence*, um mit den französischen Poststrukturalisten zu sprechen, des kommunistischen Witzes. Anders als der NS-Staat, der auf das Erzählen von Witzen überwiegend milde reagierte, schickten die sowjetischen Behörden ihre Bürger dafür zu Zehntausenden in die Gulag-Lager. Unter Hitler war es andererseits zwar erheblich unwahrscheinlicher als unter Stalin, dass ein Spaßmacher vor den Kadi kam, dafür konnte ihn, wenn die Behörden ein Exempel statuieren wollten, aber ein ungleich schlimmeres Schicksal ereilen. Aus der Sowjetunion ist mir jedenfalls kein Fall bekannt, in dem jemand für das Erzählen von Witzen zum Tode verurteilt wurde.

Das sagt einiges über den Unterschied zwischen den beiden totalitären Ideologien aus. Sieht man einmal vom Großen Terror ab, so kann man sagen, dass der kommunistische Staat eine Versöhnung für möglich hielt und davon ausging, die gesamte Menschheit retten zu können. Durch Zwangsarbeit sollten der

»Kulak«, der Spekulant und der Witzeerzähler zur gemeinsamen Sache bekehrt werden. Der NS-Staat dagegen betrachtete einen Großteil der Menschheit als irreparabel. Daher erzwang er Gehorsam, indem er an Einzelnen ein Exempel statuierte.

Ariane lebte in einem der wenigen verbliebenen unrestaurierten Berliner Wohnblöcke, in dessen Mauerwerk noch die Einschusslöcher aus dem letzten Krieg zu sehen waren.

Wir fuhren mit dem Fahrrad an Görings Reichsluftfahrtministerium und am Reichstag mit Norman Fosters neuer Glaskuppel vorbei, die frühere Beiträge Großbritanniens zur Architektur des Gebäudes, nämlich die Treffer alliierter Luftangriffe, bewahrte. Wir ließen die Räder sanft den Hügel hinunterrollen, vorbei an Peter Eisenmans riesigem Holocaust-Mahnmal, einer geisterhaften Miniaturstadt aus grauem Beton. Die Abendsonne spiegelte sich in der goldenen Kuppel der restaurierten Neuen Synagoge in der Oranienburger Straße, die in der Ferne hier und da durch die Wohnblöcke zu sehen war. Die sauber polierte Oberfläche schimmerte im unnatürlichen Glanz der historischen Überkompensation. Wir waren unterwegs, weil wir uns einen neuen Film ansehen wollten, doch überall begegneten uns Spuren des Krieges.

Wir stellten die Fahrräder in der Nähe der Philharmonie ab, kauften Eintrittskarten und nahmen im Open-Air-Kino auf dem Vorplatz des Kunstgewerbemuseums auf hölzernen Klappstühlen Platz. Es war ein warmer Sommerabend. Rechts neben der Leinwand erhoben sich im Hintergrund die schmalen, beleuchteten Wolkenkratzer des Potsdamer Platzes, eine futuristische Ansammlung von Bürotürmen, die auch als Kulisse zu *Total Recall* getaugt hätte. Auf einem der Gebäude drehte sich langsam der neonbeleuchtete Mercedesstern. So war Berlin: Da waren die Überreste einer zerstörten Stadt, und gleich daneben gab es billigen Hightech-Lifestyle. Den Film, den wir uns ansahen, hatte ein junger Regisseur gedreht, der frisch von der Hochschule kam und bereits seinen zweiten Dokumentarfilm fertig hatte. Es ging um einen deutschen Studenten, der in Auschwitz seinen Zivildienst ableistet und einem streitsüchtigen KZ-Überlebenden zugewiesen wird. Zwischen den beiden entwickelt sich eine Hassliebe. Der Film konnte mich nicht fesseln. Über fünfzig Jahre danach formulierten die Deutschen immer noch, und zunehmend bleischwer, ihr gestörtes Verhältnis zur NS-Vergangenheit.

»Als ich zwölf war«, erinnerte sich Ariane danach, »habe ich meiner Familie erklärt, ich wolle meine Großmutter besuchen. Sie lebte fünfundvierzig Kilometer von meiner Heimatstadt entfernt in der Nähe der Industriestadt Altenburg. Ich wollte sie etwas fragen, aber das habe ich meinen Eltern nicht gesagt.

›Großmutter?‹ – ›Ja, mein Kind?‹ – ›Wen hast du 1933 gewählt?‹ Sie senkte die Zeitschrift, in der sie las, starrte mich über ihre Bifokalbrille hinweg an und sagte barsch: ›Hitler.‹ Ich starrte wortlos zurück. Dann sagte sie mehrmals: ›Er hat mein Leben ruiniert, er hat mein Leben ruiniert.‹ Ich fragte: ›Warum hast du ihn denn gewählt?‹ – ›Er hat uns Arbeit gegeben‹, sagte sie. Mehr hat sie nicht gesagt: ›Er hat uns Arbeit gegeben.‹«

Diese kurze Anekdote erklärt, warum Ariane und viele andere junge Deutsche so eine Schwäche für den Kommunismus haben. Und es erklärt, warum nach dem Krieg von den Ländern, die unter sowjetische Führung kamen, die DDR den Kommunismus am freundlichsten aufnahm: Er war eine ideologische Versicherungspolice. Wäre Hitler Engländer gewesen, wäre ich vielleicht auch Kommunist geworden.

»Bei den Tausend-Bomber-Angriffen war Altenburg als industrielles Zentrum ein wichtiges Ziel. Meine Großmutter ging mit anderen Frauen während der Angriffe immer auf einen nahe gelegenen Hügel, und da guckten sie dann durch den

Feldstecher, wo die Bomben einschlugen, damit sie hinterher hingehen und plündern konnten«, erzählte Ariane in dem Versuch, ihre Oma zu rehabilitieren. Aus dieser historischen Ära hatte auch ich eine Familiengeschichte zu erzählen. Meine Verwandten mütterlicherseits waren Berliner Juden gewesen. Alle sechzehn Großonkel und Großtanten sowie meine Urgroßeltern kamen in Lagern um, ausgenommen ein Urgroßvater, der 1939 an einem Herzinfarkt starb.

»Weißt du, ob deine Oma NS-Witze erzählt hat?«, fragte ich.

Ariane lächelte mich schief an.

Bislang ging es nur um die Witze, die in Deutschland erzählt wurden. Jenseits der Reichsgrenzen jedoch gab es reichlich Anlass, sich regimefeindliche Witze auszudenken. Aus Hollywood kamen Charlie Chaplins *Der große Diktator* und Ernst

Abb. 28. Anti-Hitler-Collage (*Krokodil*, 1938).

Lubitschs *Sein oder Nichtsein*. Die BBC übertrug eine Satiresendung mit dem Schauspieler Johann Müller, der in einer perfekten Hitler-Imitation hanebüchene Monologe ablieferte.

In Russland zeichneten Karikaturisten wie Boris Jefimow und das Künstlertrio Michail Kuprianow, Porfiril Krylow und Nikolai Sokolow, das unter dem Namen Kukryniksi veröffentlichte, seit Beginn der dreißiger Jahre fleißig boshafte Karikaturen von den aufgeblasenen NS-Führern und ihren grausamen und feigen Soldaten (Tafel 1, Abb. 29 und 30). Doch am interessantesten wird die Geografie der Witze, wenn man die Karte des besetzten Europas betrachtet. Eine ernsthafte komparative Untersuchung von Witzen ist komplizierter, als man zunächst vermuten sollte. Sie muss nicht nur die Witze berücksichtigen, die Deutsche über die Nationalsozialisten erzählten, sondern auch diejenigen, die von Nichtdeutschen in den besetzten Ländern in Umlauf gebracht wurden. Darüber hinaus müssen diese Witze mit denen verglichen werden, die in späteren Jahrzehnten in den von den Sowjets besetzten Ländern kursierten.

Im besetzten Europa herrschten dieselben Rahmenbedingungen wie in den kommunistischen Ostblockgesellschaften nach dem Krieg: eine missliebige Besatzungsmacht, eine fremde politische Ideologie, ein repressiver, oft brutaler Polizeistaat, der Mangel an Grundnahrungsmitteln. Erzählte man sich in diesen Ländern daher auch ähnliche Witze wie die späteren Ostblockstaaten? Nun, das ist von Land zu Land unterschiedlich.

In Norwegen, in das Hitler im April 1940 einfiel, lautet die Antwort nein. Hier wurde in den Witzen, die häufig auf zeitlose Bauernkalauer rekurrierten, die überlegene Intelligenz des besetzten Volkes betont. Häufig gipfelten sie in schlichten Beleidigungen.

Worin besteht der Unterschied zwischen einem Eimer Mist und einem Nazi?
Im Eimer.

Warum ist Hitler auf der Toilette am sichersten?
Weil er da die braunen Massen unter sich hat.

Ein Subgenre grausamer Witze befasste sich mit norwegischen Frauen, die sich mit deutschen Soldaten einließen:

Warum darf man norwegische Mädchen nur oberhalb der Taille fotografieren?
Weil es verboten ist, Fotos militärischer Ziele zu machen.

Ein Deutscher fragt: »Gibt es in Norwegen nur dumme Frauen?«
Ein Norweger erwidert: »Nein, dumm sind nur die, die mit euch Deutschen ausgehen.«

Obwohl man für Nahrung anstehen musste, gab es nur wenige Witze über die Versorgungsmängel:

Im Kino ist in einem deutschen Propagandafilm zu sehen, wie in einem norwegischen Hafen Käse und Fleisch von einem Schiff entladen wird. Ein Mann ruft: »Die spielen den Film ja rückwärts!«

Die internationalen Witze, die über den Krieg kursierten, erreichten auch norwegische Zungen und Ohren:

Weißt du, warum Hitler eine Taucherausrüstung trägt?
Weil er seine Flotte inspizieren will.

Abb. 29 und 30:
Zwei Karikaturen des legendären
Illustratorentrios Kukryniksi.
Oben befördern die Redakteure des
sowjetischen Satiremagazins *Krokodil*
die NS-Führung geradewegs in den
Papierkorb (1945).
Rechts: Hitler im Gespräch mit einem
General (1944).

Als Hitler hört, dass Mussolinis Offensive gegen Griechenland stockt, ruft er ihn an und fragt: »Wann bist du denn endlich in Athen?«

Mussolini fragt zurück: »Ich nehme an, du rufst aus London an?«

Und im Jahr 1945 wollten die Norweger wissen:

Warum wurde Rommel zur Verteidigung Berlins zurückbeordert? Weil er sich mit dem Wüstenkampf bestens auskennt.

Hast du schon gehört, dass die Deutschen und die Russen jetzt dicke Freunde sind? Deshalb folgen die Russen ihnen auch bis nach Berlin.

Die späteren Ostblockwitze zielten nur selten auf die Überlegenheit des besetzten Volkes ab, sondern porträtieren vielmehr ironisch seine Ohnmacht und Unterwürfigkeit. Die Norweger dagegen erzählten frech den folgenden Witz über die deutsche Besatzungsmacht:

Ein deutscher Soldat hält auf der Straße einen Norweger an und fragt ihn nach dem Weg. Der Norweger gibt in seiner Überlegenheit vor, nichts zu wissen. Wütend sagt der Offizier: »Ihr Norweger behandelt uns so unverschämt wie eure Hunde!«
Erwidert der Norweger: »Aber wir sind nicht unverschämt zu unseren Hunden.«

In Osteuropa kursierte nach dem Krieg dagegen der folgende Witz über sowjetische Soldaten:

Ein Tscheche erzählt seinem Freund: »Weißt du, was mir gestern Abend passiert ist? Ich bin nach Hause gekommen, und da lag meine Frau mit einem russischen Offizier im Bett.«

»Und was hast du gemacht?«, fragt der Freund.

»Natürlich auf Zehenspitzen nichts wie raus. Ich hatte Glück:
Er hat mich nicht gesehen.«

Die Norwegerin Kathleen Stokker, die NS-Witze untersucht
hat, schreibt dazu: »Während aus dem norwegischen Material
die Vorliebe der Norweger spricht, den NS-Autoritäten mit offen respektlosen Antworten Paroli zu bieten, tendiert der Humor in den ehemaligen kommunistischen Regimes geradezu
zum gegensätzlichen Mechanismus: Er betont die Angst des Individuums, eine Meinung zu äußern, die als regimekritisch in-
terpretiert werden könnte.«[46]

Norwegen wurde ja nie von den Sowjets besetzt, doch wenn
man sich die Witze ansieht, die im tschechischen NS-Staat erzählt wurden, kommt man dem kommunistischen Witz schon
deutlich näher. Die tschechischen Witze über die Nationalsozialisten wurden der Exilregierung in London über Geheimagenten zugetragen. Im Jahr 1939 schrieb ein Informant nach
London, die Tschechen »lebten von Witzen und unzähligen
Anekdoten, die wie eine Lawine von Prag aus übers ganze
Land schwappen«. Im Jahr 1944 schrieb ein anderer Informant,
fünf Prozent der Tschechen seien »ausgesprochene Verräter«,
und weitere zwanzig Prozent hingen ihr Fähnchen »aus finanziellen, persönlichen oder familiären Gründen in den Wind«,
doch die verbliebenen fünfundsiebzig Prozent seien noch immer Nazigegner, erkennbar an ihrem heiteren Gesichtsausdruck.
Der Prager Intellektuelle Oskar Krejcí sammelte Hunderte von
Witzen, ehe er 1944 von der Gestapo verhaftet wurde. Der
Witz sei ihre einzige Waffe gewesen, schrieb ein anderer Samm-
ler, Josef Gruss: Wie Käfer hätten sie an den wackligen Funda-
menten des monströsen Kolosses genagt.

Die Tschechen erzählten über die Deutschen zwar andere
Witze als über die Russen, doch es gab gemeinsame Merkmale.

Hier haben wir endlich ein Korpus von Witzen, das alle Aspekte des NS-System aufs Korn nimmt. Erstens seine rassistische Ideologie:

> Wie sollte der ideale Nazi aussehen?
> Zum Schutz der Rasse und im Interesse der deutschen Bevölkerungsentwicklung muss er so viele Kinder haben wie Hitler.
> Er muss rassisch rein sein wie Leni Riefenstahl, schlank und belastbar wie Göring. Er muss die Wahrheit sagen wie Goebbels und seiner Sache treu ergeben sein wie Heß.

Zweitens die Zensur:

> Oma Hanacka besteigt in Prag mit einem schweren Sack und einem Koffer die Straßenbahn. Während sie ihr Gepäck verstaut, tut sie etwas, das eine Dame in kultivierter Gesellschaft normalerweise nicht tut. Die Deutschen im Waggon halten sich angewidert die Nase zu. Oma Hanacka sagt zu ihren tschechischen Mitreisenden: »Die haben uns den Mund verboten, aber mit dem Hintern schaffen sie das nicht.«

Drittens die deutsche Bürokratie:

> Ein Arbeiter erzählt einem Kollegen, er habe in einem Verwaltungsgebäude das Amt gesucht, auf dem er eine Gehaltserhöhung beantragen kann. Als er die Eingangshalle betritt, kommt er an zwei Türen. Auf der einen steht »Deutsche«, auf der zweiten »Andere«. Er tritt durch die zweite Tür. Dahinter liegen wieder zwei Türen, eine mit einem Schild »Verheiratet«, die andere mit dem Schild »Ledig«. Er geht durch die erste. Nun folgen mehrere Türen, auf denen steht »Ein Kind«, »Zwei Kinder« und so weiter. Er tritt durch die entsprechende Tür. So geht das immer weiter.

»Und was ist dann passiert?«, fragt der Kollege.

»Nichts«, erwidert der Arbeiter, »aber das nenne ich Organisation!«

Viertens die Besatzungsarmee:

Was ist der Unterschied zwischen den Römern und den Deutschen?
Bei den Römern kommt an jedes Kreuz ein erbärmlicher Schurke.
Bei den Deutschen bekommt jeder erbärmliche Schurke ein Kreuz.

Wie später in der Sowjetära machten sich die Tschechen über die eigene ohnmächtige Unterwürfigkeit lustig. Sie schmierten nazifeindliche Sprüche an die Friedhofsmauern – »Die Tschechen erheben sich ... um Platz für die Deutschen zu machen« – und spotteten über ihren Marionettenpräsidenten Emil Hácha:

Bei einem Besuch in Berlin war Hácha zum Essen eingeladen. Man setzte ihn neben Göring, der ihm die Karte reichte. Hácha nahm sie, warf einen kurzen Blick darauf und fragte, wo er unterzeichnen solle.

Wie die späteren kommunistischen Witze gaben die NS-Witze der Tschechen vor, sich in die Regeln der Besatzungsmacht zu fügen. Viele Kalauer betrafen die tschechische Sprache, die nur wenige Deutsche verstanden.

Eines Morgens blickt der führende NS-Vertreter in Böhmen und Mähren, Karl Hermann Frank, aus dem Fenster der Burg und sieht an der Wand gegenüber einen Spruch, der in großen Buchstaben auf Tschechisch dorthin gemalt wurde. »Hitler ist ein Dummkopf!« steht da – so viel Tschechisch kann auch Frank. Außer sich vor Wut stürmt der Reichsminister in die Amtsräume des tschechischen Marionettenpräsidenten Hácha und stimmt eine glühende Rede über die Treulosigkeit der Tschechen an.

Hácha nimmt die Zigarre aus dem Mund und schwenkt sie entschuldigend durch die Luft: »Diese Leute, diese Leute«, sagt er. »Wie oft muss ich ihnen sagen: ›Alles auf Deutsch, alles auf Deutsch!‹«

Dass die tschechischen Witze über den NS-Staat und die über den Kommunismus eine ähnliche Stoßrichtung hatten, belegt, dass auch die kommunistischen Witze ein Produkt von Kultur und Politik waren. Anders als die Norweger neigten Mittel- und Osteuropäer offenbar dazu, Kritik am politischen System in Witze zu verpacken, die überwiegend im Bereich des Galgenhumors angesiedelt waren. Ihre Charakteristika waren demnach zum Teil den historischen Bedingungen geschuldet und zum Teil dem geografischen Kontext. Nach dem Krieg flossen verschiedene nationale Komiktraditionen zusammen und bereicherten den kommunistischen Witz, der bereits aus der Kultur des jüdischen Humors und des russischen *anekdot* geschöpft hatte. So entstand ein neuer Schlag von Superwitzen – vielleicht die besten aller Zeiten.

Wenn Sie mir erlauben, meinen Gedankengang kurz zu unterbrechen, möchte ich gern eine wichtige komparative Studie zum Humor erwähnen, auf die ich per Zufall in einer wenig bekannten Volkskundezeitschrift stieß. Die Soziologin Mary Beth Stein führte zwischen September 1987 und Juni 1988 eine empirische wissenschaftliche Studie auf beiden Seiten der Berliner Mauer durch.[47] Die drei Meter hohe Betonwand war 1961 von der DDR errichtet worden, um den Exodus ihrer Bürger zu verhindern. Stein suchte nun nach Witzen über die Berliner Mauer. Auf der östlichen, der sowjetischen Seite wurde sie rasch fündig.

Warum sind die Ostberliner blöder als die Ostfriesen?
Sie haben sich eine Mauer gebaut und sich auf die falsche Seite
gestellt.

Wo ist beim guten Grenzsoldat der Warnschuss?
Im zweiten Magazin ganz hinten.

Warum gibt es keinen Smogalarm in Ostberlin, wenn es in Westberlin
einen gibt?
Unsere Grenzen sind dicht.

Walter Ulbricht sitzt im Restaurant. Da die Kellnerin, die ihn
bedient, hübsch ist, sagt er ihr, sie dürfe sich etwas wünschen.
Sie überlegt und sagt, sie wünscht sich, dass er die Mauer für
einen Tag aufmacht.
Geschmeichelt blinzelt er ihr zu und sagt: »Sie sind schlau!
Sie wollen nur mit mir allein sein!«

Auf der Westseite fand die amerikanische Soziologin politische
Sprüche, die DDR-Witze zitierten: »Honni, mach das Licht
aus« beispielsweise ist die Pointe eines Witzes, in dem Honecker nach einer Staatsvisite nach Ostberlin zurückkehrt und
feststellt, dass alle das Land verlassen haben. An seiner Bürotür
klebt ein Zettel: »Erich, du bist der Letzte. Wenn du rausgehst,
mach bitte das Licht aus.« Ein anderer Spruch lautete: »Ich bin
die Autobahn Berlin – Rostock. Erste Managementfehler –
Nun steh ich hier.« Er leitet sich von einem Ostberliner Witz
her, nach dem die Berliner Mauer in Wahrheit eine neue Autobahn sei, die zum Trocknen aufgehängt wurde. Andere Kritzeleien bezogen sich zwar nicht auf DDR-Witze, bewahrten aber
deren Geist, zum Beispiel »Ausfahrt freihalten«, »Durchgang
vorübergehend gesperrt«, »Morgen Tag der Offenen Tür« oder
»Trainingslager für DDR-Hochspringer«.

Doch so sehr sie sich auch bemühte – in Westberlin bekam Mary Beth Stein keine Witze über die Berliner Mauer zu hören. Stichhaltiger lässt sich kaum belegen, dass der kommunistische Witz etwas Besonderes war: Wenn Kommunisten und Kapitalisten mit demselben bizarren Phänomen konfrontiert waren, machten die Kommunisten Witze darüber und die Kapitalisten nicht.

4

DER OSTBLOCK

Das Treptower Ehrenmal ist das schönste aller sowjetischen Denkmäler. Es liegt abseits der Berliner Touristenrouten mitten im Treptower Park. Wer es kennt, gehört sozusagen automatisch zum inneren Zirkel der Kommunismuskenner. Man geht zwischen zwei senkrecht stehenden konstruktivistischen Dreiecken aus rotem Granit hindurch, die aussehen wie steif gefrorene Vorhänge und an deren Fuß zwei doppelt lebensgroße Skulpturen russischer Soldaten knien. Dahinter öffnet sich ein Gelände von der Größe eines Fußballfelds, das von Wegen durchschnitten wird. Zehntausende sowjetischer Soldaten, die im Frühjahr 1945 in der Schlacht um Berlin fielen, sind hier in Massengräbern bestattet, über denen gepflegte Rasenfelder angelegt wurden. Gesäumt wird die Anlage von großen Relieftafeln aus Marmor, auf denen die sowjetische Lesart des Zweiten Weltkriegs dargestellt ist. Am anderen Ende des rechteckigen Areals erhebt sich die zwölf Meter hohe Kolossalstatue eines russischen Soldaten. Er hat ein Kind im Arm und steht mit einem Fuß auf einem zerschlagenen Hakenkreuz. Die Aussage dieser Skulptur drängt sich mit der Wucht eines Vorschlaghammers auf, und doch weckt die Intensität des sentimentalen Werks im Betrachter Zweifel – eine Wirkung, mit der die Sowjets nicht rechneten. Pop-Art-Künstler begriffen dieses

Prinzip dagegen sehr wohl und setzten es Jahre später selbst ein: Eine Zahnpastatube oder eine Streichholzschachtel hat wenig Aussagekraft, doch in zwanzigfacher Vergrößerung wandelt sie sich zu einer Kritik am Massenkonsum. Besucher, die das Ehrenmal zum ersten Mal zu Gesicht bekommen, reiben sich daher nicht nur überrascht die Augen, sondern verziehen unwillkürlich auch die Mundwinkel zu einem zynischen Lächeln.

Als ich die übergroßen Stufen zu dem lang gezogenen, vertieft liegenden Gräberfeld hinunterging, sah ich auch schon meinen Interviewpartner, mit dem ich mich hier verabredet hatte. Er war klein und hatte einen kurzen, aber ungepflegten dunklen Bart. So, dachte ich für mich, sieht der typische Exilungar und Herausgeber kommunistischer Witze aus.[48] Wie andere Witzesammler auch war György Dalos Schriftsteller. Bekannt machte ihn sein 1982 erschienener Roman *Neunzehnhundertfünfundachtzig*, eine Fortsetzung von George Orwells *1984*. Das Buch nahm prophetisch das Ende des Kommunismus vorweg. Wir schreiben das Jahr 1985, Big Brother ist gerade gestorben. Die Luftwaffe des Unterdrückungsstaates Ozeanien wird von den Demokratien Eurasiens geschlagen. Orwells ozeanischer NKWD, die Gedankenpolizei, wird lammfromm und spricht sich für Reformen aus, die Perestroika und Glasnost verblüffend ähnlich sind. Das Buch endet glücklich mit der Entstehung eines faireren politischen Systems.

»Nachdem die Sowjets Ost- und Mitteleuropa erobert hatten, kleisterten sie die Länder mit Lenin-, Stalin und Siegesdenkmälern zu, und das hat natürlich zu Witzen herausgefordert«, sagte György, dessen Jackett den Duft von Zigaretten und Achselschweiß verströmte, den man in Flaschen füllen und mit dem Etikett »Exilintellektueller« verkaufen könnte. »Es fing an mit Witzen über Denkmäler. Kennen Sie den berühmten

Witz über Stalin und die Leninstatue? Man plante ein Lenin-denkmal, doch für jedes Denkmal brauchte man Stalins Zu-stimmung. Der Architekt zeigte ihm seinen Entwurf, ein riesi-ges, etwa acht Meter hohes Standbild Lenins. ›Ich glaube, da fehlt noch etwas‹, sagte Stalin. ›Denken Sie noch einmal dar-über nach.‹ Der Architekt kehrte mit einem neuen Entwurf zu-rück: Lenin und daneben der junge Stalin. Das sei schon viel besser, so Stalin, die Komposition sei aber noch etwas unausge-wogen. Nach reiflicher Überlegung präsentierte der Architekt eine dritte Version: der sitzende Stalin, der ein Buch Lenins liest. ›So ist es gut‹, sagte Stalin.«

Die Witzflut ergoss sich nun mit aller Macht über Osteu-ropa. Der Sieg der Roten Armee im Großen Vaterländischen Krieg, wie die Sowjets den Zweiten Weltkrieg nannten, be-scherte dem kommunistischen Witz ein völlig neues Publikum. Die Kommunisten freuten sich, halb Europa dazugewonnen zu haben, doch das neue Territorium forderte seinen Tribut: Es war mit vielen Millionen potenzieller Spaßmacher bevölkert, die aus der reichen Witztradition Mittel- und Osteuropas schöpfen konnten. Die Tschechen waren bekannt für ihren surrealistischen Witz, die Rumänen für ihre trockene Ironie, die osteuropäischen Juden für ihren schlagfertigen und bissi-gen Humor und die Polen – was sonst? – für ihre katholischen Analogien.

»Alle osteuropäischen Staaten haben zum kommunistischen Witz beigetragen, doch jeder hatte seine Spezialität. Die Polen erzählten natürlich die besten religiösen Witze«, erklärte Györ-gy, »zum Beispiel den über den Parteisekretär, der sich mit einem Bauern unterhält:

›Ich habe gehört, dass du jeden Tag in die Kirche gehst‹, sagt der Funktionär. ›Ja, das stimmt‹, erwidert der Bauer. ›Das ma-che ich seit meiner Kindheit so.‹ ›Man hat mir auch gesagt‹, fährt der Parteisekretär fort, ›dass du jedes Mal vor dem Kreuz niederkniest und Jesus die Füße küsst.‹ ›Das stimmt. Das ist katholischer Brauch‹, sagt der Bauer. ›Aber du bist Parteimitglied. Würdest du auch die Füße unseres Parteiführers küssen?‹ ›Wenn er ans Kreuz genagelt wäre, schon.‹«

Vor allem aber brachte die Besatzung ein völlig neues Genre kommunistischer Witze hervor, das aus der einflussreichen Tradition des rassistischen Humors schöpfte: Die Osteuropäer konnten nun kommunistische Witze über die Russen erzählen, und György kannte sie alle.

Wir spazierten um die Massengräber herum und sahen uns die Reliefs an. Auf einem waren, streng diagonal angeordnet, sowjetische Soldaten abgebildet, die mit erhobener Waffe unter einer Fahne mit Lenins Porträt gegen Berlin marschieren. »Es gab viele Witze über die ›Befreiung‹«, fuhr György fort. »Hören Sie sich zum Beispiel den hier aus Ungarn an, den wir etwa auf April 1945 datieren können, den Monat, in dem die Russen einmarschierten: Zwei Ungarn unterhalten sich während eines deutschen Bombenangriffs in Budapest. Sagt der eine: ›Ich hatte einen wunderschönen Traum.‹ ›Worüber denn?‹, fragt der andere. ›Dass die Deutschen raus sind und niemand reinkommt.‹ Später haben wir dann gefragt: Warum ist Ungarn das größte Land der Welt? Weil die Russen schon seit Jahrzehnten da sind und nicht wieder hinausfinden. Oder den: Warum sind die Sowjets immer noch da? Weil sie noch nach den Leuten suchen, die sie eingeladen haben.

Die Polen hatten ganz spezielle Witze über das Kriegsende: Ein Deutscher, ein Russe und ein Pole trinken zusammen Tee. Plötzlich steigt aus der Teekanne ein Geist auf. ›Ich erfülle jedem von euch einen Wunsch‹, verkündet er. ›Ich möchte, dass die Sowjetunion restlos ausradiert wird‹, sagt der Deutsche. ›Ich möchte, dass Deutschland dem Erdboden gleichgemacht wird‹, sagt der Russe. Beide sehen den Polen an, der seufzt: ›Und ich hätte gern eine schöne Tasse Kaffee.‹«

In den Texten, die neben den Reliefs eingemeißelt waren, bezeichneten sich die Russen als »Brüder« der Arbeiterklasse in den von ihnen besetzten Ländern. Doch während die Amerikaner im Rahmen des Marshallplans in Westeuropa vierzehn Milliarden Dollar investierten, zog Stalin nach Schätzung von Historikern den gleichen Betrag in Form von Goldreserven, Rohstoffen, Maschinen und maßlos ausbeuterischen Handelsabkommen aus Osteuropa ab (Tafel 4).

»Es folgten fünfzig Jahre brüderliche Grüße und brüderliche Witze«, fuhr György fort. »Der Großvater dieser Witze ist der folgende: Sind die Russen unsere Brüder oder unsere Freunde? Antwort: Unsere Brüder, denn seine Freunde kann man sich aussuchen.«

Die im offiziellen sozialistischen Realismus gehaltenen Reliefs waren auf ihre sentimentale Art wunderschön. Flugzeuge und Bombenexplosionen waren in Marmor gemeißelt, daneben weinende russische Mütter und Kinder, die sich von Soldaten verabschiedeten. Helden der Roten Armee schleuderten Granaten gegen Panzer, die sich krachend ihren Weg durch den Schutt von Stalingrad oder eine andere ausgebombte russische Stadt bahnten. Ich war dermaßen hingerissen von der künstlerischen Gestaltung der Relieftafeln, dass ich enttäuscht war, als ich merkte, dass auf beiden Seiten der Gedenkstätte die gleichen Szenen dargestellt waren – ein deutlicher Hinweis darauf, dass der offiziellen Fantasie Grenzen gesetzt waren. Ich teilte György meine künstlerische Wertschätzung mit. »Dieser Kunststil befeuerte ein weiteres Witzgenre«, erwiderte er prompt. »Wie definiert man sozialistischen Realismus? Als die Darstellung eines führenden Politikers in einem Stil, den er begreift.«

Ich kann mich nicht mehr an jeden Witz erinnern, den György mir an jenem Nachmittag erzählte. Ich weiß noch, dass ihm beim Anblick eines Reliefs, auf dem deutsche Mütter und Kinder die Soldaten der siegreichen Roten Armee mit Blumen und Kusshand begrüßen, einer seiner Lieblingswitze einfiel. Es ging darin um einen sowjetischen Literaturpreis. Die Brüderliche Union Internationaler Sozialistischer Schriftsteller hatte die Auswahlliste für den Leninpreis für das beste Elefantenbuch aller Zeiten veröffentlicht. Darauf standen aus Frankreich *Das Liebesleben des Elefanten*, aus den USA der Bestseller *Wie man am schnellsten ein Elefant wird*, aus England *Der Elefant und das Empire*, aus der Sowjetunion das zehnbändige Werk *Russland, das Mutterland der Elefanten* und aus der DDR *Der DDR-Elefant: Der beste Freund des sowjetischen Elefanten.*

György und ich näherten uns der turmhohen Statue des Soldaten, die am Ende des Areals etwa an der Stelle stand, wo in einem Dom das Kruzifix zu erwarten wäre.

Die schiere Größe der Gedenkstätte vermittelt ein Gefühl dafür, wie klein und sprachlos sich einfache Menschen angesichts der staatlichen Propaganda vorkamen. »Ich wollte Sie hier treffen, weil ich Ihnen dieses Gefühl vermitteln wollte«, erklärte György. »Die Witze waren eine Art Gegenpropaganda. Sie waren ein Mittel, die Ungeheuerlichkeit und Uniformität der sowjetischen Propaganda zu untergraben. Der Humor hat allmählich das Prestige und die moralische Autorität dieser Systeme kaputt gemacht. Man kann in gewisser Weise sagen, dass die Systeme dieser Diktaturen ausgelacht wurden.«

Ausgelacht? György lieferte mir eine der extremsten Formulierungen der maximalistischen Haltung zum kommunistischen Witz, die mir bis dahin begegnet war. Er glaubte an den Mythos und seine logische Folge, dass die Menschen nämlich ihre Freiheit aufs Spiel gesetzt hatten, um Witze zu erzählen. In der Einführung zu seiner Witzsammlung *Proletarier aller Länder, entschuldigt mich* erwähnt er auch die Namenskürzel junger Ungarn, die in den fünfziger Jahren wegen des Erzählens von

Witzen verurteilt worden waren. Ich fragte ihn, ob er wisse, wie ich sie erreichen könne.

»Keine Ahnung. Das ist lange her«, sagte Dalos. Er hatte damals Dokumente eingesehen, wusste aber nicht mehr, wo oder wer sie ihm gezeigt hatte. Sein Tonfall änderte sich. Es irritierte ihn, dass ich nach Beweisen suchte. Das war ein Problem.

»Kennen Sie schon den, in dem die Sowjets den Ungarn dreihunderttausend Paar Schuhe liefern – damit sie neue Sohlen draufmachen?«, sagte er.

Die Witze verloren für mich ihren Reiz, wie jedes Mal wenn mehr als fünfzehn in einer Stunde auf mich einprasselten. Ich sah auf die Uhr und verabschiedete mich.

»Noch ein Bruderwitz, das ist der beste«, sagte Dalos. Ich lächelte, schüttelte den Kopf und ging langsam davon. Hinter mir hörte ich, wie seine Stimme mit jedem meiner Schritte schwächer wurde:

»Im Bahnhof von Warschau fährt ein Zug aus Moskau an. Ein dicker Mann steckt den Kopf durchs Fenster. Er ruft einem Gepäckträger zu: ›Sind Sie Träger?‹ ›Ja.‹ ›Wo sind Ihre Kollegen?‹ ›Da drüben.‹ ›Rufen Sie sie alle her, schnell.‹ Der Gepäckjunge rennt zu seinen Kollegen. ›Jungs, da ist ein Russe, der muss jede Menge Gepäck haben. Er will, dass alle helfen.‹ Die Gepäckträger laufen zum Fenster des Abteils mit dem Russen. ›Wo ist denn Ihr Gepäck?‹, fragen sie. ›Was für Gepäck?‹, fragt der Russe. ›Sind jetzt alle da?‹ ›Ja.‹ ›Dann, Genossen Gepäckträger von Warschau, habe ich als Vorsitzender der Gepäckträger von Moskau das Vergnügen, euch Grüße aus Moskau zu überbringen.‹«

An diesem Abend erfuhr ich von meiner kommunistischen Freundin, dass DDR-Schulkinder noch in den achtziger Jahren Aufsätze über die Treptower Gedenkstätte abliefern mussten.

»Wir mussten schreiben, dass das Standbild auf der wahren Geschichte eines Soldaten der Roten Armee basiert, der ein kleines Kind aus den Trümmern von Berlin rettete«, erzählte mir Ariane. »Das beweise, dass sowjetische Soldaten, anders als kapitalistische, nicht für Geld, sondern für den Frieden kämpften. Kinder, die ein besonders gutes Gedächtnis hatten, erwähnten noch, dass der Soldat seine Waffe nicht in der Hand, sondern neben sich stehen habe – er sei also kein Aggressor, sondern jederzeit bereit, den Sozialismus zu verteidigen. Den Aufsatz mussten wir alle fünf Jahre schreiben.«

Das müsste doch nun wahrlich ausreichen, dachte ich, jede Achtung vor der DDR zu verlieren. Doch zum Schrecken ihrer Eltern war Ariane eine begeisterte Schülerin und besuchte freiwillig den Russischunterricht für die Kinder von SED-Mitgliedern und Möchtegern-Stasioffizieren.

Ich hatte völlig andere Erinnerungen an meine Schulzeit, die aber nicht weniger symbolreich waren. So buchstabierte ich mit sieben Jahren in meiner englischen Grundschule in einem Rechtschreibtest als einziger Schüler das Wort »laugh« richtig. Als Teenager erwarb ich mir den Ruf, in Deutsch, Geschichte und Latein der Beste zu sein und während des Unterrichts schlechte Witze zu erzählen, die anderen bestenfalls ein Stöhnen entlockten.

Ariane machte mir etwas zum Abendessen. Sie war eine Art wandelndes kulinarisches Museum und kochte voller Stolz die alten DDR-Gerichte. Heute standen Hefeklöße auf der Speisekarte. Das war mein Lieblingsessen – nicht weil sie so lecker waren, sondern weil sie richtig nach Kommunismus schmeckten. Sie waren weiß und fade und hatten die Beschaffenheit eines alten Schwamms. Ariane übergoss sie mit warmem Pflaumenkompott.

Manchmal kochte ich auch meine kapitalistischen Gerichte, meistens italienische.

»Wie machst du so eine köstliche Tomatensoße?«, fragte sie einmal in einem entzückend überraschten Tonfall.

»Ich gebe jede Menge Olivenöl hinein«, sagte ich unbekümmert. »Das ist das Geheimnis. Ihr hattet in der DDR wahrscheinlich nicht so viel Olivenöl?«

»Wir hatten gar keins.«

Da ihr das glänzende schwarze Lockenhaar ins Gesicht fiel, konnte ich ihren Gesichtsausdruck nicht sehen, aber es war ein trauriger Moment. Zum ersten Mal war ich auf etwas gestoßen, von dem sie bedauerte, es in der DDR nicht gehabt zu haben. Es machte ihr nichts aus, dass es in ihrem Staat keine Redefreiheit gegeben hatte, aber es ärgerte sie, dass sie ihr halbes Leben ohne anständige Pastasauce hatte auskommen müssen. Ich trat von hinten an sie heran, drückte mein Gesicht in ihre Mähne und pustete ihr warme Luft in den Nacken.

Ich dachte scharf nach, wie ich sie aufheitern konnte. »In der DDR war ja auch manches besser als im Westen«, sagte ich.

»Ach ja?«, sagte sie unsicher.

»Die Liliputaner zum Beispiel«, fuhr ich fort. »Kennst du den von dem britischen Liliputaner und dem Liliputaner aus der DDR? Die beiden wohnen im zehnten Stock eines Hochhauses. Der britische Liliputaner kommt nur an den Knopf für das achte Stockwerk, also muss er zwei Etagen laufen. Der deutsche Liliputaner aber ist so groß, dass er den Knopf für das zwölfte Stockwerk drücken kann. Stolz steigt er dort aus und geht zwei Etagen nach unten. Und weißt du auch, warum? Weil es in der DDR die größten Liliputaner der Welt gibt!«

Obwohl der ungarische Witzesammler mir nicht weiterhelfen konnte, saß ich schon bald im Flugzeug nach Budapest. Ich wollte den Gruseltouristen geben und nach Menschen suchen, die sich mit dem Erzählen kommunistischer Witze ihr Leben ruiniert hatten.

In anderen osteuropäischen Ländern hatte ich schon erfolglos versucht, in die Archive der Staatssicherheit zu gelangen. In Rumänien waren die Akten zu schlecht geordnet, als dass man spezielle Witzfälle hätte finden können. Für die DDR stellten die deutschen Datenschutzgesetze eine Art Catch 22 dar: Ich brauchte die Erlaubnis der Betroffenen, um ihre Akten zu lesen, konnte aber, solange ich aus den Akten keine Namen von Betroffenen erfuhr, deren Erlaubnis nicht einholen. In Russland war die Bürokratie so schwerfällig, das Regelwerk so undurchschaubar und das Schmiergeldsystem so teuer, dass ich den Versuch bald aufgab. In Polen verhinderten die Gesetze eine Akteneinsicht, weil man peinliche Enthüllungen über katholische Bischöfe und Solidarność-Aktivisten vermeiden wollte; mittlerweile kommen sie allerdings trotzdem ans Licht. In Ungarn war alles anders. Eine Archivarin bot mir an, die Akten für mich durchzusehen. In der bescheidenen Gebühr schlug sich nicht nur der günstige Wechselkurs der ehemals kommunistischen Länder nieder, sondern auch der altmodische Respekt vor ernsthafter wissenschaftlicher Forschung, der sich in Mitteleuropa hartnäckig hält, obwohl die Ära, in der kettenrauchende Intellektuelle, die im Kaffeehaus über Lyrik diskutierten, hohes gesellschaftliches Ansehen genossen, lange vorbei war.

Anders als Warschau und Bukarest sieht Budapest aus, als habe es den Kommunismus dort nie gegeben. Die Siedlungen am Stadtrand sind nicht übermäßig groß, und die wenigen Gebäude im Stadtkern, die aus der kommunistischen Ära stammen, wurden im unauffälligen Stil des stalinistischen Klassizismus errichtet. Die neoklassizistischen Paläste und die Jugendstilbauten an den Budapester Boulevards wurden nie dem Erdboden gleichgemacht, um Platz für Plattenbauten zu schaffen. Eines der imposantesten Gebäude beherbergt das Archiv der ungarischen Staatssicherheit. Ich stieg eine schmale Steintreppe empor, öffnete eine Tür und landete wie Alice im Wunderland auf der anderen Seite der Geschichte. Der Raum, den ich betrat, war lang, schmal und niedrig. In billigen Metallregalen, die in militärischem Grau oder Grün gehalten waren, standen braune Ordner und Stehsammler, die zum Bersten voll waren mit gelblichem Papier. Auf den Pappregistern klebten Schnipsel, auf denen jeweils eine Jahreszahl stand: 1945, 1952 und so weiter bis 1989 – das Archiv des Elends für den ungarischen Kommunismus. Zwischen 1948 und 1953 wurden mehr als zehn Prozent der ungarischen Bevölkerung verhaftet, angeklagt, eingesperrt oder deportiert, einige von ihnen wegen des Erzählens von Witzen.

Eine blonde Frau mittleren Alters begrüßte mich. Ich war gespannt, was für Akten sie gefunden hatte.

Im Mai 1945 hatten die Russen Ungarn, Polen und einen Großteil der Tschechoslowakei befreit und besetzt. Innerhalb von fünf Jahren wurden diese Länder gemeinsam mit Bulgarien, der DDR und Rumänien zu Satellitenstaaten der Sowjetunion und bildeten gemeinsam den Ostblock. Der damalige britische Außenminister Bevin kommentierte das mit den Worten, in

Abb. 31. »Es wird gebeten, die Bomben im Vorzimmer zu lassen.« Polnische Karikatur gegen den Militarismus des Westens (*Szpilki*, 1958; abgedruckt in einer deutschen Zeitschrift).

Mittel- und Osteuropa werde nun wohl eine Gaunerriege gegen eine andere eingetauscht.

In allen Satellitenstaaten übernahmen die Kommunisten die Macht mit den gleichen Methoden, die von demokratischer Beteiligung, Propaganda und Manipulation bis hin zu Zwang und Exekutionen reichten.

Der stufenweise Weg zur Macht, den die ungarischen Kommunisten beschritten, ist typisch. Unter Rákosi, dem Erfinder der »Salamitaktik« (die besagt, dass man seine Feinde Scheibchen für Scheibchen loswird), verunglimpften sie nach dem Krieg die Vertreter der Kleinbauernpartei nach besten Kräften als Faschisten.

Trotzdem waren die Kleinbauern nach den Wahlen im November 1945 stärkste Partei im Parlament. Nun bildete die Kommunistische Partei Ungarns eine Allianz mit den Sozialisten und verwies mit der gemeinsamen Mehrheit eine Handvoll Abgeordneter der Kleinbauernpartei des Parlaments. Der Chef der Kleinbauernpartei wurde der Spionage angeklagt und nach Sibirien verbannt. Die Kommunisten übernahmen das wichtige Innenministerium und konnten so das Ergebnis der nächsten Wahl fälschen – eine Taktik, der freilich Grenzen gesetzt waren, denn sie erhielten trotzdem nur zweiundzwanzig Prozent der Wählerstimmen, die Kleinbauernpartei kam auf fünfzehn Prozent. Nun bildeten die Kommunisten einen von ihnen geführten Linksblock, und im Mai 1949 erreichte die aus Kommunisten und Sozialisten entstandene »Partei der Ungarischen Werktätigen« fünfundneunzig Prozent aller Stimmen. In der neuen Regierung wurden die anderen linken Parteien mit unwichtigen Posten abgespeist, etwa dem des Präsidenten.

Entsprechend verlief die Entwicklung in den anderen Ostblockstaaten, abgesehen von der Tschechoslowakei, wo die

Kommunistische Partei im Mai 1946 bereits ein Drittel der Stimmen erhielt. Doch sogar hier kam es im Februar 1948 zum Putsch.

Die neuen Regimes eiferten dem stalinistischen Russland nach: Die landwirtschaftlichen Betriebe wurden kollektiviert (ausgenommen in Polen), industrielle Großprojekte in Gang gebracht, Privatunternehmen, egal welcher Größe, mittels hoher Steuern und Geldstrafen ruiniert und verstaatlicht. Die Bürokratie, deren Posten von Parteimitgliedern besetzt wurden, schwoll gewaltig an, ebenso die mächtige Geheimpolizei. Und es entstanden Satirezeitschriften – *Szpilki* in Polen, *Dikobraz* in der Tschechoslowakei, *Ludas Matyi* in Ungarn, *Eulenspiegel* in der DDR –, die denselben antiwestlichen »positiven Humor« verbreiteten wie das sowjetische *Krokodil*.

In den Karikaturen der fünfziger Jahre wurden führende westliche Politiker als aggressive Nazis dargestellt, anthropomorphe Kriegswaffen bewunderten sich eitel im Spiegel, Kinder ertranken in der Flut brutaler amerikanischer Zeitschriften und Filme, Friedenstauben suchten in Amerika vergebens nach einem Platz zum Landen. Und alles, was schiefging, wurde den Bürokraten angelastet (Tafel 2 und 3, Abb. 31–36).

Die Herausgeber der neuen Satirezeitschriften hatten mit denselben strapaziösen Problemen zu kämpfen wie alle

Abb. 32. So sieht es aus, wenn der Westen Antworten auf sowjetische Vorschläge verfasst (*Szpilki*, fünfziger Jahre).

Abb. 33 (oben links). Bürokrat beim Jagen: »Melde gehorsamst, Hase in Sicht ... erwarte dringend Anweisungen.« (W. Titschanowitsch, *Krokodil*, fünfziger Jahre)

Abb. 34 (oben rechts). »Porträt eines Bürokraten: Er hört nichts Böses, sieht nichts Böses, sagt nichts Böses.« (*Dikobraz*, 1961)

Abb. 35 (links). »Modernes Märchen – Die Meerjungfrau« (J. Ganf, *Krokodil*).

anderen kommunistischen Satiriker vor ihnen. Arnold Mostowicz, Chefredakteur der Zeitschrift *Szpilki*, rief in einer offiziellen Publikation im Jahr 1962 diese frühen Tage in Erinnerung:

Es muss jedoch von vornherein gesagt werden, dass es die Satire in der neuen Gesellschaftsordnung, unter den neuen Verhältnissen, nicht so leicht hatte. ... Welchen Inhalt soll eine Satire haben, um, wenn sie alles Unheil, alle Mängel, alle Fehler menschlicher Praxis treffen soll, nicht gleichzeitig das sich neu gestaltende System zu treffen? Welchen In-

Abb. 36. Karikatur über die Gewalt in der amerikanischen Volkskultur und ihren Einfluss auf die Kinder (B. Leo, *Krokodil*, um 1960).

halt soll sie haben, um diesem System zu helfen, ohne jedoch schönzufärben, die Wirklichkeit zu versüßen, alles zu verlieren, was die wahre Satire ausmacht, die Schärfe und die Kompromisslosigkeit? Die Antwort auf diese Fragen fiel den Satirikern beileibe nicht leicht. ... Auch heute, 15 Jahre später, ist die Antwort noch nicht klar formuliert. Die Zeit der Suche nach neuem Inhalt und neuer Form für die Satire ist noch nicht zu Ende, und es ist überhaupt die Frage, ob sie jemals in irgendeinem Sinn zu Ende gehen kann.[49]

Doch es kursierten nicht nur die Karikaturen in den Satirezeitschriften. Die blonde Archivarin schob mir einen Stapel Unterlagen zu. Erstmals bekam ich zeitgenössische Dokumente über kommunistische Witzeerzähler zu Gesicht, konnte mich über ihr Schicksal informieren.

Die Archivarin sprach schnell und atemlos, als fürchte sie, meine Aufmerksamkeit könne erlahmen, ehe sie mir die von ihr gesammelten Informationen alle gegeben hatte. Wie ihr sowjetisches Pendant warf die ungarische Geheimpolizei den Betroffenen nicht das Erzählen von Witzen vor, sondern »antikommunistische Propaganda«. Man war auf der Suche nach Staatsfeinden, so die Archivarin, und dank der Witze konnte man Verdächtige, die sich noch keiner größeren Verbrechen schuldig gemacht hatten, bequem identifizieren. Die meisten der im Archiv befindlichen Dokumente stammten aus der ungarischen Stadt Szeged, woraus sich allerdings keine Schlüsse ziehen lassen. Vielleicht war die Zahl der Verhaftungen auf die Nervosität des dortigen Geheimdienstchefs und seiner Informanten zurückzuführen, vielleicht waren die Dokumente aus Szeged aber auch durch einen glücklichen Umstand erhalten geblieben, während viele andere Akten im Verlauf der Jahrzehnte verloren gingen.

»In der Zeit zwischen 1948 und 1953 war es einfacher, einen jungen Mann nach dem Gesetz für Volksverhetzung als Witzeerzähler loszuwerden als nachzuweisen, dass er Persona non grata war, also Kulak, Sozialdemokrat oder der Sohn eines Industriellen. Nach dem ungarischen Recht konnte man ihn wegen Volksverhetzung strafrechtlich verfolgen, wenn zwei oder mehr Leute den Witz gehört hatten. Aber man muss die Dokumente schon sehr genau lesen, denn in den Internierungslagern behaupteten viele, sie seien wegen des Erzählens von Witzen dort, weil sie nicht wollten, dass die anderen von ihren tatsächlichen, schwereren Verbrechen erfuhren.« Die Akte eines gewissen Jozsef Ebinger zeigte die Archivarin mir als erste. Ein Informant berichtete darin der Polizei am 6. April 1949:

Im März 1949 kam Jozsef Ebinger, wohnhaft in Kübekháza, in die Wirtschaft. Nach kurzer Zeit sprach er mich an:»Was bekommen wir, Frau Szeles, wenn wir Rákosi ein Ohr abschneiden?« Ich fragte, wen er meinte:»Den Rákosi, dessen Bar gerade geschlossen wurde?« Ebinger sagte:»Nein, ich meine Mátyás Rákosi, den Generalsekretär der Kommunistischen Partei Ungarns. Wenn man dem ein Ohr abschneiden würde, hätte man einen Nachttopf!«

Die Geheimpolizei verhörte Ebinger umgehend und gab eine Woche später, am 12. April, folgenden Bericht zu den Akten, ein Prozedere, das sich später noch oft wiederholte:

Jozsef Ebinger, geboren am 1. April 1924 in Kübekháza, Vater: Jozsef Ebinger, Mutter: Ilona Reininger, wohnhaft in Kübekháza, Arpadstr. 249. Er ist unter der Aktennummer 18965/-1948 registriert. Er besitzt 12 ha Land und eine Haushälfte. Er verdient 700 bis 800 Forint im Monat, zusätzlich zum Ertrag seines Hofes. Parteineigung: Er war in der Vergangenheit Mitglied keiner Partei, arbeitete nach der Befreiung in der MKP [Kommunistische Partei], der sozialdemokratischen Partei, aber auch der Kleinbauernpartei. Später betrieb er die Destabilisierung Jugendlicher. Er ist politisch unzuverlässig. Er hat antisemitische Ansichten und pflegt Kontakte zu ähnlichen »Kulaken«-Elementen.

Ebinger wurde noch am gleichen Tag verhaftet und verhört und scheint sofort gestanden zu haben: »Ich gestehe, dass ich Ende März 1949 in Szeged war und den Witz gehört habe, den ich dann jemand anders erzählt habe. Doch ich kann mich nicht erinnern, wer ihn mir erzählt hat.«

Am 28. April übergab die Geheimpolizei die Beweismittel der Staatsanwaltschaft des »Volksgerichts«. Über Ebingers Vergehen hieß es nun: »Grund: Er beschrieb einen unserer Parteiführer in Anwesenheit von vier Personen in unvorteilhafter Weise, die bei den Zuhörern Verachtung hervorrufen sollte.« Im Juni 1949 wurde der Fall verhandelt, und am 25. Juni wurde Ebinger schuldig gesprochen. Das Urteil lautete folgendermaßen:

Ebinger (Personendaten wie zuvor) ist des Verbrechens der Volksverhetzung schuldig (1946/VII/2), daher verurteilt ihn das Gericht zu zwei Jahren Haft. Das Gericht schließt ihn für fünf Jahre von allen öffentlichen Angelegenheiten aus und ordnet die Konfiszierung von zwei seiner drei Liegenschaften an sowie die Konfiszierung seines Traktors, so er einen hat. Der Beschuldigte hat darüber hinaus der Staatskasse alle Kosten zu ersetzen.

Das Gericht notierte: »Der Beschuldigte verteidigte sich, die Äußerung sei nicht böswillig gewesen, sondern er habe sich bei einem Gläschen Wein lediglich einen Spaß erlaubt ... [doch] das Volksgericht akzeptierte diese Rechtfertigung nicht, da solche Aussagen weit über einen Witz hinausgehen.«

Ebingers Anwalt legte Einspruch ein, woraufhin das Gericht großzügig entschied, dass nur eine Liegenschaft konfisziert werden solle. Auch werde man ihn nicht von sämtlichen öffentlichen Angelegenheiten ausschließen, sondern lediglich auf zehn Jahre seine politischen Rechte aussetzen.

Im Jahr 1953, in den Monaten nach Stalins Tod, so die Archivarin, stieg die Zahl der Verhaftungen wegen des Erzählens von Witzen wieder an. Aus dieser Zeit liegen Akten zu zweihundert Fällen vor. Womöglich dachten die Menschen, die Macht des Staates werde nun abnehmen, oder vielleicht verbreitete Stalins Ableben auch nur spontan gute Laune. Jedenfalls fiel die Repressionswelle in eine Zeit, in der es im gesamten Ostblock zu Unruhen kam. In der DDR traten am 17. Juni vierhunderttausend Arbeiter in den Streik (Abb. 37). Sowjetische und DDR-Streitkräfte schossen auf demonstrierende Menschen, mehrere Tausend wurden verhaftet, eintausendvierhundert inhaftiert, viele später hingerichtet. In Russland gab es Aufstände in den Arbeitslagern von Sibirien und Kasachstan.

Die Archivarin zeigte mir Akten zu weiteren Verfahren aus der Zeit unmittelbar nach Stalins Tod: »Da gab es den Fall eines Mannes, der sagte, es sei ein schlechter Tag, weil er nicht tanzen

Abb. 37. »Die Kehrseite der Kanaille«: In dieser bissigen Karikatur stellt Kurt Poltiniak die Demonstranten des Aufstandes vom 17. Juni als gewaltbereite Terroristen dar, die, mit amerikanischen Waffen ausgestattet, sich selbst in Brand setzen (*Eulenspiegel*, 1953).

gehen könne. Oder den eines jungen Mannes, der in die Personalabteilung ging und verkündete, an diesem Tag würde noch kräftig gefeiert. Als man ihn nach dem Grund fragte, sagte er, sie würden schon noch erfahren, was geschehen sei, dass nämlich Genosse Stalin gestorben sei. Und später witzelte er, ebenfalls unter Kollegen, man habe Stalin nach seinem Tod einbalsamieren wollen, doch als man sein Gesicht berührte, stellte sich heraus, dass er gar nicht tot war. Da hätten die Einbalsamierer gesagt, wenn er schon tot sei, solle er auch tot bleiben, und ihm einen Stein auf den Kopf geschlagen. Der junge Mann wurde zu fast zwei Jahren Gefängnis verurteilt, sein gesamtes Hab und Gut wurde konfisziert.«

Unter den Verhafteten befanden sich auch drei Ober aus dem Restaurant Tisza in Szeged: der dreiunddreißig Jahre alte János Harangozó, der dreiundfünfzig Jahre alte Pál Kovács und László Albertovics, neunundvierzig Jahre. Informanten berichteten, sie hätten am Tag nach Stalins Tod acht Witze über ihn erzählt.

Einer der drei, János Harangozó, wurde am 18. März 1953 verhaftet. Ein Geständnis legte er erst am 14. Juli ab:

Ich gestehe, dass ich antidemokratische Ansichten habe, aufgrund deren ich wiederholt beleidigende antidemokratische und antisowjetische Witze verbreitet und beleidigende Aussagen über den öffentlichen Dienst gemacht habe. Ich habe anstößige und widerliche Witze und beleidigende Aussagen über den Tod des Führers der Sowjetunion gemacht, während die Arbeiter in tiefer Trauer waren. Zwei meiner Kollegen, Pál Kovács und László Albertovics, haben ähnlich antidemokratische Ansichten wie ich, und wir haben den Gästen unseres Restaurants gegenüber häufig unsere Hoffnung auf einen Regimewechsel zum Ausdruck gebracht. Ich gestehe, dass ich durch die oben genannten Verbrechen die

Interessen der arbeitenden Bevölkerung und die Gesetze der Volksrepublik in schlimmer Weise verletzt habe. Dem habe ich nichts hinzuzufügen. Ich bestätige mein Geständnis mit meiner Unterschrift.

Harangozó erhielt eine Gefängnisstrafe von drei Jahren, die seiner beiden Kollegen fiel etwas kürzer aus.

Die Geheimpolizei von Szeged registrierte 1953 sämtliche antistalinistischen Scherze. Der achtzehn Jahre alte Attila Szijjarto musste ein Jahr ins Gefängnis, weil er einen Galgen auf ein Stalinbild gezeichnet hatte. In der Geheimpolizeiakte heißt es:»Im Kultursaal der Firma entstellte Attila Szijjarto das Bild eines Führers der Sowjetunion mit Kritzeleien. Auf die entsprechende Bitte von Kollegen entfernte er die Zeichnung nicht etwa, sondern malte noch etwas dazu.«

Szijjarto wurde in die gleiche Zelle gesteckt wie der Heizungstechniker Imre Pal, der den Unterlagen zufolge am 10., 11. und 12. März »wiederholt ... unsere demokratischen Führung geschmäht hat, indem er eine Stalinstatue mit Kartoffelbrei bewarf«. Am 19. Juni 1953 wurden Szijjarto und Pal wegen Volksverhetzung schuldig gesprochen und zu einem Jahr Jugendgefängnis, einer Geldstrafe von zweihundert Forint sowie einem zweijährigen Ausschluss aus sämtlichen öffentlichen Angelegenheiten verurteilt.

Die Urteile lassen keine Konstanz erkennen. Der dreiundzwanzig Jahre alte Sandor Tülkös beispielsweise wurde zu dreieinhalb Jahren Haft verurteilt, weil er einen Freund um ein Stalinbild gebeten hatte, um es in seiner Toilette aufzuhängen. Andere kamen besser davon. Endre Toth beispielsweise flachste im September 1953 mit seinen Freunden herum. Als die Sprache auf den kalten Herbst kam, sagte Toth:»Macht euch nichts draus, in der Hölle ist es warm, denn Stalin ist ja schon dort, und wo er ist, wird es ziemlich heiß.« Eine anwesende

Frau meldete Toth der Staatssicherheit, die aber nur bei ihm vorstellig wurde und ihn verwarnte.

Gegen Ende des Jahrzehnts gab es praktisch keine Prozesse wegen des Erzählens von Witzen mehr. Ungarische Humorhistoriker wie György Dalos glauben, dies sei zum Teil dem Volksaufstand im Oktober 1956 geschuldet, der von sowjetischen Panzern niedergeschlagen wurde: »Der Volksaufstand in Ungarn hat den Kommunisten gezeigt, dass nicht die Witze, sondern die Menschen gefährlich waren. Sie haben plötzlich verstanden, dass es besser ist, wenn die Menschen Witze erzählen, als wenn sie auf den Straßen demonstrieren.« Über 2500 ungarische und 722 sowjetische Soldaten kamen damals ums Leben, Tausende wurden verwundet. Danach war die Zahl der Witzprozesse stark rückläufig, und nur gelegentlich, wenn ein besonders engagierter Spaßvogel enttarnt wurde, erhob man noch Anklage. Einer dieser Witzeerzähler war der Journalist István Deli, den es in den Nachwehen des Volksaufstands erwischte.

Der Hauptvorwurf gegen Deli lautete auf Beteiligung am Volksaufstand von 1956. Als die Polizei seine Wohnung durchsuchte, fand sie eine Schusswaffe und das früheste bekannte Buch mit Ostblockwitzen, das handschriftlich verfasst war. Die Staatsanwaltschaft formulierte daher eine zweite Anklage wegen Volksverhetzung. Das blassgrüne Notizbüchlein, das im ungarischen Archiv liegt, enthält sechzehn Witze. Auf dem Innendeckel steht das von Deli unterzeichnete Bekenntnis: »Ich habe die Witze so niedergeschrieben, wie ich sie gehört habe. Ich habe sie aufgeschrieben, weil sie mir gefielen, und ich habe sie ein paar Bekannten erzählt.« Der Stempel des gerichtlichen »Handschriftenfachmanns« bestätigt, dass Deli die Zeilen geschrieben hat.

Hier sind einige von Delis Witzen:

Ein Fremder kommt nach Soroksár und sieht, dass mehrere riesige Sockel für Statuen aufgestellt werden. Er fragt einen Einheimischen: »Sagen Sie, wessen Statuen werden denn auf die Sockel gesetzt?« »Auf dem ersten wird Rákosi stehen, auf dem zweiten Stalin, auf dem dritten Erzbischof Mindszenty und auf dem vierten Eisenhower.«

»Das ist aber eine merkwürdige Zusammenstellung.«

»Ja, aber die Statuen werden mit öffentlichen Geldern errichtet, und die Öffentlichkeit möchte, dass statt des Namens Worte aus dem Vaterunser auf den Sockeln stehen. Wenn jemand die Leute nicht am Gesicht erkennt, soll er aber trotzdem gleich wissen, wen die Statuen darstellen.«

»Aber wie soll das gehen?«

»Unter Rákosi schreiben wir: ›Vater Unser‹, unter Stalin: ›Im Himmel‹, unter Mindszenty: ›Geheiligt werde dein Name‹ und unter Eisenhower: ›Dein Reich komme‹.«

Ein einfacher Jude geht zu seinem Rabbi und sagt: »Rabbi, die Welt ist in Aufruhr. Wir rüsten für einen neuen Krieg. Du bist so weise, sag mir: Können wir den Krieg wirklich nicht vermeiden?«

»Krieg? Es wird gar keinen Krieg geben, mein Sohn. Aber es wird so erbittert um den Frieden gekämpft, dass am Ende kein Stein mehr auf dem anderen steht.«

Über Rákosi sollen üble Witze im Umlauf sein. Eines Tages kommt ihm zufällig einer zu Ohren. Er wird furchtbar wütend und befiehlt seiner Geheimpolizei, den aufzuspüren, der die Witze verbreitet. Wenig später wird ihm berichtet, dass die Witze von einem alten Juden stammen, der in der Dobstraße 12 wohnt und die Leute für Witze bezahlt: Fünf Forint gibt es für einen schlechten Witz, zehn für einen mittelguten und zwanzig für einen richtig guten. Rákosi steigt umgehend ins Auto, fährt hin und fragt den alten Juden verärgert: »Schämst du dich nicht, solche Witze über mich zu verbreiten?

Über mich, der ich die Unterstützung von neun Millionen Menschen habe?« Worauf der alte Jude zu seiner Frau sagt: »He, Susi, gib dem Mann zwanzig Forint!«

Dieser Tage lässt sich ein völlig neues Phänomen beobachten: Sogar Parteisekretäre und Parteikader erzählen reaktionäre Witze. Wissen Sie auch, warum?
Warum?
Weil sie den Massen nah sein wollen.

Rákosi erfährt, dass sich die Briefmarke, die anlässlich seines Geburtstages herausgegeben wurde, nicht verkauft. Er geht inkognito ins Postamt in der Stalinstraße. »Ich hätte gern eine 40-Filler-Briefmarke, bitte.« Er bekommt die Briefmarke, leckt sie ab, klebt sie auf einen Umschlag und fragt die Frau: »Sagen Sie, warum gehen diese Briefmarken nicht?«
»Weil sie nicht kleben.«
»Aber die hier klebt sehr gut.«
»Ja, aber die Leute spucken immer auf die andere Seite.«

Deli erfuhr eine relativ milde Behandlung. Das Urteil für den »fehlgeleiteten Arbeiter« lautete nur auf zehn Monate.

Nun, da ich die Akten eingesehen hatte, wollte ich herausfinden, ob von denen, die darin erwähnt waren, jemand noch am Leben und zu einem Interview bereit war. Ich suchte in den Telefonbüchern, suchte mir die in den Akten erwähnten Namen heraus und rief blind an, doch offenbar waren so gut wie alle, die wegen des Erzählens von Witzen verhaftet worden waren, schon tot. Nur zwei Namen brachten mich weiter, der eine zur Witwe des Witzeerzählers Gyula Kormos.

Frau Kormos lebte in einer kleinen Wohnung, deren Ausstattung sich wohl seit dreißig Jahren nicht verändert hatte.

Das dunkelbraune Holzfurnier der Anrichte, die Spitzendeckchen und Gardinen, der fadenscheinige orientalische Teppich
und die gerahmten Schwarz-Weiß-Fotografien ihres humorvollen Ehemannes beförderten mich geradewegs in die Vergangenheit.

»Er hat dauernd Witze erzählt, weil damals so viele in Umlauf waren, anders als heute, wo wir nur selten mal einen Witz
erzählen«, sagte sie. »Mein Mann arbeitete als Assistent im
Filmstudio. Einmal haben sie für einen Film mehrere amerikanische Autos gemietet, das war zur Zeit der Wahlen, und mein
Mann schlug vor, dass sie mit diesen Autos durch die Stadt fahren und Zettel mit der Aufschrift ›Wählt die Kommunisten‹
verteilen sollten. Aber dann beging er den Fehler, einen Witz
auf Kosten des berühmten Schauspielers Imre Sos zu machen,
der ihn 1950 auch anzeigte. Eines Tages verpassten der Schauspieler und seine Freundin, ebenfalls Schauspielerin, den ver-
pflichtenden Ideologieunterricht, das sogenannte Seminar nach
der Arbeit. Mein Mann sagte, die beiden seien wahrscheinlich
auf einem ›Samen-ar‹ am Fluss. Der Schauspieler wurde sehr
wütend, als er davon hörte.

Meinem Mann wurde vorgeworfen, er sei Republikfeind.
Ein paar Tage später kam morgens die Geheimpolizei und verbannte uns nach Osten in die Tiefebene von Konyar.« Bei der
Erinnerung an diese Strafe kullerten Frau Kormos Tränen über
die Wange. »Ich war hochschwanger, und wegen des Schocks
bekam ich mein Kind noch am selben Tag. Das Baby wog nur
zwei Kilogramm. Mein Mann nahm eine Arbeit als Arbeiter in
der Landwirtschaft an. Jeden zweiten Tag klopfte mitten in der
Nacht die Polizei an die Tür, um zu überprüfen, dass wir uns
nicht abgesetzt hatten. Mein Kind war mit sechs Monaten so
schwach, dass mir ein Arzt riet, das Umsiedlerdorf zu verlassen, doch als ich es versuchte, verhaftete mich die Polizei und
schickte mich in ein Internierungslager.«

Dort musste das Paar mehrere Jahre verbringen. Erst 1956 durfte ihr Mann wieder als Fahrer arbeiten und im gleichen Jahr in die Filmstudios zurückkehren. Während Frau Kormos weinte, wog ich rasch ab: eine Deportation, eine Frühgeburt, womöglich knapp an einer Fehlgeburt vorbeigeschrammt. Das war nicht die grauenhafte Verfolgungsmär, nach der ich gesucht hatte. Ich schämte mich für meine Enttäuschung.

»Die Unterdrückung war so groß«, sagte die Witwe, »dass wir auch darüber einen Witz erzählten: Es gibt in Ungarn drei Sorten Menschen – diejenigen, die schon im Gefängnis waren, diejenigen, die gerade im Gefängnis sind, und diejenigen, die noch ins Gefängnis kommen.«

Ich konnte nur einen einzigen echten Witzeerzähler auftreiben, der verhaftet worden und noch immer am Leben war. Dazu fuhr ich mit der Bahn in ein einfaches kleines Dorf, zwei Stunden von Budapest entfernt. Der Zug rollte im altmodischen Schaukelrhythmus über veraltete Schienen. In einer Wohnung, die ebenfalls mit Spitzendeckchen, Furniermöbeln und orientalischen Teppichen ausgestattet war, erzählte mir János Szabó, während des Studiums in den fünfziger Jahren seien er und sein Kurs in eine Genossenschaft zur Rübenernte abgeordnet worden. Im Ostblock mussten alle Schüler und Studenten bei der Ernte helfen und damit ihre proletarische Solidarität unter Beweis stellen. Die Arbeit war hart und unbeliebt. Szabó witzelte vor seinen Kommilitonen: »Mir geht es wie Moricka. Ich hätte gern eine Ohrfeige von Präsident Truman.« Diese Worte stammten aus einem der beliebten ungarischen Witze mit dem kleinen Neunmalklug Moricka. Er ging so:

»Was wünschst du dir zum Geburtstag, Moricka?«

»Eine Ohrfeige von Präsident Truman.«

»Bist du verrückt? Warum denn?«

»Weil er dann entweder hier ist, oder ich bin dort.«

Am nächsten Tag wurde Szabó zur Hochschulverwaltung zitiert und darüber informiert, dass er zwangsexmatrikuliert werde. Das Studentenparlament habe seinen Fall behandelt und ihm vorgeworfen, »Präsident Truman einladen zu wollen«.

»Sie können sich heute gar nicht vorstellen, wie wichtig die Witze für uns waren«, sagte er. »Sie waren ein Mittel, Stellung zu beziehen.«

Endlich hatte ich jemandem Angesicht in Angesicht gegenübergestanden, der wegen des Erzählens eines kommunistischen Witzes verhaftet worden war. Trotzdem war ich nicht zufrieden. Ich vermisste die erwartete Prozesslawine. Der Mangel an dokumentierten Fällen ließ sich möglicherweise mit der Vernichtung von Gerichtsakten erklären, doch es blieb der Umstand, dass Szabós Strafmaß und das anderer Angeklagter relativ milde ausfiel. Auf der Rückreise nach Budapest tröstete ich mich mit dem Gedanken, dass mich meine Recherchen womöglich zu einer korrekteren und nicht weniger aufregenden neuen Geschichte des kommunistischen Witzes führen würden.

Auf den ersten Blick sah es so aus, als habe Stalins zwangsweise Einführung des Kommunismus in Mittel- und Osteuropa eine vergleichbare Humorkultur hervorgebracht wie im Russland der dreißiger Jahre. Es gab ähnliche Untergenres kommunistischer Witze, Gesetze gegen das Erzählen von Witzen und Satirezeitschriften als Organe des offiziellen Humors. Die stalinistischen Humorstrukturen wurden somit im Ostblock reproduziert. Doch es waren auch Unterschiede zu beobachten: So entstand ein produktives neues Genre, das möglicherweise feiner war als alles, was es zuvor in der Sowjetunion gegeben hatte. Dieses Genre, in dem die erheblich ältere Tradition von Witzen über ein fremdes *Anderes* und der kommunistische Witz verschmolzen, richtete sich gegen die UdSSR als Besatzungsmacht.

Trotz der Gefahren, die dieser neue Typus in sich barg, gingen die neuen Regimes mit den Menschen, die ihre ablehnende Haltung dergestalt zum Ausdruck brachten, nicht so streng um, wie es Stalin mit seinen humorvollen Kritikern getan hatte. Unter Stalin musste ein verurteilter Witzeerzähler die lebensbedrohlichen Strapazen der Gulag-Lager über sich ergehen lassen. In den jungen Ostblockstaaten dagegen waren die Strafen kurz, und die Sanktionen eher wirtschaftlicher und erzieherischer Natur. Der Kommunismus befand sich bereits am Übergang vom Schrecklichen über die Zwischenstufe des Kleinlichen hin zum Absurden.

Die Straf- und Prozessakten werfen ein Schlaglicht auf den bürokratischen Alltag im mitteleuropäischen Kommunismus. Als ich nach Ungarn gekommen war, hatte ich Dokumente über Massenverhaftungen und die methodische Anwendung der Gesetze durch einen straff organisierten, skrupellosen Zentralstaat erwartet. Doch die Akten offenbaren ein planloses und willkürliches Potpourri aus leichten Strafen, die von den persönlichen Befindlichkeiten der Polizisten und Richter abhingen. Die Verfahren gegen die Spaßmacher belegten nicht etwa, wie allmächtig, sondern wie unberechenbar der Staat war – das war unheimlich, allerdings aus anderen Gründen als den von den Historikern gemeinhin angeführten.

Der erzählte Witz war die eine Art des mündlichen Humors im Ostblock der Nachkriegszeit. Die andere war das Kabarett.

In vielen Städten Mittel- und Osteuropas entstanden studentische und gelegentlich auch halb professionelle Kabarettgruppen. Der »Rat der Spötter« in Leipzig war ein typisches Beispiel. Zwei der einstigen Komiker besetzen heute wichtige Positionen in der kulturellen Landschaft Deutschlands. Ernst Röhl, geboren 1937, arbeitete zwei Jahrzehnte lang für die deutsche Satirezeitschrift *Eulenspiegel* und verfasste vor und nach dem Fall der Mauer ein Dutzend humorvoller Bücher. Peter Sodann, geboren 1936, wurde deutschlandweit als Kommissar Bruno Ehrlicher in der Reihe *Tatort* bekannt. Als ich mit ihm sprach, war er noch Direktor des Staatstheaters in Halle, doch im Jahr 2005 wurde er dieses Amtes enthoben, weil seine Stücke dem Bürgermeister zu politisch waren.

Ich traf die beiden in Sodanns Theater. Wir hatten gerade mit dem Small Talk über den berühmtesten kommunistischen Bühnenautor der Welt, Bertolt Brecht, begonnen, als in den für deutsche Büros so typischen geriffelten Tässchen starker schwarzer Espresso serviert wurde.

Ernst Röhl begrüßte mich mit einer Auswahl kurzer und wohlgesetzter Witze:

Treffen sich zwei Hausfrauen. »Ich habe gehört, morgen soll es Schnee geben.«
Sagt die andere: »Das ist mir egal. Ich stell mich nicht an.«

Warum ist die Banane krumm?
Damit sie einen großen Bogen um die DDR machen kann.

Läuft in Moskau einer über den Roten Platz. Da ruft ein anderer:
»He, du hast einen Schuh verloren.«
»Nee«, sagt der, »gefunden!«

»Das war mein Lieblingswitz, da saß ich gerade in der Zelle«, fügte Sodann hinzu.

Röhl und Sodann verbrachten 1961 jeweils ein Jahr im Gefängnis, neun Monate davon in Einzelhaft, weil sie kommunistische Witze gerissen hatten. Trotz dieser extremen Erfahrung haben beide eine Sympathie für die alte DDR, die weit über Nostalgie hinausgeht.

»So wie es heute mit dem Kapitalismus nicht geht, so ging es damals nicht mit dem Sozialismus. Wir haben hier nach der Wende gleich weiter den Ersten Mai gefeiert. Und da gab es als Plakat: ›Erst haben wir den Kommunismus ruiniert, und jetzt ist der Kapitalismus dran.‹ Ich glaube immer noch an eine sozialistische Gesellschaft in der einen oder anderen Form, wenn das richtig gemacht wird«, sagte Sodann.

Er war ein kleiner Mann mit grauem Haar, voller Stolz auf sein Theater. Er führte mich mit affenartiger Geschwindigkeit durch die Zuschauerräume, über die Bühnen und anschließend aufs Dach, damit ich die miteinander verbundenen Gebäude von oben betrachten konnte. Aus einem winzigen Provinztheater hatte Sodann einen Theaterkomplex mit mehreren Spielbühnen geschaffen.

Röhl wirkte mit seiner Glatze und den freundlichen Augen völlig anders als sein früherer Kollege, teilte jedoch seine politischen Ansichten.

»Ich finde die Geschichtsbetrachtung sehr ungerecht. Ich kann nicht sagen, dass alle, die mich beherrschen, Verbrecher sind. Es sind Utopisten mit unterschiedlicher Härte ihrer Mittel. Journalisten sind ja häufig stolz darauf, dass sie unzensiert sind. Da fehlt mir sehr der Glaube daran, und ich habe mich immer gefragt, wie die Zensur funktioniert. Ich muss die Journalisten nur gut bezahlen, zum Beispiel mit zwanzigtausend Euro. Ich wollte gerne ein vernünftiges gerechtes Leben. Ich wollte keine reichen Menschen, die fünfzig Millionen Euro haben, und andere haben Mühe, ihre Kinder zu ernähren.«

Psychologisch ist eine solche Haltung nachvollziehbar als der trotzige Stolz einer untergegangenen Nation. Doch die Wurzeln reichen tiefer. Röhl und Sodann vertreten eine Meinung, der ich auf meinen Reisen in Osteuropa und Russland immer wieder begegnet bin: Mit ein bisschen mehr Demokratie und ein bisschen weniger Zwang hätte der Kommunismus funktioniert. Beide liebäugelten mit einer Zentralregierung, die die Menschen zum Teilen zwingt und sie davon abhält, zu viel zu kaufen und zu reich zu werden. Ihre Vorstellungen waren antimaterialistisch und christlich, nach der Kamel-und-Nadelöhr-Devise – Jesus Christus plus Zwangsregime. Der Kommunismus machte und macht sich die alte neutestamentarische Ethik Europas zunutze. Das kommt im folgenden Witz zum Ausdruck:

Ein Mann stirbt und kommt in die Hölle. Dort hat er die Wahl zwischen der kapitalistischen Hölle und der kommunistischen. Natürlich will er die beiden vergleichen, also sieht er sich zunächst die kapitalistische Hölle an. Am Eingang wartet der Teufel, der ein wenig aussieht wie Ronald Reagan. »Wie ist es da drin?«, fragt ihn der Besucher.
»Hier in der kapitalistischen Hölle«, erwidert der Teufel, »ziehen sie dir bei lebendigem Leib die Haut ab, braten dich in Öl und schneiden dich anschließend mit einem scharfen Messer in kleine Stücke.«
»Das ist ja schrecklich!«, sagt der Mann. »Ich sehe mir mal die kommunistische Hölle an!«
Er geht zur kommunistischen Hölle, wo die Menschen in einer langen Schlange auf Einlass warten. Er stellt sich an. Als er endlich am Tor ankommt, steht dort ein kleiner alter Mann, der ein wenig aussieht wie Karl Marx.
»Noch bin ich in der freien Welt, Karl«, sagt der Besucher. »Ehe ich hereinkomme, möchte ich wissen, wie es da drin so ist.«
»In der kommunistischen Hölle«, sagt Marx ungeduldig, »ziehen sie dir bei lebendigem Leib die Haut ab, braten dich in Öl und schneiden dich anschließend mit einem scharfen Messer in kleine Stücke.«
»Aber ... aber das ist dasselbe wie in der kapitalistischen Hölle!«, protestiert der Besucher. »Warum stehen hier dann so viele Leute an?«
»Na ja«, seufzt Marx, »manchmal geht uns das heiße Wasser aus, manchmal das Öl, manchmal die Messer ...«

Röhl erzählte: »Die DDR hatte aber auch gerade in den Fünfzigern, nicht lange nach Kriegsende, sehr starke utopistische Züge, besonders für junge Leute. In der Zeit habe ich mir gedacht, man könnte daraus ein vernünftiges Land machen. Ich hatte die Vorzüge des Sozialismus mit eigenen Augen gesehen. Ich hatte erlebt, dass mein Vater, der vorher mittellos war, plötzlich seine Familie ernähren konnte. Ich hatte Gründe für meinen Utopismus. Wenn man das nicht bedenkt, ist auch die DDR nicht zu verstehen. In unserem Kabarett waren wir uns einig, dass wir gern die Gesellschaft verbessern wollten durch unser Kabarettspiel. Wir hatten nicht die Idee, dass man nach dem Westen gehen sollte, sondern wir wollten zeigen, warum viele Leute nach dem Westen gehen.«

»Aus Egalité, Fraternité, Liberté haben wir gemacht Egalité, Eternité, Pfefferminztee!«, fügte Sodann hinzu, ein sinnloses Motto, das widerspiegelte, wie weit der »Rat der Spötter« von den Parteilosungen abwich.

Wie alle anderen DDR-Bürger erbten die Studenten die alten NS-Witze, passten sie an die neue Zeit an und erzählten sie untereinander weiter. »Wir haben die Reden der großen Führer in Moskau und Berlin immer mit Maßeinheiten versehen«, erzählte Röhl. »Wenn es zum Beispiel in Moskau eine Rede von Chruschtschow gab, haben wir gesagt: Das war eine Rede von zehn Chruschtsch. Wie in der Elektrotechnik. In Berlin gab es dann eine Rede von zum Beispiel dreißig Ulb. Erst viel später ist mir aufgefallen, dass wir dieses Verfahren übernommen haben. Es gab zum Beispiel die Maßeinheit ›Goeb‹ nach dem Propagandaminister Joseph Goebbels. Ein ›Goeb‹ war die Zeit, die verstreicht vom Beginn einer Goebbels-Rede, bis zehntausend Radios ausgeschaltet waren.«

Das Kabarett »Rat der Spötter« wurde 1959 an der Journalismus-Fakultät der Universität Leipzig gegründet (Abb. 38).

Abb. 38. Kabarett Rat der Spötter: links Ernst Röhl und rechts Peter Sodann, um 1960.

Zunächst konnten die Studenten ungehindert auftreten. Im Jahr 1961 schrieben sie dann ein neues Programm *Wo der Hund begraben liegt*. Röhl erzählte: »*Wo der Hund begraben liegt* ist eine Metapher. Das Programm unseres Kabaretts spielte auf dem Friedhof nachts um zwölf. Der Totengräber erscheint mit dem Spaten und gräbt nach dem Grund, nach den Ursachen, um die Schwächen und Macken der DDR zu finden. Das Publikum erfährt das erst nach und nach durch das Programm. Dann erscheinen die Geister und erklären den Leuten, warum es manchen Leuten nicht gefällt in der DDR. Wir wollten zeigen, was man in der DDR besser machen musste, damit die Leute bleiben.«

Den Studenten kam es in ihrer Naivität nie in den Sinn, dass sich die Staatsmacht an der Darstellung des jungen Landes als Hundefriedhof stören könnte. Wären die Zeiten anders gewesen, so wären sie womöglich damit davongekommen – meinen jedenfalls Röhl und Sodann –, doch die Beziehungen zwischen

203

den beiden deutschen Staaten steuerten damals gerade auf einen Wendepunkt zu. Im Juni 1961 siedelten zwanzigtausend DDR-Bürger über, im Juli noch einmal so viele. Im August errichtete die DDR die Berliner Mauer.

»Wir hatten schon den Trend, in diesem Programm etwas schärfer zu sein als sonst«, räumte Sodann ein. Das habe aber nur daran gelegen, »dass die politische Situation eine schärfere« war.

Der Mauerbau erinnerte Ernst Röhl an seinen Lieblingswitz: »Der Vater sitzt mit seinem Sohn am Tisch und fragt ihn: ›Wie war es denn in der Schule?‹ ›Wir haben heute einen Aufsatz geschrieben über den antifaschistischen Schutzwall, also über die Mauer.‹ ›Das ist ja ein schwieriges Thema.‹ Ein paar Abende später fragt der Vater: ›Was ist denn aus eurem Aufsatz geworden?‹ ›Heute haben wir ihn zurückbekommen. Ich habe den besten Aufsatz geschrieben! Ich habe 'ne Fünf gekriegt.‹ ›Bist du denn bescheuert? Was haben denn die anderen?‹ ›Wissen wir noch nicht. Die sitzen alle noch in U-Haft.‹«

Wie jedes andere Programm jener Tage musste *Wo der Hund begraben liegt* vorab einer Abnahmekommission gezeigt werden, zu der auch Vertreter der Universitätsverwaltung, der FDJ und der Staatssicherheit gehörten. Es wurde dunkel im Zuschauerraum, und die Vorführung begann.

Einer der Sketche kritisiert die behördliche Beschlagnahme von Material. Zwei Bauarbeiter bauen Stein für Stein eine Mauer ab. Einer dritter Mann ruft sie: »He, was macht ihr denn da?« »Wir reißen die Ziegelei ab.« »Seid ihr verrückt geworden, die brauchen wir doch!« »Genau«, sagen die beiden Arbeiter und machen mit ihrer Arbeit weiter, »dafür reißen wir sie ja ab!«

In einem anderen Sketch sucht Sodann eine Ausgabe der offiziellen DDR-Zeitung *Neues Deutschland*. »Vielleicht hat der Pfeffi sie gefressen?«, sagt er. Er nimmt einen flauschigen Kuscheltierhund vom Boden auf, langt ihm ins Maul und zieht eine sauber zusammengerollte Zeitung heraus: »Nicht einmal der Pfeffi hat's verdaut.«

Das Skript war amateurhaft, aber daran lag es nicht, dass die Vertreter des Staates nicht lachten. Am schlechtesten kam der Sketch über den Agitator Pumpernickel an, der jede Frage mit einem abgedroschenen Zitat des Staatsratsvorsitzenden Walter Ulbricht beantwortet, nur um absolut auf der sicheren Seite zu sein. Die Studenten kritisierten in der Szene Bürokraten, die nicht selbstständig denken konnten, doch sie ließ sich auch leicht als Angriff auf die Parteilinie und den Personenkult um Ulbricht interpretieren.[50]

Zunächst wurde die Vorführung mit einem Schweigen quittiert, doch am Ende reagierte die Abnahmekommission mit empörten Rufen und erhobenen Fäusten. Zwei Tage später wurde die gesamte Kabarettgruppe verhaftet.

Die offiziellen Berichte über *Wo der Hund begraben liegt* kann man im Stasiarchiv nachlesen: »Anstatt die Bonner Militaristen, die Atomkriegsvorbereitung und die fünfte Kolonne in der DDR zu entlarven«, schrieb Hans-Joachim Böhme, Sekretär der SED-Kreisleitung, »bot das Programm keine auch nur irgendwie ernst zu nehmende Geißelung der Ultras und strotzte von provokatorischen Verleumdungen gegen die Presse, die Arbeiter, einen Parteisekretär, FDJ-Funktionär, Werkleiter usw.« Agent Heinz Werner vermerkte in seinem Bericht: »So sieht die Konterrevolution aus! Beschämend! Ekelerregend! Künstlerisch völlig schwach.«[51]

»Die Führung war ziemlich aufgeregt, weil sie nicht wusste, wie die Leute auf den Bau einer Mauer mitten durch Deutschland reagieren«, erzählte Röhl. »Alle, die sich irgendwie bemerkbar machten, wurden sofort ins Gefängnis gesteckt. Neben mir war ein junger Mann von siebzehn Jahren, der hatte die ungeheure Lüge verbreitet, dass Chruschtschow ein Fettwanst wäre.« Sodann saß mit dem Direktor der Großmarkthalle in einer Zelle. »Der war verantwortlich, dass für jede Messe Bananen da waren – Südfrüchte für die Westler. Weil die eine oder andere verfault ist, musste mal ausgelesen werden. So kam es, dass eine ganze Lkw-Fuhre von Bananen, die verfault waren oder die man nicht mehr verkaufen konnte, in die Schweinemästerei gefahren wurde. Der Mann wurde eingesperrt, weil einer ihn angezeigt hatte.«

Schon bald kamen mehrere Mitglieder der Spötter in Einzelhaft. Die Stasi begann mit einer ausgiebigen Vernehmung, in der sie die Verdächtigen nach den »so genannten politischen Witzen« befragte; so lautete die Sprachregelung, denn nach sowjetischer Theorie gab es ja unter dem Sozialismus gar keine politischen Witze. Bei der Staatssicherheit war man nachtragend: Das Telegramm, in dem Röhls Frau ihm die Geburt ihres Sohnes mitteilte, erhielt er mit vierzehntägiger Verspätung.

»Sie kamen aus der Zelle in ein Untersuchungszimmer«, erzählte Sodann, »in dem schon der Untersuchungsbeamte war. Dort mussten Sie sich auf einen Schemel setzen, der unten festgeschraubt war, damit Sie ihn nicht als Waffe verwenden. Dann mussten Sie die Hände auf die Knie legen, und dann wurden Ihnen die merkwürdigsten Fragen der Welt gestellt. ›Wie denken Sie über die Kulturpolitik der DDR?‹ ›Wunderbar.‹

›Sie haben doch gesagt, das Opernhaus, das neu errichtet worden ist, sei schlecht.‹ ›Ich hätte es mir etwas moderner vorgestellt. Nicht so klassizistisch.‹ ›Sie behaupten damit, dass das Opernhaus ein unsinniger Bau ist?‹ ›Nein, ich habe es mir nur anders vorgestellt.‹ ›Denken Sie denn, dass Ulbricht den Nationalpreis aus Dummheit an die Architekten gegeben hat?‹ Und dann sitzt man schon in der Falle. Was soll man denn auch sagen? Ulbricht irrt sich ja nicht. Und damit ist die ganze Geschichte schon gelaufen.«

»›Was für Witze haben Sie immer erzählt?‹, fragten die. Dabei stand das bereits in den Akten, weil Inoffzielle Mitarbeiter der Stasi schon alles berichtet hatten« erzählte Sodann. »Die lebten im Volk und haben immer was gesucht und was gefunden und das gemeldet. Ich habe meine IMs, die ich in der DDR hatte, mal nachgezählt. Es waren 77. Das ist eine stattliche Zahl.«

Neun Monate nach der Verhaftung, am 24. Mai 1962, fand der Prozess statt. An ebendiesem Tag, so Röhl, verfügte ein Staatsratserlass zur Rechtspflege, dass Leute, »die politische Witze erzählt haben, auch auf Bewährung entlassen werden« konnten. Röhl und Sodann wurden verurteilt, ihre Strafen aber umgewandelt.

»Ich bin ja nie weggegangen aus der DDR«, sagte Sodann. »Ich wollte das auch nie. Ich hatte ein sehr interessantes Leben. Wenn du ein interessantes Leben haben willst, gebe ich dir den folgenden Rat: Du gehst zu deinem Parteisekretär und sagst ihm, du möchtest in die Sozialistische Einheitspartei eintreten. Dann nehmen sie dich auf, und dann sagst du alles, was du denkst, lauthals heraus. Und dann werfen sie dich wieder raus aus der Einheitspartei. Und dann hast du ein interessantes Leben.«

Obwohl man ihn der Universität verwiesen hatte, empfand auch Röhl keine Bitterkeit über seinen Zusammenstoß mit der Staatsgewalt. »Ich habe nach meiner Entlassung als Gießereiarbeiter gearbeitet. Ich war ganz unten. Ich hatte nichts zu verlieren. Ich konnte nicht mehr abstürzen. Das war eine schöne Zeit. Ich habe im Stahlwerk gearbeitet und Geschichten für den *Eulenspiegel* geschrieben.«

Ich fuhr mit meinem Leihwagen, einem VW Passat, über die breite, neu modernisierte Autobahn nach Berlin. Dabei kam ich durch eine dieser virtuellen Landschaften, die französische Theoretiker als *non-lieux*, »Nicht-Orte«, bezeichnen. Der Grünstreifen, Nutzwälder, Tankstellen- und Autobahnschilder jagten in verschwommenen Grau-, Grün- und Weißtönen an mir vorüber. Ich dachte an die enge, zweispurige, mit Schlaglöchern übersäte Straße, die im Sozialismus typisch gewesen war für diesen Teil der Welt und über die Sodann und Röhl gefahren sein mussten.

Die verständnisvolle und versöhnliche Haltung gegenüber dem Regime, das sie ins Gefängnis geworfen hatte, machte mir klar, dass der Konsens unter den Historikern einer weiteren Revision bedurfte: Anders als Emigranten und westliche Akademiker es darstellten, drückte sich in den Witzen nicht nur eine Opposition zum sowjetischen Kommunismus aus – nein, sie waren ambivalenter und universeller. Witze wurden auch von Leuten erzählt, die mit dem Kommunismus sympathisierten oder ihn sogar verklärten. Womöglich verlieh genau das den Witzen ihre tragische Dimension, das Pathos, das jedes große Kunstwerk in sich birgt. Hinter der Verachtung, der Enttäuschung und der Angst verbargen sich Faszination und Konzilianz. Egal, wie schrecklich der Kommunismus sein mochte – die Ideale und Ziele dahinter verloren nie ihre Anziehungskraft.

Ich dachte an Arianes Collagen aus sowjetischen Propagandabildern, an die vielschichtige Überlagerung des Optimismus mit dem Anachronismus, der Hybris mit dem Wahn. Die Witze hatten etwas mit diesen Kunstwerken gemein: Auch sie bargen viele mögliche Bedeutungen.

»Mit meinen früheren Freunden habe ich immer darüber geredet, wie man die Welt verbessern kann«, sagte Ariane eines Morgens, als wir noch im Bett lagen.

Ich stellte mir attraktive junge Globalisierungsgegner vor, die einst dort gelegen hatten, wo ich jetzt lag, die zerzauste Langhaarmähne über das ganze Kopfkissen drapiert. Mit langen, von Abertausend selbst gedrehten Zigaretten gelb verfärbten Fingern kraulten sie Ariane den Rücken und sahen sie mit ihren dunklen Augen bewundernd an. Ich verspürte keine

Eifersucht. Ich malte mir aus, wie Ariane und ihre Exliebhaber einander mit immer neuen naiven Weltverbesserungsideen übertrumpft hatten.

»An welche Lösungen habt ihr denn so gedacht?«, fragte ich. »Weg mit den Armeen und den Regierungen? Zurück aufs Land? Das Geld abschaffen?«

»Ja, zum Beispiel. Wie würdest du denn die Welt verbessern?«, fragte Ariane.

»Vielleicht, indem ich nicht versuche, sie zu verbessern«, sagte ich. »Indem man aufhört, vom großen Wurf zu träumen, und versucht, mit ein paar kleinen Gesetzen etwas zu bewegen. Weiß nicht.«

Ariane war enttäuscht von meinem Mangel an Überzeugungen. Im Kommunismus drehte sich alles um den Aufbau eines Utopia, doch unser Zeitalter wurde von den schicken westeuropäischen Theoretikern als *postutopisch* definiert. Dort, wo ich herkam, hatte man aus Überzeugung keine Überzeugungen.

»Aber wie machst du Schluss mit Ausbeutung, Armut und Umweltzerstörung?«

»Vielleicht geht das gar nicht«, sagte ich. Wenn Ariane und ich uns über Politik unterhielten, fühlte ich mich immer an eine alte Science-Fiction-Serie erinnert. Mein Raumschiff war auf einem gottverlassenen Teil der Erde gelandet. Meine Ansichten klangen in ihren Ohren marsianisch.

»Aber ist es dir denn egal, dass die Kluft zwischen Arm und Reich immer größer wird?«, fragte sie, und jetzt klang sie verärgert.

»Ach, Ungleichheit ist nicht das Schlechteste. Es macht doch nichts, dass die Kluft zwischen Arm und Reich größer wird, solange die Armen reicher werden, und das tun sie ja.«

»Aber empört es dich überhaupt nicht, dass in China und Asien Millionen verarmter Wanderarbeiter die Elendsviertel der Megastädte füllen und unter ausbeuterischen Bedingungen

Schuhe für unsere Füße und Spielsachen für unsere Kinder herstellen?«

»Die sind doch jahrzehntelang wegen des Kommunismus nicht vom Fleck gekommen. Jetzt holen sie eben auf. Die Alternative wäre doch, dass sie in ihren Dörfern bleiben und mit Müh und Not die Familienziege am Leben halten.«

Befriedigt beobachtete ich, wie sich Arianes Augen ungläubig weiteten, etwa wie die eines Kindes, das in einem Hollywoodfilm den Spielzeugschrank öffnet und einen Außerirdischen darin entdeckt. »Es ist völlig in Ordnung, wenn es ein paar irrsinnig reiche Leute auf der Welt gibt« – ich war jetzt richtig in Fahrt. »Das ist doch kein Verbrechen. Außerdem kann man mit so viel Geld nur begrenzt etwas anfangen. Wenn man schon erster Klasse fliegt, in teuren Hotels absteigt und eine Jacht besitzt, kann man es eigentlich nur noch herschenken. Es sei denn, man will Kunst kaufen.« Ich warf ihr einen bedeutungsvollen Blick zu. Die Ausstellung in New York sollte in einem Monat beginnen.

»Kommunisten wie dir ist es nie so gut gegangen wie jetzt im Kapitalismus«, schloss ich. Das war unverhältnismäßige Gewalt. Meine aggressiven Argumente atomisierten unsere Beziehung. Wo war mein Humor geblieben?, fragte ich mich.

Aber es war jetzt zu spät für Witze. Ariane sagte eine Weile nichts. Sie sah mich auch nicht an. Aus einem Gespräch zwischen zwei Liebenden über die Probleme der Welt hatte ich ein ideologisches Blutbad gemacht.

»Wenn ich mit dir zusammen bin, habe ich manchmal Angst, meine Identität zu verlieren«, sagte sie.

Wie sah es damals eigentlich auf der anderen Seite aus, der des Regimes? Ich wollte in Erfahrung bringen, was ehemalige Parteimitglieder und Bürokraten von der Verfolgung von Witzeerzählern in den fünfziger Jahren hielten.

Jedes ehemalige Ostblockland hat seinen Club ewig gestriger Kommunisten. Ich verabredete mich mit der ungarischen Variante, der János-Kádár-Gesellschaft, benannt nach dem gemäßigten Kommunistenführer, der Ungarn von 1956 bis 1989 regierte. Im Kalender dieser Vereinigung stehen so unerfreuliche Termine wie eine Kranzniederlegung am sowjetischen Kriegerdenkmal am Jahrestag des ungarischen Volksaufstandes, mit der der Niederschlagung der »Konterrevolution« gedacht wird. Am Maifeiertag baut die Gesellschaft im Stadtpark einen Stand mit einem großen Kádár-Porträt auf, verteilt Prospekte und verkauft T-Shirts mit dem Konterfei ihres Namensgebers und den Worten: »Kennen Sie mich noch?«.

Einmal im Monat findet eine Zusammenkunft mit einem Gastredner statt. An dem Abend, an dem ich dort war, referierte der Gewerkschaftsführer des Kohlebergwerks in Dorog über die Geschichte des ungarischen Bergbaus, den die postkommunistischen Regierungen offenbar heruntergewirtschaftet hatten. Ich wollte erfahren, wie die Mitglieder der Gesellschaft die Verfolgung der Witzeerzähler rechtfertigten, wäre aber ein unhöflicher Gast gewesen, wenn ich ihnen nicht zunächst die Chance gegeben hätte, die Vorurteile zu korrigieren, die Kapitalisten wie ich über die ungarische Nachkriegsgeschichte haben.

»Im Jahr 1945 nannte man Ungarn das Land der drei Millionen Bettler«, erklärte Attila Moravcszik, ehemaliges Führungsmitglied der kommunistischen Jugendorganisation Ungarns und Präsident der Kádár-Gesellschaft. Er lächelte gütig und sprach in einem freundlichen Ton, etwa wie ein Vater zu seinem zehnjährigen Sohn. »Damals lebten in Ungarn acht Millionen Menschen – einige Gebiete hatte Hitler noch nicht zurückgegeben –, und drei Millionen davon hungerten und bettelten. Wenn man das begreift, wird auch klar, warum sich die Leute für ihre spätere Lebensweise entschieden. Hier in Budapest teilten wir uns eine Zweizimmerwohnung mit einer zweiten Familie, die wir noch nie zuvor gesehen hatten. Es gab keinen Strom in Budapest, sondern Petroleumlampen, und das vor gerade einmal sechzig Jahren.«

Sein Vortrag ging dahin, dass die Kommunisten den glücklichen Ungarn Wohlstand und Wachstum gebracht hatten. Attila stellte mich einer ernsten Frau mit streng zurückgebundenem, grauem Haar vor. Margit Forizs war agrochemische Ingenieurin. »Die Leute kommen dauernd mit den kommunistischen Internierungslagern an und mit der Verfolgung, und natürlich hat es so etwas gegeben«, sagte sie, »aber gemessen an der Bevölkerung dieses Landes, betraf das nur eine unbedeutende Minderheit.«

Dann kamen die beiden auf den ungarischen Volksaufstand zu sprechen. »Die Russen marschierten 1956 ja nur ein, um den Sozialismus zu retten. ... Die Konterrevolutionäre hatten eine Todesliste mit den Namen führender Kommunisten erstellt ...«

Mir drehte sich der Magen um. Die Unverfrorenheit, mit der diese ehemaligen Kommunisten ihr Mantra herunterleierten, war faszinierend – nicht etwa, weil ihre Argumente stichhaltig gewesen wären, sondern weil sie sich in den letzten drei Jahrzehnten kaum verändert hatten. Mit den immer gleichen Ausreden und den schwülstigen Phrasen, die relativierten und gleichzeitig sentimental verklärten, war ich bereits bestens vertraut. Als Teenager in den achtziger Jahren hatte ich sie in Dokumentarfilmen über den Ostblock aus dem Munde von Apparatschiks oft gehört. Die Antworten waren so uniform, als seien sie einst in Moskau vorverfasst worden. Ich blickte aus dem Fenster und versuchte, durch die reflektierenden Scheiben in das langweilige Bürohaus gegenüber zu sehen. Ich stellte mir eine Werbefirma vor, die von jungen Leuten in Adidas-Turnschuhen betrieben wurde. Sie entwickelten gerade eine Werbekampagne für ein nicht alkoholisches Getränk, in einem Land, das mittlerweile Mitglied der Europäischen Union war. Mein

Blick kehrte zu meinen Gesprächspartnern zurück. Diese Leute sind Geschichte, dachte ich. Ob ich McCarthy, Vietnam, Agent Orange vergessen hätte, fragten sie.

Die alte Masche – die Schandtaten der Amerikaner. Sie hatten ihren Sermon gesagt, jetzt musste ich mit den Waffen aus alten Tagen zurückschlagen.

»Was meinen Sie? Waren die Sowjets Ihre Freunde oder Ihre Brüder?«, fragte ich die Vertreter der János-Kádár-Gesellschaft in Anspielung auf den legendären Witz. »Antwort: Ihre Brüder, denn Freunde kann man sich aussuchen.«

Ich ließ ein tiefes, gekünsteltes Lachen ertönen, das sie irritieren sollte. Sie reagierten völlig unbewegt mit einem herrlich aufgesetzten, herablassenden Lächeln.

»Oh, bei uns gab es viele solcher Witze«, sagte Károly Krisko, in dessen finsterem Lebenslauf nur ein Arbeitgeber aufgeführt ist: Von 1957, als er neunzehn war, bis zu seiner Pensionierung war er für das Innenministerium tätig gewesen. »Ich erzähle Ihnen noch einen: Im Rahmen eines Warschauer-Pakt-Manövers heben ein ungarischer und ein sowjetischer Soldat einen Schützengraben aus. Der Spaten des Ungarn bleibt stecken, und er sagt: ›Komm, Iwan, wir sehen mal nach, was da ist.‹ Es ist eine Kiste Gold. Der Russe sagt: ›Wir teilen es gerecht auf.‹ Der Ungar antwortet: ›Nein, Iwan, wir teilen es fifty-fifty.‹ Für diesen Witz wurde natürlich niemand bestraft.«

Ich hakte nach: »Waren also die Russen Ihre Brüder oder Ihre Freunde?«

Sie widersprachen dem berühmten Witz. Einer sagte: »Meiner Einschätzung nach waren wir Freunde. Ich weiß noch, wie die Russen mit einem Panzer in die Kleinstadt gut zehn Kilometer vor Budapest kamen, in der ich lebte. Sie brachten meinem Bruder, der ein Jahr jünger war als ich und große Angst vor ihnen hatte, Wein in einem Eimer. Das stimmt, das ist kein Witz. Die haben uns vor den Deutschen gerettet.«

Die Witze zeitigten keine Wirkung – noch nicht. Ich versuchte, den Druck mittels fäkalen Humors zu erhöhen. »Wissen Sie«, fragte ich, »warum das ungarische Toilettenpapier zweilagig war? Weil immer eine Kopie nach Moskau ging.«

»Oh ja«, kam die beunruhigend begeisterte Antwort, »und dann gab es noch den: Warum können wir den Kapitalismus nicht überholen? Weil die dann sehen würden, dass uns der Hintern aus der Hose hängt. Wir haben die Witze gekannt, aber sie waren nicht so wichtig. Für uns waren das eben Witze. Wir haben sie gehört, haben gelacht, und das war's.«

»Warum, glauben Sie, hat es in Ungarn so viele politische Witze gegeben?«, fragte ich

»Weil die Zeiten gut waren. Wir hatten keine Probleme, weder politisch noch existenziell, also haben sich die Leute Witze ausgedacht. Versuchen Sie heute mal, einen guten Witz aufzutreiben.«

In Sachen westliche Medien waren die Leute echte Profis. Ich schlug einen anderen Kurs ein und fragte den ehemaligen Mitarbeiter des Innenministeriums: »Haben Sie den Leuten, die Sie befragt haben, Witze erzählt?«

»Ja, um eine gute Atmosphäre herzustellen und eine Beziehung aufzubauen. Wir haben ihnen Zigaretten angeboten, und wenn sie sich über das Essen im Gefängnis beschwerten, haben wir ihnen von unserem abgegeben. Oft haben uns die Sträflinge – ich meine, die Verdächtigen – auch Witze erzählt. Und wir haben darüber gelacht, weil wir in dieser Situation keinen Grund hatten, wütend zu sein. Die haben uns Witze erzählt, und wir fanden sie gut, das ist die Wahrheit. Sogar Polizeiwitze ...«

Es war an der Zeit, ihr Idol ins Visier zu nehmen. Ich passte einen alten Hitlerwitz auf Kádár an. »János Kádár ist auf einem See zum Segeln. Er fällt ins Wasser und geht schon unter. Ein Bauer sieht, dass er in Schwierigkeiten ist, und rettet ihn. Kádár sagt: ›Ich bin János Kádár. Du hast mir das Leben gerettet. Als Belohnung darfst du dir wünschen, was du willst.‹ Der Bauer sagt: ›Bitte, erzählen Sie niemandem, dass ich Ihnen das Leben gerettet habe.‹«

»Den kannte ich noch nicht«, sagte einer von ihnen.

»Ich auch nicht«, stimmte ein Zweiter ein.

Es war schon immer schwierig gewesen, mit Kommunisten zu streiten, und auch zwanzig Jahre nach dem Ende des Kalten Krieges mangelte es mir an cleveren Überrumpelungsmethoden. Dann fiel mir ein, dass ich in der ganzen Verwirrung vergessen hatte, die Akten derer zu erwähnen, die wegen Witzen verurteilt worden waren. Ich erzählte ihnen von János Szabó, dem alten Mann, der einst wegen des Truman-Witzes von der Universität geflogen war.

»Die Sowjetunion hatte große Macht. Wer sich so über diese Macht lustig machte, zeigte, dass er kein Anhänger des Systems war«, sagte eine Agrarökonomin. »Warum hätte man ihm also erlauben sollen, eine sozialistische Universität zu besuchen? Warum hätte er umsonst studieren sollen? Warum hätte man ihn zu einem Intellektuellen ausbilden sollen, wenn er nicht bereit war, dem System, das sein Studium bezahlte, zu dienen?«

Angesichts solcher Sophisterei konnte ich mir ein zynisches Lachen nicht verkneifen. Meine Reaktion war bereits vielsagend, beantwortete sie doch einmal mehr die Frage: Wozu Witze?

Die Stimmen meiner Interviewpartner verloren sich, und ich nahm alles um mich her in Zeitlupe wahr. Ich hatte eine plötzliche Offenbarung. Die Antwort der Agrarökonomin war von einer hypnotischen Logik. Da die Partei nicht gewählt war und sämtliche Bildungseinrichtungen kontrollierte, musste jeder, der in den Genuss von Bildung kam, der Partei dafür danken. Dagegen könnte man einwenden, dass die ungarischen Bürger das Bildungssystem ja mit ihren Steuern finanzierten, doch warum sollte man durch Widerspruch der Absurdität der staatlichen Argumentation schmeicheln?

Und hier kamen die Witze ins Spiel, oder doch zumindest einige. Statt sich mit den Sowjets und deren Absurditäten herumzuschlagen, erfanden die Leute ihre eigenen Absurditäten. Statt sich mit den sowjetischen Haarspaltereien abzuquälen, dachten sie sich ihre eigenen Haarspaltereien aus: Witze. Die Witze waren – um mit den französischen Kulturtheoretikern zu sprechen – eine spezifische diskursive Wahl. Mittels Witzen konnten die Menschen alternative *Ursachen* entwickeln, die nicht weniger fantastisch waren als die der János-Kádár-Gesellschaft.

Witze waren eine sehr kompakte literarische Form, deren erschöpfende Analyse für den Forscher eine langwierige Aufgabe und für den Leser dröge Lektüre ist. Ich will nur ein Beispiel nennen: Der Witz über die Ursache dafür, dass die sowjetische Wirtschaft der kapitalistischen nicht den Rang ablief, ersetzt die offizielle Ursache – »Saboteure« – durch die Erklärung, die sowjetische Regierung wolle verhindern, dass die Kapitalisten die ärmliche Kleidung ihrer Bürger zu Gesicht bekommen. Der Witz bestätigt somit scheinbar die Behauptung des Staates, er wahre die Würde seiner Bürger. Möglich wird diese alberne Erklärung durch die Übertragung des Verbs »überholen« von der metaphorischen auf die wörtliche Ebene – eine alte Witzstrategie. Eingebettet in diese Erklärung ist eine zweite implizite Kritik an der Propaganda, die dahin geht, dass man den Westen nie ganz werde überholen können, weil man auch dann, wenn es scheinbar gelungen sei, noch immer in Lumpen gekleidet sei.

Bislang habe ich die Ontologie des kommunistischen Witzes überwiegend von der quantitativen und rechtlichen Warte aus betrachtet. Nun kann ich seine Strategie definieren. Der Vergleich mit den NS-Witzen lässt, wie schon gesehen, den charakteristischen Humor der kommunistischen Witze erkennen, insbesondere die vorgetäuschte Unterwürfigkeit und Loyalität. Doch wenn man von einer diskursiven Wahl ausgeht, so öffnet das den Weg zu einer detaillierteren Analyse. Viele Witze aus anderen Regionen und Zeiten beruhen darauf, dass sie Erklärungen anbieten. Nicht in allen, aber in sehr vielen kommunistischen Witzen nahm dieses *Erklären* eine besondere Form an: Sie griffen scheinbar getreulich die Denkweise des Staates auf und richteten sie dann gegen ihn. So fragten die Spaßmacher in Anspielung auf die niedrige Geburtenrate in Teilen Osteuropas:

Warum kann man in den Ostblockstaaten die Geburtenrate nicht kontrollieren?
Weil die Produktionsmittel in Privathand liegen.

Die Mitglieder der János-Kádár-Gesellschaft redeten noch, doch ich hörte nicht mehr zu. Ich hatte eine Ahnung, wie die Theorie des kommunistischen Witzes aussehen könnte. Es gab zwei miteinander verwandte, aber entgegengesetzte Modelle. Manchmal, wie in dem oben zitierten Witz, wurde eine staatliche Theorie auf ein nicht dazu passendes Problem angewendet, manchmal umgekehrt ein unpassender Ansatz für eine offizielle Position gewählt, wie im folgenden Witz:

Ist der Marxismus-Leninismus eine Wissenschaft?
Nein. Denn wenn er es wäre, hätte man ihn erst im Tierversuch erprobt.

Das offizielle Mantra, nach dem der Kommunismus »eine Wissenschaft« sei, wird hier durch eine ungeeignete wissenschaftliche Methodik widerlegt. Dieses Modell liegt auch dem Witz über die Frage zugrunde, ob die Russen Freunde oder Brüder seien. Dagegen gehört der Witz über das zweilagige Toilettenpapier dem umgekehrten Modell an. In Gedanken spielte ich meine Hypothese fieberhaft durch. Zugegeben, die Witze waren viel zu komplex, als dass man sie mit so einfachen Formeln erschöpfend hätte beschreiben können. Der Witz über den Marxismus als Wissenschaft führte eine Methodik an, die der Staat in einem anderen Kontext guthieß, sodass die Argumentation nicht völlig »unpassend« war. Der Witz über die Geburtenrate verurteilte indirekt die Macht des Zentralstaates. Und der Witz über die Rettung des ertrinkenden Kádár hatte mit der offiziellen Denkart gar nichts zu tun.

Ehe ich auf internationalen Symposien Vorträge zu diesem Thema halten konnte, galt es noch jede Menge Querverweise zu finden, so viel war mir klar.

Ich wandte meine Aufmerksamkeit wieder meinen Gesprächspartnern zu. Die Kádár-Fans hatten meinen entrückten Blick nicht bemerkt und redeten unbeirrt weiter. »... wenn die Revolutionen von 1989 nicht gewesen wäre, das haben Experten uns versichert, hätten wir innerhalb von drei oder vier Jahren die bestehende Ordnung überprüft, reformiert und neu ausgerichtet. Dann hätte sich der Sozialismus wieder gut entwickelt. Leider war dafür keine Gelegenheit, aber es ist noch nicht alles verloren.«

5

DAS GOLDENE ZEITALTER DES KOMMUNISTISCHEN WITZES

In den Jahren nach Stalins Tod ließ die Verfolgung der Witzeerzähler völlig unvorhersehbar mal nach, mal zog sie an. Die lose Allianz von Politbüromitgliedern, die nun die Macht übernahm – darunter der brutale NKWD-Chef Lawrenti Berija und der nächste Parteichef Nikita Chruschtschow –, gründete umgehend einen Ausschuss, der sich um die Freilassung von Gulag-Gefangenen kümmern sollte. Die erste Order, die 1953 in die Lager telegrafiert wurde, betraf die Freilassung von Ehefrauen und Verwandten, die gemeinsam mit dem männlichen Familienvorstand inhaftiert worden waren. Anschließend wurde die Entlassung all jener angewiesen, die wegen »mündlicher Propaganda« verurteilt worden waren, die sich also, auch in Form von Witzen, gegen das Regime geäußert hatten. Von den rund zweieinhalb Millionen Menschen im Gulag wurden im Rahmen dieser Amnestien über eine Million auf freien Fuß gesetzt.

Ein junger Mann wird vor dem Krieg ins Lager geschickt. Zwanzig Jahre später erhält seine Mutter ein Telegramm, sie solle ihn am Bahnhof abholen. Als er aus dem überfüllten Zug steigt, stürzt sie ihm in die Arme.

»Wie hast du mich denn nach der langen Zeit erkannt, Mama?«
»An deinem Mantel, Liebling.«

Einige Kollegen betrachteten Lawrenti Berija aufgrund seiner brutalen Vergangenheit als Bedrohung, andere beäugten misstrauisch seinen plötzlich erwachten Reformeifer, mit dem er den Rest der Führungsriege weit hinter sich ließ. Für Chruschtschow war Berija schlicht ein Rivale. Er schmiedete ein Komplott mit Politbüromitgliedern und Armeegenerälen, und schon nach einem Jahr wurde Berija verhaftet und nach einem Schnellverfahren hingerichtet. Mit dieser letzten Säuberung zogen die Sowjetführer einen Strich unter den stalinistischen Terror und ließen erkennen, dass sie Reformen wollten, aber bitte nicht zu viele.

Das sogenannte Tauwetter unter Chruschtschow gipfelte im zwanzigsten Parteitag der KPdSU am 25. Februar 1956, als sich der neue sowjetische Führer in einer beispiellos offenen Rede vom Personenkult um Stalin und von seinen Verbrechen distanzierte. Stalin, so Chruschtschow unverblümt, habe »die Partei, die Organe des NKWD auf den Massenterror« eingestellt. Er sei verantwortlich gewesen für »Massenverhaftungen und Deportationen vieler Tausend Menschen, Vollstreckungen ohne Gerichtsurteil und ohne normale Untersuchung«, habe »Intoleranz, Brutalität, Machtmissbrauch an den Tag« gelegt. Mittlerweile sei geklärt, dass »viele Parteiarbeiter, Sowjet- und Wirtschaftsfunktionäre, die in den Jahren 1937/1938 als ›Feinde‹ angesehen wurden, in Wirklichkeit niemals Feinde, Spione, Schädlinge u. Ä. gewesen sind, dass sie tatsächlich immer ehrliche Kommunisten waren«. Stalin sei »ein sehr misstrauischer Mensch mit krankhaftem Argwohn« gewesen. Chruschtschow erlaubte sich sogar einen kleinen Scherz; im Zusammenhang mit der »Massenumsiedlung ganzer Völker aus ihren heimatlichen Orten« sagte er: »Die Ukrainer entgingen diesem Schicksal deshalb, weil sie zu viele sind und es keine Möglichkeit ihrer Umsiedlung gab. Sonst hätte er auch sie ausgesiedelt.«[52]

Die Stenografen zeichneten die Reaktion der Konferenzteilnehmer auf: »Gelächter«. Im erstaunten Publikum saßen auch Führungspolitiker sowjetischer Satellitenstaaten. Ein Genosse wollte am nächsten Tag von Walter Ulbricht wissen, was er der Partei berichten solle. »Zu den Klassikern des Marxismus kann man Stalin nicht rechnen«, erwiderte Ulbricht trocken.

Obwohl als »Geheimrede« tituliert, wurde der Text in den folgenden Wochen 25 Millionen Mitgliedern der KPdSU und des Kommunistischen Jugendverbandes verlesen. Es war die größte politische Kehrtwende des zwanzigsten Jahrhunderts. Eine kurze Zeit lang durften die offiziellen Satirezeitschriften Stalin sogar verulken (Tafel 5, Abb. 39).

Zwei Schritte vor, einen zurück: Chruschtschows Tauwetter war dann doch noch ziemlich frostig. Die Liberalisierung rief in weiten Teilen des Ostblocks Unsicherheit, Unzufriedenheit und Unruhen hervor. In Ungarn wurde der Versuch eines demokratischen Volksaufstands unternommen, den Chru-

Abb. 39. »Schade! Wie würde er mich zu meinem Referat gegen den Personenkult inspirieren!« (*Eulenspiegel*, 1956) Dort, wo der dunkle Fleck an der Wand ist, hing früher das Stalin-Konterfei. Als Chruschtschow Stalin 1956 verdammte, wurden allerorten die Stalinporträts abgehängt, und die Karikaturisten durften sich gelegentlich über Stalin lustig machen.[53]

schtschow mit Panzern und scharfer Munition niederschlagen ließ. Im polnischen Poznań traten mehrere Tausend Arbeiter in den Streik und forderten »Brot und Freiheit«. Die polnische Armee warf den Aufstand nieder und tötete dabei dreiundfünfzig Menschen. Der Protest weitete sich auf die Sowjetunion aus, in der anonyme Flugblätter und Wandkritzeleien zur Unterstützung des ungarischen Volksaufstands auftauchten. Eine Redewendung verselbstständigte sich damals und fand Eingang in den russischen Sprachschatz: »Er ist wegen Ungarn ins Gefängnis gekommen.« In Georgien, Stalins Geburtsland, geschah das Gegenteil: Zehntausende von Menschen demonstrierten für die Rehabilitation des »Großen Führers«. Polizisten wurden tätlich angegriffen, Polizeistationen geplündert. In der Menge verband manch einer sein »Hurra für den Großen Stalin« mit dem unheilvollen Ruf nach »Freiheit für Georgien«.

Das Ausmaß der Kritik und des Widerstands schreckte das Politbüro auf. Die Reformen wurden ausgesetzt, Hunderttausende von Opfern des stalinistischen Rechtssystems mussten im Lager oder im Exil bleiben. Am 21. Dezember 1956 wurde verfügt, den Kampf gegen »antisowjetische Elemente« zu verschärfen. Es folgte eine kurze Welle von Repressalien, in deren Verlauf fast dreitausendfünfhundert Menschen wegen antisowjetischer Propaganda verhaftet wurden. Nach stalinistischem Maßstab war diese Zahl winzig, doch die Verhaftungswelle zielte auch gegen Menschen, die Witze über Chruschtschow rissen. Das Strafmaß lag zwischen zwei und sechs Jahren Lagerhaft. Diese Fälle lassen sich dank der besseren Aktenlage und der übersichtlicheren Zahl genauer untersuchen als die unter Stalin. Die Quellen stammen aus KGB- und Lagerarchiven, Gerichtsakten des Justizministeriums und einem Bericht des Obersten Gerichtshofs aus dem Jahr 1989, der die Fälle der in dieser Zeit nach Paragraf 58/10 verurteilten Menschen untersucht.

Wie zuvor unter Stalin wurden die Menschen wegen verschiedenster Vergehen verhaftet, etwa für spontane Beleidigungen, das Erzählen von Witzen, herabsetzende Bemerkungen über die Sowjetführung sowie vereinzelte Flugblätter. Die meisten Akten spezifizieren das genaue Vergehen nicht, doch anders als das bislang aus der Stalinzeit untersuchte Material berichten manche Dokumente in faszinierendem Detailreichtum von den Umständen der Vergehen und der Reaktion darauf.

Eine Akte aus dem Jahr 1957 behandelt einen Bürger von Woronoi, der betrunken über die Hauptstraße torkelte, Obszönitäten brüllte und »über das Sexualleben« Chruschtschows und anderer Politbüromitglieder »spekulierte«. Er wurde umgehend verhaftet und zur Polizeistation gebracht, wo er, noch immer betrunken, allen Anwesenden lautstark mitteilte, was er vom sowjetischen Regime hielt. Wegen antisowjetischer Propaganda und Trunkenheit erhielt er eine zweijährige Haftstrafe. Nach seiner Entlassung 1959 gab er ein Jahr lang Ruhe, betrank sich dann aber wieder, legte das gleiche Verhalten an den Tag und wurde zu vier Jahren verurteilt. Im Jahr 1964 wurde er auf freien Fuß gesetzt, machte sich bald desselben Vergehens schuldig und erhielt diesmal eine Strafe von sieben Jahren.

Nachdem sich im Sommer 1958 sowjetische Rechtsinstanzen einschließlich des Obersten Gerichtshofes kritisch dagegen geäußert hatten, ließ die Kampagne gegen antisowjetische Äußerungen nach. Im Frühjahr 1959 wurde die Mini-Hexenjagd offiziell für beendet erklärt. In der restlichen Regierungszeit Chruschtschows wurden nur noch etwa zwei- bis dreihundert Menschen im Jahr wegen mündlich oder schriftlich geäußerter Kritik an der Sowjetunion verhaftet. Doch auch hier scheint es so, dass der Rückgang der Fallzahlen eine bessere Dokumentation nach sich zog.

Im Jahr 1961 malte ein gelangweilter Untersuchungshäftling ein Hakenkreuz, ein Dollarzeichen und einen Totenkopf auf sein Bettlaken und schrieb darunter: »Aufstand gegen die Sowjetmacht.« Dann hängte er es wie eine Flagge aus dem Zellenfenster. Er erhielt zusätzlich zu den drei Jahren wegen Einbruchs sieben Jahre wegen antisowjetischer Propaganda und Beschädigung eines Bettlakens. Im Jahr 1962 wurde in Perm ein Mann verhaftet, der sich an einem Streik beteiligt hatte. Er habe sich über die »schwierige materielle Situation der Leute beklagt, sich anerkennend über die Situation der Menschen in den USA geäußert, soziale Schwächen in der Sowjetunion kritisiert, die Zeitungen der Lüge bezichtigt und herabwürdigende Witze über Chruschtschow erzählt«. In einem anderen Fall wurden mehrere Häftlinge dabei ertappt, wie sie Tauben, die sie zuvor eingefangen hatten, Zettelchen mit Beleidigungen Chruschtschows ans Bein banden. Sie erhielten zusätzliche Haftstrafen.

Im Jahr 1958 wurde im westrussischen Brjansk ein Intellektueller, Mitglied der KPdSU, wegen konterrevolutionärer Propaganda verhaftet und erhielt eine achtjährige Haftstrafe. Im März 1962 wurde er nach vier Jahren frühzeitig auf freien Fuß gesetzt. Am zweiten Tag nach seiner Entlassung wollte er auf dem Bahnhof der Stadt eine Fahrkarte nach Hause kaufen, musste aber erfahren, dass es an jenem Tag keine Verbindung mehr gebe. In verständlicher Wut kaufte und konsumierte er Wodka, »breitete in Anwesenheit zahlreicher Menschen seinen antisowjetischen Humor aus und machte die sowjetischen Lebensumstände verächtlich«. Nachdem er es vom Lager gerade einmal bis zum Bahnhof geschafft hatte, wurde er folgerichtig erneut verhaftet und zu weiteren sechs Jahren wegen »terroristischer Aktivitäten gegen Kommunisten und andere Verwaltungsabteilungen« verurteilt (womit wohl gemeint war, dass er die Beamten am Fahrkartenschalter beschimpft hatte). Im Jahr 1967 wurde er entlassen.

Der vierundfünfzig Jahre alte Gyoerg Bozokin, Arbeiter in einer Heizungsfabrik und Kabarettkünstler, wurde 1964 verhaftet. Ein Informant berichtete, Bozokin habe in Gesprächen »die sowjetische Regierung diskreditiert, Anspielungen auf die sowjetischen Lebensbedingungen und die vorherrschende Ordnung in unserem Lande gemacht, seinen Freunden erzählt, was er in ausländischen Radiosendungen gehört hatte, und Anekdoten mit antisowjetischem Inhalt« zum Besten gegeben. Er wurde zu drei Jahren Haft verurteilt, die er vollständig absaß.

Es kursierten viele Witze, die diese Verurteilten erzählt haben könnten. Schon Ende der fünfziger Jahre war Nikita Chruschtschow außerordentlich unbeliebt. Er hatte kaum Kapital schlagen können aus der Verurteilung Stalins, den Amnestien für politische Gefangene oder den Erfolgen des sowjetischen Raumfahrtprogramms, das den ersten Menschen auf eine Erdumlaufbahn brachte, dem 1957 der erste Hund voranging ...

Was sind die wichtigsten Bestandteile des sowjetischen
Raumfahrtprogramms?
Deutsche Technik, tschechisches Uran und ein russischer Hund.

Im Wirtschaftsbereich ließen die Sowjets durchblicken, der Kapitalismus sei »in der Krise«, und das Wachstum der kommunistischen Volkswirtschaften werde die ideologische Konkurrenz bald abhängen. Anlässlich der Eröffnung der American National Exhibition in Moskau trat Chruschtschow am 24. Juli 1959 gegen den damaligen US-Vizepräsidenten Richard Nixon zu einer »Küchendebatte« im Fernsehen an.

»Wie lange gibt es Amerika jetzt? Dreihundert Jahre?«, fragte Chruschtschow.

»Hundertfünfzig Jahre«, erwiderte Nixon.

»Hundertfünfzig Jahre?«, sagte Chruschtschow. »Gut, sagen wir, Amerika gibt es seit hundertfünfzig Jahren, und in dieser Zeit hat es das jetzige Niveau erreicht. Uns gibt es erst knapp zweiundvierzig Jahre, und in sieben Jahren werden wir dasselbe Niveau erreicht haben wie Amerika. Wenn wir Sie eingeholt haben und Sie überholen, winken wir Ihnen zu.« Witzbolde warteten nicht bis 1966, um mit dieser absurden Vorhersage ihren Spaß zu treiben.

Der amerikanische Kapitalismus soll am Rande des Abgrunds stehen. In wenigen Jahren wird der Kommunismus ihn überholen.

Chruschtschow war ständig in Sorge wegen der Rückständigkeit Russlands. Als er kurze Zeit später mit dem amerikanischen Präsidenten Eisenhower zusammentraf, erzählte ihm dieser im unverbindlichen Small-Talk-Ton, sein Telefon klingele auch, wenn er im Urlaub sei. Chruschtschow, der ein wenig zu viel in Eisenhowers Plauderei hineininterpretierte, erwiderte verärgert, für ihn stehe sogar ein Telefon am Strand bereit, wenn er schwimmen gehe. Und bald werde man in der UdSSR mehr und bessere Telefone haben als in den USA. Doch sämtliche Sowjetführer nach Chruschtschow mussten zunehmend frustriert zur Kenntnis nehmen, dass der Kommunismus den von Marx vorhergesagten Wohlstand nicht liefern konnte (Abb. 40).

Chruschtschow hatte wiederholt öffentlich das Versprechen abgelegt, dass die guten Zeiten in der Sowjetunion unmittelbar bevorstünden, konnte es aber nie einhalten. Nun, da die Unterdrückung durch Stalins niederträchtigen Staatsapparat nicht mehr den Blick verstellte, nahmen viele sowjetische Bürger den niedrigen Lebensstandard ins Visier.

Warum gibt es kein Mehl zu kaufen?
Weil die es jetzt zu Brot verarbeiten.

Abb. 40. Die Kapitalisten, so unterstellt diese Karikatur, versuchten vergebens, das sowjetische Wirtschaftswachstum aufzuhalten (R. Verdini, *Krokodil*, 1957).

Welches ist der längste Witz?
Chruschtschows Rede zum zwanzigsten Parteitag über die Anhebung des Lebensstandards.

In den fünfziger Jahren gab es immer noch nicht genügend Grundnahrungsmittel in den Läden. Die sowjetische Landwirtschaft war unglaublich primitiv, die Gesamternte fiel geringer aus als vor dem Zweiten Weltkrieg, und der Viehbestand lag unter dem von 1926. Um Abhilfe zu schaffen, hatte Chruschtschow den haarsträubenden Plan entwickelt, in den Weiten Sibiriens und in Kasachstan »jungfräulichen« Boden zu erschließen. Man forderte junge Freiwillige auf, nach Norden zu gehen und auf den neuen Höfen zu arbeiten, und allein im Jahr 1954 folgten dreihunderttausend Menschen dem Ruf. Doch der Plan ging nicht auf. Milch, Butter und Fleisch waren dauerhaft knapp, die Ernteerträge sanken weiter. Um die Rentabilität der

Landwirtschaft anzukurbeln, erhöhte Chruschtschow 1962 die Preise um sage und schreibe fünfunddreißig Prozent, doch damit stieß er in erster Linie die Verbraucher vor den Kopf, denen eine Verbilligung der Waren versprochen worden war – das klassische Dilemma der zentralen Planwirtschaft. Im Jahr 1963 mussten die Sowjets zehn Millionen Tonnen Weizen aus Kanada, den USA und sogar Rumänien importieren. Spaßvögel verknüpften diese Krise mit dem auffälligsten körperlichen Merkmal Chruschtschows, seiner Glatze:

Wie nennt man Chruschtschows Frisur?
Dreiundsechziger Ernte.

Wie wird die Ernte 1964?
Durchschnittlich – schlechter als 1963, aber besser als 1965.

In der Partei kam Chruschtschow ebenso schlecht an wie im Volk. Die Berliner Mauer, die Feindschaft mit China und die Kubakrise galten als außenpolitische Fehlschläge, die Chruschtschow angelastet wurden. Obwohl in den beiden Jahren vor dem Bau der Berliner Mauer eine halbe Million DDR-Bürger in den Westen geflohen war, versicherte Walter Ulbricht noch am 15. Juni 1961 auf einer internationalen Pressekonferenz: »Niemand hat die Absicht, eine Mauer zu bauen!« Chruschtschow hatte zugesagt, sowjetische Raketen aus Kuba abzuziehen. Im Gegenzug sollten die Amerikaner ihre nuklearen Sprengköpfe aus der Türkei entfernen. Doch da dieser zweite Teil der Vereinbarung geheim gehalten wurde, wirkte es nach außen so, als sei die UdSSR auch hier eingeknickt. Und dann war da noch China: Im Jahr 1962 zog Chruschtschow fast alle sowjetischen Fachleute und Unternehmen aus China ab.

Lenin, Stalin und Putin haben mehr gemeinsam als die letzten beiden Buchstaben ihrer Nachnamen: Chruschtschow war nicht die starke und autoritäre zarenähnliche Führungsfigur, die sich viele Russen wünschten und die sie bis heute an der Spitze ihres Landes sehen wollen. Der kleine und korpulente Mann mit den Segelohren und den – um mit dem britischen Premierminister Macmillan zu sprechen – »Schweinsäuglein« war ein großspuriger und unbeherrschter Trampel. Beim Besuch einer Kunstausstellung erklärte er einmal dem Künstler, seine Arbeiten seien »Hundescheiße«, ein Esel bekomme mit dem Schwanz etwas Besseres zustande. Dem britischen Botschafter teilte er im Bolschoitheater mit, sechs Wasserstoffbomben reichten für Großbritannien »völlig aus«, für Frankreich genügten neun. Als er 1958 mit einem amerikanischen Senator aus Minneapolis zusammentraf, ging er zu der großen USA-Karte, die an der Wand hing, und kreiste Minneapolis mit einem dicken blauen Stift ein. »Damit ich nicht vergesse, die Stadt zu verschonen, wenn die Raketen fliegen«, sagte er. Mao bezeichnete er in einem verwanzten Raum in Peking als »altes Präservativ«, und 1960 zog er mitten in einer Rede vor den Vereinten Nationen einen Schuh aus und schlug damit auf den Tisch. Für die Witzeerzähler war das himmlisches Manna.

Chruschtschow geht durch den Kreml, redet sich über die Probleme der Sowjetunion in Rage und spuckt in einer Geste der Verachtung auf den Teppich.

»Benehmen Sie sich, Nikita Sergejewitsch«, ermahnt ihn seine rechte Hand. »Denken Sie daran, der große Lenin wandelte durch diese Hallen!«

»Halten Sie den Mund«, erwidert Chruschtschow. »Ich kann hier spucken, soviel ich will. Ich habe die Erlaubnis der Königin von England.«

»Der Königin von England!«

»Ja! Im Buckingham Palace habe ich auch auf den Teppich

gespuckt, und da hat sie gesagt: »Mr. Chruschtschow, im Kreml können Sie machen, was Sie wollen, aber hier müssen Sie sich benehmen ...«

Chruschtschow besucht eine Vernissage. Übel gelaunt höhnt er über alles, was er sieht, bis er vor einem Spiegel steht. Bewundernd sagt er: »Was für eine wunderbar naturgetreue Schweineskulptur!«

Ein Spruch lautete:

Zu Stalins Zeit hatten wir einen Personenkult. Jetzt haben wir einen Nulpenkult.

Mein Fahrer parkte seinen Lada vor einem der zwanzigstöckigen Wohnhochhäuser, die einen Ring um Moskau bilden. Sie wurden in den siebziger Jahren erbaut, sind aber noch gut in Schuss. Die schlampige Plattenbauweise hat ihre eigene Ästhetik. In die Großtafeln mit den Fenstern sind unter der Fensterbank jeweils dekorative Gittermuster aus roten Fliesen eingearbeitet, und die dicken Schnörkel aus grauem Dichtungsmaterial zwischen den Platten nahmen der Lego-Geometrie ein wenig die Strenge. Hier traf ich mich mit einem ehemaligen KGB-Obersten, der in den frühen Jahren seiner Karriere an der Front einer neuen, behutsamen Strategie gegen die Witze gestanden hatte.

»Man konnte die Leute nicht mehr wegen Chruschtschow-Witzen festnehmen«, erklärte mir Oberst Prelin, »sonst hätte man das ganze Land wegsperren müssen.«

Igor Prelin lebte in einer typischen Moskauer Miniaturwohnung aus der Zeit des Kommunismus. Man kann sich darin nur bewegen, indem man sich aneinander vorbeidrückt. Erst nachdem sich mein Gastgeber in die Küche zurückgezogen hatte, konnte ich in den Flur treten, und während Prelin die Wohnungstür schloss, quetschte ich mich gegen die Garderobe. Er machte einen Schritt nach vorn, ich einen zurück ins Schlafzimmer. Dann folgte ich ihm ins Wohnzimmer, und er bedeutete mir, mich auf das Einbauecksofa zu setzen. Ich tippelte an dem viel zu langen Couchtisch mit verspiegelter Glasplatte vorbei und nahm Platz.

Der Raum war in bedrückend warmen Farben gehalten. Das Polstersofa war rostrot, der Teppich rot, und die Tapete hatte das Muster einer orangefarbenen Backsteinmauer. Allerlei Gegenstände zierten den Raum: Im Regal standen Silberpokale, die Prelin in Fechtturnieren gewonnen hatte, billige afrikanische Masken und mehrere Schwarz-Weiß-Aufnahmen von meinem Gastgeber: etwa vierzig Jahre alt, männlicher grauschwarzer Bart, verspiegelte Fliegerbrille auf der Nase und Sturmgewehr in der Hand. Diese Bilder, die auch direkt aus einem James-Bond-Film hätten kommen können, waren in Wahrheit Souvenirs aus dem abenteuerlichsten Lebensabschnitt des Oberst Prelin, nämlich aus den siebziger Jahren, als er als sowjetischer Agent in Afrika gedient hatte. Davor, zwischen 1961 und 1967, war er in der KGB-Behörde der Stadt Orenburg südlich des Urals tätig gewesen. Im Frühjahr 1959 hatte Chruschtschow in einer Rede vor KGB-Vertretern betont, bei der antisowjetischen Propaganda solle der Schwerpunkt künftig auf »Präventiv«-Maßnahmen liegen statt auf der strafrechtlichen Verfolgung. Damit setzte Chruschtschow einen Schlusspunkt unter die schon erwähnte Unterdrückungskampagne. In den folgenden zwölf Monaten wurde eine Handlungsanweisung ausgearbeitet:

»Wir erhielten 1961 die Order«, erläuterte Prelin, »niemanden mehr wegen antisowjetischer Aktivitäten zu verhaften, sondern stattdessen ›Gespräche‹ zu führen. Diese ›präventive‹ Methode war so gedacht, dass wir den Betreffenden ihre Vergehen erklärten – sogenannte ›Fehlbewertungen der sowjetischen

Gesellschaft‹. Wir sprachen eine offizielle Ermahnung aus und drohten für den Fall, dass sie mit ihren Aktivitäten fortfuhren, mit Verhaftung. Manchmal wurde die Verdachtsperson aufgefordert, einen Entschuldigungsbrief an den ›KGB, UdSSR‹ zu schreiben. In dem Brief hieß es dann: ›Heute wurde ich zu einem Gespräch in die KGB-Behörde geladen, weil ich‹ – zum Beispiel – ›despektierliche Witze über einen führenden Politiker der Kommunistischen Partei erzählt habe … Man hat mir erklärt, dass ich irregeleitet war, und ich verspreche, dass es nicht mehr vorkommt.‹«

Prelins Schätzung zufolge führte seine Behörde, die für die Hälfte der Stadtbevölkerung zuständig war, im Jahr fünf solcher Gespräche. »Manchmal, wenn das Gespräch sehr positiv verlief, schrieben sie am Ende des Briefes: ›Ich möchte dem KGB danken, dass er mich nicht verhaftet und die Strafgesetze angewendet hat, sondern dass er so freundlich war, mit mir zu reden.‹«

Der Oberst, der für seine siebzig Jahre beachtlich gepflegt war, erinnerte sich an eine dieser wichtigen Missionen noch ganz genau. »In einer großen Motorenfabrik arbeitete ein hoch qualifizierter Ingenieur, vierzig Jahre alt, der auch die größte Blaskapelle der Gegend dirigierte. Wir erhielten die Information, dass er auf der Arbeit und bei den Proben im Kulturzentrum des Stadtteils antisowjetische Witze erzählte. Andere KGB-Mitarbeiter ließen sich von Leuten, die dabei waren, wenn er Witze erzählte, unterzeichnete Zeugenaussagen geben. Anschließend verfasste ein Kollege einen Bericht, in dem er den Fall erläuterte und das Präventivverfahren vorschlug. Der Chef unserer Behörde war einverstanden.

Im Jahr 1961 war ich in der Behörde in Orenburg der einzige Mitarbeiter, der eine Hochschulbildung genossen hatte. Ich wurde deshalb zu den gebildeteren Delinquenten geschickt, weil man mit Intellektuellen nur auf ihrem Niveau diskutieren

Abb. 1. »Der Löwe und das Kätzchen«.
Karikatur des sowjetischen Karikaturistentrios *Kukryniksi*, 1943.
Abgebildet sind Hitler und Napoleon, die beide Russland erobern wollten.

Abb. 2. »Die Kathedrale der NATO«, J. Ganf, *Krokodil*, 1957. Ein besonders farbenprächtiges Beispiel für die unzähligen satirischen Karikaturen gegen den westlichen Militarismus. Krieg wird als Religion des Westens dargestellt. Plakat links: »Ruhm der Politik der Gewalt!« Plakat rechts: »Heilige Madonna der Wasserstoffbombe! Wir stellen die Tests nicht ein!« Das Plakat auf dem Beichtstuhl auf der linken Seite trägt ein Wortspiel mit dem russischen Wort für »vergeben« und »verkaufen«: »Wir vergeben/verkaufen: (1) Sünden, (2) Atomwaffen.« Der bewaffnete Mann mit der Sammelbüchse fordert Geld »für Rüstung«.

Abb. 3. Antiamerikanische Karikatur auf dem Umschlag des *Krokodil* (L. Brodaty, Oktober 1947).

Abb. 4. Farbenprächtige, bissige Karikatur aus dem *Krokodil* gegen den Marshallplan, das amerikanische Hilfs-und Investitionsprogramm in Europa nach dem Krieg: Der Friedensengel wird von verschiedenen Kriegstreibern, Kapitalisten und religiösen Führern aus dem »Marschall-Paradies« vertrieben (J. Hanf, 1950).

Abb. 5. »Man stelle sich vor, sie planen Autos so,
wie unsere Architekten Gebäude planen.«.
Eine der wenigen stalinkritischen Karikaturen,
die 1956 in Satiremagazinen des Ostblocks
erschienen. Satirisch überspitzt sie den blumigen
neoklassizistischen Stil der »Wolkenkratzer«
und anderer Hochhäuser, die Stalin
in Moskau hatte errichten lassen
(K. Rotow, *Krokodil*, 1956).

Abb. 6. Wohnhaus an der
Kotelnitscheskaja-Uferstraße in Moskau aus der
Stalinzeit – eines der Hochhäuser, die als
»Sieben Schwestern« bezeichnet werden.

Abb. 7. »Ideen hat der Junge! Wie die Bauakademie.« Die Karikatur macht sich über die Einförmigkeit des DDR-Wohnungsbaus lustig (Harald Kretzschmar, *Eulenspiegel*, 1965).

Abb. 8. »Gute Fahrt!« von Hans-Joachim Jordan (*Eulenspiegel*, 1971).

Abb. 9. »Schöne, weite Welt« (Andreas J. Mueller, 1986).

Abb. 10. Marx-Engels-Statue von hinten mit der Aufschrift:
»Beim nächsten Mal wird alles besser.«
(Marx-Engels-Forum, Berlin, 1990)

kann. Das war eine sehr anspruchsvolle Aufgabe, und man musste geschickt argumentieren. Daher übertrug mein Chef mir diesen Fall.

Ich bereitete mich sorgfältig auf das Gespräch vor. Dann ging ich zu dem Ort, wo der Verdächtige probte. Die Präventivmaßnahme konnte auf zweierlei Art ablaufen: als offenes Gespräch vor Gleichrangigen der Verdachtsperson, also etwa wie ein Volksgerichtsprozess, oder als privates Vieraugengespräch. Die erste Methode wendeten wir nur für Fehlverhalten am Arbeitsplatz an, wenn beispielsweise jemand eine Maschine mutwillig zerstört hatte (ein Vergehen, für das man unter Stalin ins Lager geschickt werden konnte). Bei Witzen war das Vieraugengespräch besser geeignet, denn wir wollten ja nicht, dass alle die Witze hörten. Beim KGB gab es darüber einen Kalauer: Was ist der Unterschied zwischen einem Dissidenten und einem KGB-Agenten? Der Dissident erfindet die Witze, und der KGB-Agent verbreitet sie.

Dieser Witz war nicht so weit von der Wahrheit, denn wenn ein KGB-Offizier jemanden Witze erzählen hörte, musste er einen Bericht schreiben und die Witze mitliefern. Der Bericht wurde dann kopiert und an seinen Vorgesetzten weitergegeben. Dessen Sekretär tippte die Berichte ab und gab sie an den nächsten ranghöheren Offizier, und ehe man es sich versah, hatten fünfzig Leute einen neuen Witz gelernt und erzählten ihn zu Hause ihrer Frau ... Das war auch ein Grund, warum wir wegen des Erzählens von Witzen niemanden mehr verhaftet haben.

Ich habe also mit dem Ingenieur gesprochen, und zunächst stritt er alles ab. Ich erklärte ihm, dass wir mehrere unterzeichnete Aussagen hätten und Leugnen daher sinnlos sei. Doch er beharrte weiter auf seiner Unschuld. Dann sagte ich: ›Hören Sie, vor zehn Jahren wären Sie dafür ins Lager geschickt worden. Wollen Sie das? Nehmen Sie Vernunft an.‹ Er blieb dabei.

Er wusste wohl, dass das keine ernst zu nehmende Drohung mehr war. Ich fuhr fort: ›Wollen Sie mit diesem kindischen Verhalten Ihre Karriere ruinieren?‹ Damit habe ich ihn geknackt. Er begann zu weinen. ›Es war so dumm von mir‹, sagte er. ›Ich bin ein Idiot.‹ Ich weiß noch, dass er hemmungslos weinte. ›Um die Sache abzuschließen‹, sagte ich, ›sollten Sie einen Brief schreiben, in dem Sie alles zugeben und sich entschuldigen.‹ Doch da brach er erst richtig zusammen. Er weigerte sich, den Brief zu schreiben. Er fiel vor mir auf die Knie und flehte mich unter Tränen an, den Brief nicht schreiben zu müssen. Mir wurde klar, dass er fürchtete, ich wollte ein schriftliches Geständnis von ihm haben, damit er härter bestraft werden konnte. Ich wusste, er würde den Brief nie schreiben. Daher ermahnte ich ihn nur energisch, wenn ich je wieder einen antisowjetischen Witz von ihm zu hören bekäme, werde er hinter Gitter kommen.

Mein Vorgesetzter war nicht zufrieden, weil er einen Brief haben wollte, aber wir haben nie wieder etwas von der Verdachtsperson gehört.«

»Mein Vater musste auch mal so einen Brief schreiben«, sagte Ariane zu meiner Überraschung. Wenn ich auf der Jagd nach kommunistischen Witzen unterwegs war, telefonierten wir über Skype. Sie warf mir auf dem Bildschirm einen digitalisierten Handkuss zu.

»Wie, eine Entschuldigung, weil er Witze erzählt hatte?«, fragte ich und konnte mein Glück kaum fassen, ausgerechnet sie als Freundin zu haben.

»Nein, nicht weil er Witze erzählt hatte – wegen Geschwindigkeitsüberschreitung«, sagte sie. »Ich weiß noch, dass ich etwa dreizehn war, das war so Anfang der achtziger Jahre. Es war Ostern, und wir fuhren zu schnell Richtung Innenstadt und wurden von zwei Vopos angehalten.«

Die Volkspolizei war in der DDR verhasst. Mir fielen auf Anhieb mehrere Witze über sie ein. Viele waren Bullenwitze, wie es sie überall gibt, aber in der DDR hatten sie eine besonders gehässige Note.

Warum gehen Vopos immer zu dritt auf Streife?
Der erste kann lesen, der zweite kann schreiben, und der dritte passt auf die beiden Intellektuellen auf.

Ein Mopedfahrer wird auf der Landstraße von einem Vopo angehalten. »Allgemeine Verkehrskontrolle. Würden Sie bitte den Gurt ablegen und aussteigen!«
Darauf der Mopedfahrer: »Reicht's, wenn ich die Scheibe runterkurble?«

Ariane erzählte weiter: »Mein Vater war stocksauer, drehte total durch und beschimpfte die Polizisten. Da haben sie ihm befohlen, einen Entschuldigungsbrief zu schreiben.«

»Warum haben sie ihm nicht gleich ein Bußgeld abgenommen?«, fragte ich.

»So ging das nicht in den sozialistischen Ländern«, sagte sie. Ihre Mutter versuchte ihren Vater vergeblich zu überreden, den Brief zu schreiben. »Tagelang regte er sich darüber auf. Es war kein Ende des Problems in Sicht, denn er weigerte sich beharrlich, den Brief zu schreiben. Dann bat ihn sein Chef eines Tages zu einem Gespräch. Wenn er den Brief nicht schreibe, sagte er, werde er seinen Job verlieren. Wenn er ihn doch schreibe, erhalte er eine Prämie von vierhundert Ostmark – das entsprach einem halben Monatsgehalt. Da hat mein Vater den Brief geschrieben.«

Ich entdeckte eine Lücke in ihrer Abwehr. »Diese kapitalistische Verlockung hat deinen Vater also dazu veranlasst, das Spielchen mitzumachen?« Blitzschnell reagiert, doch ich bereute meine Worte, kaum dass sie draußen waren. Ich hatte vergessen, dass ihr Vater früh gestorben war.

»Mein Vater war entsetzt über die Wiedervereinigung«, sagte sie. »Er hatte in der DDR einen wichtigen Job. Er überwachte als leitender Ingenieur die zentrale Wärmeversorgung für alle Wohnanlagen unserer Stadt und die gesamte Stromversorgung. Nach dem Mauerfall hat man in der Verwaltung alle entlassen, die irgendwas mit der Stasi zu tun hatten, und das war die Mehrheit. Aber es gab niemand Qualifizierten, den man hätte einstellen können, also musste mein Vater die Arbeit allein machen. Feiste Vertreter großer westdeutscher Stromunternehmen fuhren in ihren BMWs vor, luden ihn zum Essen ein und versuchten ihn dazu zu bringen, dass er in ihre teure Technik investierte. Der Druck und die Arbeitsbelastung waren zu viel für ihn. Ich glaube, die haben ihren Anteil an seinem Herzinfarkt gehabt.«

Nach meiner Erinnerung kühlte in diesem Augenblick unsere Beziehung spürbar ab. Damals führte ich das auf mein mangelndes Feingefühl gegenüber ihrem Vater zurück. Aber vielleicht ging ich auch zu hart mit ihr ins Gericht. Vielleicht fühlte sich Ariane politisch bloßgestellt, nachdem ich mitten in ihrer sozialistischen Familie das Gewinnmotiv ans Licht gefördert hatte. Egal, woran es nun lag, jedenfalls verloren unsere ideologischen Streitigkeiten ihren Reiz. Nach wie vor ließ sie mir zum Frühstück die Wahl zwischen zwei historischen Kaffeetassen – die eine war mit dem Mitropa-Logo der Deutschen Reichsbahn verziert, die andere war eine Espressotasse der Pionierorganisation Ernst Thälmann und trug die Miniatur eines Jungen Pioniers mit blauem Halsband bei der Heuernte. Aber es war nicht mehr dasselbe. Ich spürte, dass Ariane ihre eigene Berliner Mauer errichtete, ihren »antifaschistischen Schutzwall«.

Unter den Experten herrscht große Einigkeit darüber, dass die sechziger Jahre das goldene Zeitalter des kommunistischen Witzes waren. Für die Witzeflut gab es eine Handvoll Gründe. In den ersten Jahren des Jahrzehnts wurden Witzeerzähler in praktisch keinem Ostblockregime mehr verhaftet und verfolgt. Das Abklingen der Unterdrückung und der Verfall des Systems unter Beibehaltung der alten Ideologie und der Sowjetvorherrschaft führten zu einem – um auf eine Vokabel unserer Zeit zurückzugreifen – Tsunami von Witzen. Diese Witze deckten jeden Aspekt, jede Dimension des Lebens ab. Sie fügten sich für die Bürger Stück für Stück zu einer lückenlosen Alternativrealität zusammen, zu einem Spiegelbild der Welt, die ihnen der Staat auf Podien und Plakaten, im Fernsehen und in Druckschriften vorsetzte.

Stellen wir uns vierundzwanzig Stunden in Witzen vor. Das legendäre Buch des sowjetischen Dissidenten Alexander Solschenizyn, *Ein Tag im Leben des Iwan Denissowitsch*, in dem er die Torturen des Lageralltags beschreibt, ist berühmt. Aber wer kennt schon das Werk *Ein Tag im Leben des Iwan Simsonowitsch*, das Solschenizyns jüngerem Bruder zugeschrieben wird? Ich habe gerüchteweise von diesem Buch gehört, konnte aber kein Exemplar auftreiben. In meiner wilden kapitalistischen Fantasie habe ich daher eine Passage daraus als Episode für eine Comicserie rekonstruiert: *Die Simpsonowitschs*. Hätte es gutes kommunistisches Fernsehen gegeben, so könnte die Episode folgendermaßen ausgesehen haben:

Der Vorspann beginnt mit einer kommunistischen Hymne und dem Chor, der singt: »Die Simpsonowi-i-i-i-tschs«. Gezeigt wird, wie jedes Familienmitglied anders nach Hause kommt: Vater Simpsonowitsch rutscht bei dem Versuch, die vereiste Straße zu überqueren, aus. Zufällig kommt gerade ein junger Parteiaktivist mit einem Transparent vorbei, auf dem steht: »In Höchstgeschwindigkeit zum Kommunismus«. Simpsonowitsch strauchelt, landet auf dem Transparent und rutscht darauf weiter bis vor seine Haustür. Mutter Simpsonowitsch quetscht sich in eine völlig überfüllte Straßenbahn und muss wegen der qualvollen Enge die ganze Fahrt über die Luft anhalten. Die Tochter Elisaweta marschiert mit einer Gruppe Junger Pioniere, die ein kommunistisches Lied schmettert, auf ihr Haus zu und schert an der Haustür aus, die Trompete noch immer am Mund. Bartski, der Sohn der Simpsonowitschs, wird in einem klapprigen alten Lada nach Hause gebracht, der über die glatte Straße schlittert; der Junge hat Schlittschuhe an den Füßen. Die vier Familienmitglieder treffen gleichzeitig in der Wohnung ein. Sie werfen sich aufs Sofa, das sichtbar und mit knarrenden Federn in die Knie geht. Simpsonowitsch macht den Fernseher an und schaltet um, einmal, zweimal, dreimal – auf allen Kanälen hält Chruschtschow eine Parteitagsrede. Auf dem vierten Kanal erscheint ein Mann in Uniform, der missbilligend mit dem Finger droht. Simpsonowitsch erschrickt. Nun dreht Bartski noch einmal am Knopf, und auf dem Bildschirm erscheint der Schriftzug: *Die Simpsonowitschs*.

Iwan Simpsonowitsch lebt mit seiner Frau und den beiden Kindern in einem kleinen Wohnblock in Leningrad. Es ist ein Wochentag wie jeder andere. Die Simpsonowitschs frühstücken gemeinsam. Sohn Bartski nimmt sich eine Scheibe Brot und sieht im Kühlschrank nach, ob Wurst da ist, kann aber nichts finden.

»Papa«, sagt er, »ich kann den Kommunismus nicht leiden.«

»Aber Sohn, der Kommunismus ist wunderbar«, erklärt sein Vater im Brustton der Überzeugung.

»Wir haben den Kommunismus noch gar nicht erreicht«, legt seine Schwester Elisaweta los. »Wir sind doch noch im Stadium des Sozialismus.«

»Papa«, sagt Bartski, »werden wir Wurst im Kühlschrank haben, wenn wir den Kommunismus erreicht haben?«

238

»Ja«, sagt sein Vater, »und jeder wird sein eigenes Flugzeug haben.«

»Warum?«, fragt Bartski.

»Na ja«, sagt sein Vater, »stell dir vor, wir leben in Moskau und hören, dass es in Wladiwostok Wurst zu kaufen gibt. Dann können wir in unser Flugzeug steigen und hinfliegen. Dann sind wir die Ersten in der Schlange.«

»Wow«, sagt Bartski und schnappt sich seinen Schulranzen. Er und seine Schwester machen sich auf den Weg zur Schule.

»Ich kann es gar nicht erwarten, bis der Kommunismus endlich da ist«, seufzt Frau Simpsonowitsch. »Ich will heute mal sehen, ob ich Wurst auftreiben kann.«

Wie Millionen seiner Landsleute arbeitet Herr Simpsonowitsch in einer Fabrik, die minderwertige Produkte herstellt. In diesem Fall sind es elektrische Uhren, die von den Managern gern stolz als »die schnellsten Uhren der Welt« angepriesen werden (später, in den achtziger Jahren, produzierte die Fabrik dann elektronische Bauteile, »die größten Mikrochips der Welt«). Während Iwan Simpsonowitsch seiner Arbeit nachgeht, stehen mehrere Kollegen in einer Ecke und trinken Tee. (Im Sowjetsystem herrschte Vollbeschäftigung, was allerdings häufig dazu führte, dass die Leute nicht voll beschäftigt waren.) Ein Mitglied der Geschäftsführung kommt mit einer Besuchergruppe aus Amerika vorbei.

»Wow, so eine riesige Fabrik und was für eine große Belegschaft!«, ruft ein amerikanischer Geschäftsmann aus. »Wie viele Leute arbeiten hier insgesamt?«

Doch ehe sein Geschäftsführer antworten kann, wirft Simpsonowitsch ein: »Oh, etwa die Hälfte.« Eine Sekunde später jault er auf. Er hat die Maschine nicht im Blick gehabt und ist mit der Hand hineingeraten. (Die sowjetischen Fabriken waren berüchtigt für ihren miserablen Sicherheitsstandard.) Simpsonowitsch hält sich die lädierte Hand.

Der Geschäftsführer fragt den Vorarbeiter: »Wie oft ist Simpsonowitsch das in dieser Woche schon passiert?«

»Das ist das sechste Mal«, sagt der Vorarbeiter.

Der Geschäftsführer atmet erleichtert auf: »Puh! Dann haben wir unsere Unfallquote noch nicht überschritten. Simpsonowitsch, gehen Sie nach Hause.«

Frau Simpsonowitsch hat sich unterdessen in ein Gebilde eingereiht, das fünfzig Meter lang ist, im Schneckentempo vorankommt und Kartoffeln isst: eine Wurstschlange in Leningrad. Schlangestehen gehörte im Kommunismus zum Alltag. Allerdings gab es verschiedene Arten von Einkaufsschlangen. Je nach Zeit und Land standen die Bürger nach Grundnahrungsmitteln wie Brot und Fleisch, nach Toilettenpapier und Make-up an oder nach Luxusgütern wie exotischem Obst und schicken Jeans. Auch der Grund für den Andrang vor den Geschäften variierte: Manchmal reichte die Produktion nicht aus, um die Nachfrage zu decken, manchmal wurde alles gegen Devisen exportiert, und manchmal konnte sich der Staat, so es sich um importierte Waren handelte, die Einfuhr nicht leisten. Es kam auch vor, dass es ein Produkt zur Genüge gab, der Vertrieb aber nicht funktionierte. Und sogar wenn die Ladenregale gefüllt waren, musste man sich anstellen: einmal, um sich die Waren auszusuchen, ein zweites Mal, um dafür zu bezahlen, und ein drittes Mal, um die Ware zu erhalten. Nicht dass alles knapp gewesen wäre. Es gab auch satte Überschüsse – von Sachen, die keiner kaufen wollte. Ende der achtziger Jahre produzierten sowjetische Fabriken für jeden Sowjetbürger drei Paar Schuhe im Jahr, allerdings in einem Modestil, den niemand tragen wollte. Das waren die Fallstricke der zentralen Planwirtschaft. Und deshalb gehörte das Schlangestehen auch in relativ wohlhabenden kommunistischen Ländern zum Lebensstil.

Frau Simpsonowitsch muss mehrere Stunden anstehen, doch da ihre Nachbarin vor ihr steht, kann sie sich unterhalten.

»Ich habe gehört, morgen soll es Schnee geben«, sagt sie zu der alten Dame.

»Dafür stehe ich jedenfalls nicht an!«, erwidert die Frau. »Aber wissen Sie, ich werde so vergesslich: Heute Morgen bin ich aus dem Haus gegangen, habe die Tür hinter mir zugemacht, in meine leere Einkaufstasche geschaut, und da wusste ich einen Moment lang nicht mehr, ob ich noch einkaufen gehen wollte oder ob ich gerade zurückkam.«

Als sie an die Theke kommt, stellt Frau Simpsonowitsch fest, dass die Kühltruhen leer sind. »Wie ich sehe, haben Sie heute keine Wurst«, sagt sie zum Verkäufer.

»O nein«, erwidert der, »wir sind der Laden ohne Käse. Der Laden ohne Wurst ist um die Ecke.«

Die Kinder des Ehepaars Simpsonowitsch, Bartski und Elisaweta, sind unterdessen in der Schule. Für Bartski geht es an diesem Tag in der ersten Stunde um das russische Raumfahrtprogramm. Die Sowjets liegen im Weltraumrennen weit vor den Amerikanern. Ihre Kosmonauten waren schon auf einer Umlaufbahn um die Erde, während normalen Bürgern Reisen außerhalb des Ostblocks verwehrt werden.

»Bald wird die ganze Welt von den Erfolgen des Kommunismus profitieren. Sputniks sind nur der Anfang. Eines Tages werdet ihr am Flughafen von Moskau eine Fahrkarte zum Mond oder zur Venus kaufen können«, sagt die Lehrerin.

Bartski meldet sich und fragt: »Das ist fantastisch! Kann man dann auch nach Paris oder Hamburg umsteigen?«

Elisaweta Simpsonowitsch schreibt derweil eine Klassenarbeit in Politischer Theorie. Sie muss drei Fragen beantworten. Die erste lautet: »Beschreibe die USA.« Elisaweta schreibt: »Die USA sind ein kapitalistisches Land, in dem mehrere Millionen Menschen in Arbeitslosigkeit und Armut leben und Tausende junger Leute drogenabhängig sind.« Die zweite Frage lautet: »Was ist das Ziel der Sowjetunion?« Sie schreibt: »Das

Ziel der Sowjetunion ist, die USA einzuholen.« Zur dritten Aufgabe: »Nenne einen Beweis dafür, dass der Kommunismus dem Kapitalismus überlegen ist« schreibt Elisaweta, die immer Klassenbeste ist: »Herrschte unter dem Kapitalismus ein ähnliches wirtschaftliches Chaos wie unter dem Kommunismus, so wäre er schon lange zusammengebrochen.«

Bartskis zweite Stunde ist Geschichte, sein schlechtestes Fach. Der Lehrer nimmt ein schmales, ramponiertes Bändchen vom Tisch und wedelt damit vor der Klasse herum. »Wer hat das hier geschrieben, das *Kommunistische Manifest?*«

Betretenes Schweigen. Bartskis Klasse zeichnet sich durch außergewöhnliche Dummheit aus.

Der Lehrer blickt um sich. Dann wiederholte er die Frage mit fester Stimme. Noch immer erhält er keine Antwort. Er stellt die Frage ein drittes Mal, diesmal verärgert.

Bartski meldet sich und sagt: »Ich war es nicht, Herr Lehrer.«

»Das ist konterrevolutionärer Blödsinn«, sagt der Lehrer. »Du gehst jetzt nach Hause!«

Bartski verlässt niedergeschlagen das Klassenzimmer.

Auf dem Heimweg trifft er einen Freund, der mit einer Rolle Toilettenpapier in der Hand nach Hause eilt. »Wo hast du das her?«, fragt er.

»Ich habe es gerade aus der Reinigung geholt«, sagt sein Freund.

Iwan Simpsonowitsch, ebenfalls auf dem Nachhauseweg, macht im Lebensmittelladen um die Ecke halt. »Ich hätte gern eine Rolle Toilettenpapier«, sagt er.

»Lieferung nächste Woche«, sagt der unfreundliche Ladeninhaber.

»So lange kann ich nicht warten«, sagt Simpsonowitsch und eilt aus dem Laden.

Vater und Sohn treffen sich zu Hause. Bartski erzählt seinem Vater, was in der Schule vorgefallen ist. »Ich glaube dir«, sagt sein Vater. »Ich weiß, dass du das *Kommunistische Manifest* nicht geschrieben hast. Es muss ein anderer aus der Klasse gewesen sein.«

Simpsonowitsch will seinen Sohn aufheitern. Er hat einen Brief von Bartskis Lieblingsonkel bekommen, einem Idealisten, der nach Kasachstan gegangen ist, um »jungfräulichen Boden« zu kultivieren. »Hm«, sagt Simpsonowitsch und öffnet den Brief. »Er hat gesagt, wenn es da nicht gut läuft, schreibt er mir mit roter Tinte.« Der Brief ist mit blauer Tinte geschrieben. Simpsonowitsch liest: »Lieber Iwan, liebe Mascha, lieber Bartski, liebe Elisaweta, mir geht es prächtig in Kasachstan. Das Wetter ist warm, ich habe eine große Wohnung und genug zu essen ...«

Er blickt auf und sagt zu seinem Sohn: »Siehst du, Bartski, wir machen große Fortschritte auf dem sozialistischen Weg.« Dann liest er den letzten Satz: »Es gibt nur ein Problem: Ich bekomme hier keine rote Tinte.«

Einige Stunden später kommt Elisaweta nach Hause, wo sich der Rest der Familie die Fernsehnachrichten ansieht. Vor einer graubraunen Wand mit einer großen Weltkarte verkündet der Sprecher: »Nach monatelangem Verhandlungsmarathon kam es heute endlich zu dem lang erwarteten Hundertmeterlauf zwischen dem amerikanischen Präsidenten John Kennedy und dem russischen Staatsoberhaupt Nikita Chruschtschow. Der Erste Sekretär der Sowjetunion belegte dabei einen respektablen Silberrang, während der US-Präsident leider nur Vorletzter wurde.«

»Nach dem erfolgreichen Start der sowjetischen Raumsonde Sputnik hat der Präsident der Deutschen Demokratischen Republik angekündigt, dass sein Land eine eigene Raumsonde ins All schicken wird. Die Sonde wird nicht auf eine Erdumlaufbahn gebracht, sondern soll den sowjetischen Satelliten umkreisen.«

Iwan Simpsonowitsch schaltet um … auch hier Nachrichten.

»Zur Entführung eines Aeroflot-Flugzeugs ist nun Näheres bekannt geworden. Die Maschine befand sich auf einem planmäßigen Flug von Moskau nach London, als bewaffnete Männer die Besatzung überwältigten und zwangen, auf dem Flughafen Düsseldorf zu landen. An Bord sind dreihundertfünfzig Passagiere, alle aus Osteuropa. Der Entführer hat die sofortige Lieferung des bestellten Lada gefordert, außerdem eine Dreizimmerwohnung für seine Familie und einen Urlaub am Schwarzen Meer. Falls seine Forderungen nicht bis acht Uhr mitteleuropäischer Zeit erfüllt würden, werde er alle zehn Minuten eine Geisel freilassen.«

»Mittagessen!«, ruft Frau Simpsonowitsch aus der Küche. »Wurstsuppe«, lügt sie. Sie gibt die Suppe aus.

Als Bartski den Löffel zum Mund führt, sieht er etwas Schwarzes, Gummiartiges darauf. »Igitt, sieh mal, Mama«, sagt er, »da ist ein Stück Reifen in der Suppe!«

»Iss es, Bartski«, sagt sein Vater. »Auch das ist eine Errungenschaft des Sozialismus. Kaum 55 Jahre nach der Revolution haben wir das Pferd schon fast vollständig durch das Automobil ersetzt.«

Bartskis Lehrer ist mittlerweile auch nach Hause gegangen. Er erzählt seine Frau die Bartski-Geschichte des Tages.

Seine Frau gibt zu bedenken: »Vielleicht sagt der Junge aber doch die Wahrheit, und er war es wirklich nicht.«

Diese Antwort seiner Frau frustriert den Lehrer dermaßen, dass er fluchtartig die Wohnung verlässt, um mit einem Freund, einem KGB-Offizier, einen heben zu gehen. Er erzählt ihm von der Frage, die er der Klasse gestellt hat, und Bartskis Antwort. »Ist das zu glauben?«, fragt er den Geheimpolizisten.

»Keine Sorge«, sagt der Polizist, »gib mir ein paar Stunden, und ich finde heraus, wer das geschrieben hat.«

Der KGB-Mann sucht die Familie Simpsonowitsch auf. »Wir sollten uns vor der Tür mal ein paar Takte unterhalten«, sagt der Polizist zu Iwan Simpsonowitsch.

Frau Simpsonowitsch bleibt allein zurück. Sie stellt das Radio an und hört sich eine Livesendung von Radio Eriwan aus Armenien an.

»Wir haben einen Zuhörer in Leitung eins«, sagt der Radiomoderator. »Wie lautet Ihre Frage?«

»Ist es wahr, dass in der Sowjetunion niemand auf Stereoton verzichten braucht?«

»Im Prinzip ja«, sagt der Moderator. »Das hört man jedenfalls von allen Seiten.«

Er nimmt einen weiteren Anruf entgegen. »Ja, Boris aus Wladiwostok. Was möchten Sie sagen?«

»Ist es wahr, dass die Hälfte der ZK-Mitglieder Idioten sind?«

»Nein, das ist Unsinn, Boris. Die Hälfte der ZK-Mitglieder sind keine Idioten.«

»Kann ein Schwein eine Glatze bekommen?«

»Verzeihung, aber wir beantworten keine politischen Fragen. Wir haben vor der Pause noch Zeit für einen Anruf. Mascha, ich hoffe, Sie haben eine vernünftigere Frage als der letzte Anrufer.«

»Was ist der Unterschied zwischen einem optimistischen und einem pessimistischen Kommunisten?«, knistert es durch die Telefonleitung aus Minsk.

»Gute Frage! Der Pessimist sagt, es kann nicht mehr schlechter werden, der Optimist aber sagt, kann es doch«, erwidert der Moderator.

Der nächste Anrufer hat ebenfalls eine Frage: »Gestern Abend habe ich mich mit meiner Frau gestritten. Ich habe ihr gesagt, Genosse Chruschtschow sei der beste Führer, den wir je hatten. Sie war anderer Meinung. Hatte ich recht?«

Plötzlich wird die Sendung mit einem lauten Knacken gestört. Frau Simpsonowitsch murmelt »Na, na« und versucht den Sender neu einzustellen. In dem Moment, als sie ihn wiederfindet, sagt der Moderator: »... die vorübergehende Empfangsstörung zu entschuldigen.«

Nach einer Marschmusikeinlage verliest der Radiomoderator Leserbriefe aus dem Berg von Post, die er erhalten hat.

»Liebes Radio Eriwan. Ich weiß nicht, was mit mir los ist. Ich liebe die Partei nicht mehr. Was soll ich tun?«

Der Jingle quäkt: »Radio E-ri-i-« – (mit der letzten Silbe geht die Melodie eine Oktave nach oben) – »wa-a-a-an.« Frau Simpsonowitsch geht zum Fenster und wirft ein Steinchen gegen das Fenster, das im Haus gegenüber auf der anderen Seite des Hinterhofes ein Stockwerk tiefer liegt. Dann geht sie ins Bad und nimmt ihren Lippenstift zur Hand. Im Hintergrund läuft die Sendung weiter:

»Gibt es für das sowjetische Wahlsystem irgendwelche historischen Vorläufer?«

»Im Prinzip ja, in der Schöpfungsgeschichte. Gott schuf Eva, setzte sie in den Garten Eden und sagte zu Adam: ›Nun wähle dir eine Frau.‹«

Herr Simpsonowitsch sitzt unterdessen mit dem KGB-Agenten in der Eckkneipe. Der Agent klopft ihm freundlich auf den Rücken und lädt ihn zu einem Gläschen Wodka ein. »Ihr Sohn steckt bis zum Hals in der Scheiße«, sagt er und stößt mit Simpsonowitsch an. Die beiden kippen den Wodka herunter, und der Agent bestellt noch einen.

»Er war es nicht«, sagt Simpsonowitsch. »Ich kenne doch meinen Bartski. Niemals hat der ein Manifest geschrieben.«

»Natürlich nicht«, sagt der Agent. Sie trinken weiter.

Der Alkoholismus war in der Sowjetunion ein weitverbreitetes Problem. Ein Spruch lautete:

Welches Stadium kommt zwischen dem Sozialismus und dem Vollkommunismus?
Der Alkoholismus.

Simpsonowitsch wird, wenn er beschwipst ist, unvorsichtig. Er sagt zu dem KGB-Mann: »Ich habe gestern einen herrlichen politischen Witz gehört.«

Zehn Jahre früher hätte seine Geschichte an dieser Stelle tragisch geendet. Herr Simpsonowitsch wäre verhaftet und nach Sibirien deportiert worden. Doch die Zeiten haben sich geändert. Der KGB überwacht die Witze und meldet sie ans Innenministerium, damit man dort die Stimmung in der Bevölkerung einschätzen kann. »Darf ich Sie daran erinnern, dass ich KGB-Offizier bin?«, sagt der Agent.

»Keine Sorge«, sagt Simpsonowitsch. »Ich erzähle ihn ganz langsam.«

»Ich muss Ihren Sohn womöglich verhaften«, greift der Agent das anstehende Problem wieder auf.

»Nein, nein«, sagt Simpsonowitsch, und seine Augen füllen sich mit Tränen. »Ich tue alles, aber verhaften Sie nicht meinen Sohn.«

»Wissen Sie, Simpsonowitsch, der KGB will seine Fälle lösen.«

Simpsonowitsch sagt nichts.

»Ich weiß, wo Ihre Frau morgen früh Wurst kaufen kann«, sagt der Agent.

Simpsonowitschs Gesicht hellt sich auf.

Spät in der Nacht torkelt Simpsonowitsch sternhagelvoll nach Hause. Er stolpert die Treppen hinauf, denn der Aufzug funktioniert ebenso wenig wie das Licht. In der Wohnung angekommen, öffnet Simpsonowitsch die Schlafzimmertür und findet seine Frau mit seinem besten Freund im Bett vor. »Das kannst du nicht machen!«, sagt er. »Du brauchst deinen Schlaf.

Morgen musst du früher raus. Ich habe gehört, im Laden gibt es Wurst zu kaufen.«

Der KGB-Agent steigt derweil in seinen Lada und fährt zur Wohnung des Lehrers. Er klingelt an der Tür. Nach einer Weile geht das Licht an.

Der Lehrer öffnet die Tür im Morgenmantel. »Warum hast du mich geweckt?«

»Ich habe den Fall gelöst. Der Junge war es nicht. Sein Vater hat es gestanden.«

Mit Musik setzt der Nachspann ein: »Die Simpsonowitschs ...«

Es gibt auch noch andere legendäre Episoden. Die Familie Simpsonowitsch ist natürlich jüdisch, und eine Folge, die Anfang der siebziger Jahre entstand, handelt von fehlgeschlagenen Emigrationsversuchen in dieser Zeit, als eine wachsende Zahl sowjetischer Juden an Visa zu gelangen versuchte. In einer Szene geht Simpsonowitsch in die Synagoge. Nach dem Gottesdienst fragt er einen Freund: »He, Jakob, warum warst du nicht auf der letzten Parteiversammlung?«

»Also, Iwan, wenn ich gewusst hätte, dass es die letzte war, wäre ich natürlich gekommen«, erwidert Jakob.

»Jakob, was macht eigentlich dein Sohn Josef?«

»Er lebt in Warschau und baut den Sozialismus auf.«

»Und hast du nicht auch eine Tochter, Judith? Wie geht es ihr denn so?«

»Ihr geht es auch gut. Sie wohnt in Moskau und baut die kommunistische Zukunft auf.«

»Und dein älterer Bruder Bernie?«

»Oh, der ist nach Israel gegangen.«

»Und baut er da auch den Sozialismus auf?«

»Bist du verrückt? Du glaubst doch wohl nicht, dass er so was in seinem eigenen Lande tun würde!«

Es ist Winter. Man munkelt, dass es eine Fleischlieferung gegeben hat. Simpsonowitsch stellt sich früh am Morgen vor dem Metzger in einer langen Schlange an. Nach drei Stunden öffnet sich die Ladentür, und der Geschäftsführer ruft hinaus: »Genossen, wir haben Fleisch, aber es reicht nicht für alle. Die Juden sollen bitte gehen.«

Herr Simpsonowitsch räumt mit etwa der Hälfte der anstehenden Menschen das Feld. Zwei Stunden später öffnet sich die Tür erneut: »Genossen, wir haben Fleisch, aber es reicht nicht für alle. Wer nicht am Großen Vaterländischen Krieg teilgenommen hat, soll bitte gehen.«

Ein weiterer großer Teil der Anstehenden zieht murrend ab. Drei Stunden später öffnet sich wieder die Tür: »Genossen, wir haben Fleisch, aber es reicht nicht für alle. Wer nicht am Sturz des Zarismus beteiligt war, soll bitte gehen.«

Jetzt sind nur noch drei halb erfrorene alte Männer übrig. Zwei Stunden später geht die Tür erneut auf: »Genossen, heute gibt es kein Fleisch mehr.«

Im Weggehen grummelt einer: »Seht ihr, die Juden kommen immer am besten davon.«

Dieser alltägliche Antisemitismus veranlasst Simpsonowitsch, sich um ein Visum für die Auswanderung zu bemühen. Er geht zum Emigrationsamt.

»Was sind Ihre Gründe für die Emigration?« fragt der sowjetische Bürokrat.

»Wir haben zwei Gründe«, sagt Simpsonowitsch. »Der erste ist: Wenn die sowjetische Regierung zusammenbricht, wird jeder uns Juden die Schuld in die Schuhe schieben.«

»Das ist aber doch kein Problem«, sagt der Beamte. »Ich garantiere Ihnen, dass die sowjetische Regierung nicht so schnell zusammenbricht.«

»... und das ist der zweite Grund«, sagt Simpsonowitsch.

Simpsonowitsch liest im Park ein Buch auf Hebräisch. Ein

KGB-Agent kommt vorbei. »Was ist denn das für eine merkwürdige Schrift?«, fragte er Simpsonowitsch.

»Das ist Hebräisch«, antwortet er. »Es ist die Sprache Israels.«

»Warum die Mühe?«, sagt der Agent. »Sie bekommen sowieso nie ein Visum, um nach Israel zu gehen.«

»Ich gehe nach Amerika«, sagt Simpsonowitsch stolz. »Aber Hebräisch ist auch die Sprache des Himmels.«

»Warum sind Sie sich so sicher, dass Sie in den Himmel kommen und nicht in die Hölle?«

»Ganz sicher bin ich mir nicht, aber Russisch kann ich ja schon.«

Anders als vom KGB-Mann vorhergesagt, erhält Simpsonowitsch sein Visum. Die sowjetischen Behörden sind froh, wenn sie ihre dümmsten Bürger loswerden. In der Woche vor der Abreise besucht Simpsonowitsch mit seiner Familie das städtische Kunstmuseum. Bewundernd verharren sie vor einem Gemälde von Adam und Eva im Paradies. Neben ihnen stehen zwei Fremde.

»Sieh mal«, sagt einer mit französischem Akzent, »man sieht gleich, dass das Franzosen sind: Sie sind nackt und schön.«

»Nein«, erwidert der andere, ein Brite. »Man sieht gleich, dass das Engländer sind: Sie sind schüchtern und bescheiden.«

Obwohl andersgläubig, hat Simpsonowitsch doch noch einen gewissen Nationalstolz und kann sich nicht zurückhalten. Mit dem bisschen Englisch, das er beherrscht, sagt er zu den beiden: »Sie täuschen sich beide. Man sieht gleich, dass Adam und Eva Russen sind: Sie besitzen keine Kleider, haben nur einen Apfel, und trotzdem sagt man ihnen, sie lebten im Paradies.«

Die Familie Simpsonowitsch gibt eine Abschiedsfeier. Bei Essen und einem Gläschen Wodka erzählt man sich Witze. Der beste Witz des Abends lautet folgendermaßen:

Jeder kennt die sieben Weltwunder. Aber welches sind die sieben Wunder des Kommunismus?

1. Unter dem Kommunismus gibt es keine Arbeitslosigkeit.
2. Obwohl es keine Arbeitslosigkeit gibt, hat nur die Hälfte der Bevölkerung Arbeit.
3. Obwohl nur die Hälfte der Bevölkerung arbeitet, werden die Fünfjahrespläne immer erfüllt.
4. Obwohl die Fünfjahrespläne immer erfüllt werden, gibt es nie etwas zu kaufen.
5. Obwohl es nie etwas zu kaufen gibt, ist jeder glücklich und zufrieden.
6. Obwohl jeder glücklich und zufrieden ist, gibt es ständig Demonstrationen.
7. Obwohl es ständig Demonstrationen gibt, wird die Regierung immer mit 99,9 Prozent der Stimmen wiedergewählt.

Am nächsten Tag fliegen die Simpsonowitschs nach New York. Simpsonowitsch wird von einem Emigrationsbeamten befragt:

»Sagen Sie mir, wie ist die politische Situation in Ihrem Land?«

»Oh, ich kann mich nicht beklagen«, sagt Simpsonowitsch.

»Okay«, sagt der Beamte verwirrt. »Und wie ist die Menschenrechtssituation in Ihrem Land?«

»Na ja, um ehrlich zu sein, ich kann mich nicht beklagen.«

»Na gut, aber wie steht es mit der wirtschaftlichen Situation?«

»Ich kann mich wirklich nicht beklagen«, lautet auch hier die Antwort.

»Ja, aber«, sagt der Beamte wütend, »warum wollen Sie dann die Sowjetunion überhaupt verlassen?«

»Ich kann mich nicht beklagen!«, sagt Simpsonowitsch.

Der Asylantrag der Familie Simpsonowitsch wird abgelehnt, und sie fliegt mit dem nächsten Flugzeug in die Sowjetunion zurück.

Als sich das Flugzeug Moskau nähert, verkündete die Stewardess: »Wir beginnen mit dem Landeanflug auf den Flughafen Moskau. Bitte machen Sie Ihre Zigaretten aus, stellen Sie die Sitze aufrecht, schnallen Sie sich an und drehen Sie die Uhren zehn Jahre zurück ...«

Gibt es eine andere historische Epoche oder eine andere Region, für die sich die Alltagsgeschichte der Bürger dermaßen detailliert mittels Witzen erzählen lässt? Das ist eine rhetorische Frage, und die Antwort lautet: Natürlich nicht. Dank der schieren Masse und Vielfalt sind die kommunistischen Witze eine Klasse für sich. Doch eben daraus erwächst auch die Schwierigkeit, den Humor dieser Witze genauer zu definieren. Die Humorologen haben sich in ihrer Unsicherheit und Überforderung nicht an eine Ästhetik des kommunistischen Witzes herangetraut. Noch nicht.

Bei meinem Gespräch in der János-Kádár-Gesellschaft war mir eine Theorie des kommunistischen Witzes in den Sinn gekommen, die auf der Wiederverwendung und Verzerrung marxistisch-leninistischer Erklärungsmuster basierte. Doch damals war ich nur halb bei der Sache gewesen. Nun, da ich mich mit den Witzen der sechziger Jahre befasste, konnte ich überprüfen, ob das eilig zusammengeschusterte Konstrukt Bestand hatte.

Der kommunistische Witz im Leben der Familie Simpsonowitsch belegt, dass sich eine Kerngruppe kommunistischer Witze tatsächlich mit der Haltung des Regimes auseinandersetzte. Zunächst gaukelten die Witze vor, dem Kommunismus treu und leidenschaftlich verbunden zu sein. So ficht der Witz, in dem es um eine Reise in den Westen als Umweg zum

Mond geht, die Gesetze, nach denen Sowjetbürgern Reisen in kapitalistische Länder verboten waren, nicht an. Doch die technischen Errungenschaften, auf die der Staat so stolz ist, eröffnen dann doch eine Möglichkeit, diese Regelungen zu umgehen. Der Witz über das *Kommunistische Manifest* zeigt, wie der KGB zu einer raschen Lösung von Kriminalfällen kommt, und der Witz, dass Iwan verspricht, langsam zu erzählen, führt vor, dass der Geheimdienst das Erzählen von Witzen zwar mittlerweile toleriert, jedoch eine Weile braucht, bis er sie versteht.

Doch der Begeisterung für den Kommunismus folgt die Kritik auf dem Fuße, sofern sie nicht schon mitschwingt, und diese Kritik bedient sich der Sprache und Legitimationsweise des Systems. Als Simpsonowitsch Asyl beantragt, vertritt er die offizielle sowjetische Linie, nach der er sich in seinem Land nicht beklagen könne, doch ebendies ist auch der Grund für seinen Auswanderungswunsch. Die Kinder seines Freundes sind allesamt gute Kommunisten, die sich für den »Aufbau des Sozialismus« einsetzen, allerdings nicht in ihrem Heimatland Israel. Dem Anspruch der sowjetischen Propaganda folgend, nach der Russland eine historische Führungsrolle zukomme, müssen sogar Adam und Eva Russen gewesen sein, wenn auch aus Gründen, die der Staat nie anführen würde.

Eine Theorie dieser Witze kann gar nicht erschöpfend sein. Viele Kalauer beziehen ihre Komik aus einer vereinfachten Beschreibung des Alltagslebens – ein Beispiel ist die Kartoffeln essende Fleischschlange – oder aus raffinierten Beleidigungen der Mächtigen – etwa das Russische als Sprache der Hölle. Es gibt einfach zu viele Witze, als dass sie sich mit einer umfassenden Definition erfassen ließen. Dazu kommen die vielen verschiedenen Komiktraditionen, die in den kommunistischen Witz einflossen: der zaristische *anekdot*, die bäuerliche Überlieferung, der jüdische Humor, der Humor der einzelnen Ostblockstaaten und das alte Genre des Galgenhumors, um nur einige zu nennen. Doch die Einzigartigkeit des kommunistischen Witzes lässt sich nicht allein aus der Verschmelzung all dieser Kulturen erklären. Nirgendwo anders porträtierten die Witze ihre Opfer dermaßen präzise, nirgends wurde mithilfe der Staatslogik die staatliche Ideologie derart durch den Kakao gezogen. Der kommunistische Witz war ein einzigartiges kollektives Satireprojekt.

Der Humor des kommunistischen Witzes ergibt sich aus der explosiven Spannung zwischen Akzeptanz und Demaskierung, Kniefälligkeit und Aufklärung, Zuneigung und Verachtung.

Meine Theorie, die, um mit Miss Anne Elk aus dem Monty-Python-Sketch zu sprechen, mir ganz allein gehört, lautet folgendermaßen: Der kommunistische Witz ist am einen Ende servil, in der Mitte schon recht hintergründig und am anderen Ende antagonistisch.

Während viele Ostblockbürger wie die Simpsonowitschs glaubten, sie könnten mit der Verhohnepipelung des Kommunismus den Untergang des Systems beschleunigen, hatte der Staat eine diametral entgegengesetzte Theorie zur Macht des kommunistischen Witzes entwickelt. Die Politbüros der Ostblockstaaten fühlten sich sicher, solange die Leute ihren Widerspruch humorvoll zum Ausdruck brachten statt mit Demonstrationen und Rebellionen. Nach dieser neuen Theorie beförderte das Erzählen von Witzen geradezu die Erhaltung des Systems.

Es ist gar nicht so leicht, noch lebende hochrangige Politbüromitglieder aus den sechziger Jahren aufzuspüren. Einer von ihnen lebt als Rentner in Bukarest: der ehemalige rumänische Propagandaminister Paul Niculescu Mizil. Ich drückte auf die Klingel seiner bescheidenen Villa aus den fünfziger Jahren. Der Mann, der mir öffnete, war klein, hatte dickes graues Haar und

254

ein verschmitztes Lächeln. Doch obwohl er aussah wie jedermanns Lieblingsopa, war er verantwortlich für dreißig Jahre Lügen über die rumänische Ernte, die Qualität der Plattenbauten und das nationale Wirtschaftswachstum. Mizil war in der Geschichte des Kommunismus einer der am längsten amtierenden Minister überhaupt. 1923 geboren und in Moskau ausgebildet, wurde er 1955 unter dem brutalen Diktator Gheorgiu-Dej Mitglied des rumänischen Zentralkomitees. Im Jahr 1957 stieg er zum Propagandaminister auf und behielt dieses Amt unter Dejs inkompetentem Nachfolger Nicolae Ceauşescu bis 1973. Danach arbeitete er in der Industrieabteilung des Wirtschaftsministeriums. Als Teil einer Ministertroika, die dem Ehepaar Ceauşescu besonders nahestand, blieb er lange an der Macht und wurde erst 1981 kaltgestellt. Mizil führte mich in den dunklen Keller, an dessen Wänden sich die Sorte billiger Bücher stapelte, mit der sich der Besitzer den Anstrich von Gelehrsamkeit zu geben versucht: Künstlermonografien mit minderwertigen Reproduktionen, rumänische Gedichtbände von Lyrikern, deren Name auf -escu endeten, sowie seine eigenen Memoiren, in denen er sein Tun rechtfertigte.

Ich hatte Glück, mich mit ihm über den Humor im Kommunismus unterhalten zu können, verriet doch das Thema auf Anhieb meine politische Haltung. Doch ich ahnte schon, was ihn dazu bewegte, sich auf ein Interview mit mir einzulassen. Als er meine Anfrage erhielt, dachte er wohl zunächst, ich wolle mich über ihn lustig machen. Doch dann war ihm wahrscheinlich der Gedanke gekommen, dass ein englischer Amateur-Witzehistoriker Wachs in seinen Händen sein würde, und der listige alte Fuchs hatte still in sich hineingelächelt.

»Hatte Ceauşescu Humor?«, lautete meine erste Frage.

»Ich kann nicht behaupten, dass er besonders menschlich oder anderer Leute Problemen und Bedürfnissen gegenüber offen war. Ich will Ihnen von einer Reise erzählen, die ich um

1955 in Ceauşescus Gesellschaft in die Sowjetunion unternahm. Eines Nachts wurde ich sehr krank. Meine Kollegen sahen nach mir, und einer von ihnen informierte sogar Ceauşescu, dass ich krank sei. Ich weiß noch, dass mich Ceauşescu am folgenden Morgen um Punkt sieben Uhr besuchen kam. Ich saß in der Hotellobby. Er kam zu mir und fragte, was mir fehle. Ich sagte ihm, mir gehe es nicht gut. Außerdem sei ich schon lange von zu Hause weg, und meine schwangere Frau sei allein in Bukarest. Ich gestand, dass es mir schwerfiel, länger in Russland zu bleiben. Und wissen Sie, was er erwiderte? Er sagte: ›Mir auch.‹ Kurz darauf erklärte er den diplomatischen Besuch für beendet, obwohl für die folgenden Tage noch Termine anstanden. Noch am selben Tag kehrten wir nach Bukarest zurück.«

Es war eine einlullende Geschichte, die jedoch durchaus meinen Erwartungen entsprach. Mittlerweile hatte ich Erfahrung mit Altkommunisten und kannte ihre Spielchen. Mizil bombardierte mich gleich mit drei vertrauten Gesprächsstrategien: die Frage ignorieren, eine langatmige und sentimentale Geschichte über den Führer erzählen und zeigen, dass man ein Familienmensch ist. Ich insistierte: »Ja, aber hat Ceauşescu Witze erzählt?«

»Nun, bei internationalen Wettkämpfen, egal in welcher Sportart, unterstützte Ceauşescu stets das rumänische Team. Ich weiß noch, dass wir einmal zu einem internationalen Kongress der kommunistischen Parteien in Moskau waren. Die Konferenz fand gleichzeitig mit der europäischen Boxmeisterschaft statt, und da kämpfte ein Rumäne gegen einen Westdeutschen. Ceauşescu rief die ganze rumänische Delegation zusammen, damit sie sich den Kampf ansah. Wir beobachteten den Kampf und brüllten: ›Schlag ihn. Schlag den Reaktionär!‹ Irgendwann sagte Ceauşescu zu einem russischen Offizier: ›Ich erwarte, dass Sie in Ihrem Bericht erwähnen, dass wir gegen reaktionäre Verhaltensmuster sind.‹«

»Sehr witzig«, sagte ich aufmunternd. »Aber haben Sie sich als Propagandaminister denn nie Gedanken gemacht über die politischen Witze, die sich die normalen Leute so über den Kommunismus erzählten?«

Mizil bedeutete mir mit einem kecken Grinsen, dass er auf diese Frage nur gewartet und schon eine schlaue Antwort parat hatte. »Übrigens«, sagte er, »kennen Sie den Witz über Nikita Chruschtschow, von dem Parteitag, auf dem Chruschtschow die Stalin-Verbrechen verurteilte? Nach seiner Rede wurde er aus dem Publikum gefragt: ›Genosse Chruschtschow, wo waren Sie eigentlich, als Stalin die Verbrechen alle beging?‹ Als er das hörte, wurde Chruschtschow wütend und schlug mit der Faust aufs Pult. ›Wo ist der, der es gewagt hat, mir so eine Frage zu stellen?‹ Jeder im Saal hatte schreckliche Angst. Niemand stand auf. ›Sehen Sie, genau da war ich auch‹, sagte Chruschtschow.«

Natürlich, wie dumm von mir! Die rumänischen Kommunisten waren Gegner der Sowjetherrschaft. Ceauşescu hatte die Invasion in der Tschechoslowakei 1968 verurteilt und untersagte Militärmanöver des Warschauer Paktes auf rumänischem Staatsgebiet. Mizil hatte daher gegen das Genre des antisowjetischen Witzes nichts einzuwenden. »Abgesehen von den Witzen über die Russen, machten Ihnen die Witze über das System denn keine Sorgen?«, fragte ich.

»Nein. Aus vielen sprach ja Unterstützung für unsere Politik«, sagte Mizil. »Hören Sie sich den hier an: Hörerfrage an Radio Eriwan: ›Kann man in der Wüste den Sozialismus aufbauen?‹ Antwort von Radio Eriwan: ›Im Prinzip ja, aber es wäre nicht ratsam. Schon bald müsste man den Sand importieren.‹ Das passte sogar auf die Politik der Kommunistischen Partei Rumäniens: Wir wollten keinen Sozialismus ›in der Wüste‹ aufbauen. Wir wollten einen Sozialismus, der an die örtlichen Gegebenheiten angepasst war.«

Ich wollte fragen: »Aber wie war das mit Witzen wie … ?«, aber mir fehlte einfach der Antrieb.

»Die Witze haben uns kein Kopfzerbrechen bereitet«, seufzte Mizil mit mitleidigem Blick. »Mit politischen Witzen drückte die Bevölkerung ihre Unzufriedenheit aus. Aber indem sie auf diese spezielle Art Stellung bezogen, gingen sie der Verantwortung im Grunde aus dem Weg. Die Witze waren gut für uns. Sie gaben der Bevölkerung die Gelegenheit, Dampf abzulassen, mehr nicht.«

Mizil fällte ein Urteil über den kommunistischen Witz, das mir neu war, mir aber vonseiten unverbesserlicher Kommunisten und ultrakonservativer Soziologen noch häufig begegnen sollte. Es war eine Extremformulierung der minimalistischen Position, die den Witz im Grunde leugnete. Wenn die Maximalisten behaupteten, dass Witze den Sturz des Kommunismus herbeigeführt hätten, und die Minimalisten dagegenhielten, Witze seien lediglich eine Ausdrucksform der öffentlichen Meinung gewesen, so erklärten die Leugner, dass die Witze den Kommunismus in Wahrheit stützten. Dieser Theorie zufolge vermittelte das Erzählen von Witzen denen, die es pflegten, das irrige Gefühl, gegen das System anzukämpfen. Da sie die Wirkung der *anekdoty* falsch einschätzten, vergeudeten die Menschen ihre Energien auf einen harmlosen Zeitvertreib, statt Strategien für die Destabilisierung des Systems zu entwickeln.

Mizil schloss: »Ich glaube nicht, dass politische Witze eine effiziente Form des Protests gegen eine verhasste politische Umgebung sind.«

Seit den sechziger Jahren galt in den Politbüros der Ostblockstaaten die Witzeflut schlichtweg nicht mehr als Gefahr. Die Zahl von Kalauern schwoll unkontrolliert immer weiter an. Alle Jubeljahre versuchte ein Parteivertreter oder Richter, einen Damm einzuziehen.

Die Archive des antikommunistischen Radio Free Europe aus der Zeit des Kalten Krieges bergen massenhaft Witze, die von Hörern oder Exilanten eingeschickt und anschließend gesendet wurden. Nach 1960 findet man kaum noch Prozessakten in Zusammenhang mit dem Erzählen von Witzen, doch im Radioarchiv stieß ich auf die Dokumentation einer Strafverfolgung in der Tschechoslowakei aus dem Jahr 1967. Ein Flüchtling berichtete, ein Arbeiter einer Spirituosenfabrik sei verhaftet worden, weil er den folgenden Witz erzählt hatte:

Warum bleibt der Schmalzpreis in Ungarn stabil?
Damit sich die Arbeiter sonntags zum Mittagessen Schmalz aufs Brot schmieren können.

Der eher schwache Witz spielte auf den Fleischpreis an – die Arbeiter sollten, weil das Fleisch so teuer geworden war, statt des Sonntagsbratens ein Schmalzbrot essen. Ein Parteisekretär der Fabrik hörte den Witz und denunzierte den Arbeiter, der wegen »Hetze und Verunglimpfung der Volksdemokratie« verhaftet wurde. Nach sechs Vernehmungen wurde er auf freien Fuß gesetzt. Das Urteil fiel relativ milde aus, weil die Kollegen dem Angeklagten beisprangen, indem sie aussagten, der Parteisekretär habe nicht gehört, wie der Beschuldigte den beanstandeten Witz eingeleitet habe: »Ich habe gestern einen ziemlich blöden Witz gehört …«

Vereinzelte Parteifunktionäre versuchten über die sporadischen Prozesse hinaus, den Witzen den Hahn abzudrehen. So fand ich einen interessanten Brief, der Anfang 1964 in der *Iswestija* unter der Überschrift »Dafür sollten wir kämpfen!« veröffentlicht wurde. Angeblich war er von einem Minenarbeiter in einer abgelegenen Industriestadt verfasst worden, doch diese Behauptung sollten wir nicht auf die Goldwaage legen. Der Text schwelgte in der blumigen Sprache der Sowjetpropaganda und der anachronistischen Romantisierung der Industrialisierung. Wahrscheinlich hatte ein ranghoher Vertreter der Partei ihn verfasst. Er beklagte, dass immer mehr Witze erzählt würden, erinnerte nostalgisch an die Zeiten, da Witzeerzähler ins Lager gesteckt wurden, und warnte, die Politik der Toleranz könne durchaus das System untergraben.

Liebe Redakteure!
Vor zehn Tagen ging ich zur Bank. Vor dem Schalter warteten fünf Leute. Auch ich wartete. Und während ich dort stand, musste ich mir allerlei anhören … Vor mir standen zwei gut gekleidete Leute – sie sahen wohlgenährt und gesund aus. Einer von ihnen hatte das Auftreten eines kultivierten Mannes, der andere ein faltiges Gesicht. Da standen sie also an einem öffentlichen Ort und gaben mit betont anmaßender Lässigkeit Anekdoten »zum Besten«. In spöttischem Tonfall ließen sie sich über die schlechte Ernte aus, und sarkastisch zogen sie über unsere Versorgungsmängel her.

Während sie sich diese grässlichen Dinge erzählten und brüllten vor Lachen, hatte ich das Gefühl, sie quälten mich mit tausend Nadelstichen. Hier stehen wir, sagten sie, uns ist das alles völlig schnuppe … Hinter ihrem Grinsen sah ich Gerissenheit, graue Widerwärtigkeit. Sie waren die Gemeinheit in Person.

Es war abscheulich, und ich wendete mich ab. Später dachte ich, ich hätte nicht gehen dürfen. Ich muss mich wehren! Denn was ich gehört habe, betrifft unser aller Leben, und das verdient es, verteidigt zu werden. Wer diese »Früchte des Witzes« pflanzt und vermehrt, hat ein bestimmtes Ziel: Er unterstützt die schlappen Anführer der Parteigegner, die manch einer als politische »Stars« feiert. Ich höre oft, wir sollten einfach nicht auf die Witze hören. Die Leute würden mit dem nutzlosen Gefasel genauso schnell wieder aufhören, wie sie damit begonnen haben. Für so ein Geschwätz kommt heute niemand mehr ins Gefängnis.

Manche sagen auch: Reg dich doch nicht auf! Schließlich kannst du nicht jedem den Mund verbieten, und die Zeiten haben sich geändert ... Die Witze gehören zum Leben. So weit sind wir schon! Aber, wissen Sie, manchmal sind die Anekdoten nicht einmal komisch. Manchmal überschreiten sie die Grenze zur Beleidigung ...

Wie also sollte man mit diesen Verleumdern umgehen? ... Wie soll ich mich denn beherrschen, wenn mir ein »Spaßmacher« höhnisch einen »neuen *anekdot*« erzählt? Dem ist nichts heilig. Er ist bereit, auf einfach alles zu spucken! Und ich bin bereit, mich mit jedem anzulegen, der behauptet, dieser verbale Schmutz sei nur ein unschuldiger Witz. Ich hätte schon drei Dutzend dieser boshaften Leute einsammeln, in einen Zug stecken und wegschicken können. Nein, nicht ins Gefängnis, nicht ins Lager, sondern auf eine Reise. Ich hätte jedem von ihnen Papier und einen Stift gegeben und sie im Zug von Moskau nach Nachodka auf einen Fensterplatz gesetzt. Ich hätte sie gezwungen, sich alles anzusehen, alles aufzuzählen, alles aufzuschreiben, die Preise, die Kilometer, das Geld, die Waren, alles. Häuser, Backsteine, Kräne, Straßen, Züge, Hochspannungsleitungen und Aufzüge. Ich hätte sie nach Magadan gebracht. Sollen sie sich unsere Hauptstadt ansehen, sollen sie alles notieren. Von Magadan zu unserem Oberzentrum, darüber sollen sie auch schreiben. Wie viele Flugzeuge täglich starten und landen, woher sie kommen und was sie geladen haben.

Aber was sollen wir machen mit diesen Giftpilzen, die mir nicht aus dem Kopf gehen? Die Giftpilze sind die schlimmen Worte zorniger und gefährlicher Menschen. Es gibt nicht allzu viele davon, aber die stinken. Wie können wir mit die-

sen Leuten umgehen? Wir können uns nicht verhalten wie ein Holzfäller, der so tut, als wäre er Gärtner. Aber wir müssen sie bekämpfen. Wir müssen sie vor ehrlichen Leuten diffamieren, beschämen und beleidigen. Ich weiß, was mit einem Menschen geschehen sollte, der nicht zwischen Redefreiheit und der Freiheit des Schmutzes unterscheiden kann. Wir sind dafür, Schwächen zu kritisieren, wir sind für eine scharfe, aber nützliche Kritik. Aber wir sind gegen boshafte Kritiker, deren schamlose Worte nur unseren Gegnern nützen …
Hochachtungsvoll,

Nikolai Kurizin
Minenarbeiter, Gaststudent
Kaditschan

Aus diesem Brief könnte man nun herauslesen, dass es eine scharfe Trennlinie gab zwischen den Witzen der Leute auf der Straße und dem offiziellen Humor eines humorlosen politischen Systems. So sahen es sicher auch die Witzeerzähler. Wenn sie Briefe wie die von Nikolai Kurizin zu lesen bekamen, vermittelte ihnen das den Eindruck, dass ihre Witze ein Pfahl im Fleische des Kommunismus waren. Doch wie schon in den dreißiger Jahren gab es zahlreiche Überschneidungen und subtile Abstufungen zwischen den Witzen des Staates und denen gegen den Staat.

Am deutschen Satiremagazin *Eulenspiegel* lässt sich diese Vielschichtigkeit exemplarisch aufzeigen. Es wurde 1954 auf Geheiß des DDR-Politbüros gegründet. Seinen Namen leitete das Blatt von der Nachkriegszeitschrift *Ulenspiegel* ab, die 1950 verboten worden war. Doch vier Jahre später, nach dem Volksaufstand des 17. Juni 1953, hielt es der Staat für angebracht, nun doch Humor in der einen oder anderen Form zuzulassen. In

Berlin, Dresden und Leipzig durften Studenten Kabarettgruppen gründen (eine war der Rat der Spötter, der uns im letzten Kapitel begegnet ist), und man legte das Satiremagazin wieder auf. Der *Eulenspiegel* hatte dieselbe Ausrichtung wie andere kommunistische Zeitschriften. Im Jahr 1956 erklärte das Sekretariat des Zentralkomitees, der Aufbau des Sozialismus dürfe nicht lächerlich gemacht werden: »Dem Imperialismus eine Schlacht ohnegleichen zu liefern ... das ist die dringlichste Aufgabe der Satire unserer Zeit.«[54] Erlaubt sei selbstverständlich auch, rückständiges Denken und das Festhalten an alten Ideologien bloßzustellen. Der Chefredakteur des *Eulenspiegel* nahm wöchentlich an der »Donnerstags-Argumentation« im Haus des Zentralkomitees in Ostberlin teil. Dort wurde er gemeinsam mit allen anderen führenden DDR-Pressevertretern von Funktionären über die Interessen, die Themen und die Stimmung, die aktuell in der Partei vorherrschten, informiert, um sie anschließend in satirische Bilder und Texte zu übersetzen. Stets herrschte eine große Nachfrage nach Karikaturen mit Friedenstauben.

In den fünfziger Jahren betrug die Auflage des *Eulenspiegel* dreihunderttausend; sie stieg auf bis zu eine Million in den achtziger Jahren – dabei hätten noch viel mehr Exemplare verkauft werden können, wenn in der DDR nicht ständig das Papier knapp gewesen wäre. Trotz der hohen Auflage war es gar nicht so einfach, ein Exemplar aufzutreiben. Die DDR hatte siebzehn Millionen Einwohner, und der *Eulenspiegel* war das einzige Organ, in dem sie, wenn auch nur verschleierte, Kritik an ihrem Staat zu lesen bekamen.

Der *Eulenspiegel* war aber beileibe nicht nur ein Sprachrohr des Staates. Der DDR-Staat musste die besten Satiriker anstellen, die wiederum die Probleme ihrer Gesellschaft und die des Westens thematisieren sollten. Viele waren zwar Parteimitglieder und glaubten an den Sozialismus, doch sie wollten ihn auch verbessern. Sie betrachteten die Zeitschrift als Vehikel, dies von innen zu tun. Unter denen, die sich als Vertreter der fünften Kolonne verstanden, war Ernst Röhl, ehemaliges Mitglied der Leipziger Kabarettgruppe Rat der Spötter und 1965 bis 1997 als Redakteur für Innenpolitik zuständig. Er hatte kurz nach seiner Entlassung aus dem Gefängnis im Jahr 1962 begonnen, für den *Eulenspiegel* zu schreiben.

»Die Daseinsberechtigung des *Eulenspiegel* bestand darin, dass Ulbricht sagen konnte, bei uns herrscht auch Demokratie, wir haben eine satirische Zeitschrift, die ganz schön scharf ist«, erklärte mir Röhl.

Ab den sechziger Jahren tobte der Kampf nicht einfach nur zwischen den offiziellen Satirikern und den Spaßmachern im Untergrund. Vielmehr war in der Bürokratie des offiziellen Humors eine fünfte Kolonne zugange, eine Widerstandsbewegung mit geistreichen Doppelagenten, die hinter den feindlichen Linien das System in Verruf brachten.

»Ich hätte natürlich versuchen können, über die Mauer zu springen, und wäre erschossen worden. Ich habe aber eine Familie. Das macht kein Mensch. Man muss sich arrangieren hinter der Mauer. Vielleicht kann man diese Sache verbessern. Ich bin der Meinung, dass diese ganze Erosion in der DDR auch durch die Arbeit des *Eulenspiegel* zustande gekommen ist, weil man irgendwann merkte, dass es nicht mehr geht. Man musste aufhören mit der DDR.«

Ich suchte in den *Eulenspiegel*-Heften nach Texten von Röhl, die die DDR hätten aushöhlen können, und stieß auf die Satire »Da ham wir den Salat!« aus dem Jahr 1970:

Der Mensch lebt nicht von Brot und Steak allein. Er braucht außerdem noch ein bisschen was Grünes. Und gerade Grünfutter ist noch längst nicht genug in dem Topf, wo's kocht. ... Kohl wird mehr geredet als in netter Form verabreicht, und der Adamsapfel ist häufig das einzige, was während der Mahlzeit entfernt an Obst erinnert.

Dabei ist uns Mutter Natur in diesem Jahr besonders grün. Gurken sind kein Privileg der Schuhindustrie mehr. Zwiebeln fallen als Kabarett-Thema flach.[55]

Röhls Artikel war das Gegenstück zu den Witzen über das Schlangestehen und die Mangelwirtschaft. Allerdings musste Röhl für eine offizielle Zeitschrift seine Satire über die Schwächen der Wirtschaft in einer Erfolgsgeschichte verpacken. Bei näherem Hinsehen mag man in der Inversion hier mit Mühe eine Extradosis beißender Satire erkennen, doch für mich las es sich eher wie ein Zuckerchen fürs Regime.

»Ich bin durchaus für einen gewissen Pragmatismus in der Sache und für die reine philosophische Verteufelung meiner selbst. Ich habe eigentlich immer versucht, im *Eulenspiegel* die Engherzigkeit der Themen auszuweiten. Die Leute haben die Gleichnisse auch so verstanden«, sagte Röhl.

Ich fand weitere Beiträge Röhls, eher durchschnittliche Satiren auf die alltägliche Korruption.

In meinem Badezimmer ließ die Wanne unter sich. Der Abfluss war seit mehr als drei Wochen defekt. Trotz mehrfacher Anläufe hatte ich den vielbeschäftigten Meister nicht zu erwischen vermocht. Nun endlich stand ich vor ihm. … Mit traurigen Augen blickte, mit traurigen Ohren hörte der Meister mich an.

»Wann soll ich's denn bloß machen?«, seufzte er mit gefalteter Stirn. »Ich hab tausend Aufträge und bloß zwei Hände. Rechnen Sie sich selber aus, mein Bester, wann Sie dran sind.«

»Vielleicht«, stieß ich nach, »einigen wir uns doch schon mal auf einen Termin. Wir führen ein gastliches Haus, meine

Frau bäckt einen exzellenten Obstkuchen. ...«
»Natürlich komme ich. Aber nicht vor ...«
»Entschuldigen Sie, dass ich unterbreche«, sagte ich und zwinkerte dezent mit dem linken Auge. »Ich habe im Großhandel einen guten Bekannten, der mich gelegentlich mit Budweiser Bier versorgt ...«
»Selbstverständlich komme ich ... Na ja, es wird schon werden.« ...
Ich überreichte dem Meister einen Briefumschlag: »Vorsorglich habe ich Ihnen meine Adresse notiert.« Der Meister schaute in den Umschlag, und die beigefügte zart grüne Miniatur von Friedrich Engels irritierte ihn ein wenig.
»Das wäre nicht nötig gewesen«, sagte er, und in seiner Bemerkung schwang eine sanfte Rüge mit. »Wenn es so weit ist, kommen Sie an die Reihe. Jetzt ist es elf. Ich komme. Aber nicht vor halb zwölf.«[56]

Doch Röhl konnte den Kommunismus auch auf schreiend komische Art verspotten, etwa in dieser Skizze zu einem sehr gewöhnlichen deutschen Nachnamen und der sozialistischen Handhabung von Firmennamen.

Auf den Namen kommt's nicht an, sagen manche Leute. Ich denke anders darüber. Vor drei Wochen hieß ich noch Obermüller. Aber sagen Sie selbst – Obermüller, klingt das nicht ekelhaft unbescheiden? Als ob man sich aus den Millionenmassen einfacher, werktätiger Müllers um jeden Preis herausheben wollte. Vor drei Wochen, bei meiner Hochzeit, habe ich die Gelegenheit genutzt und den Namen meiner Frau angenommen. Nun heiße ich Gott sei Dank Müller. Oder der Name meines Betriebs: Volkseigenes Kombinat für Kaltgepresstes Südsüdostsächsisches Leinöl und Spezialgereinigte Südsüdostsächsische Leinsaat, Sitz Sollsdruff,

266

Werk Kannsdruff, Betriebsteil Darfsdruff. Gewisse Spott-
drosseln finden den Namen zu lang, weil sie bei der Aus-
sprache ein paarmal Luft holen müssen … Ich dagegen gehe
vom Positiven aus und behaupte: Kein Wort ist überflüssig.
Der Name ist so kurz und genau wie möglich. Völlig ausgeschlossen, dass meine Bude mit dem Halbstaatlichen Kombinat für Warmgepresstes Nordnordwestthüringisches
Rapsöl und Allgemeingereinigte Nordnordwestthüringi-
sche Rapssaat, Sitz Willsdruff, Werk Mussdruff, Betriebsteil
Möchtsdruff verwechselt wird …
Die meiste Gefahr droht diesem Zweig der sozialistischen
Namensgebung von poetischen Naturen, denen die Genauigkeit der Bezeichnung schnuppe ist, denen es um weiter
nichts geht als bloß um klangvolle Namen … Wenn es nach
ihnen ginge, wimmelte es nur so von Textil-KG »Seemanns-
garn«, VEB Aufzugsbau »Empor«, Jagdkollektiv »Ruhige
Kugel«, Spezialverkaufsstelle für Autoersatzteile »Füll-
horn«. Zum Glück geht es nicht nach ihnen. Solche dichte-
rischen Namen halten den Stürmen der Praxis meistens
nicht stand. Die Berliner Wäscherei »Blütenweiß« heißt nun
auch schon jahrelang REWATEX. Damit die Kunden bei
der Betrachtung ihrer Wäsche zum Schaden nicht auch noch
den Spott haben.[57]

War Röhl fehlgeleitet? Größere Denker haben vor mir zu er-
gründen versucht, inwieweit und in welcher Form der offizielle
Humor subversiv war. Bestimmte Themen waren immer tabu – etwa die Kritik an der Staatsführung. Hier hatten die
Meister der kommunistischen Satire ihre Achillesferse, die
westdeutsche Satiriker 1963 raffiniert entlarvten. In diesem Jahr
gingen die *Eulenspiegel*-Herausgeber auf ihr bundesdeutsches
Gegenstück *pardon* zu und regten eine Zusammenarbeit an. Die
Westdeutschen erklärten sich bereit, vorausgesetzt, der *Eulen-*

spiegel schriebe so kritisch über den Staatsratsvorsitzenden Walter Ulbricht wie die westlichen Satiriker über Bundeskanzler Konrad Adenauer. Der Vorschlag, auf den es von sozialistischer Seite keine vernünftige Antwort geben konnte, reizte den *Eulenspiegel* zu einem ungewöhnlich selbstkritischen Essay mit dem Titel »Wie schreiben wir über Walter Ulbricht?«.

Wir sind stolz darauf, als sozialistische Satiriker nicht gezwungen zu sein, an der goldenen Kette des Kapitals Purzelbäume nach allen Richtungen schlagen zu müssen. ... Gerade das Einschichtige, Eindeutige unseres Staates macht es nicht nur schwer, sondern einfach unmöglich, eine Satire auf seine Repräsentanten zu schreiben. Wo es nichts zu enthüllen und nichts aufzudecken gibt, hat der Satiriker nichts zu suchen; wo keine Masken getragen werden, gibt es für den Karikaturisten nichts zu demaskieren.
Wie also schreiben wir über Walter Ulbricht? So schreiben wir:
Wir Satiriker sind berufen, die Umwelt satirisch zu interpretieren, damit sie zum Guten verändert werde. Daher gilt am 30. Juni unser Gruß und Glückwunsch dem Ersten Sekretär des Zentralkomitees der Partei ...[58]

Ich war mir (vielleicht mit allzu viel Optimismus behaftet) noch immer nicht sicher, ob der *Eulenspiegel* nun subversiv war oder kriecherisch. Daher nahm ich den Zug nach Leipzig, um mir dort eine große Ausstellung über DDR-Karikaturen anzusehen, *Unterm Strich: Karikatur und Zensur in der DDR*. Wenn ich mir einen Überblick über die Karikaturen im *Eulenspiegel* verschaffte, konnte ich mir doch zumindest einen Eindruck verschaffen, auf welcher Seite die Zeitschrift nun eigentlich stand.

Die Ausstellung fand im Zeitgeschichtlichen Forum statt, einem der angesehensten ostdeutschen Museen zur Geschichte

Abb. 41. »Die Zugvögel kommen aus dem Süden, dort scheinen sie allerhand gesehen zu haben!« (Karl Schrader, *Eulenspiegel*, 1953)

Abb. 42. »Wir geben nicht auf! Die Politik der Öffnung nach dem Westen wird weiter unsere Devise sein!« (Peter Dittrich, *Eulenspiegel*, 1968)

Abb. 43. Die Evolution des
Menschen (Frank Leuchte,
Eulenspiegel, 1979).

Abb. 44. »Atze an den Fleisch-
stand! Jacqueline zum Gemüse!
Kalle stellt sich bei der Kasse an!
Und ich geh einkaufen!«
(Karl Schrader, *Eulenspiegel*, 1974)

der DDR. Ich schlenderte interessiert durch die Räume, sah in
die Vitrinen, betrachtete die Bilder an der Wand und atmete die
staubige und sauerstoffarme Museumsluft. Bald wurde ich der
gestärkten blauen FDJ-Uniformen und der Westpakete müde.
Die grellen Farben und geometrischen Formen der Propagan-
daplakate dagegen gaben mir noch immer einen ecstasyähnli-
chen Euphorieschub: Hier war Utopia, eine Welt ohne Armut
und Ungleichheit, in der alle einer Meinung waren und der
Staat alles wusste!

Auf anderen Wandtexten las ich erschütternde Berichte
über Menschen, die im Gewahrsam der Stasi, der im Verhältnis
zur Bevölkerung weltweit größten Spitzeltruppe aller Zeiten,

ihr Leben verloren hatten. Und in der Karikaturenausstellung, wegen der ich gekommen war, sah ich, in ordentlichen Reihen angeordnet, vollendet schöne gerahmte Karikaturen und Cartoons, die die gesamte Geschichte der DDR umspannten. Viele von ihnen wurden später als Kunstwerke eingestuft und in staatlichen Museen ausgestellt.

Die *Eulenspiegel*-Karikaturen behandelten die traditionellen Themen des offiziellen Humors bis 1989. In fast jeder Ausgabe fand sich eine Karikatur über die Bürokratie. Ein Arbeiter bricht in idyllischer Landschaft erschöpft vor dem Schreibtisch eines Funktionärs zusammen: Er hat Berg und Tal überwunden, nur um einen Stempel zu bekommen. Ein Drache wird nicht etwa von einem Ritter besiegt, sondern erhält von einem Beamten den Stempel »Erledigt«. Überdeutliche Hiebe werden gegen den Westen ausgeteilt, etwa mit dem Vogelschwarm, der am Himmel die Worte »Ami go home« bildet. Eine Friedenstaube lässt sich auf Hammer und Sichel nieder, ein Skelett trägt ein Plakat mit der Aufschrift »I like Nixon« vor sich her, und westdeutsche Politiker werden als Hunde in NS-Uniform dargestellt. Ein Porträt des amerikanischen Präsidenten Kennedy wird im Arcimboldo-Stil, allerdings nicht aus Obst und Gemüse, sondern aus Waffen zusammengesetzt. Hinter den schmucken Gardinen eines bundesdeutschen Wochenendhäuschens verbirgt sich ein amerikanischer Panzer (Abb. 42).

Träge Arbeiter durften kritisiert werden, da der Staat ihre Arbeitsscheu nicht auf den Mangel an marktwirtschaftlichen Anreizen zurückführte. Die schlechte Dienstleistungsqualität wird in der Karikatur von der Evolution des Menschen verspottet, die die Entwicklung des Affen zum Menschen und dann zu dem vor einem herrischen Ober knienden Restaurantgast zeigt (Abb. 43). Auch die schlechte Versorgungslage wurde thematisiert. Eine Hausfrau setzt ihre Kinder beim Einkauf strategisch ein, indem sie sie auf die verschiedenen Schlangen verteilt (Abb. 44). Bei dieser und anderen, thematisch vergleichbaren Karikaturen ist unklar, wogegen sie sich nun eigentlich wenden – gegen gierige Verbraucher oder schlecht sortierte Läden.

Die Karikaturen ließen durchaus eine Entwicklungslinie erkennen. In den ersten Bildern herrschte ein grimmiger Propagandaton vor. Sie griffen aggressiv den ersten Bundeskanzler Konrad Adenauer und andere bundesdeutsche Politiker an. Dann, in der zweiten Hälfte der sechziger Jahre, wurde das System offenbar durchlässiger. Von Zeit zu Zeit gestattete es Redakteuren und Karikaturisten, die Grenzen des im Sozialismus Erlaubten auszuloten, zumal wenn die Satire auf den Innenseiten platziert war (Tafel 7). In einer Karikatur fällt ein Mann beim Sehtest durch. In der Bildunterschrift heißt es: »Trösten Sie sich: Gütekontrolleur können Sie immer noch werden.« (Abb. 45.) In den siebziger Jahren spricht eine ganze Reihe von Karikaturen die Diskrepanz zwischen Versprechen und Realität an. Die schlechte Qualität der DDR-Plattenbauten wird in einer Karikatur lächerlich gemacht, in der eine Familie beim Bezug ihres neuen Heims statt eines Hausschlüssels einen Schraubenschlüssel erhält (Abb. 46). Der Staat hatte Karikaturen dieser Ausrichtung zwar stets toleriert, doch die Bissigkeit, die nun aus ihnen sprach, war neu.

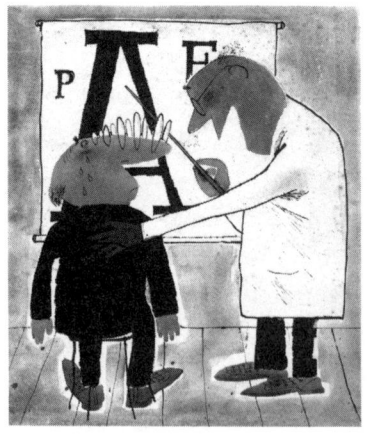

Abb. 45. »Trösten Sie sich: Gütekontrolleur können Sie immer noch werden.« (Karl Schrader, *Eulenspiegel*, 1962)

Belegt dieses Material, dass Ernst Röhl recht hatte, dass also die Karikaturisten den Staat nach und nach zurückdrängten, dass sie langsam, aber sicher die von der Partei gesetzten Tabus aushöhlten?

Wie weit die Kritik des *Eulenspiegel* ging, zeigt der Blick auf die Karikaturen, die dem Rotstift zum Opfer fielen. Anders als andere Satirezeitschriften im Ostblock wurde der *Eulenspiegel* vor der Veröffentlichung nicht vom Zensor geprüft. Die DDR war im Ostblock insofern einmalig, als sie keine Behörde für die Pressezensur unterhielt. Der Staat konnte daher behaupten, er garantiere die Redefreiheit. Für die Funktionäre hatte das den Nachteil, dass sie kaum die Möglichkeit hatten, rechtzeitig einzuschreiten. Historiker dagegen profitieren davon, denn die Fehlgriffe wurden gelegentlich in ganzer Pracht abgedruckt, ehe man sie hätte korrigieren können.

In den fünfziger Jahren und Anfang der sechziger mussten gleich mehrere Chefredakteure ihren Hut nehmen, weil sie die Toleranzschwelle der Partei falsch eingeschätzt hatten. Die Karikaturisten selbst dagegen wurden zwar wegen »Begünstigung des Klassenfeinds« zur Schnecke gemacht, aber nie bestraft. Auf besonders ungewöhnliche Weise verlor Heinz Schmidt seinen Posten. Im Jahr 1958 ließ er sich für einen Zeitungsartikel hinter seinem Schreibtisch fotografieren, auf dem alle möglichen Papiere und Karikaturen lagen. In der Hand hatte

Abb. 46. »... überreiche ich Ihnen den Schlüssel!« (Barbara Henniger, *Eulenspiegel*, 1985) Dass das Paar einen Schraubenschlüssel bekommt, lässt Rückschlüsse auf die Qualität der neuen Wohnung zu.

273

Abb. 47. Verbotenes *Eulen-spiegel*-Cover. Der Text lautet: »Und ich dachte immer, du bist 'n Gammler!« (Heinz Behling, 1969) Der Karikaturist wollte zum Ausdruck bringen, dass bei den Jungen Pionieren jeder willkommen sei, doch die DDR-Führung vermutete eine Verharmlosung von Hippies.

Abb. 48. Ein verbotenes Titelbild aus dem Jahr 1981. Der Metzger sagt: »Natürlich handelt es sich, unter uns gesagt, um eine simple Bockwurst, aber durch die zusätzlichen zwei Zipfel erhält sie völlig neue Gebrauchseigenschaften!«

Abb. 49. »Zeitung« (Willi Moese, *Neue Berliner Illustrierte*, 1970).

er eine Ulbricht-Karikatur, deren Veröffentlichung bereits untersagt worden war. Im zugehörigen Interview erklärte Schmidt, wie viel sich beim Aufräumen des Schreibtischs von selbst erledige.

Zweimal musste eine ganze Ausgabe zurückgerufen und eingestampft werden. Im Jahr 1969 erschien auf der Titelseite eine Karikatur, die ein Treffen der Jungen Pioniere zeigt. Einer der Jugendlichen hat im Stil westdeutscher Hippies lange Haare (Abb. 47). Lange Haare galten damals als ungehörig, und rebellischen Jugendlichen verpasste man einen Zwangshaarschnitt. Als das ZK das Bild zu sehen bekam, schlug es sofort Alarm – doch da war es schon zu spät: Die Zeitschrift war an Hunderttausende von Abonnenten versandt worden. Unverzagt ordnete die Regierung an, alle Exemplare wieder einzusammeln. Jedes noch so kleine Postamt musste die Zeitschriften, die es bei den Abonnenten eingeworfen hatte, wieder

Abb. 50. Schreibmaschine, Willi Moese, 1977.

abholen und bei der örtlichen Polizeistation abliefern, die die Zahlen an die *Eulenspiegel*-Mitarbeiter in Berlin meldete. Diese musste eine Übersicht über den Rücklauf erstellen. Dann wurde eine neue Ausgabe mit einem harmlosen Umschlag gedruckt.

Zwei Jahrzehnte später, im Jahr 1981, wurde eine Ausgabe eingestampft, weil das Titelbild zum Thema Preisgestaltung Anstoß erregte. Eines der heiligen Dogmen im Nachkriegssozialismus lautete, dass es, anders als im Westen, keine Inflation gab. Ein Laib Brot kostete in der DDR daher 1989 dasselbe wie 1949. Die Preisstabilität musste aber mit gewaltigen Subventionen aufrechterhalten werden und war in vielen Fällen nicht finanzierbar. So entstand die Taktik, das Originalprodukt scheinbar zu verändern und dann den Preis zu erhöhen. Die beanstandete Karikatur zeigte einen Metzger mit einer neuartigen Wurst, die völlig unnötigerweise zwei zusätzliche Zipfel hatte und eine Mark kostete statt der üblichen achtzig Pfennig

(Abb. 48). »Mit Mühe konnte verhindert werden, dass der stellvertretende Chefredakteur, der das damals verantwortet hat, rausgeschmissen wurde«, erinnert sich Jürgen Nowak, ein damaliger Mitarbeiter.

Nicht nur beim *Eulenspiegel* wurden ganze Ausgaben eingestampft. Im Jahr 1970 beförderte eine Karikatur von Willi Moese eine Ausgabe der Wochenzeitung *Neue Berliner Illustrierte* in den Mülleimer. Abgebildet war ein Mann, der mit einer Zeitung zum Lachen in den Keller geht – die erste Übersetzung eines NS-Witzes in eine Karikatur (Abb. 49).

In der Leipziger Karikaturenausstellung war noch ein wunderbares Exponat zu sehen: eine Schreibmaschine mit drei Tasten (Abb. 50). Als Erich Honecker 1977 die VIII. Kunstausstellung der DDR in Dresden besuchte und das Objekt betrachtete, soll er gut gelaunt gesagt haben: »Auf so einer Maschine habe ich das Schreibmaschinenschreiben gelernt.« Seine Begleiter lachten höflich. Die Buchstaben auf den Tasten waren: B, L und A.

Auf der Rückfahrt zu Ariane in Berlin zog ich im Zug Zwischenbilanz. Witze über kommunistische Hippies, versteckte Preiserhöhungen und den Ersten Sekretär der DDR waren unerwünscht, bissige Witze übers Schlangestehen, die miese Produktqualität und Pfusch am Bau dagegen erlaubt. Ich wollte das Erlaubte gern gegen das Verbotene abwägen, musste die Idee aber verwerfen, weil mir kein sinnvolles Maß einfiel. Die unausgesprochenen »Regeln« darüber, welche Themen die offiziellen Humoristen aufgreifen durften und wie scharf oder sorglos das geschehen sollte, waren unergründlich. Dazu gesellte sich ein nicht zu unterschätzendes ontologisches Problem: Die Satire hat es so an sich, dass sie umso stärker wirkt, je mehr sie vorgibt, auf der Seite der von ihr Kritisierten zu stehen. Deshalb kann man die *Eulenspiegel*-Karikaturen nie einfach als harmlos abtun.

Die Redaktion war aber auch stolz auf den *Eulenspiegel,* weil der DDR-Staat nur an zwei Stellen ernsthafte – im Gegensatz zu komischer – Kritik gestattete: in der einmal wöchentlich ausgestrahlten Verbrauchersendung *Prisma* und im nationalen Satireorgan *Eulenspiegel.*

»Wir waren die Opposition. Wir waren die kritische Stimme im Lande«, erzählte mir Gerd Nagel, der von Mitte der sechziger Jahre bis 1989 Chefredakteur des *Eulenspiegel* war. Sein lichtes graues Haar war zu einem maoartigen Bob nach hinten frisiert. Wir trafen uns auf dem Alexanderplatz, einst der zentrale Platz Ostberlins. Damals war er eine zugige Betoneinöde gewesen, die vom blau gestrichenen Hochhaus des Interhotels und vom Centrum-Warenhaus mit seiner protzigen Wabenfassade beherrscht war. Billige Wohnblöcke hatten den Platz umgeben wie ein Arbeiterpublikum, das aus sicherer Entfernung den Luxus bestaunt. Das Einkaufszentrum war nach der Wende umgebaut worden, und im Erdgeschoss der meisten Gebäude befand sich jeweils ein geschmackloses Touristencafé. Wir nahmen in einem dieser Cafés Platz, und Gerd Nagel bestellte Tee und Schnaps.

»Die Leser teilten uns im Prinzip alle ihre Nöte mit. Wenn das Dach nicht mehr dicht war, wenn sie Ärger mit irgendwelchen Handwerkern hatten, dann schrieben sie das auf in der Hoffnung, dass wir darüber einen Artikel machen, und das haben wir dann auch häufig getan. Dann, im Jahr 1972, machte wir die Rubrik ›Quittiertes‹ auf: Die Kritisierten, der Betriebsdirektor oder dergleichen, mussten darauf antworten, mussten Stellung nehmen. Das waren zum Teil groteske Entschuldigungen. Es war mitunter sehr erheiternd zu lesen«, sagte er vergnügt.

Die Tipps erreichten den *Eulenspiegel* nicht nur von Lesern. Die Zeitschrift stand in enger Beziehung zur Aufsichtsbehörde ABI, der Arbeiter- und Bauerninspektion, die überprüfte, ob alles reibungslos funktionierte. Sie überwachte Baubetriebe, die Leicht- und Schwerindustrie, Geschäfte und Handelsfirmen, Dienstleister, Bildungseinrichtungen – einfach alles. Und sie versorgte den *Eulenspiegel* mit Informationen, so Gerd Nagel, die dort in kritische Satiretexte umformuliert wurden. Viermal im Jahr ließ sich Nagel vom ABI-Chef berichten, welche Untersuchungen in den folgenden vier Monaten anstanden.

»Was hatte die ABI denn davon?«, fragte ich unbedarft.

»Die waren ganz wild darauf, uns ihre Berichte weiterzugeben«, sagte Nagel. »Anders konnten sie die Regierung und die Industrie ja gar nicht dazu bringen, ihre Empfehlungen ernst zu nehmen. Glauben Sie, die großen staatseigenen Betriebe hätten sich darum geschert, was sie falsch machten, wenn sie nicht im *Eulenspiegel* lächerlich gemacht worden wären? Wir übten Druck auf sie aus, damit sich was änderte.«

Dem Staat war also klar, dass er eine kritische Instanz brauchte, damit alles rund lief. Diese Aufgabe überließ er dem *Eulenspiegel*, also dem Humor.

Nagel zog einen Stoß alter Zeitschriften aus der Tasche und zeigte mir die Rubrik, die er meinte. Es waren lauter Verbraucherbeschwerden. Ich sah mir die Antworten eines Gaststättenbetreibers und eines Direktors der Verkehrsbetriebe Berlin an:

Die von Bürger Werner Romrig aus Erfurt aufgeworfene Kritik findet volle Berechtigung. Diese Versammlung haben einige Kollegen des Services dazu genutzt, ihre gewerkschaftliche Pause nach eigenem Ermessen zu gestalten. Dieser grobe Verstoß gegen die Anordnung und Gastlichkeit des Hauses war Anlass einer kritischen Auseinandersetzung im Kollektiv. Die Kollegen, die das Ansehen der sozialistischen Gastronomie herabwürdigen, müssen sich dafür verantworten ...

Der betreffende Omnibusfahrer der Linie 40 erklärte zu den gegen ihn erhobenen Vorwürfen, dass es zur Vorfallszeit im Betrieb der Linien 30 und 40 zu erheblichen Störungen gekommen war, weil undisziplinierte Verkehrsteilnehmer in der Wendeschleife am Robert-Koch-Platz trotz des Parkverbots ihre Fahrzeuge abgestellt hatten.[59]

Dass Nagels Oppositionsbegriff offenbar nicht über den Verbraucherschutz hinausgekommen war, war doch ziemlich befremdlich. Mir schien, er hatte nie begriffen, was Politik eigentlich ist.

»Konnten Sie sich denn als Opposition begreifen, obwohl Sie doch nur Verbraucherschutz betrieben?«

Er nippte an seinem alkoholisierten Tee. Ich meinte zu erkennen, dass sein Gesicht hart wurde. »Systemkritik war nicht möglich«, sagte Nagel. »Die Mängel des Sozialismus konnten wir nicht kritisieren, und die Kritik, die wir anbrachten, musste konkret und beweisbar sein.«

»Und warum haben Sie sich damit zufriedengegeben, dass es keine Systemkritik gab?«

»Ich habe keine Alternative zum System gesehen.«

Andere *Eulenspiegel*-Redakteure hatten mir erzählt, dass Nagel auf Redaktionskonferenzen reihenweise sein Veto gegen Karikaturen eingelegt hatte (Abb. 51).

»Können Sie sich erinnern, dass Sie Karikaturen abgelehnt haben?«

»Nein.«

»Aber andere Redakteure haben mir erzählt, dass das oft vorkam.«

»Ich kann mich nicht erinnern, je Karikaturen wegen ihrer politischen Aussage abgelehnt zu haben«, sagte er. »Ich habe kleinere Änderungen angeregt oder andere Einwände gehabt.«

Nagel passte offenbar auch bei den Texten, die seine Leute verfassten, gut auf. Ein Redakteur erzählte mir, dass sein Artikel über einen Schäferwettbewerb abgelehnt wurde, weil der Chefredakteur mutmaßte, das Hüten der Schafe könnte als Kritik an der DDR-Führung verstanden werden. Ein anderer Redakteur erzählte mir: »Wir mussten häufig wegen Artikeln im Zentralkomitee der Partei antanzen, und da wurden wir mächtig zusammengestaucht: ›Das ist zu einseitig. Das ist flächendeckende Kritik, dabei gibt es doch nur einzelne Probleme. Ihr könnt über Einzelfälle schreiben, aber es darf nicht das Bild entstehen, dass alles Mist ist in der DDR.‹«

Nur zweimal in der gesamten DDR-Geschichte nannte die »Opposition« Minister beim Namen. Im Jahr 1980 rief der *Eulenspiegel* den stellvertretenden Bauminister dazu auf, einen Fehler in der Planwirtschaft zu korrigieren: Ein Unternehmen, das Produkte aus Aluminiumabfall herstellte, hatte sich darüber beschwert, dass eine andere Firma, die Alufenster produzierte, nicht die versprochene Abfallquote bereitstellte. Die Fensterfirma entgegnete, sie produziere, den staatlichen Vorgaben folgend, wirtschaftlicher und habe daher nun weniger Abfall. Im Jahr 1982 wendete sich der *Eulenspiegel* an den Bauminister, weil undichte Wohnungen drei Jahre lang nicht repariert worden waren. Die Gebäude wurden saniert, doch das Politbüro untersagte fortan die Nennung von Politikernamen. Im Jahr 1986 wurde auch die Verbindung zwischen der Aufsichtsbehörde und den Satirikern gekappt. Dennoch war Nagel der Ansicht, er habe als *Eulenspiegel*-Chefredakteur zur Verbesserung – zur Reform – des Sozialismus beigetragen.

»Haben Sie sich je gefragt, ob das System überhaupt reformfähig war?«, fragte ich ihn. »Gab es Tage, an denen Sie daran gezweifelt haben?«

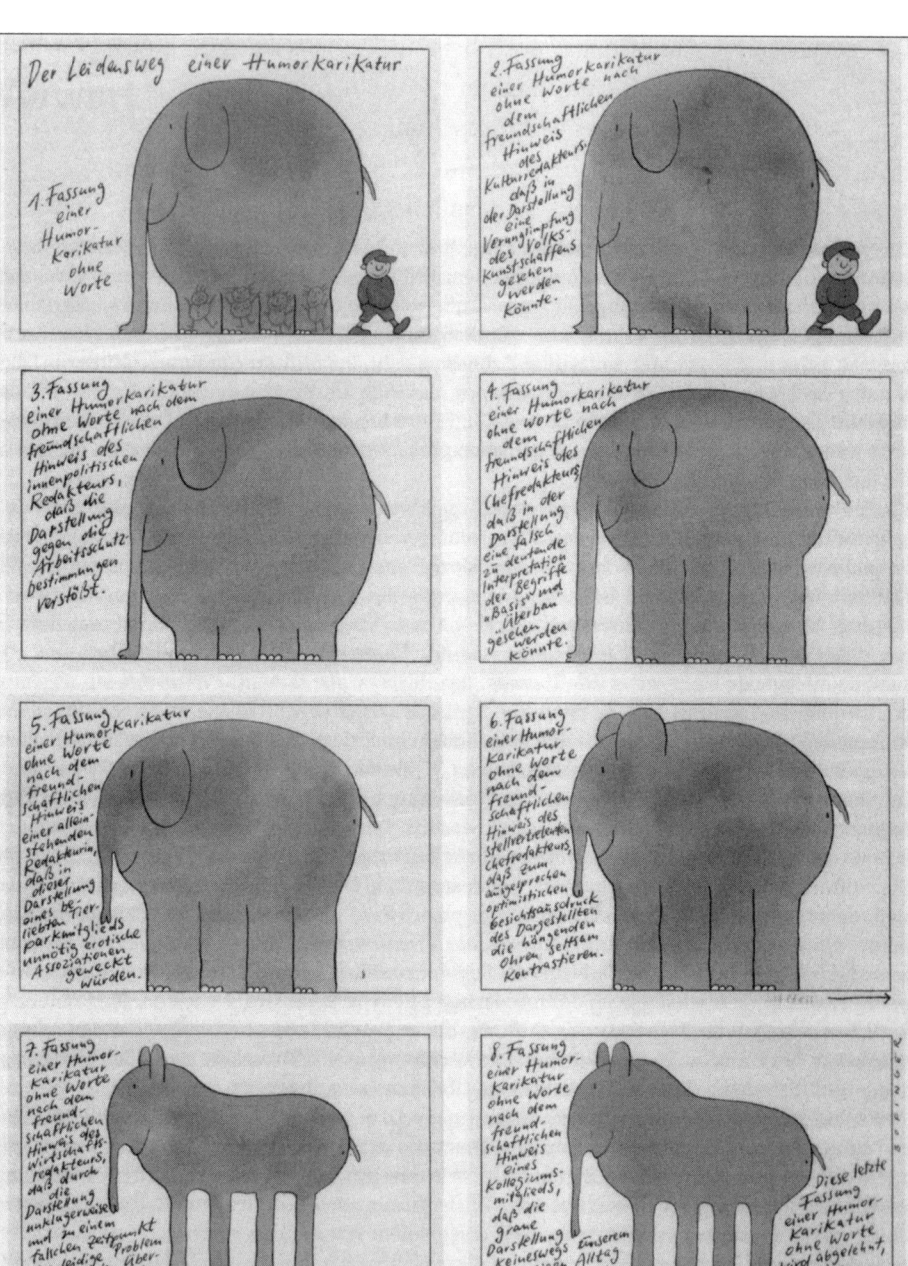

Abb. 51. »Der Leidensweg einer Humorkarikatur« (Manfred Bofinger, *Eulenspiegel*, 1977). Diese Karikatur des brillanten *Eulenspiegel*-Zeichners lässt erahnen, wie sich die Arbeit unter Gerd Nagel gestaltete.

Der Leidensweg einer Humorkarikatur

1. Fassung einer Humorkarikatur ohne Worte

2. Fassung einer Humorkarikatur ohne Worte nach dem freundschaftlichen Hinweis des Kulturredakteurs, dass in der Darstellung eine Verunglimpfung des Volkskunstschaffens gesehen werden könnte.

3. Fassung einer Humorkarikatur ohne Worte nach dem freundschaftlichen Hinweis des innenpolitischen Redakteurs, dass die Darstellung gegen die Arbeitsschutzbestimmungen verstößt.

4. Fassung einer Humorkarikatur ohne Worte nach dem freundschaftlichen Hinweis des Chefredakteurs, dass in der Darstellung eine falsch zu deutende Interpretation der Begriffe »Basis« und »Überbau« gesehen werden könnte.

5. Fassung einer Humorkarikatur ohne Worte nach dem freundschaftlichen Hinweis einer alleinstehenden Redakteurin, dass in dieser Darstellung eines beliebten Tierparkmitglieds unnötig erotische Assoziationen geweckt würden.

6. Fassung einer Humorkarikatur ohne Worte nach dem freundschaftlichen Hinweis des stellvertretenden Chefredakteurs, dass zum ausgesprochen optimistischen Gesichtsausdruck des Dargestellten die hängenden Ohren seltsam kontrastieren.

7. Fassung einer Humorkarikatur ohne Worte nach dem freundschaftlichen Hinweis des Wirtschaftsredakteurs, dass durch die Darstellung unklugerweise und zu einem falschen Zeitpunkt das leidige Problem der fehlenden Übergrößen zur Sprache käme.

8. Fassung einer Humorkarikatur ohne Worte nach dem freundschaftlichen Hinweis eines Kollegiumsmitglieds, dass die graue Darstellung keineswegs unserem rosigen Alltag entspricht. Diese letzte Fassung einer Humorkarikatur ohne Worte wird abgelehnt, da keine humoristische Idee erkennbar sei.

»Nein.«

»Vielleicht einen Vormittag oder einen Nachmittag?«

»Nein.«

Ich hätte ihn bitten können, das näher zu erläutern, aber das war gar nicht nötig. Er hatte wie alle anderen Anhänger dieser Ideologie einen faustischen Pakt mit dem Kommunismus geschlossen. Für den Aufbau einer gerechten Gesellschaft war er bereit, auf ein großes Maß an Redefreiheit und Aufrichtigkeit zu verzichten. Leider hielt der Teufel seinen Teil der Abmachung nicht ein.

Der eine sammelt Kunst, der andere Witze. Ariane sammelte alte Kleiderbügel. Sie nagelte im Flur gerade ein Exemplar – spätes neunzehntes Jahrhundert, wohl deutschen Ursprungs – neben die anderen Bügel an die Wand, als ich zur Tür hereinkam. »Wie ist es gelaufen?«, fragte sie.

»Toll, echt toll«, sagte ich in dem Versuch, meine Worte nicht nach dem siegreich aus der Schlacht heimkehrenden Kapitalisten klingen zu lassen. »Er hat von seiner langjährigen Zusammenarbeit mit den Karikaturisten erzählt; er sagt, sie hätten sich als Stimme der Kritik in der DDR verstanden …«

Ich konnte förmlich sehen, wie sich ihr bei den Worten »Stimme der Kritik« die Nackenhaare aufstellten. »Ich habe ihn gefragt, ob er es nicht sonderbar fand, dass Kritik in der DDR nur auf dem Gebiet des Humors möglich war, aber darauf hat er mir keine Antwort geben können …«

»Warum auch?«, fragte sie.

Ich überhörte die Frage. »Ich fragte ihn: Haben Sie jemals Zweifel gehabt, irgendwann? Nein, sagte er. Einfach nein. Ich fand das unfassbar.«

Ariane explodierte. »Du wolltest hören, dass es ihm leidtut«, sagte sie, in der erhobenen Rechten den Hammer, in der Linken den Kleiderbügel, der einen Moment lang aussah wie eine Sichel. »Das wollen die Wessis, die über die DDR schreiben, doch dauernd. Du willst hören, dass sie sich schuldig fühlen und dass sie alles falsch gemacht haben. Du kannst doch nicht erwarten, dass sie sich entschuldigen, bei dir, einem Fremden!«

»Nein, ich war nicht auf eine Entschuldigung aus. Der Mann da hat fünfundzwanzig Jahre lang geglaubt, dass er das System mit der Satire von innen verändern kann. Er hat ja selbst zugegeben, dass Kritik nur im *Eulenspiegel* erlaubt war. Es gab da so einen Witz über einen, der gefragt wird, ob er eine Meinung zur politischen Lage hat. Ja, sagt er, aber ich bin anderer Ansicht. Ich wollte nur wissen, ob er sich damals – nicht jetzt, damals – je gefragt hat, ob das System zu ändern war oder ob sich der Versuch überhaupt gelohnt hätte.«

»Warum hätten die Leute Zweifel haben sollen? Sie haben einen Staat aufgebaut, an den sie geglaubt haben. Er hat versucht, das System zu ändern.«

»Aber dieser Staat hat Leute, die versuchten, ihn zu verlassen, erschossen«, sagte ich und meinte damit die hundertneunzig DDR-Bürger, die bei dem Versuch, über die Berliner Mauer zu kommen, ums Leben kamen, und die vierhundert, die an anderen Stellen der innerdeutschen Grenze starben. »Kennst du den Witz von den beiden DDR-Grenzwachen? Der eine sagt zum anderen: ›Denkste dasselbe wie ich? Dann muss ich dich nämlich erschießen.‹«

»Warum reitet ihr dauernd auf der Handvoll Mauertoter herum? Was ist mit den normalen Leuten, die in imperialistischen Kriegen von Soldaten aus dem Westen umgebracht wurden?«

»Der Sowjetstaat hat auch einen imperialistischen Krieg vom Zaun gebrochen. Und der Westen hat niemanden erschossen, der wegwollte«, sagte ich. Für mich dachte ich: Kennst du den von der ostdeutschen Hausbesetzerin, die mit einem westeuropäischen Mittelschichtintellektuellen zusammen war? Nein? Tja, der ist auch ganz kurz.

Am nächsten Morgen beschloss ich zu gehen. Ich packte meine Siebensachen zusammen und hievte alles die drei Stockwerke von Arianes Wohnung hinunter. Ein Koffer war vollgestopft mit Büchern über kommunistische Witze. Als meine Freunde mich fragten, warum wir uns getrennt hatten, führte ich »politische Differenzen« an. Sie sahen mich an, als sei ich plemplem.

Im Jahr 1968 experimentierte der tschechische Premierminister Alexander Dubček mit der politischen Freiheit, dem »Sozialismus mit menschlichem Antlitz«, auch bekannt als Prager Frühling. Zum ersten Mal ließ eine Ostblockregierung neben der Staatssatire auch Systemkritik in Zeitungen und öffentlichen Versammlungen zu.

Die Redefreiheit führte rasch dazu, dass in den Zeitungen oppositionelle Stimmen und der Ruf nach einer Mehrparteienpolitik und Wahlen laut wurden. Hätte man diese Wahlen, wie zwanzig Jahre später geschehen, abgehalten, so wäre das Machtmonopol der Kommunistischen Partei zu Ende gewesen – und die Sowjets wussten das. Das Experiment erbrachte das Ergebnis, dass Kommunismus und Demokratie unvereinbar waren: Der Kommunismus hatte nur in einem Einparteienstaat Bestand, und zumindest in Europa musste man dafür öffentliche Kritik unterdrücken.

Im Jahr 1964 löste Leonid Breschnew Nikita Chruschtschow ab. Er war der Erste Sekretär mit der zweitlängsten Dienstzeit: 1964 bis 1982, also achtzehn Jahre lang, hielt er sich an der Macht. Breschnew rehabilitierte in seinen Reden Stalin, was Witze nach sich zog, die Breschnews markantestes Merkmal, seine dichten Augenbrauen, mit Stalins Schnurrbart verglichen.

Breschnew kleidet sich am Morgen an. Er nimmt seine Augenbrauen ab, klebt sie sich unter die Nase und sagt zu sich selbst:
»Genug gelacht.«

In der letzten Augustwoche des Jahres 1968 schritt Breschnew in der Tschechoslowakei ein. Mit der schwachen Ausrede, besorgte tschechische Kommunisten hätten sie »eingeladen«, rollten russische Panzer über die Grenze. Militärische Verteidigung stand nicht zur Debatte, und bei der Wahl der Waffen verfielen die Tschechen auf den Witz – nicht dass sie eine echte Wahl gehabt hätten. Eine Flut treffsicherer Witze ergoss sich über das Land. Eine Untergenrezuordnung sähe in etwa so aus: Ostblockwitze über die Russen – Invasionswitze – Prag 1968. Viele standen im Geist der Kalauer über den ungarischen Volksaufstand 1956. Auch damals hatte die sowjetische Armee bei ihrer Ankunft behauptet, sie eile den sozialistischen »Brüdern« zu Hilfe:

Wie besuchen die Russen ihre Freunde?
Im Panzer.

Stimmt es, dass tschechische Patrioten die Rote Armee um Hilfe ersucht haben?
Ja, das stimmt, aber das war 1939. Die Hilfe kam erst 1968.

Woher wissen die Tschechen, dass die Erde rund ist?
Im Jahr 1945 wurden die Imperialisten in den Westen vertrieben, und im Jahr 1968 kehrten sie aus dem Osten zurück.

Wie lautet das kürzeste und schönste tschechische Märchen?
»Sie sind weg!«

Die Tschechen erweiterten den Kanon aber auch um etliche neue Kreationen. Einige verknüpften das Erlebte mit der jüngsten Theorie zu den internationalen Beziehungen, dem diplomatischen Prinzip der »Nichteinmischung«, das damals bei den Chinesen und den Russen en vogue war, eine Reaktion auf die Kritik an der Missachtung der Menschenrechte:

Welches ist das neutralste Land der Welt?
Die Tschechoslowakei. Sie mischt sich nicht einmal in die eigene Innenpolitik ein.

Welches ist das sicherste Land der Welt?
Israel. Es hat keine befreundeten Nachbarn.

Was ist schwarz und klopft an die Tür?
Die Zukunft.

Auf ein Plakat, das einen bestimmten Tag zum »Tag der sowjetisch-tschechischen [oder sowjetisch-ungarischen oder sowjetisch-polnischen] Freundschaft« erklärte, kritzelte man: »… aber keine Minute länger!«

Gelästert wurde aber nicht nur in Flüsterwitzen. In der ersten Woche nach der Invasion verwandelten tschechische Oppositionelle den Prager Wenzelsplatz in eine Open-Air-Galerie des antisowjetischen Humors, die von Fotografen und Filmemachern heimlich dokumentiert wurde. An den Wänden stand »Sowjetischer Staatszirkus wieder in Prag: Neue Attraktionen« oder »Sowjetische Schule für behinderte Kinder: Abschlussfahrt«. Mit Kreide wurden ein Hammer und eine schlangenartige Sichel an die Wand gemalt, und überall hingen Plakate mit Karikaturen. Besonders beliebt war das rot umrandete Verbotsschild mit einem Panzer in der Mitte. In den frühen Morgenstunden flitzten junge Tschechen auf den Wenzelsplatz und schmückten ihn mit neuen Plakaten und Sprüchen. Bis zum Abend hatten sowjetische Soldaten alles wieder entfernt und die Reste verbrannt. Eines Morgens hatte jemand den Statuen am Wenzelsplatz den Mund zugeklebt (Abb. 52–57).

»Der Humor, der bis dahin nur in Zeitungen oder Gesprächen unter Freunden üblich war, ergoss sich 1968 auf die Straßen«, erinnert sich ein Mitglied des Untergrundwiderstands, Ivan Hanusek. Hanusek hatte für eine Prager Zeitung gearbeitet, doch »russische Soldaten mit AK-47-Gewehren besetzten un-

Abb. 52. Das Panzerverbotsschild
war das beliebteste Symbol gegen
die sowjetische Invasion.

Abb. 53. »Sowjetischer Staatszirkus wieder in Prag: Neue Attraktionen«.

Abb. 54. Heiligenstatue
mit zugeklebtem Mund.

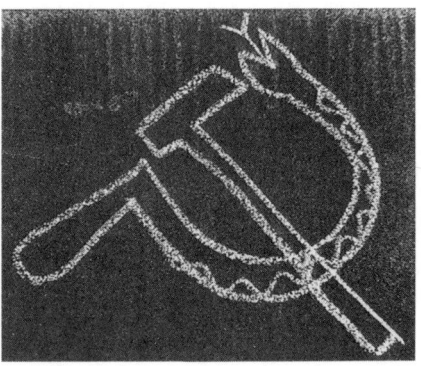

Abb. 55. Kreidezeichnung in der
Prager Innenstadt.

Abb. 56. Aufhängen antisowjetischer Plakate, Prag, 1968.

Abb. 57. Sowjetische Soldaten reißen in der Prager Innenstadt Plakate von den Wänden.

sere Büroräume. Da richteten wir uns eine Untergrunddruckerei ein und druckten unsere Zeitung dort weiter.«

Die Sowjets brauchten mehrere Monate, bis sie die Uhren wieder zurückgedreht hatten, denn sie mussten sämtliche tschechischen Medien dichtmachen oder säubern. Zwischen August 1968 und Mai 1969 war daher eine antisowjetische Presse aktiv. Im Untergrund wurden Flugblätter und Zeitungen mit Texten und Karikaturen gedruckt. Sogar im offiziellen Satiremagazin *Dikobraz* erschienen düstere Karikaturen über die Invasion.

Während die Zensur ausgesetzt war, entstanden herrliche visuelle Witze, unerreicht im Genre des kommunistischen Humors. Zu den Meisterwerken dieser Periode gehört Ivan Steigers Panzerreihe. Steiger (Abb. 58), damals bereits etablierter Karikaturist, floh einen Tag nach der russischen Invasion nach

München. Der Chauffeur eines freundlich gesinnten ZK-Mitglieds hatte ihm am Vorabend der Invasion einen Besuch abgestattet und ihm mitgeteilt, er sei »Nummer 16« auf der Verhaftungsliste. Steiger kam ohne Probleme über die Grenze, weil er
sich schon Monate zuvor ein Visum besorgt hatte – aus einem
völlig anderen Grund: »Ich war Karikaturist, und Karikaturisten sind für Kritik zuständig. Aber Dubčeks unerfahrene demokratische Regierung wollte ich nicht kritisieren. Ich war
jung und zerbrechlich. Deshalb wollte ich nach Deutschland
und dort arbeiten«, erzählte er mir.

In München zeichnete Steiger eine Unmenge Karikaturen,
alle mit dem Panzer als absurdem Bild für die sowjetische Invasion. Er zeichnete Panzer unter der Käseglocke, Panzer, die auf
Bäumen wachsen, Panzer, die in Formation fliegen wie Zugvögel, einen Panzer, der aus einer Schachtel springt, und so wei-

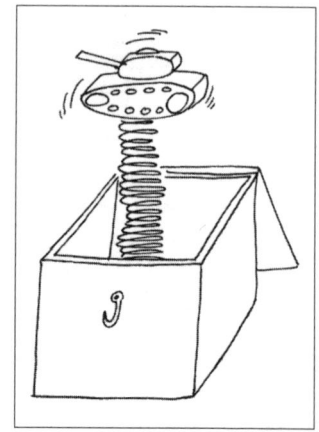

Abb. 59 und 60. Panzer (Ivan Steiger, *Prager Tagebuch*, 1968).

ter. In einer typisch schrägen Zeichnung segelt ein Panzer am Fallschirm herab und landet mit einem dumpfen Schlag auf dem Dach eines Wohnblocks. Man sieht, wie die Hausbewohner mit dem Besenstiel gegen die Decke klopfen, um sich über den Lärm zu beschweren (Abb. 59–62).

Steigers Karikaturen wurden in illegalen tschechischen Publikationen (*Liternai Noveni*) und internationalen Zeitungen abgedruckt. In tschechischen Städten zeichneten die Demonstranten sie aufs Pflaster, malten sie an Wände und druckten sie auf Plakate. Drei Wochen nach der Invasion veröffentlichte Steiger sie in Buchform unter dem Titel *Prager Tagebuch*. Das in Vergessenheit geratene Meisterwerk kommunistischen Humors ironisiert die Allgegenwart der sowjetischen Kettenfahrzeuge in Prag. Steiger verfolgt die Strategie, die staatliche Propaganda auf die Spitze zu treiben, in diesem Falle die Behauptung, die Gewalt sei »freundschaftlich« motiviert. Der bissige Humor erwuchs aus der Ironie des freundlichen Charmes und der unterwürfigen Schmeichelei.

Im düsteren und heruntergekommenen Osteuropaarchiv in Prag, im »Institut für Untergrundliteratur«, werden zahlreiche Karikaturen und Samisdat*-Publikationen aus dem Jahr 1968 aufbewahrt und von verarmten Exdissidenten mit Bart katalogisiert. Einer davon ist Jiri Gruntorat.

Gruntorat holte einen großen Karton, nahm vorsichtig den Deckel ab und zog eine Seite heraus, die mit der wackligen Schrift einer billigen alten Ostblockschreibmaschine geschrieben war. Er übersetzte die Überschrift für mich: »Was Sie immer noch nicht über Theorie und Praxis des kommunistischen Aufbaus in unserem Lande wussten«. In den Monaten der Besatzung, erklärte er, schien der normale Alltag ausgesetzt. Die gesamte Wirtschaft verlangsamte sich. In tschechischen Büros war oft wenig zu tun, und gelangweilte Sekretärinnen trugen ihren Teil zum Untergrundhumor bei, indem sie DIN-A4-Blätter mit Witzen beschrieben, so auch das Dokument, das vor uns lag.

»Da stehen fünfzehn Witze drauf. Manche sind absolut wunderbar«, sagte er mit dem unverkennbaren emotionalen Beben in der Stimme. Sein Blick schweifte über die Seite. »Fangen wir oben an: Warum bauen wir den Sozialismus auf? Weil das einfacher ist, als zu arbeiten. … Welches sind die größten Feinde des Sozialismus? Frühling, Sommer, Herbst, Winter und der Imperialismus. … Und hier ist noch einer, der lässt sich fast nicht übersetzen: Wann wird in der Tschechoslowakei der Sozialismus erreicht sein? Wenn jeder von allem genug hat. Das ist genau die Zweideutigkeit, die man nicht übersetzen kann.« So schwer war das gar nicht zu übersetzen, aber es war aufschlussreich, dass er das dachte. Hier war jemand *stolz* auf die Witze.

---

* Samisdat waren die im Untergrund tätigen Kleinverlage, die verbotene Bücher und illegale Informations- und Flugblätter publizierten.

»Ich bin überzeugt, dass wir mit dem Humor zumindest unsere intellektuelle Überlegenheit unter Beweis gestellt haben«, sagte Herr Gruntorat mit sichtbar geschwellter Brust. »In einem anderen Land hätte die Reaktion anders ausgesehen. Die Jugoslawen hätten vielleicht gekämpft, aber wir hier, wir haben unsere intellektuelle Überlegenheit demonstriert, und es ist kein Schuss gefallen. Ich weiß nicht, ob das gut oder schlecht ist, aber so sehe ich das.«

Mir wurde klar, dass die Witze für diejenigen, die unter dem Kommunismus litten, heute eine andere Funktion haben. Sie sind der Beweis dafür, dass die Jahre nicht verloren waren. Sie sind der Beweis dafür, dass aus dieser Epoche eine Art Seele hervorging und dass den Menschen etwas bleibt, was wir im Westen nie hatten und nie haben werden. Die Witze waren der Jazz Osteuropas, die Musik der Unterdrückten.

Abb. 61 und 62. Panzer (Ivan Steiger, *Prager Tagebuch*, 1968).

6

STAGNATION

Ende der sechziger Jahre hatte der Kampf zwischen offiziellen Satirikern und privaten Spaßmachern schon vier Jahrzehnte auf dem Buckel. Doch wer hatte die Nase vorn?

Es war ein völlig anderer Zweikampf, als ich es nach Lektüre der vorliegenden Literatur zum Thema erwartet hatte. Auf meinen Reisen kreuz und quer durch den ehemaligen Ostblock hatte ich die eine oder andere ketzerische Entdeckung gemacht, die das Evangelium des kommunistischen Witzes in seinen Grundfesten erschütterte. Ich hatte erfahren, dass es schon in den dreißiger Jahren kein Kampf zwischen einer gänzlich humorlosen und einer schreiend komischen Seite gewesen war. Auch die Kommunisten hatten Humor. Und die These, dass Witze das einzige Mittel des Widerstands war, das Regimegegnern blieb, wurde in den fünfziger Jahren als Illusion enttarnt: Sie konnten durchaus auch Flugblätter drucken, streiken und randalieren. Noch komplizierter wurde es in den sechziger Jahren, als im sowjetisch besetzten Ostblock die Ränge der offiziellen Humoristen von Doppelagenten infiltriert wurden, die zielstrebig die »positive Satire« von innen sabotierten. Im Nachhinein wissen wir, wer den Sieg davongetragen hat, nämlich die Witzeerzähler des Jahres 1989. Doch es war ein langer Krieg, und das Glück wechselte ständig die Seiten.

Anfang der siebziger Jahre deutete vieles darauf hin, dass die Witzeerzähler die Oberhand gewonnen hatten, doch zu Beginn der sechziger Jahre konnte davon noch keine Rede sein. In den Zeugnissen dieser Jahre entdeckte ich etwas Überraschendes: Eines der heiligen Dogmen in der Historiografie des kommunistischen Witzes lautet, dass der staatliche Humor bleiern und fantasielos war, der Volkswitz dagegen spritzig und pointiert. Doch Dokumente aus den frühen sechziger Jahren legen die Vermutung nahe, dass damals die offiziellen Humoristen drauf und dran waren, das Rennen zu machen. Viele Sowjetbürger waren offenbar von Stalins Satire überzeugt, und folglich richteten sich viele sogenannte kommunistische Witze dieser Zeit ganz und gar nicht *gegen* den Kommunismus.

Zugegeben, die Aktenlage zur Politik der Witzeerzähler ist alles andere als ergiebig, es liegen jedoch durchaus Dokumente vor, die uns über die Motive anderer oppositioneller Aktivitäten gegen Chruschtschow Auskunft geben.

Historikerteams, die seit 1999 freigegebene Akten des KGB und des Innenministeriums untersuchen, haben in den Jahren zwischen 1953 bis 1962 in erstaunlichem Umfang Hinweise auf öffentliche Unruhen gegen Chruschtschow gefunden. Dieser Widerstand fand überwiegend unter dem Einfluss erheblicher Mengen Wodkas statt, womit sich einmal mehr das russische Sprichwort bestätigt: »Was der Nüchterne im Kopf hat, hat der Betrunkene auf der Zunge.« Die Äußerungen reichten von Beleidigungen der Regierung bis hin zu Übergriffen auf Polizisten, Aufmärschen, Unruhen, Plünderungen, gelegentlichen Streiks und natürlich Witzen.

Im Lauf der fünfziger Jahre ereigneten sich in den »jungfräulichen« Gebieten zahlreiche Aufstände und Demonstrationen. Junge Arbeiter, die dorthin übergesiedelt waren, gingen aus Verärgerung darüber, dass es kein fließendes Wasser und keine Elektrizität gab, auf die örtliche Verwaltung los. Im September 1955 traten in Kemerewo zweitausend Arbeiter wegen verzögerter Lohnzahlungen und der Zunahme der Überstunden in den Streik. Im August 1959 wurden in Temirtau bei einem Streik, der in der Arbeitsniederlegung von fünfundzwanzigtausend Arbeitern gipfelte, elf Menschen erschossen. Doch offenbar waren nur wenige dieser Demonstranten antikommunistisch eingestellt. Aus einem Flugblatt, das in Kiselewsk von einem gewissen Iwan Trofimowitsch verfasst wurde, Parteimitglied und stellvertretender Abteilungsleiter im Innenministerium, geht hervor, dass dem Protest keine *ideologische* Enttäuschung zugrunde lag. Er schrieb:

»Genossen Minenarbeiter! … Das grundlegende Gesetz der Sowjetmacht lautet, dass alles zum Wohle des Volkes geschieht. So heißt es in den Reden, und so steht es in den Zeitungen. Aber was bedeutet das in Wahrheit? … In Wahrheit genießt nur eine kleine Clique den Wohlstand – die sowjetische Bourgeoisie und ihre Speichellecker.«

Zwischen 1961 und 1962 verdreifachte sich die Zahl dieser oppositionellen Aktivitäten – »feindliche Phänomene«, wie sie offiziell genannt wurden. Im Jahr 1962 wurden 34 600 anonyme Texte in Umlauf gebracht, darunter 23 213 Flugblätter mit Sprüchen wie diesem: »Chruschtschow, du Windbeutel, wo ist der Wohlstand, den du uns versprochen hast?« Dazu passt der folgende Witz:

Kann man einen Elefanten in eine Zeitung wickeln?
Wenn die Zeitung eine Rede von Chruschtschow enthält,
schon.

In der gleichen Zeit war auch ein Niedergang von Recht und Ordnung zu beobachten, sodass die Zahl der Verhaftungen wegen »Rowdytums«, also Trunkenheit, Prügeleien und anderem unsozialem Verhalten, um das Doppelte anstieg.

Im Januar 1961 fand in Krasnodar ein zweitägiger Aufstand gegen den, wie es in einem anonymen Flugblatt hieß, »sowjetischen Kapitalismus« statt. Die schwersten Zwischenfälle ereigneten sich im Juni 1962 in Nowotscherkassk in der Budenny-Fabrik für Elektrische Lokomotiven, nachdem bekannt geworden war, dass die Preise erhöht und die Löhne der Arbeiter effektiv um dreißig Prozent gesenkt werden sollten. Die Arbeiter hielten einen Zug an, schlugen Polizisten zusammen, marschierten weiter und demolierten anschließend die Räume der Kommunalverwaltung, ehe ihnen Soldaten mit scharfer Munition Einhalt geboten. Die Parole der Arbeiter lautete: »Wir wollen Fleisch, Milch und eine Lohnerhöhung.« Die Streikenden rissen Chruschtschow-Porträts von den Wänden, zogen über »falsche Leninisten« her und blickten wehmütig auf die Stalinzeit zurück, »als wir noch stetig auf den Kommunismus hinarbeiteten«, wie es in einem Flugblatt heißt. Die Unruhen belegen, dass viele Sowjetbürger von der Propaganda überzeugt waren. Viele Demonstranten machten wie das offizielle Satireorgan *Krokodil* die »sowjetische Bourgeoisie« – damit meinten sie die korrupte Bürokratie – für die Fehler des Systems verantwortlich, und sie gaben nicht Stalin, sondern seinen Nachfolgern die Schuld für ihre wirtschaftliche Not.

Aus den Protesten gegen Chruschtschow lassen sich logische Rückschlüsse auf die Witzeerzähler ziehen. Wenn die Menschen, die sich dem Protest gegen den Staat anschlossen, nicht auf den Sturz des Kommunismus aus waren, so mussten sich auch die Leute, die Witze erzählten, ihren Glauben an die Ideologie bewahrt haben. Viele Menschen sahen die Fehler im System, wollten aber keine Konterrevolution vom Zaun brechen, sondern die Mängel beheben. Anders ausgedrückt: Die »Kalten Krieger«, die Exilrussen mit ihren Witzebüchern, die amerikanischen Journalisten, die in den Zeitungen *anekdoty* abdruckten, und alle anderen, die aus den Witzen den *Willen* des Volkes herauslasen, das System zu stürzen, zogen völlig übereilte Schlüsse …

Das war die Lage zu Beginn der sechziger Jahre. Aber wie sah es am Ende des Jahrzehnts aus, nach knapp zehn Jahren ungehinderten Witzeerzählens? Die Ostblockregimes gingen davon aus, dass Witze keine politische Gefahr darstellten, ja, dass sie die Staatsführung sogar stärken konnten, da sie eine Art Ventil bereitstellten. Ein Punkt lässt allerdings vermuten, dass sie sich damit verrechneten, und zwar das Aufkommen eines neuen Witzethemas: Lenin. Zum ersten Mal drangen die Witzeerzähler in das Allerheiligste des Kommunismus vor.

Im Jahr 1970 wurde Lenins hundertster Geburtstag begangen. Schon ein Jahr zuvor begannen die Vorbereitungen für die Feierlichkeiten – die größte Propagandakampagne, die in der Sowjetunion je auf die Beine gestellt wurde. Sie lösten eine Flut von Witzen aus …

Leonid Breschnew will ein Porträt mit dem Titel »Lenin in Polen« in Auftrag geben. Die streng dem sozialistischen Realismus verpflichteten russischen Maler sind jedoch nicht in der Lage, ein Ereignis zu malen, das nie stattgefunden hat.

»Genosse Breschnew, wir würden ja gern, aber wir können nicht. Das widerspricht unserer Ausbildung«, erklärt einer der vielen Künstler, die Breschnew anspricht. In seiner Verzweiflung ist der Staatschef schließlich gezwungen, den alten jüdischen Maler Levi zu fragen.

»Natürlich stelle ich auch lieber reale Ereignisse dar, aber ich male das Bild trotzdem. Es ist mir eine große Ehre, Genosse.« Levi beginnt mit der Arbeit.

Der Tag der Enthüllung ist gekommen. Jeder hält den Atem an.

Das Tuch wird entfernt, und zum Vorschein kommt ein Bild, das einen Mann mit einer Frau im Bett zeigt, die aussieht wie Lenins Ehefrau.

Breschnew fragt entsetzt: »Was hat das zu bedeuten?«

»Das ist Trotzki«, sagt der Künstler.

»Und wer«, will Breschnew wissen, »ist die Frau?«

»Das ist Lenins Gattin, Genosse Breschnew.«

»Und wo ist Lenin?«

»In Polen«, erklärt Levi.

Unter der Parole »Lenin lebt« überrollte eine Flut von Schulprojekten, Lesungen, Filmen, Plakaten, Liedern, klassischen Kompositionen, Bühnenstücken, Ansteckern, Schokoriegeln und Büchern (mehr als achthundert Titel!) die Sowjetunion, alles finanziert von der Moskauer Regierung, die auch eine Gedenkausgabe mit Essays von der anderen Seite der Erdkugel bezahlte: *Lenin – Aus australischer Sicht.* Ein Journalist der *New York Times* schrieb: »Es ist Mode in Moskau, sich über die riesige Lenin-Kampagne lustig zu machen – auf die Regale unverkaufter Lenin-Bücher zu verweisen, die banalen Lenin-Plakate, die an jeder Straßenecke hängen, die lustlosen Phrasen und die mangelnde Sensibilität gegenüber dem Menschen Lenin, die diese Kampagne prägen.«

Wir schreiben das Jahr 2000. Aus dem U-Bahn-Lautsprecher quakt es: »Lenin-Station. Anschluss zur Lenin-Linie und zur Lenin-Linie. Nächster Halt: Lenin-Station.«

Die Ärzte befragen im Irrenhaus einen Patienten:

»Wie lautet Ihr Name?«

»Duuu …«

»Wo kommen Sie her?«

»Dooo …«

300

»Worunter leiden Sie?«

»Daaa …«

»Wissen Sie, welches Jahr wir haben?«

»Lenin-Jahr.«

Am Jubiläumstag, dem 24. April 1970, fanden im gesamten Ostblock Paraden, Ausstellungen und Konzerte statt. Die sowjetische Marine führte Manöver durch. In Moskau hörten sechstausend Delegierte auf einer Parteiversammlung Breschnews dreistündige Rede, die mit dem Gedanken endete: »Lenin lebte, Lenin lebt, und Lenin wird leben.«

»Aber wenigstens wird er nur einmal hundert«, murmelten die Spaßmacher.

Schulkinder besuchen Lenins Witwe Nadeschda Krupskaja.
»Großmutter Nadeschda, erzähl uns eine Geschichte über Lenin«, betteln sie.
»Wisst ihr, Kinder, Lenin war sehr gütig«, sagt sie mit feuchten Augen. »Ich weiß noch, wie einmal Kinder zu Besuch kamen, als sich Wladimir Iljitsch gerade rasierte. ›Spiel mit uns, Großvater Lenin‹, sagten sie. ›Zischt ab, ihr Rotzlöffel‹, sagte er. Seine Augen waren so gütig.«

Wenn wir Lenin sagen, meinen wir die Partei. Wenn wir die Partei sagen, meinen wir Lenin. So machen wir es mit allem. Wir sagen das eine und meinen etwas anderes.

Und dann kam das Dreierbett auf den Markt – heißt doch unser Leitspruch: Lenin ist immer bei uns.

Im Jahr 1977 wurde der sechzigste Jahrestag der Revolution gefeiert. Dafür ließen sich die Lenin-Witze abstauben und, wenn nötig, aufpolieren.

In Moskau findet 1977 ein Wettbewerb für die schönste Kuckucksuhr statt. Der dritte Preis geht an eine Uhr, in der zu jeder vollen Stunde ein Kuckuck herauskommt und sagt: »Lenin, Lenin.« Den zweiten Preis erhält eine Uhr, die zur vollen Stunde sagt: »Lenin lebt, Lenin lebt.« Der erste Preis wird einer Uhr verliehen, aus der Lenin selbst herauskommt und sagt: »Kuckuck, Kuckuck.«

Interessant sind diese Witze nicht so sehr deshalb, weil sie sich erstmals in größerer Zahl mit Lenin auseinandersetzten, sondern weil sie träge und zynisch waren. Man braucht sie nur mit den zwei oder drei uns bekannten Witzen über Lenin vergleichen, die vor dieser Zeit im Umlauf waren, der erste wahrscheinlich in den zwanziger Jahren, der zweite in den Fünfzigern:

Ein Mann besucht Lenins Grab. Der Wächter sagt feierlich: »Lenin ist tot, doch seine Ideen werden ewig leben.« Darauf der Besucher: »Ich wünschte, es wäre andersherum.«

Ein Mann besichtigt die Hölle und sieht, dass Hitler und Stalin unterschiedlich bestraft werden. Er fragt den Teufel: »Warum reicht Hitler die Scheiße bis zum Hals und Stalin nur bis zur Hüfte?« Der Teufel antwortet: »Weil Stalin auf Lenins Schultern steht.«

Die Pointen der neuen Lenin-Witze haben überwiegend eine völlig andere Stoßrichtung. An die Stelle der ironischen politischen Aussage in den älteren *anekdoty*, die unverkennbar auf den Kommunismus abzielt, treten in den neuen Lenin-Witzen – vergleichbar den späteren Breschnew-Witzen – grober Spott, häufig gewürzt mit Kraftausdrücken, Fäkalsprache oder sexuelle Anspielungen. Lenin trägt nicht etwa Stalin auf den Schultern, sondern er wird als Kinderhasser, als Figur in einer Kuckucksuhr oder als gehörnter Ehemann dargestellt. Diese

Lenin-Witze sind respektlos. Man könnte daraus ableiten, dass die Sowjetbürger allen Glauben an Lenin und seine Ideologie, den Kommunismus, verloren hatten.

Wenn Witze den Kommunismus zu Fall brachten, hätte den Lenin-Witzen ein Aufstand folgen müssen. Nachdem der Humor die letzte Bastion des kommunistischen Bekenntnisses eingenommen hatte, wäre der nächste Schritt die Konterrevolution gewesen: 1989 hätte schon 1971 stattfinden müssen.

Doch so war es nicht. Das genaue Gegenteil trat ein. Es folgte eine Ära der Trägheit, die Michail Gorbatschow »Ära der Stagnation« taufte und in der gleich drei Bereiche zum Stillstand kamen: die Wirtschaft, die Politik und der Humor.

Am Ende des Jahrzehnts wuchs die Wirtschaft in der Sowjetunion und in den meisten anderen Ostblockstaaten nicht mehr. In den achtziger Jahren schrumpfte sie in Polen und der Tschechoslowakei sogar.

Mit was für Problemen hat die sowjetische Wirtschaft besonders hartnäckig zu kämpfen?
Mit vorübergehenden Problemen.

Trotz ihrer Rohstoffarmut boten die Ostblockregimes ihren Bürgern einen schwachen Abklatsch des westeuropäischen Wohlstands. Was in Westdeutschland das »Wirtschaftswunder« war, wurde in Ungarn »Gulaschkommunismus« genannt. Elektrogeräte wurden in großen Mengen produziert und zu erschwinglichen Preisen verkauft. Zu Beginn der siebziger Jahre hatte nur ein Viertel aller Haushalte in der Sowjetunion einen Fernseher und noch weniger einen Kühlschrank. Am Ende des Jahrzehnts besaßen drei Viertel beides.

Doch dieser Wohlstand war auf Dauer nicht bezahlbar. Das niedrige Preisniveau und die Inlandsproduktion wurden mit

Krediten bei westlichen Banken finanziert. Die tschechischen Westschulden stiegen in den siebziger Jahren auf das Zwölffache, die polnischen auf das Dreißigfache. Zwischen 1971 und 1980 wuchsen die Schulden der Polen von einer Milliarde auf zwanzig Milliarden Dollar an. Trotzdem musste man für einen Laib Brot den halben Tag anstehen.

Warum wird sich das Problem mit den Schlangen vor den Läden erledigen, wenn wir den Vollkommunismus haben?
Es wird dann nichts mehr geben, wonach man anstehen könnte.

In Polen wurden mit dem Geld aus dem Westen Warenimporte, ein neues Sozialversicherungssystem für Landwirte und ein Preisstopp für Nahrungsmittel auf dem Niveau von 1965 finanziert. Die DDR gab unterdessen sechzig Prozent ihrer Exporteinnahmen für Zinszahlungen aus, und das, obwohl die Bundesrepublik ihr günstige Zinssätze gewährte. Die sowjetischen Nahrungsmittelimporte, überwiegend Getreide aus Amerika, verdreifachten sich im Lauf der siebziger Jahre.

Breschnew in einer Radioansprache ans russische Volk: »Genossen! Ich habe zwei wichtige Neuigkeiten für euch, eine gute und eine schlechte. Die schlechte Nachricht ist, dass wir in den nächsten sieben Jahren nichts als Scheiße zu essen haben. Die gute ist, dass es davon jede Menge gibt.«

Produktiv waren in den kommunistischen Volkswirtschaften nur die Nischen, in denen die Staatsregie gesetzlich gelockert worden war. In Ungarn etwa, wo kleine Privatfirmen zugelassen wurden, deckten Anfang der achtziger Jahre vierundachtzigtausend selbstständige Handwerker fast sechzig Prozent des Bedarfs.

Der sowjetischen Führung mangelte es nicht an Hinweisen auf die Dringlichkeit des Wandels – die sie allerdings ignorierte. Unzählige staatlich finanzierte Denkfabriken, die im »Tauwetter« der sechziger Jahre gegründet worden waren und nüchterne Namen trugen wie »Institut für Wirtschaft und industrielle Organisation Nowosibirsk«, »Zentrales wirtschaftsmathematisches Institut« oder »Institut für Weltwirtschaft und Internationale Beziehungen«, drängten das Politbüro in ihren Geheimberichten zu Reformen und äußerten ihre Besorgnis darüber, wie weit die UdSSR dem Westen in puncto Technik und Lebensstandard hinterherhinkte. Statt ihren Empfehlungen zu folgen, beraubte Breschnew diese Organisationen in regelmäßigen Abständen der Stimmen der Vernunft.

Die Regierungen der DDR und der UdSSR inhaftierten nun nicht mehr alle rebellischen Bürger, sondern ließen einige von ihnen ausreisen. Die Bundesrepublik Deutschland kaufte mit harter Währung DDR-Dissidenten frei; bis zum Jahr 1989 brachte sie dafür die astronomische Summe von einer Milliarde D-Mark auf. In den siebziger Jahren gab es eine beispiellose jüdische Emigrationswelle aus der Sowjetunion: zweihundertfünfzigtausend Menschen durften gehen, wohl als Reaktion auf den Druck, den westliche Regierungen dank ihrer Darlehen ausüben konnten.

Wie unterhält sich ein schlauer russischer Jude mit einem dummen russischen Juden?
Telefonisch aus New York.

Die Ost-West-Beziehungen verbesserten sich unterdessen nach und nach. Es wurde mehr verhandelt und weniger aufgerüstet. Die Entspannungspolitik löste, um in der diplomatischen Terminologie jener Tage zu bleiben, die Abschreckung ab. Breschnew hielt zunächst einen Gipfel mit Nixon, dann einen mit Carter ab, um über die Reduzierung der Atomwaffenarsenale zu diskutieren.

Breschnew besucht Nixon. Er sieht auf dessen Schreibtisch ein rotes Telefon stehen und fragt, wozu es gut ist.

»Damit kann ich den Teufel anrufen«, sagt Nixon. Breschnew bittet ihn, ihm das zu beweisen. Nixon lässt seinen persönlichen Referenten die Nummer wählen. Dieser bekommt den Teufel an die Strippe und reicht den Hörer an den US-Präsidenten weiter, der eine Viertelstunde mit ihm spricht und dann auflegt. Breschnew ist beeindruckt. Der Referent sagt: »Mr. President, Sie haben eine Viertelstunde telefoniert. Das kostet den amerikanischen Steuerzahler eintausendfünfhundert Dollar.«

Breschnew kehrt nach Moskau zurück und bittet seinen persönlichen Referenten: »Hol mir den Teufel ans Telefon. Wenn die USA das können, kann die UdSSR es auch.« Sein Wasserträger bekommt den Teufel an die Strippe und reicht den Hörer an Breschnew weiter, der etwa eine Viertelstunde mit ihm spricht. Breschnew legt auf und fragt: »Was hat das jetzt gekostet?«

»Zwei Kopeken«, antwortet sein persönlicher Referent.

Breschnew ist verblüfft. »Was? Nur zwei Kopeken? Die Amerikaner haben eintausendfünfhundert Dollar bezahlt, und uns kostet das nur zwei Kopeken?«

»Ja. Wissen Sie, wenn man den Teufel aus Washington anruft, ist es ein Ferngespräch. Wenn man aber aus Moskau telefoniert, ist es ein Ortsgespräch.«

Man schloss immer mehr Kultur- und Wirtschaftsabkommen. Die DDR-Bürger sahen westdeutsches Fernsehen, polnische Arbeiter verdienten sich in der Bundesrepublik Devisen, und auch sowjetische Musiker reisten ins Ausland. Das führte zu folgendem Witz:

Was ist ein russisches Streichquartett?

Das ist ein sowjetisches Orchester nach der Rückkehr von einer USA-Tour.

In der Bundesrepublik wurde die Ostpolitik aus der Taufe gehoben. Die Unterzeichnung des Warschauer Vertrags mit Polen führte dazu, dass in der polnischen Satirezeitschrift *Szpilki* antideutsche Karikaturen mit Deutschen in NS-Uniformen spürbar seltener wurden. Es folgte die Anerkennung der Existenz der DDR durch die Bundesrepublik. Im Gegenzug unterzeichneten die Sowjets im Jahr 1975 die Schlussakte von Helsinki, die Zusagen über die Einhaltung der Menschenrechte enthielt.

Trotzdem änderte sich vordergründig nichts. Helsinki bestätigte nur den Status quo. Die Abrüstungsgespräche blieben ergebnislos. Am Ende des Jahrzehnts brach die Sowjetunion mit dem Einmarsch in Afghanistan einen neuen Expansionskrieg vom Zaun. Als Reaktion verweigerten die Amerikaner ihre Unterschrift unter das SALT-Rüstungsbegrenzungsabkommen. Es ging die Rede von einem zweiten Kalten Krieg.

In der Sowjetunion breitete sich politische Apathie aus. Nach Chruschtschows Sturz legten sich die Massenunruhen. In den ersten fünf Monaten des Jahres 1964 verzeichnete der KGB dreitausend Flugblätter und Briefe mit antisowjetischem Inhalt – das entsprach nur einem Viertel der elftausend Beweisstücke, die in der zweiten Jahreshälfte 1963 gefunden worden waren. In der Ära der Stagnation zwischen 1969 und 1977 ereignete sich kein einziger Massenaufstand.

Es waren düstere Jahre für den Kommunismus und düstere Jahre für den kommunistischen Witz. Es gab weniger neue Witze und noch weniger gute neue Witze. Einer handelte sogar von diesem Missstand:

Warum gibt es heutzutage keine neuen Witze mehr?
Rabinowitsch ist emigriert.

Die Pointen waren nicht mehr so bissig, dafür waren die Witze erheblich länger als die früherer Epochen. Ihr Stil erinnert an den Überfluss an Zierrat, der die Kunst in der Endphase einer untergehenden Zivilisation prägt. Nicht zu vergessen der Ton: Aus den meisten Witzen, den guten wie den schlechten, spricht eine bedrückende Langeweile. Auch die Witze stagnierten – um den möglicherweise zu glatten historischen Terminus zu bemühen –, quantitativ wie qualitativ.

Breschnew war in seiner Datscha am Schwarzen Meer. Eines Morgens ging er schon früh an den Strand. Das Wetter war herrlich, die Sonne schien. Da sprach die Sonne ihn an: »Guten Morgen, lieber Genosse Breschnew. Hab keine Angst, du darfst jetzt baden gehen. Ich habe das Wasser schon für dich erwärmt.«

Also ging Breschnew schwimmen und legte sich anschließend in den Sand. »Wie wäre es mit einer Kleinigkeit zu essen, Genosse Breschnew?«, fragte die Sonne. »Du kannst später wiederkommen. Ich warte auf dich und vertreibe die Wolken.«

Breschnew ging Mittagessen und kehrte anschließend zum Strand zurück.

»Und jetzt«, sagte die Sonne sanft, »leg dich auf den Bauch und schlaf eine Weile. Keine Sorge, ich achte darauf, dass du schön braun wirst.«

Breschnew hörte auf die Sonne und legte sich hin.

»Und jetzt wach auf«, sagte die Sonne freundlich, »und iss zu Abend.«

Als Breschnew am Abend zurück an den Strand kam, ging die Sonne gerade unter. Sie stand schon direkt über dem Horizont.

»Und was soll ich jetzt machen?«, fragte Breschnew.

Die Sonne antwortete nicht.

»Warum sagst du nichts?«, fragte Breschnew.

»Rutsch mir doch den Buckel runter«, sagte die Sonne. »Ich bin jetzt im Westen!«

Auch weiterhin fungierten die Witze als eine Art Nachrichtendienst, der jede wichtige historische Entwicklung der Zeit verarbeitete, wenn auch nicht so urkomisch wie einst. Einer der eher matten Kalauer, die auf das Altern der Ostblockführungen anspielte, lautete so:

Was hat vierzig Zähne und vier Beine?
Ein Krokodil.
Was hat vier Zähne und vierzig Beine?
Das Zentralkomitee der Kommunistischen Partei.

Das Durchschnittsalter des sowjetischen Politbüros, das 1966 bei achtundfünfzig Jahren gelegen hatte, betrug im Jahr 1981 siebzig. Breschnew erlitt 1974 – dieses Jahr könnte als Beginn der Ära der Stagnation gelten – einen Schlaganfall, 1976 einen weiteren.

Mit großem Bedauern gibt die Regierung der UdSSR bekannt, dass der Generalsekretär des Zentralkomitees der Kommunistischen Partei und Präsident des höchsten Sowjets, Genosse Leonid Breschnew, nach langer Krankheit und ohne das Bewusstsein wiedererlangt zu haben, seine Regierungspflichten wieder aufgenommen hat.

Nach seinen Schlaganfällen brauchte Breschnew Hilfe, um aufs Podium zu gelangen, und konnte kaum eine Rede fehlerfrei lesen.

Breschnew verliest eine Rede: »Wer behauptet, dass ich immer nur vom Blatt ablese? Ha Komma ha Komma ha Komma ha Komma ha.«

Wie konnte Breschnew Erster Sekretär des Zentralkomitees der Kommunistischen Partei der Sowjetunion werden?
Nach der Parteisatzung kann jedes Mitglied das Amt bekleiden.

Breschnew überschüttete sich mit Auszeichnungen – zweihundertsechzig waren es bis zu seinem Tod. An seinem Jackett prangten am Ende hundertzehn Medaillen, was zu einem Wiederaufflammen der Witze über Orden führte, die man sich seit den Tagen Hermann Görings nicht mehr erzählt hatte. Als es keine Ehrungen mehr gab, die man Breschnew hätte zusprechen können, überreichte man ihm die alten noch einmal. Die Auszeichnung »Held der Sowjetunion«, der höchste Ehrentitel, wurde ihm viermal verliehen, obwohl Stalin für diese besondere Auszeichnung ein Maximum von drei festgelegt hatte.

Die Familie Breschnew isst zu Abend, als das ganze Haus plötzlich
wie unter einem Erdbeben erzittert. »O Gott, was ist das?«,
fragt Tochter Galina.
»Keine Sorge«, sagt ihre Mutter, »das Jackett deines Vaters ist vom
Stuhl gefallen.«

Der sowjetische Regierungschef pflegte kostspielige Hobbys. Er verfügte über eine Flotte von achtzig Autos und sammelte Antiquitäten, Teppiche und Jagdwaffen, was zu folgendem Kalauer führte:

Breschnew stirbt und landet in der Hölle. »Leonid«, sagt der Teufel,
»du bist ein bekannter Kommunist, ein sehr bedeutender Mann.
Deshalb darfst du deine Folter selbst wählen.«
Beim Gang durch die Hölle zeigt er ihm Adolf Hitler in einem Kessel
mit siedendem Öl und Stalin auf der Streckbank. Da sieht Breschnew
Nikita Chruschtschow mit Brigitte Bardot auf dem Schoß.
»Das ist es!«, ruft er erfreut. »Ich will dieselbe Folter wie Chruschtschow!«
»Das geht leider nicht«, sagt der Teufel. »Da wird nicht
Chruschtschow gefoltert, sondern die Bardot.«

Mit der Mondlandung der Amerikaner 1969 verlor die Sowjetunion ihre Führung im Weltraumwettrennen, auf dem einzigen Gebiet also, auf dem sie der konkurrierenden Supermacht hatte Paroli bieten können. Daraus entstand der wohl schwächste kommunistische Witz aller Zeiten:

Breschnew ruft alle sowjetischen Kosmonauten zu sich und verkündet: »Genossen, ich habe einen Plan, wie wir die USA in der Raumforschung überholen können: Ihr werdet auf der Sonne landen!«

»Aber Genosse Breschnew«, protestieren die Kosmonauten. »Wir werden verbrennen!«

»Ihr glaubt wohl, ich bin verrückt?«, erwidert Breschnew. »Ihr landet natürlich bei Nacht!«

In den Beziehungen zu China, die unter Chruschtschow zusammengebrochen waren, gab es keinerlei Verbesserung. Im März 1969 kamen bei einem militärischen Grenzkonflikt achthundert chinesische und sechzig sowjetische Soldaten ums Leben. Auch die Witze wurden nicht besser. Einige verknüpften raffiniert China mit dem Judentum:

Breschnew hat einen angesehenen Schlafforscher konsultiert, nachdem er wiederholt den gleichen Albtraum gehabt hat: Er sieht einen Polen auf dem Roten Platz, der Matzen mit Stäbchen isst.

Tolstikow [Chef des Leningrader Parteikomitees und bekannt für seine antisemitische Haltung] wird zum sowjetischen Botschafter in China ernannt. Als sein Flugzeug in Peking landet, geht er die Gangway zum Rollfeld hinunter, wo ihn eine Delegation chinesischer Würdenträger erwartet. Er sieht sie an und sagt: »Na, ihr Schmule ... immer was im Schilde. Oder was schaut ihr so verkniffen?!«

In Leningrad geht das Gerücht, dass in den Schulen bald drei Fremdsprachen unterrichtet werden: Englisch und Hebräisch für die künftigen Emigranten und Chinesisch für alle, die bleiben wollen.

Einige der besseren Witze entlarvten die neuen Propagandaklischees. In der Breschnew-Ära waren das leninistische Gerede von den bourgeoisen Spekulanten und Stalins Diktum, man sei von feindlichen Kapitalisten umzingelt, längst passé. An ihre Stelle trat eine Flut leerer Phrasen, etwa die allgegenwärtigen Dankesfloskeln, die Fabrikausschüsse und Besucherdelegationen den Sowjets zu übermitteln hatten. In der Öffentlichkeit wurden sie mit Misstrauen quittiert, weil sie immer denselben Wortlaut hatten.

Welchen sechsten Sinn hat die gesamte sowjetische Bevölkerung entwickelt?
Eine tiefe Dankbarkeit gegenüber der Partei.

In dem plumpen Versuch, die Unfähigkeit des Staatschefs zu kaschieren, fand sich in sämtlichen Aussagen über Breschnew das Wörtchen »persönlich«. Breschnew gratulierte Schriftstellern und Schauspielern »persönlich«, Botschafter »informierten ihn persönlich«, und er intervenierte stets »persönlich«, wenn rasch Probleme zu lösen waren. Daraus erwuchs folgender Witz:

Hast du gehört, dass Breschnew gestorben ist?
Was – persönlich?

Trotz seiner geistigen und körperlichen Beeinträchtigung sah es ganz danach aus, als werde Breschnew nie sterben.

Breschnew geht mit seinem Enkel spazieren. »Großvater, wenn ich einmal erwachsen bin, werde ich dann Generalsekretär?«
»Was redest du da, Junge? Es kann doch nicht zwei Generalsekretäre geben!«

Doch dann, 1982, starb er doch. Ihm folgten zwei kurzlebige Generalsekretäre, Juri Andropow und Konstantin Tschernenko, unter denen die Witze nicht besser wurden.

Was waren Breschnews letzte Worte?
»Hände weg von dem Stecker, Juri.«

Wie viele Menschen regieren derzeit die Sowjetunion?
Eineinhalb. Lenin, der ewig lebt, und der halb lebendige Tschernenko.

Andropow starb im Februar 1984, sein Nachfolger Tschernenko im März des folgenden Jahres.

Zwei Partei-Apparatschiks treffen sich auf Andropows Begräbnis.
»Wie bist du denn hier reingekommen?«
»Ich habe eine Einladung. Und du?«
»Ich habe eine Jahreskarte.«

Waren die Sowjetbürger zu bequem, gute Witze zu erfinden, so waren die Behörden zu bequem, sie dafür zu verhaften. Breschnew wurde einmal darüber informiert, dass die Menschen spotteten, er habe sich die Brust operativ verbreitern lassen, um Platz für seine Medaillen zu schaffen. Er soll erwidert haben: »Wenn sie Witze über mich erzählen, dann lieben sie mich.«

Unter Breschnew beendete das Sowjetregime die Verfolgung von Menschen, die die Sowjetunion beleidigten oder verspotteten, und nahm stattdessen einzelne prominente Dissidenten ins Visier. In den achtzehn Jahren unter Breschnew wurden nur etwa dreitausend Menschen wegen antisowjetischer Propaganda verhaftet; in der Mehrzahl dieser Fälle ging es um die Veröffentlichung kritischer Samisdat-Flugblätter. Im Jahr 1974 warf das Zentralkomitee dem Leiter des KGB und späteren Regierungschef Juri Andropow sogar offiziell vor, er verhafte zu viele Menschen wegen antisowjetischer Propaganda. Andropow erwiderte indigniert, in den zweieinhalb Jahren Tauwetter unter Chruschtschow habe es so viele Verhaftungen gegeben wie in den ersten zehn Jahren unter Breschnew.

In den Gerichtsarchiven zwischen 1964 und 1981 finden sich keine Hinweise auf *anekdoty*. Einzelfälle aus den Jahren 1981 bis 1983 belegen, dass Äußerungen antisowjetischer Ansichten den Staat erst beunruhigten, wenn eine ernst zu nehmende politische Bedrohung dazukam, in diesem Fall die Solidarność-Demonstrationen in Polen. Im Jahr 1981 erhielt das *Krokodil* mehrere Briefe mit politischen Witzen. Die Journalisten reichten sie an den KGB weiter, was nur sinnvoll war, da es sich auch um einen Test des Geheimdienstes hätte handeln können. Der KGB nahm eine Untersuchung auf und machte nach sechs Monaten schließlich als Quelle eine Frau aus, die in Dissidentenkreisen verkehrte. Sie wurde verhaftet, angeklagt, politische Witze gesammelt zu haben, und im Juli 1982 zu einer fünfjährigen Gefängnisstrafe sowie fünf Jahren Exil verurteilt. Niemand weiß, welche Witze in den Briefen standen, aber vielleicht war dieser dabei:

Was haben Redefreiheit und Oralverkehr gemeinsam?
Ein Lapsus Linguae, und schon sind sie im Arsch.

Die Vertreter des offiziellen Humors mühten sich weiter ab, die Grenzen dessen zu erweitern, was gesagt und gezeichnet werden durfte – allerdings ohne sichtbaren Erfolg. Der polnische Karikaturist Andrzej Krauze floh 1979 nach Berlin. In den folgenden zehn Jahren erwarb er sich mit seinen in der britischen Zeitung *The Guardian* erscheinenden Karikaturen zur Solidarność und zur Situation in Polen internationale Anerkennung. Doch in den siebziger Jahren lebte und arbeitete er noch in Warschau und focht einen ständigen Kampf mit der Zensur aus. Seiner Schätzung nach wurde die Hälfte seiner Karikaturen vom Staat abgelehnt. Eine zeigte einen grimmig dreinblickenden Glatzkopf – offenbar ein Parteifunktionär –, der mit dem Daumen nach oben sagt: »Alles gut!« – ein Schlagwort des polnischen Premierministers Edward Gierek (Abb. 63).

Polen war damals der toleranteste Staat des Ostblocks. In den siebziger Jahren erschienen Unmengen Karikaturen von Krauze, in denen vermenschlichte Tiere Kritik am Staat übten. Viele Bilder stellten den Kommunismus als Beziehung zwischen Schafen und Wölfen dar (Abb. 64 und 65), andere zeigten Apparatschiks im Regenmantel und Filzhut, die über eine unschuldige Tierwelt herrschen (Abb. 66 und 67). Diese eindeutige Kritik am Staat wäre in den anderen Ostblockstaaten – oder auch noch im Polen der sechziger Jahre – sicher nicht veröffentlicht worden. Sie belegt aber nicht etwa, dass die Bürger mutiger, sondern dass die Zensoren nachlässiger geworden waren.

In der Sowjetunion unternahmen Komiker und Zirkusclowns Ausflüge in den kritischen Humor. Millionen von Bürgern gingen einmal im Monat in den Zirkus, in jeder Kleinstadt stand ein

Abb. 63. »Alles gut!« (Andrzej Krauze, siebziger Jahre, Polen)

Abb. 64 und 65. »Genossen Wölfe …« / »Glaub mir! Ich will dir ja vertrauen!«
(Andrzej Krauze, siebziger Jahre, Polen)

Zirkuszelt. Nicht der ganze Zirkus, sondern einzelne Nummern
reisten von Stadt zu Stadt, darunter auch die Clowns. Mitte der
siebziger Jahre – in der Zirkusgeschichte lässt sich das nicht so
eindeutig datieren – rissen einige Clowns Witze über die Versorgungsmängel bei Grundnahrungsmitteln. Gab es vor Ort Eng-
pässe, so wandelten die Clowns einen Sketch ab, der die Sowjet-

Abb. 66 und 67: »Schlagt die Flügel so!« / »Gang wechseln!«:
Andrzej Krauzes Apparatschiks mit den charakteristischen Hüten.

propaganda über das Heldentum der Roten Armee im Zweiten
Weltkrieg verspottete. Die Frau des Clowns verabschiedet sich
von ihrem Mann, der in den Krieg zieht. Sie weint bitterlich, die
beiden umarmen sich, und er macht sich auf den Weg. Es folgt
Schlachtenlärm, dann kehrt er mit zerrissener Kleidung auf die
Bühne zurück. Doch er hat eine Kriegstrophäe dabei: einen großen Sack Zwiebeln.

Der legendäre russische Clown Karandasch hatte den folgenden Sketch im Programm: Er erscheint mit einer Wurst auf
der Bühne und verzehrt sie stolz vor dem Publikum. Hinter der
Bühne ruft jemand: »Wo hast du die Wurst her?«, und Karandasch antwortet mit dem Namen der Stadt, in der er gerade auftritt. Bald aber krümmt er sich mit schrecklichen Bauchkrämp-
fen – ein Seitenhieb auf den Wurstmangel oder die schlechte
Qualität der erhältlichen Wurst. Zwei weitere Clowns, verkleidet als Ärzte, kommen mit einer Trage auf die Bühne. Sie legen
Karandasch auf die Trage, doch der ist von der Wurst so
schwer, dass er durchbricht und auf dem Boden landet. Am
Ende zerren sie ihn auf die Füße. Dieser Sketch stand offenbar

nur kurze Zeit auf dem Programm. Wo immer Karandasch ihn zeigte, wurde er vom örtlichen KGB zu einer Vernehmung zitiert. Schließlich drohte man ihm mit dem Ende seiner Karriere, wenn er den Programmpunkt nicht aufgebe.

Überall im Ostblock gingen Komödianten mit einem von der Zensur genehmigten Programm mit verwässerter und verschwommener Kritik am Regime hausieren. Arkadi Raikin (1911–1987) war in der Sowjetunion am bekanntesten. Er trat seit den vierziger Jahren in Moskau und Leningrad auf und war von Stalin, Chruschtschow und Breschnew bewundert worden. Im Jahr 1968 erhielt er den begehrten Titel »Volkskünstler der UdSSR«. Im Jahr 1980 wurde ihm der Leninpreis verliehen, und 1981 wurde er zum »Helden der sozialistischen Arbeit« ernannt, eine der höchsten zivilen Auszeichnungen in der Sowjetunion.

In den siebziger Jahren nutzte er das große offizielle Ansehen, das er mittlerweile genoss, dazu, kritischere Nummern als seine Zeitgenossen auf die Bühne zu bringen. Eines seiner Schlagworte lautete: »Wir haben natürlich alles. Aber nicht für jeden.« Häufig begann er eine Vorstellung mit den Worten: »Ach, vielleicht lohnt es sich gar nicht. Vielleicht halten wir heute Abend besser den Mund. Wir sind doch alle so gut im Schweigen, und es heißt ja, Schweigen ist Gold. Ich könnte heute Abend einfach drei Stunden plus Pause den Mund halten. So gehen wir kein Risiko ein.«

Doch die Risiken, die er einging, hielten sich ohnehin in Grenzen. Bürokraten waren weiterhin Zielscheibe Nummer eins. In einem Sketch spaziert ein Funktionär auf die Bühne und bleibt plötzlich wie angewurzelt stehen. »Was ist hier los?«, fragt er und zeigt mit dem Finger anklagend auf Raikin. »Wir haben gigantische Erfolge, kolossale Errungenschaften, und Sie finden das komisch?« Raikin erklärt ihm, ganz Kolzows

Satirekonzept in den dreißiger Jahren folgend, sein Humor befasse sich mit den Fehlern, Schwächen und Unzulänglichkeiten des Systems. Doch der »Mann, der niemals lacht«, lässt nicht locker. »Sie glauben, es gibt Unzulänglichkeiten, und das finden Sie auch noch komisch?«, sagt er. In einem anderen unumstrittenen Sketch wird einem Bürokraten, der seinen Mitmenschen das Leben schwer macht, ein höheres Gehalt geboten, damit er zu Hause im Bett bleibt. Hin und wieder allerdings zielte Raikins Kritik auch auf die höheren Chargen ab, etwa in einer Szene, in der ein Ausschuss über die Wahl eines neuen Vorsitzenden diskutiert. Egal, für wen sie sich entscheiden, jedes Mal kommt von oben eine Hand mit erhobenem Zeigefinger herab und signalisiert entschieden ein Nein. In einer anderen verhalten kritischen Nummer griff Raikin die Planwirtschaft an, indem er von einer Fabrik erzählte, in der für jede Violine siebzig Bogen hergestellt würden.

Obwohl er wegen seiner Auftritte offenbar nie Schwierigkeiten mit den Behörden bekam, kokettierte er in einem Interview mit der *New York Times*: »Je schärfer die Kritik, desto weniger erfreulich ist es für denjenigen, den man auslacht. Bekleidet er eine hohe Position, wird er vielleicht wütend, und es ist oft jemand auf mich wütend gewesen. Aber was soll man machen? So ist die Demokratie.«

Christie Davies öffnete die Haustür seiner Doppelhaushälfte im Londoner Vorort Reading, einen Steinwurf von der Universität entfernt, an der der Soziologe mit Schwerpunkt Humor seinen Lehrstuhl hatte. Wir setzten uns in seinem Wohnzimmer auf zwei klapprige alte Sessel mit unbequemen hölzernen Armlehnen. Ich spürte an den Oberschenkeln, wie die Federn durchdrückten. Hinter dem emeritierten Professor standen zimmerhohe Regale, in denen sich Berge von Papieren und Taschenbüchern, Akten, Mappen und gebundenen Büchern stapelten wie in einem besonders komplizierten kubistischen Gemälde von Georges Braque. Der Professor – natürlich mit Bart – ging in die Küche und machte uns eine Tasse Tee, mit einem Schwapp zu viel Milch, wie mir die Inneneinrichtung schon vorab verhieß. Ich ließ den Blick über die Regale schweifen und registrierte erfreut, dass wir die gleichen Witzesammlungen besaßen.

»Die Qualität der Produktion war in der kommunistischen Wirtschaft miserabel – ausgenommen die Witze. Im Witzeerzählen waren die richtig gut«, sagte er, als er mit dem Tee zurückkam.

Davies war Gründungsmitglied der Zeitschrift *Humor*, einer internationalen Zeitschrift für Studien rund um den Humor. Anfang der achtziger Jahre ging er undercover nach Bulgarien und in die Slowakei, um dort Witze zu sammeln. »Ich hatte schon viel über Humor geschrieben und beantragte beim British Council eine Reise nach Osteuropa, damit ich dort Witze erforschen konnte. Aber ich konnte den Behörden dort natürlich nicht sagen: ›Ich will Witze erforschen, die euch kritisieren‹. Deshalb gab ich vor, an etwas anderem zu arbeiten.«

Davies war der erste und vielleicht einzige Witzespion aller Zeiten. Als Legende gab er an, er befasse sich mit ethnischem Humor. »Als ich in die Slowakei ging, war ich auf der Suche nach ›Narrenstädten‹, Orten also, über deren Bewohner man besonders gern Witze reißt. Das waren ähnliche Witze wie hier in England über die Iren. Offiziell führte ich eine komparative Studie durch, doch damit beschäftigte ich mich nur bei Tag. Am Abend unterhielt ich mich dann mit den Leuten, die ich am Tag befragt hatte, noch einmal heimlich, und sie erzählten mir völlig andere Witze. Ich führte also parallel zwei verschiedene Studien durch.«

Ich hatte den Professor in der Hoffnung aufgesucht, dass er im Rahmen seiner Undercover-Tätigkeit unbekannte Preziosen aus der Ära der Stagnation aufgestöbert hatte. Doch ich wurde enttäuscht.

»Bei der Olympiade in Moskau 1980«, setzte Davies an, »verliest Breschnew eine Rede: ›Oh ... Ooh ... Oh ... Oooh.‹ Sein Souffleur tritt leise hinter ihn und flüsterte ihm ins Ohr ...«

Ich konnte nicht widerstehen und fiel in die Pointe ein: »Das ist doch das olympische Symbol, Herr Generalsekretär.«

Professor Davies versuchte es mit einem anderen:

Nixon, Pompidou und Breschnew treffen sich mit Gott.

Jeder darf ihm eine Frage stellen.

»Wann werden die Amerikaner alles haben?«, fragt Nixon.

Gott erwidert: »In fünf Jahren.«

»Schade, das fällt nicht mehr in meine Amtszeit«, sagt Nixon bedauernd.

»Wann werden alle Franzosen reich sein?«, fragt der französische Präsident.

Gott antwortet: »In fünfzehn Jahren.«

»Schade, das fällt nicht mehr in meine Amtszeit«, sagt Pompidou.

»Wann wird in der Sowjetunion alles gut sein?«, fragt Breschnew.

»Gott erwidert: ›Oh, das fällt leider nicht mehr in meine Amtszeit‹«, stimmte ich ein.

Er erzählte mir den Witz vom Krokodil und dem ZK und den über Stalin auf Lenins Schultern und den über Lenin, dem ein Junge beim Rasieren zusieht.

»Die kenne ich alle schon«, sagte ich enttäuscht. »Sollte ein Spion nicht Geheimnisse ans Licht bringen?«

Jetzt war ich dran. Ich konnte nicht anders und gab mit meinem jüngst erworbenen enzyklopädischen Wissen an. Ich entschied mich für die klassische Reihe »Kann man den Kommunismus in ... einführen?«. Wie zwei Tennisspieler spielten wir uns die Witze gegenseitig zu. Den ersten Aufschlag hatte ich. »Kann man den Kommunismus in den Niederlanden einführen?«, fragte ich.

»Ja«, erwiderte der Professor, »aber was haben Ihnen die Holländer getan?«

Ich versuchte es mit dem nächsten: »Kann man den Kommunismus in der Schweiz einführen?«

Davies konterte: »Ja, aber wäre das nicht eine Schande?«

»Kann man den Kommunismus in Amerika einführen?«

»Ja, aber wo bekämen wir dann unser Getreide her?« Und schon war der Ball wieder bei mir.

»Kann man den Kommunismus in Liechtenstein einführen?«

»Ja, aber warum sollte man einem so kleinen Land eine so große Ehre erweisen?« Davies lachte triumphierend.

»Kann man den Kommunismus in Frankreich einführen?« Mir gingen so langsam die Staaten aus.

»Nein, denn da haben sie ihn schon«, gab er den Ball zurück. Das war eigentlich gar kein kommunistischer Witz, zumindest nicht offiziell, aber er funktionierte.

Ich gab auf und fragte Davies, ob er bei seiner Spionagetätigkeit Hinweise auf einen Zusammenhang zwischen den Witzen und dem Niedergang des Kommunismus gefunden habe.

»Nein«, sagte er. »Rückblickend glaube ich nicht, dass die Witze eine Wirkung hatten. Aber das ist eine heikle Frage. Orwell sagt ja: ›Jeder Witz ist eine kleine Revolution‹, als könnten die Witze in der Masse das System schwächen. Auf der anderen Seite heißt es, Witze sind ein Sicherheitsventil und schaffen Abhilfe für die Unzufriedenheit der Leute. Meiner Ansicht nach können Witze beides, doch die Auswirkungen – die Folgen – von Witzen sind im Vergleich mit anderen sozialen Kräften so gering, dass man sie ebenso gut vergessen kann. Die Witze sind ein Thermometer, kein Thermostat.«

Noch eine Enttäuschung! Professor Davies, einer der weltweit führenden Witzexperten, entpuppte sich als Vertreter der minimalistischen Position. Als ich ging, stellte ich mir vor, ich sei der jüngste aus einer Heerschar von Witzforschern, die voller Zuversicht eine Wallfahrt in Davies' unordentliches Reihenhaus unternommen und dieses eine Stunde später mit einer Dosis gelehrtem Realismus verlassen hatten.

Bei meinem Besuch bei dem deutschen Wissenschaftler Stefan Wolle, einem anerkannten Sozialhistoriker, begegnete ich einem anderen Problem.

Wir saßen in einem Vorlesungssaal am Stadtrand von Berlin. Ich erklärte ihm, warum mich die Witze der siebziger Jahre so enttäuschten.

»Damals haben die Witze so eingeschlagen, dass man sich vor Lachen kugeln konnte«, sagte Wolle, der damals als Teenager in der DDR gelebt hatte. »Das ist heute ein bisschen schwer zu reproduzieren.«

»Man kann also nicht den Vorwurf erheben, dass die Witze gar nicht lustig waren?«, fragte ich.

»Also«, sagte Wolle, »wenn man als Gradmesser nimmt, wie viel darüber gelacht wurde, dann waren die sehr, sehr witzig. Man hat fürchterlich darüber lachen müssen.« Wolle erzählte dann seine eigenen gesammelten Witze. Wie in meinem Gespräch mit Professor Davies hatte ich sie schon gehört, doch diesmal kannte ich sie aus früheren kommunistischen Epochen.

»Beim Gipfeltreffen in Helsinki fragt Präsident Carter in einer Pause Breschnew, ob er Anekdoten sammele, die über ihn in Umlauf seien«, begann Professor Wolle. »›Ja, natürlich‹, erwidert Breschnew. ›Und haben Sie viele?‹, fragt Carter. ›Zwei Lager voll‹, sagt Breschnew.«

»Der Witz ist aber historisch nicht korrekt«, beschwerte ich mich. »Mit den Leuten, die Breschnew wegen des Erzählens von Witzen über seine Person verhaften ließ, könnten Sie nicht mal einen Vorlesungssaal füllen.«

Er versuchte es mit einem anderen: »Zwei Soldaten stehen an der Grenze, und einer fragt den anderen: ›Denkst du, was ich denke?‹« »›Dann muss ich dich nämlich erschießen‹«, platzte ich mit der Pointe heraus. »Der geht mindestens auf die dreißiger Jahre zurück.«

»Honecker geht durch eine Kunstausstellung, und als er alles gesehen hat, sagt er zu seinem persönlichen Referenten: ›Der Ziegenbock hat mir am besten gefallen.‹ ›Aber Genosse Generalsekretär‹, sagt der Referent ...«

»›Das war doch ein Spiegel‹«, ergänzte ich schnell. »Der wurde schon über Chruschtschow erzählt.«

»Na gut, kennen Sie den über Erich Honecker und seinen Wirtschaftsminister Günter Mittag? Die beiden stehen auf dem Funkturm und wollen runterspringen ...«

»Den kenne ich nicht, aber er fängt gut an«, sagte ich – das war auch schon die Pointe dieses Witzes, der auf eine lange Geschichte von Variationen mit diversen Führungspolitikern und hohen Gebäuden zurückblickt.

»Ich weiß noch einen guten Breschnew-Witz«, sagte Wolle, der nicht so schnell aufgab. »Der deutsche Bundeskanzler Helmut Schmidt, der französische Präsident Giscard d'Estaing und Leonid Breschnew geben mit ihren teuersten Geschenken an. Schmidt zeigt den anderen eine exquisite Schnupftabakdose mit der Gravur: ›Dem geliebten Helmut von Deiner Dich liebenden Frau‹. D'Estaing hat eine hochwertige Pfeife, auf der steht: ›Meinem lieben Giscard von einer patriotischen Französin‹. Breschnew zieht eine goldene, mit Diamanten besetzte Zigarettenschachtel heraus mit der Aufschrift: ›Für Graf Uwarow vom Großfürsten Sergej Alexandrowitsch‹.«

»Dieser Witz ist erstmals in Jewgeni Andrejewitschs Sammlung kommunistischer Witze *Der Kreml und das Volk* aus dem

Jahr 1951 dokumentiert«, sagte ich herablassend. »Er wurde über den britischen Außenminister Ernest Bevin, Stalins Stellvertreter Wjatscheslaw Molotow und zwei weitere Politiker aus dem Westen erzählt.«

»Wenn Sie streng historisch korrekt sein wollen«, sagte Wolle, »sind sehr viele – vielleicht die meisten Witze – keine kommunistischen Witze oder Stalinwitze oder Witze aus dem zwanzigsten Jahrhundert – sie kommen aus dem neunzehnten Jahrhundert, der Französischen Revolution oder sogar aus römischer Zeit. Nehmen Sie den Witz über Breschnew und seine rechte Hand Kossygin. Breschnew sagt zu Kossygin: ›Wir sollten alle Juden und Schweden aus dem Land jagen.‹ ›Warum denn die Schweden?‹, fragt Kossygin. Da antwortet Breschnew: ›Wusste ich doch, dass sich für die Juden keiner interessiert.‹ Der Witz war vorher als NS-Witz ausgegraben worden, aber er stammt von einem jüdischen Witz aus dem neunzehnten Jahrhundert: ›An allem sind die Juden schuld‹, sagt ein Antisemit zu einem Juden. ›Und die Fahrradfahrer‹, erwidert der Jude. ›Warum die Fahrradfahrer?‹, fragt der Antisemit. ›Warum die Juden?‹, fragt der Jude.«

Wolles historische Perspektive traf mich wie ein Donnerschlag, denn sie hatte verheerendere Folgen für meine Untersuchung als Davies' Haltung. Ich wusste ja, dass einige kommunistische Witze Vorläufer im neunzehnten Jahrhundert hatten, aber was, wenn die meisten kommunistischen Witze in Wahrheit gar keine kommunistischen Witze waren? Wo bliebe dann die erste und zentrale Prämisse der kommunistischen Humorologie – dass die Bürger des Ostblocks auf die Umgebung, in der sie lebten, reagierten, indem sie ein eigenes Korpus an originellen Witzen erfanden?

Aus dem hintersten Fach meiner Brieftasche zog ich meinen Leseausweis für die British Library und stürzte mich in eine quälende Recherche, die mehrere Tage in Anspruch nahm. Was ich herausfand, war niederschmetternd. Der klassische Witz über den Mann, der sein Leben lang auf der Kremlmauer sitzt und auf das Eintreffen der Weltrevolution wartet – Jewgeni Andrejewitsch hatte ihn auf Anfang der zwanziger Jahre datiert –, wurde in Wahrheit schon von den Jakobinern in der Französischen Revolution sowie von den Juden über den Messias erzählt.

> Ein Jude zu seinem Freund: »Meinem Sohn Mosche und mir geht es hervorragend. Mosche arbeitet als schwarzafrikanischer Kommunist in der Komintern, und ich sitze im Kreml ganz oben auf dem Glockenturm Iwan der Große und warte, bis ich die Glocke für die Weltrevolution läuten kann.
> »Das muss aber langweilig sein, auf die Weltrevolution zu warten«, sagt sein Freund.
> »Stimmt, aber es ist eine Lebensanstellung.«

Und der klassische stalinistische Witz

> Was ist der Unterschied zwischen dem Leben zur Zeit Jesu und dem Leben unter Stalin?
> Damals litt ein Mann für uns alle, heute leiden alle für einen.

geht mindestens bis zur industriellen Revolution in Großbritannien zurück:

> Ein Industrieller führt seinen Freund durch seine neue Fabrik.
> »Das sieht für mich aus wie die umgekehrte Passion Jesu«, sagt der Besucher.
> »Wie meinst du das?«, fragt der Fabrikbesitzer.
> »Na ja, in der Passion litt ein Mann für alle, und hier leiden alle für einen.«

326

Meine originalkommunistischen Witze fielen wie die Fliegen. Ich suchte Trost bei anderen Bibliotheksbenutzern. Während sie tiefer in ihr Thema eintauchten, erlebten sie sicher ähnliche Enttäuschungen. Zu meiner Linken las eine Studentin mit roten Haaren ein Buch über die Käseherstellung im Frankreich des achtzehnten Jahrhunderts. Zu meiner Rechten arbeitete sich ein junger Mann in Cordjacke durch einen Stapel, der zu gleichen Teilen aus Enid-Blyton-Romanen und Zeitschriften zur Teilchenphysik bestand. Ich traute mich dann doch nicht, über meine Probleme zu sprechen. Mir wurde so langsam klar, dass Witze, so sie einer Religion anhingen, hinduistisch sein mussten: Sie durchliefen eine Unmenge Wiedergeburten, und niemand wusste, wie viele. Keiner der kommunistischen Humorologen, deren Bücher ich gelesen hatte, hatte sich an eine erschöpfende Untersuchung dieses Themas herangewagt. Stattdessen begnügten sie sich damit, gelegentlich in einem knappen Nebensatz auf Vorläufer hinzuweisen. Nun war mir klar, warum. Auch die scheinbar sowjetischsten Witze hatten uralte Vorläufer, etwa dieser aus der Stalinzeit:

Wir schreiben das Jahr 1933. Eine Schafherde wird an der russisch-finnischen Grenze angehalten. »Warum wollt ihr Russland verlassen?«, fragen die Grenzsoldaten.
»Wegen der Geheimpolizei«, erwidern die verängstigten Schafe.
»Berija hat befohlen, alle Elefanten festzunehmen.«
»Aber ihr seid doch gar keine Elefanten!«
»Erklär das mal der Geheimpolizei!«

Dieser Witz lässt sich bis ins Arabien des zwölften Jahrhunderts zurückverfolgen, als der große persische Dichter der Seldschukenzeit, Anwari, das folgende Gedicht schrieb:

Ein Fuchs rannte in Todesangst vor etwas davon.

Ein anderer Fuchs sah ihn fliehen.

Er fragte: »Möge es ein gutes Omen sein, was gibt es Neues?«

»Der König hat verfügt, alle Esel wegzuschaffen [zur Zwangsarbeit].«

»Aber du bist doch gar kein Esel. Warum fürchtest du dich?«

»Das stimmt, aber die Menschen können keine Unterschiede machen.

Für sie sind Esel und Fuchs dasselbe, sie sind beschränkte Dummköpfe.

Ich fürchte, o Bruder, sie werden uns satteln wie Esel!«

Es war nicht so einfach, über die Handvoll Einzelbeispiele, die ich fand, hinauszukommen. Ich musste daraus schließen, dass wir wohl nie erfahren werden, wie viele originalkommunistische Witze es gibt – Witze also, die in der kommunistischen Zeit entstanden –, weil es so etwas wie ein etymologisches Lexikon für Witze nicht gibt. Das liegt an der geringen Zahl von Studien auf diesem Gebiet, aber auch daran, dass der Forschung Grenzen gesetzt sind. »Noch niemand hat das Entstehen eines Witzes miterlebt«, so der tschechische Schriftsteller Karel Čapek.[60]

Schon wieder war ein heiliges Dogma vor meinen Augen zu Staub zerfallen. Es war eben kein spezifisches Merkmal kommunistischer Witze, dass sie in kommunistischer Zeit von kommunistischen Bürgern erfunden wurden. Das Besondere an diesem kulturellen Phänomen war vielmehr, wie es wahrgenommen wurde. Wenn »der kommunistische Witz« größtenteils eine Illusion war, so doch eine, der die gesamte Bevölkerung anhing – eine Art Massenpsychose.

Die Bedeutung der Kultur kommunistischer Witze konnte ich nunmehr weder an der Originalität des Materials festmachen – der den Minimalisten zufolge charakteristischen Äußerung der öffentlichen Meinung unter dem Kommunismus – noch, im

Augenblick zumindest, an der maximalistischen Vorstellung einer graduellen Zunahme des Humors bis 1989, als er sich zu einer Revolution auswuchs. Und aus diesen Enttäuschungen ergaben sich weitere Fragen, die einer Antwort harrten, etwa die, warum die Witze nachließen.

Eine mögliche Theorie führt die zunehmende Absurdität des Alltagslebens im Kommunismus an: Die Realität übertraf mittlerweile jeden Witz, den sich der menschliche Geist hätte ausdenken können, beziehungsweise hatte der Kommunismus ein Maß an Absurdität erreicht, das Witze überflüssig machte.

Nehmen wir die DDR. Eine Mauer, eineinhalb Meter höher, als ein Durchschnittsmensch groß war, durchtrennte die Hauptstadt, schnitt mitten durch Straßen und Bahnlinien und verstellte den Blick auf den Kapitalismus. Trotzdem konnte der DDR-Sozialismus ab Ende der siebziger Jahre nur dank der harten Westwährung überleben – Geld, das dem Schullehrplan und den Satirezeitschriften zufolge aus der imperialistischen Ausbeutung der Entwicklungsländer stammte.

Ostberliner konnten mit der S-Bahn bis Bahnhof Friedrichstraße in der Stadtmitte fahren. Dort endete die ihnen bekannte Welt. Und zwar mit einer Wand. Doch auf der anderen Seite war auch ein Bahnhof Friedrichstraße, die Westberliner Hälfte, und ehe die DDR-Seite schalldicht isoliert wurde, hörten die Pendler durch die Bretter hindurch die Ansagen für die westdeutschen Züge – »Nahverkehrszug nach Hamburg« oder »D-Zug nach München«. An bestimmten Stellen in Ostberlin konnte man die tickerartigen Schlagzeilen lesen, die oben rund um das Westberliner Springer-Gebäude liefen. Wurde im Winter die Kohle knapp, so stellte die Stadtverwaltung die Straßenbeleuchtung ab, ließ aber die Mauer hell erleuchtet, damit niemand auf die Idee kam zu fliehen. Das Ergebnis war ein seltsam überirdisches Leuchten, das über der Stadt waberte wie ein Polarlicht.

Im Jahr 1979 brachte man auf einem Bürogebäude mitten in Ostberlin ein Neonschild an, auf dem stand: »30 Jahre DDR – 30 Jahre Wohlstand«. Doch schon nach wenigen Tagen versagte die Elektrik, und die zweite 3 leuchtete nicht mehr. Wie Stefan Wolle in seinem Buch *Damals in der DDR* beschrieb, wurde die DDR nicht besser oder schlechter, sondern einfach nur lächerlich.[61]

Was im Ostblock produziert wurde, war unzuverlässig, minderwertig und hässlich, und in einem Ostblockcafé bekam man keinen anständigen Espresso. Trotzdem konnte man hochwertige Produkte kaufen, wenn man in Westdevisen dafür bezahlte. Diese Einkäufe tätigte man in speziellen Geschäften, in der DDR hießen sie »Intershop«. Die Kinder bettelten ihre Eltern an: »Gehen wir in den Laden, der so gut riecht?«, weil das Aroma hochwertiger Seifen und echten Kaffees diese Geschäfte durchwehte.

Nach außen hin war der Kommunismus, gerade wie in dem alten Witz, das glatte Gegenteil des Kapitalismus. In den Fabriken verdienten die Arbeiter am Fließband mehr als die Manager. In den Geschäftsstraßen war der Kunde nicht König. Da es für Dienstleister keine finanziellen Anreize gab, lag es in der Verantwortung des Kunden, die Verkäufer zur Ausübung ihres Jobs zu überreden. Taxifahrer hielten am Taxistand, gaben das Ziel bekannt, das sie anfahren wollten, und warteten, ob jemand mitwollte. Handwerker aller Art mussten mit Schmiergeld zu einem Hausbesuch bewegt werden. Werbetafeln waren in der DDR nicht erlaubt, dafür gab es in den Schaufenstern »negative Werbung« zuhauf: »Keine Jeans« oder »Kein warmes Mittagessen«, »Kein Kaffee und Kuchen« oder »Aus technischen Gründen geschlossen«.

Der Schwarzmarkt florierte. Die wahre Wirtschaft fand nach der Arbeit und im Kleinanzeigenteil der Zeitungen statt, die voll waren mit illegalen Angeboten für Gebrauchtwagen, überwiegend importierte Elektrogeräte sowie Mietwohnungen. In dieser verrückten Welt war Altes teurer als Neues. Wenn sie ein neues Auto kaufen wollten, mussten DDR-Bürger zwölf bis siebzehn Jahre darauf warten. Daher erzielte ein fünfzehn Jahre alter Trabant mit fünfzigtausend Kilometern auf dem Tacho etwa den gleichen Preis wie ein brandneues Modell. Eine Stasi-Untersuchung brachte in der zweiten Hälfte der siebziger Jahre an den Tag, dass ein raffinierter arbeitsloser DDR-Bürger über Kleinanzeigen einen schwunghaften Gebrauchtwagenhandel mit einem Umsatz von zwei Millionen Ostmark betrieb. Sein Gewinn betrug die unerhörte Summe von 379 000 Ostmark.

Die Zensur stellte die kulturelle Ordnung auf den Kopf. Die DDR war voller Dichter, die nie ein Gedicht veröffentlicht, Künstler, die nie eine Ausstellung gehabt, Philosophen, die nie einen Verleger gefunden hatten. Trotzdem galt genau dies als Gütesiegel, ließ doch der Staat – zumindest aus der Sicht des Volkes – nur die Veröffentlichung biederster und konformistischster kultureller Werke zu.

Die DDR hatte, verglichen mit dem Westen, auch ihre guten Seiten, an die ihre Fans und Fürsprecher gern erinnern: Es gab keine Arbeitslosigkeit, keine Asylanten, keine Obdachlosen, keine Drogenabhängigen und keine Bettler. Anstelle von Arbeitslosigkeit herrschte ein ständiger Mangel an Arbeit. Doch diese Lebensweise war nicht so perfekt, wie es sich viele Sozialisten im Westen vormachten. Die Disziplin am Arbeitsplatz brach völlig zusammen. Die Strafen für Diebstahl und Faulheit waren lasch, weil die Arbeiter nur schwer zu kündigen und zu ersetzen waren. Es war gang und gäbe, eine halbe Stunde vor Schichtende unter die Dusche zu gehen. Kurz vor Betriebsschluss standen schon alle am Tor. Die Leute nahmen Werkzeug und Materialien mit nach Hause, denn immerhin handle es sich, wie man gern witzelte, um »Volksvermögen«, da das Privateigentum abgeschafft war. In der Nachtschicht wurde ausgiebig Alkohol konsumiert. Egal, wen man damals im Ostblock nach der Wirtschaft jener Tage fragte, alle antworteten mit demselben Aphorismus: »Sie tun so, als bezahlten sie uns, und wir tun so, als arbeiteten wir.«

An ein Visum für eine Reise in den Westen kam man nicht heran, doch abends machten sich die DDR-Bürger trotzdem auf die Reise: Sie schalteten westdeutsches Fernsehen ein. Der einzige Ort in der DDR, in dem man keinen Empfang hatte, war das Gebiet um Dresden, das deshalb scherzhaft »Tal der Ahnungslosen« genannt wurde. Die Tausenden von Westdeutschen, die ihre Verwandten im Osten besuchten, erlebten das wie eine Zeitreise. Die Telefone hatten noch das altmodische Klingeln, das man im Westen aus den fünfziger Jahren kannte. Lautstärke und Sender wurden am Fernseher mit Drehknöpfen eingestellt. Die Kinder westdeutscher Familien stellten mit großen Augen Fragen wie: »Mama, warum fahren in der DDR alle das gleiche Auto?«

Sowjetische Politiker machten die umgekehrte Erfahrung, wenn sie den Westen besuchten. Der sowjetische Präsident Nikolai Podgorny weilte Mitte der siebziger Jahre zu einem Staatsbesuch in Österreich. Seine Gastgeber führten ihn in Wien auf den geschäftigen Markt. »Seht mal, wie schön die für meinen Besuch alles hergerichtet haben«, sagte er zu seinen Beratern, weil er dachte, das reiche Angebot werde eigens für den ausländischen Besucher zur Schau gestellt, wie man es in seinem Land getan hätte. Die Übereinstimmung von Realität und Witz spiegelt sich in mehreren Witzen wider, die Podgornys Erfahrung abwandeln:

Ein Sowjetbürger kehrt von einer Reise in den Westen zurück. Seine Freunde bedrängen ihn mit Fragen. »Stimmt es«, will einer wissen, »dass der Kapitalismus verrottet?«

»Das könnte schon sein«, sagt der Mann seufzend, »aber er riecht gut dabei!«

»Und liegt der Kapitalismus wirklich im Sterben?«, fragt ein anderer Freund.

»Ganz gewiss«, sagt der Mann, »aber er stirbt einen prachtvollen Tod.«

»Und wie sieht es dort aus: Sind die Menschen reich oder arm?«, fragt ein Dritter.

»Sie müssen arm sein, denn die können sich nichts leisten«, antwortet der Mann. »Ich bin an Hunderten von Geschäften vorbeigekommen, und die Schaufenster waren voll mit allen möglichen exotischen Früchten, leckeren Würsten und wunderschönen Kleidern – aber es gab keine Schlangen.«

Vollends umgedreht wurde die Logik im Ostblock durch eine Theorie, die erklärte, warum es in diesem Teil der Welt so viel lustiger zuging – eine Umkehrung der kapitalistischen Theorie. In der tschechischen Zeitung *Rude Pravo* hieß es am 27. Januar 1979:

Humor ist in kapitalistischen Ländern offensichtlich kein Spaß. Die Regierungen und Militäreinrichtungen nehmen ihn sehr ernst und vermuten dahinter sofort das Bestreben nach einer Revolution oder gar die kommunistische Bedrohung ... Den Vertretern der Verteidigungsindustrie, die ihren Einfluss in der NATO und in mehreren bürgerlichen Regierungen geltend machen, ist Humor nicht willkommen. Der große Einfluss, den diese Propagandazentren auf die bürgerliche Presse ausüben, hat dazu geführt, dass der Humor dort praktisch verschwunden ist. Die Chefredakteure vieler Zeitungen drucken die Witze, die ihnen zugeschickt werden, ganz einfach nicht mehr ab.

Beide, der Osten und der Westen, waren sich einig darüber, dass der Ostblock mehr Humor hatte, und beide erklärten das mit der Unterdrückung der Redefreiheit – auf der jeweils anderen Seite!

Dass der Humor an Bedeutung verlor, belegt auch eine neue Oppositionsbewegung gegen den Kommunismus, die im Verlauf der siebziger Jahre in Erscheinung trat: das Dissidententum.

Die Dissidenten waren Intellektuelle, die Menschenrechtsverletzungen, Gulag-Verbrechen und Gesetzesverstöße der Ostblockregimes anprangerten, indem sie ihre Presse- und Verlegerkontakte im Ausland nutzten und ihre Texte im Untergrund mittels diverser Drucktechniken vervielfältigten, von der Xerokopie über Kohlepapier bis hin zu illegalen Druckerpressen. Im gesamten Ostblock zählten sie nur wenige Hundert Personen, die jedoch, zumindest aus der Perspektive des KGB, höchst aktiv waren. So berichtete die sowjetische Geheimpolizei an Breschnew, der führende sowjetische Dissident Sacharow habe zwischen 1972 und 1979 achtzigmal ausländische Botschaften besucht, mehr als vierhundertmal Ausländer getroffen und hundertfünfzig »Pressekonferenzen« gegeben. Westliche Radiostationen hätten eintausendzweihundert antisowjetische Berichte gesendet, die auf seinem Material basierten.

Die Samisdat-Publikationen nahmen in dieser Zeit enorm zu. Nun wurden nicht mehr nur Flugblätter, sondern häufig ganze Bücher gedruckt. Üblicherweise wurden für ein kleines Büchlein acht Bögen dünnes Kohlepapier um eine Walze gelegt. Ein Witz spiegelt wider, dass die verbotene Lektüre ihren besonderen Reiz hatte:

Eine Frau bringt eine Ausgabe von *Krieg und Frieden* zu einer Kopiererin, die sie für sie abschreiben soll.
»Wozu denn?«, fragt sie. »Das können Sie doch in der Buchhandlung kaufen.«
»Ich weiß, aber ich möchte, dass meine Kinder es lesen.«

Die sowjetische Kampagne gegen Dissidenten nahm 1966 mit dem Schauprozess gegen Juli Daniel und Andrej Sinjawski ihren Anfang, deren satirische Romane über die Sowjetunion außer Landes geschmuggelt und im Westen veröffentlicht worden waren. Die beiden wurden zu fünf Jahren schwerer Zwangsarbeit verurteilt. Wladimir Bukowski und andere Dissidenten steckte man in geschlossene psychiatrische Anstalten, denn sowjetische Psychologen hatten in der Opposition gegen den Kommunismus eine »schleichende Schizophrenie« erkannt. Als Symptome dieser Krankheit erkannte man beispielsweise die »leidenschaftliche Besessenheit von der Suche nach Wahrheit«, die »peinliche Genauigkeit des Denkens«, »nervöse Erschöpfung, hervorgerufen durch Streben nach Gerechtigkeit« oder die »Manie für den Umbau der Gesellschaft«.[62]

Als die UdSSR 1975 die Schlussakte von Helsinki unterzeichnete, heizte das die Dissidententätigkeit weiter an. Im gesamten Ostblock schlossen sich Oppositionelle zu Menschenrechtsgruppen zusammen, deren bekannteste der von Václav Havel angeführte Zusammenschluss Charta 77 in der Tschechoslowakei war. Die Charta 77 wurde von 243 tschechischen Intellektuellen unterzeichnet und von großen westeuropäischen Zeitungen veröffentlicht. Kritisiert wird darin, dass die tschechoslowakische Regierung die Menschenrechtsgrundsätze der tschechischen Verfassung, die Schlussakte von Helsinki und die UN-Abkommen über politische, bürgerliche, wirtschaftliche und kulturelle Rechte nicht erfülle. Der tschechische Staat verurteilte die Unterzeichner als Abtrünnige und Verräter, verfolgte, verhaftete und folterte viele von ihnen und nahm ihnen die Arbeit. Nun gründeten die Dissidenten die Organisation VONS, die sich der Verteidigung der politisch Verfolgten widmete. Fünf Dissidenten, darunter Václav Havel, wurden 1979 vor Gericht gestellt und zu fünf Jahren Haft verurteilt.

In einem wichtigen Punkt unterschieden sich die Dissidenten von früheren Kommunismusgegnern: Sie verzichteten auf Humor. Sicher, Havel hatte seit den sechziger Jahren satirische Bühnenstücke verfasst und eine kommunistische Version des Absurden Theaters geschaffen, die sich über die Wissenschaftsgläubigkeit und die Bürokratie mokierte. In *Die Benachrichtigung* (1966) führt ein ehrgeiziger Bürokrat auf »streng wissenschaftlicher Basis« eine neue Sprache ein, in der die Länge der Wörter nach der Häufigkeit ihres Gebrauchs errechnet wird – »je häufiger die Bedeutung, desto kürzer das Wort«.[63] Das kürzeste Wort ist somit *gh*, »irgendwas«, das längste mit 319 Buchstaben bedeutet »Flussschwalbe«. Doch bei aller Ironie in seinen Bühnenstücken verstand Havel, wenn es um die Opposition ging, keinen Spaß mehr. Sein bekanntester politischer Essay »Die Macht der Machtlosen« kam völlig ohne Humor aus. Darin drängte er jeden einzelnen Bürger, seine eigene kleine Kampagne des zivilen Ungehorsams durchzuführen, wobei er das berühmte Beispiel eines Gemüsehändlers anführt, der das Spruchband mit der Aufschrift »Proletarier aller Länder vereinigt euch!« aus seinem Schaufenster entfernt.

Witzbolde griffen die Humorlosigkeit der Dissidenten im folgenden *anekdot* auf:

Ein Dissident geht aus dem Haus. Es beginnt zu regnen.
Er blickt in den Himmel und sagt entrüstet.
»Die machen doch immer, was sie wollen.«

Als er am nächsten Tag aus dem Haus tritt, scheint die Sonne.

Er sieht in den Himmel und sagt empört:

»Natürlich, dafür haben sie Geld übrig!«

Ariane und ich schrieben uns E-Mails. Die Ausstellung in New York, für die sie ihre Gemälde und Collagen angefertigt hatte, war eröffnet worden. Sie schrieb mir, wie erfolgreich sie war und dass alle Bilder schon vor der Vernissage verkauft waren. Mit Kommunismus war offenbar Geld zu verdienen. Ich googlete nach Besprechungen. In Arianes Biografie auf der Website ihrer Galerie waren die übermalten Fotokopien der sowjetischen Tanzensembles und der Ausstellungen im sozialistischen Realismus zu sehen, neben allerlei kunsthistorischem Blabla: »Ariane begann als ›klassische Malerin‹, wählte sich also ein Thema und verarbeitete es zu einem Gemälde. Damit ist es vorbei. Heute betreibt sie ihre künstlerische Laufbahn unter dem Aspekt der doppelten Collage, indem sie ihr Œuvre über die Wechselwirkung verschiedener Elemente aufbaut.« Ein Kritiker schrieb: »Ihr Vorgehen kann man vergleichen mit der sukzessiven Konstruktion der Welt aus einem kleinen Kern von Träumen. Und sie ist sich dessen sehr wohl bewusst, dass es zwar utopisch ist, an den Wiederaufbau einer von der Leere zerstörten Realität zu glauben, dass es aber manchmal doch positive Resultate zeitigt.«

Arianes Nostalgie war in der aufgeblasenen Kunstwelt der letzte Schrei. Die Künstler sollten kritisch auf die Moderne zurückblicken, die definiert wurde als das Bestreben des zwanzigsten Jahrhunderts, soziale Probleme mittels einer Zentralregierung und einer Universaltheorie zu lösen. Ein Kritiker schrieb: »[Ihre Arbeit] stellt sich dem Traum des Neuen, ohne die eigene lange Geschichte aus dem Auge zu verlieren.« Ein anderer jubelte: »Optimismus, angereichert mit Nostalgie und einem klaren Blick auf die sozialen Perspektiven der Kunst, wird ihre Kunst wohl weiter prägen … Das Ganze mag naiv anmuten, allerdings so, wie unsere weise Großmutter naiv sein kann, wenn sie mit der abtrünnigen historischen Autorität der Nostalgie daherkommt.«

Ich war eifersüchtig auf Arianes Erfolg. Ihre Romantisierung des Kommunismus brachte ihr Ruhm und Geld ein. Meine Erforschung von Volkes Kritik daran steckte dagegen in einer Sackgasse fest.

Ich saß im Zug nach Polen, die Stirn gegen die kalte Fensterscheibe gedrückt, und gab mich meinen Tagträumen hin.

Ich stellte mir vor, ich sei Kandidat in der britischen Fernseh-Quizshow *Mastermind*. Es muss Mitte der siebziger Jahre gewesen sein, denn ich war etwa vierzehn und trug meine Schuluniform – dunkelblaue Hose, schwarze Stiefel (die nicht zum offiziellen Outfit gehörten, die man aber durchgehen ließ) und schwarzer Blazer mit einem kleinen Fisch am Revers, der anzeigte, dass ich Stipendiat war, meine Eltern also eine kleine Ermäßigung auf die astronomisch hohen Schulgebühren bekamen. Aus unerfindlichem Grund hatte ich eine Kappe auf, obwohl ich mich nicht erinnern kann, sie oft getragen zu haben. Es war einer dieser typischen Albträume, in denen man als Erwachsener sein Abitur noch einmal schreiben muss.

Die Konkurrenz war hart. Ich trat gegen Stalin und Marx an. Beide waren vor mir an der Reihe, und als die Studioscheinwerfer den berühmten schwarzen Ratestuhl mit der hohen Lehne beleuchteten, stellte ich mir vor, wie schön sie das weiche Leder angewärmt hätten, wenn ich mich später hinsetzte.

Mein Traum war historisch akkurat: Als Quizmaster agierte Magnus Magnusson. »Name?«, hörte ich ihn sagen.

»Josef Wissarionowitsch Stalin.« Stalin trug seine übliche grüne Armeeuniform, die Hosenbeine steckten in hohen Stiefeln.

»Bestätigen Sie bitte Ihr Spezialgebiet«, sagte Magnusson.

»Stalinismus«, sagte Stalin.

»Sie haben zwei Minuten, in denen Sie Fragen zum gewählten Gebiet beantworten können«, sagte Magnusson. »Erste Frage: Wie viele Menschen wurden im Zuge des Großen Terrors hingerichtet?«

»Neunhundertfünfundsiebzigtausendfünfhundertvierundfünfzig.«

»Das kann ich gelten lassen«, sagte Magnusson und fügte eilig hinzu: »Das sind etwa dreihunderttausend mehr als vom KGB angegeben, aber Sie müssen es ja wissen. ... Wie viele Menschen wurden im Jahr 1935 gemäß Artikel 58, Paragraf 10, Strafgesetzbuch wegen konterrevolutionärer Propaganda verhaftet?«

Stalin zögerte einen Moment. Dann sagte er: »Dreiundvierzigtausendsechshundertsechsundachtzig.«

»Korrekt. Und im Jahr 1936?«

Ich wusste, dass es für 1936 und 1937 keine Statistik darüber gab. Stalin zögerte, als versuche er sich zu erinnern, und antwortete dann: »Ich passe.«

»Wie viele Menschen starben beim Bau des Schwarzmeerkanals?«

Stalin sah wütend aus. Es heißt, er habe nie Gefühle gezeigt, doch nun verengten sich seine Augen zu unerforschlichen Schlitzen. Er vermutete wohl, man wolle ihn mit der *Mastermind*-Trophäe dazu verführen, noch offene Fragen zu seinen Verbrechen zu klären. Im Dunkel hinter ihm sah ich undeutlich, dass ein großer Teil des Publikums NKWD-Offiziere waren, erkennbar an den in den dreißiger Jahren unter Bolschewiken so beliebten schwarzen Ledermänteln. Sie rutschten unruhig auf ihren Stühlen hin und her und warfen ihrem Führer fragende Blicke zu, als wollten sie wissen, ob sie Magnusson abführen sollten. Stalin bedeutete ihnen mit einer fast unmerklichen Geste, sitzen zu bleiben, und beantwortete die Frage. Es fielen weitere Zahlen und Namen: »Wer gab den Befehl, den russischen Schriftsteller Maxim Gorki zu vergiften?«

Dann verkündete die *Mastermind*-Sirene das Ende der zweiminütigen Fragezeit. »Ich habe die Frage begonnen, also gilt sie«, sagte der Moderator.

»Ich«, sagte Stalin.

Als Nächstes setzte sich Karl Marx auf den Stuhl.

»Name?«

»Karl Marx.«

»Bitte bestätigen Sie Ihr Spezialgebiet.«

Ich hatte erwartet, dass er den Dialektischen Materialismus nennen würde, doch stattdessen sagte er: »Britische Ravekultur 1988 bis 1992.«

Die Zuschauer hielten hörbar den Atem an. In meinem Traum spürte ich eine Welle der Erleichterung. Über dieses Thema konnte Karl Marx nicht viel wissen.

»Wie heißt der junge britische Unternehmer, der in der Nähe der Autobahn M25 geheime Ravepartys organisierte?«

»Tony Colston-Hayter«, sagte Marx mit deutschem Akzent.

»Korrekt. Wie nennt man die Pillen, die auf Acid-House-Partys üblich waren und die Droge MDMA ent...«

Noch ehe die Frage zu Ende war, erwiderte Marx gelassen: »Ecstasy.«

»Korrekt. Wie heißt die Künstlerin, die Anfang der neunziger Jahre die Clubhymne ›Where Love Lives‹ aufnahm?«

»Alison Limerick.« Und so ging es weiter.

Eine Welle von Neid durchströmte mich. Die Fragen hätte ich auch alle beantworten können. In diesem Thema war ich ein echter Experte. Auch ich war in den neunziger Jahren ein engagierter »Raver« gewesen, hatte an den Wochenenden Ecstasy genommen, für MTV gearbeitet, DJs interviewt und Artikel für Zeitschriften geschrieben. Das war meine Spezialität, nicht Karls.

»Karl Marx, Sie haben vierzehn Punkte.«

Und schon war ich dran.

»Name?«

»Ben Lewis.«

»Was ist Ihr Spezialgebiet?«

»Kommunistischer Humor.«

»Sie haben zwei Minuten, Fragen zum kommunistischen Humor zu beantworten. Und los.« Die Uhr begann zu ticken. »Was war das Vorbild für kommunistische Wahlen?«, fragte Magnusson nach einem kommunistischen Witz.

»Nein, wenn er es wäre, hätten sie ihn erst im Tierversuch erprobt.«

»Falsch«, sagte Magnusson. »Das war, als Gott Eva schuf und Adam aufforderte, sich eine Frau zu wählen.«

Ich biss mir auf die Lippe: Ich hatte mit der Pointe zu einem anderen Witz geantwortet.

»Wie lautet der erste Satz zu dem Witz, der mit der Pointe endet: ›Nein, wir sind der Laden ohne Käse‹?«

Es war, als hätte ich keine Gewalt über meine Worte. Dieses Mal stellte ich die falsche Frage: »Sind die Russen unsere Brüder oder unsere Freunde?«

»Falsch. Er lautet: ›Wie ich sehe, haben Sie heute kein Fleisch ...‹ Ist der Marxismus eine Wissenschaft?«, fragte er.

»Weil die sowjetischen Liliputaner die größten der Welt sind.«

»Nein«, sagte der Moderator. Es muss heißen: ›Wenn er es wäre, hätten sie ihn erst im Tierversuch erprobt.‹«

Ich glaubte, jeden kommunistischen Witz zu kennen, den ich gesammelt hatte. Mir war doch klar gewesen, dass man mich so etwas fragen würde. Doch in der Hitze der Scheinwerfer war ich nur noch ein Häuflein Elend. Mit stand geradezu auf die Stirn geschrieben, was für ein intellektueller Scharlatan ich war. Kein Spezialist auf dem Gebiet kommunistischer Witze würde mich je wieder ernst nehmen.

Am Ende der zwei Minuten hatte ich jämmerliche fünf Punkte. So schaffte ich es nie in die zweite Runde. Karl Marx hatte ein neues politisches System erfunden. Stalin hatte viele Millionen Menschen versklavt und war der brutalste Diktator der Welt. Der Beitrag, den ich zur Geschichte der Menschheit hatte leisten wollen, war vergleichsweise bescheiden. Ich wollte doch nur Experte für kommunistische Witze werden, doch auch darin war ich gescheitert.

Ich wachte auf.

Niemand hat bislang eine überzeugende Erklärung dafür geliefert, warum die Sowjetunion in der »Ära der Stagnation« dermaßen stagnierte.

Die Historiker behaupten, der Staat habe mit seinen Bürgern klammheimlich einen Deal gemacht, nach dem er ihnen als Gegenleistung für politisches Stillhalten ein Minimum an Lebensqualität garantierte. Wahr ist, dass in den siebziger Jahren der Lebensstandard in den Ostblockländern stieg. Die Historiker interpretieren das so, dass die Regimes ihrer Bevölkerung gerade so viele im Inland produzierte Geräte und Neubauwohnungen bereitstellten, dass es keine Proteste gab. Die DDR erlaubte ihren Bürgern ein Mindestmaß an Westfernsehen und Westpaketen mit Kaffee, Kleidung und Elektrogeräten. Die polnische Regierung gestattete ihren Arbeitern Reisen ins Ausland, auf denen sie Devisen verdienen konnten, um ihre Familien zu unterstützen; damit beugte man Arbeiterprotesten vor. Die Ungarn erlaubten ihrer mit Unternehmergeist gesegneten Bevölkerung, in Eigenregie kleine Firmen und Bauernhöfe zu betreiben. Sogar der Westen war in diesen Handel eingebunden: Die Sowjets kamen uns mit Menschenrechtsvereinbarungen entgegen, damit wir sie weiter mit harter Währung versorgten.

Eine verschwommenere historische Erklärung lässt sich wohl kaum vorstellen, doch die Sowjetbürger hatten damals auch keine bessere Theorie zur Hand. Die Meinungen, die in einem 1980 im Westen erschienenen Samsidat-Interviewband mit sowjetischen Frauen geäußert werden, sind typisch.[64] Vera Golubewa lebte in Archangelsk, das keine kleine Provinzstadt, geschweige denn ein abgelegenes Dorf war, sondern eine wirtschaftlich erfolgreiche Hafenstadt mit einer halben Million Einwohnern in Nordrussland. Dennoch waren auch dort Versorgungsmängel an der Tagesordnung:

> Den Zeitungen zufolge haben wir keine ungelösten Wirtschaftsprobleme. Und wahrscheinlich gibt es wirklich keine Probleme, wenn man einmal davon absieht, dass die Leute in Archangelsk schlicht nichts zu essen haben. Die Geschäfte in der Innenstadt führen nicht einmal die grundlegenden Dinge. Es gibt keine Butter, kein Fleisch, keine Milch … keine Wurst, keinen Käse, keinen Fisch, obwohl die Stadt einen großen, betriebsamen Hafen hat. Tagein, tagaus werden dem sowjetischen Volk zum Frühstück, zum Mittagessen und zum Abendessen große Portionen Parolen serviert, die sich die Leute schon so lange anhören, dass sie ihnen zu den Ohren wieder herauskommen. Man wird schon fast dazu gezwungen, [in offiziellen Paraden] mitzumarschieren. Zu seltenen Anlässen, meist vor Feiertagen, gibt es manchmal plötzlich Fleisch und Geflügel.

Vera Golubewa fragte sich gemeinsam mit ihren Interviewpartnern, warum es keinen Widerstand gab.

> Doch die Frage bleibt: Warum schlagen sich die Leute so passiv und gleichgültig durch ihr elendes Leben? Ich glaube, die Antwort könnte so lauten: Das korrupte System unseres angeblich sozialistischen Staates hat die Massen entfremdet – die Mehrheit der Bevölkerung. Denn unsere Gesell-

schaft verstärkt in den Bürgern die Unfähigkeit zu gemein-
schaftlichem Handeln und die Tendenz, nur aus Eigennutz
zu handeln.

Eine andere Frau, Alla Sariban aus Leningrad, erzählte ihren
Gesprächspartnerinnen: »Die absolute Gewissheit, dass man
nichts ändern kann, hat sich tief ins Bewusstsein des sowjetischen Volkes eingeprägt. Jeder kann mitspielen im absurden
Theater des sowjetischen Lebens.«

Diese Frauen erklärten die Stagnation – geradezu tautolo-
gisch – mit Apathie. Die einzige halbwegs anständige Erklärung für die Stagnation kam vonseiten der Spaßmacher, auch
wenn sie dazu wahrscheinlich einen alten jüdischen Witz ab-
wandelten:

Ein Dissident kommt in die abgelegene Kleinstadt, in die er verbannt
wurde. Alles scheint ausgestorben, doch als er in die Ortsmitte
kommt, steigt ihm ein ekelhafter Geruch in die Nase. Auf dem
Marktplatz steht eine große Menschenmenge schweigend bis
zum Kinn in einem Abwasserpfuhl. Da fällt er in die Brühe hinein.
Er fuchtelt mit den Armen und schreit angewidert: »Igitt! Das ist ja
ekelhaft! Wie könnt ihr nur tatenlos hier herumstehen?«
Die Leute antworten: »Halt den Mund und steh still, du machst
nur Wellen.«

Diesem Witz zufolge versuchte niemand etwas zu verändern,
weil jeder Angst hatte, dass es danach womöglich noch schlimmer kam. Die Geschichte Russlands seit 1989 zeigt, dass diese
Haltung vernünftig, wenn nicht gar klug war.

Einige Historiker verweisen darauf, dass in den achtziger
Jahren die stillschweigende Vereinbarung zwischen Bürgern
und Staat hinfällig wurde, weil die Ostblockstaaten ihre Frei-
gebigkeit nicht mehr mit ausländischen Krediten finanzieren

konnten. Doch wie wir sehen werden, setzte sich in den meisten Ostblockstaaten die Apathie auch dann noch fort. Ja, es war diese geradezu hingebungsvolle Apathie, die Entschlossenheit zur Stagnation – in der Politik, in der Wirtschaft und im Witz –, mit der das Volk die Regierungen schließlich zu Reformen zwang.

Im Jahr 1979 schien die Ära der Witze endgültig vorbei.

Statt das fehlende Bindeglied zwischen den Witzen und dem Ende des Kommunismus aufzuspüren, zwang mich meine Selbstverpflichtung zur faktenbasierten Forschung zu dem Schluss, dass Witze mit dem Ende des Systems nichts zu tun hatten. Das Gegenteil war der Fall: Der Niedergang der Witze vollzog sich offenbar lange vor der Wende. Eine letzte Karte, einen Joker, auf den sich jeder Historiker zurückziehen kann, hatte ich allerdings noch im Ärmel: Führten womöglich nicht die Fakten zu diesem Ergebnis, sondern meine Methoden? Resultierte mein negatives Urteil über die Witze vielleicht nicht aus der Geschichte der Witze, sondern vielmehr aus meinem theoretischen Grundgerüst? Es war Zeit für eine Selbstkritik nach kommunistischem Vorbild. Ich hatte in meiner Naivität gezählt, wie viele Witze es gab, bewertet, wie komisch sie waren, und untersucht, wie sie von den Gegnern des Kommunismus eingesetzt worden waren. Stattdessen, so dachte ich nun, wäre ein phänomenologischer Ansatz zum kommunistischen Witz angebracht: Ich musste den gesamten Kontext berücksichtigen, in dem ein Witz erzählt wurde. Dazu musste ich bestimmen, was gesagt wurde und wie oft, wer den Witz wem erzählte (vorrangig in Bezug auf die soziale und berufliche Stellung), wo er erzählt wurde (in mehr oder weniger öffentlichen Räumen) und wie er dort aufgenommen wurde (mit Arrest oder Applaus). Das neue Jahrzehnt wollte ich mit diesem neuen Forschungsansatz angehen.

7

DAS BITTERE ENDE

Fragt man konventionelle Historiker, wann genau sich der Kommunismus seine letzte und tödliche Krankheit zuzog, so nennen die meisten den 14. August 1980, den Tag, an dem sich Lech Wałęsa an die Spitze des Werftenstreiks in Danzig stellte. Als Witzehistoriker würde ich allerdings einige Monate weiter zurückgehen, an einen Abend Ende Juni, ebenfalls in Polen: An diesem Tag wurde im Fernsehen eine Sondersendung über das Musikfestival in Opole ausgestrahlt, die von dem glänzenden polnischen Komiker Zenon Laskowik moderiert wurde.

Laskowik, der John Cleese des kommunistischen Witzes, war jahrzehntelang in einem kleinen Theater in Posen aufgetreten, dem Kabarett Tey. Dort erreichte er mit seinen politischen Witzen ein dankbares, aber kleines Publikum. Einen Namen machte er sich mit Fernsehrollen in polnischen Sitcoms, die allerdings frei von jeglichem politischen Witz waren. Die Fernsehshow war etwas völlig Neues: Zum ersten Mal erreichten die politischen Witze eines Kabarettisten ein landesweites Fernsehpublikum.

Gleich zu Beginn ließ Laskowik das Publikum einen Eid schwören. Die Zuhörer wiederholten unter lautem Gelächter Zeile für Zeile:

»Wir geloben, stark zu sein, obwohl wir nichts als Kartoffel-wasser zu essen haben.«

»Oh Kartoffelwasser, oh Kartoffelwasser!

»Wir schwören, dass wir kein Schinkenbrot wollen.«

»Und dass wir mit Kohl völlig zufrieden sind.«

»Mit solchen Witzen haben wir gezeigt, dass wir dem System nicht einfach den Rücken zukehrten. Wir akzeptierten es als Utopia«, erklärte Zenon Laskowik seine sanfte Ironie mit sanfter Ironie. Laskowik war dünn, Anfang fünfzig und hatte empfindsame Gesichtszüge. Er hatte die leicht zerknitterten Züge und den ungleichmäßigen Sprachrhythmus eines Menschen, der in seinem Leben etwas zu tief ins Glas geguckt hat, und meine polnischen Freunde bestätigten mir später, dass der äußere Eindruck nicht trog. »Wenn jemand in Utopia leben möchte, warum soll man es ihn nicht versuchen lassen? Wir wollten uns nicht wie Rebellen aufführen, die mit Worten das System attackieren. Nein, wir wollten auf der Bühne zeigen, was für ein wunderschöner Traum der Kommunismus ist!«

Beim Publikum besonders beliebt war eine Nummer des Kabaretts Tey, die im Lager eines Lebensmittelladens spielte. Laskowik mimt den Ladeninhaber, der Lieferungen von einem gewissen Bolek entgegennimmt. Sein Helfer heißt Smolen. Das Publikum blickt vom Hinterzimmer auf die Ladentheke, bekommt aber nur selten Lebensmittel oder Kunden zu sehen. Die Ladensketche liefen 1980 erstmals im Fernsehen.

Bolek: Heute kommt keine Lieferung, der Schlepper ist kaputt.

Laskowik: Erzähl mir nicht, der Schlepper ist kaputt. Sag, das Rad ist kaputt. Nur das Rad ist kaputt.

Bolek: Das ist doch Blöd—

Laskowik: Du bist hier nicht auf der Baustelle.

Bolek: ... ohne Rad funktioniert der Schlepper nicht.

Laskowik: Moment mal. Wie viele Räder hat ein Schlepper?

Bolek: Vier.

Laskowik: Wie viele Räder sind kaputt?

Bolek: Eins.

Laskowik: Wie viele Räder sind in Ordnung?

Bolek: Drei.

Laskowik: Warum hast du dann nicht zuerst gesagt, dass drei Räder funktionieren?

Smolen: Quatsch nicht so viel. Komm lieber und hilf mir beim Kartoffelschälen. Bald kommen die Leute mit den Tomatengutscheinen.

Laskowik: Ach Bolek! ... Bring mir rote Farbe. Machen wir Tomaten.

Die Schlichtheit von Laskowiks Witzen ist jedem vertraut, der sich mit dem kommunistischen Humor befasst. Sie könnten auch von den ersten sowjetischen Satirikern der zwanziger Jahre stammen. Die Witzeverleugner, diejenigen also, die behaupten, die Zahl der Witze und ihre historische Bedeutung seien grob überschätzt worden, würden wohl argumentieren, dass Laskowiks Sketche nur beweisen, wie langweilig und wirkungslos die Witze mittlerweile waren – so harmlos, dass sie im Fernsehen gezeigt wurden.

Doch im Lichte dessen, was sich in den achtziger Jahren noch ereignete – insbesondere der Aufstieg der Solidarność –, und angesichts der Tatsache, dass die Sketche nur einmal im Fernsehen gezeigt wurden, ehe Glasnost an Fahrt gewann, ist dieses Argument unhaltbar. Wenn man nur den Inhalt dieser Witze betrachtet, wirken sie alt, das ist wahr. Doch wer die Geduld aufbringt, das Material sorgfältig zu untersuchen – und ich habe mir die alte, qualitativ schlechte VHS-Kassette der Sendung immer wieder angesehen, habe Standbilder betrachtet und sie in Zeitlupe abgespielt –, dem fallen zwei wichtige Unterschiede zum Gehabten auf.

Der erste betrifft die Präsentation. Im gedruckten Text fällt es nicht auf, doch Laskowik zögert jede Pointe ein wenig hinaus. Mit einem absolut unschuldigen Blick gibt er dem Publikum einen Moment Zeit, vorwegzunehmen, was als Nächstes kommt. Dieses Timing enthält wiederum einen kommunistischen Witz, in dem es darum geht, alle kommunistischen Witze zu kennen. Der springende Punkt ist: Die Witze sind nicht neu. Laskowiks Fernsehsendungen zeigen, dass der Witzekanon in den achtziger Jahren eine fast biblische Vertrautheit hatte und dass das Erzählen dieser Witze Menschen eines gemeinsamen Glaubens ritualhaft einte wie eine biblische Geschichte, die in der Kirche oder Synagoge vorgetragen wird.

Kundin: Haben Sie Zwetschgen?
Smolen: Nein.
Kundin: Haben Sie Birnen?
Smolen: Nein.
Kundin: Haben Sie tropische Früchte?
Smolen: Nein.
Kundin: Was haben Sie denn?
Smolen: Wir haben eine Inventarliste.
Kundin: Warum haben Sie denn nichts da?
Smolen: Weil es Nachmittag ist.
Kundin: Gut, dann geben Sie mir das Beschwerdebuch.
Smolen: Welches, das alte oder das neue?
Kundin: Egal welches.
Smolen: Das alte haben wir verloren, und auf das neue warten wir noch.

Das zweite charakteristische Merkmal von Laskowiks Witzen ist natürlich, dass sie erzählt werden. Nicht jeder Sketch, den Laskowik vorschlug, schaffte es in die Fernsehsendung, und an dem abgelehnten Material lässt sich ablesen, wie radikal es gewesen wäre, diese Art von Humor im nationalen Fernsehen zu zeigen. »Ich erinnere mich noch an einen Kalauer mit Senf«, sagte Laskowik mit leuchtenden Augen – sei es vor Rührung oder Trunkenheit. »Er spielte in der Weihnachtszeit in einem Büro. In Polen hat um diese Zeit jeder einen ›Weihnachtsfisch‹ für die Familie in der Schreibtischschublade. In dem Sketch befrage ich jemanden und will etwas aus der Schublade nehmen. In der Aufregung lange ich in ein Glas Senf, das auch in der Schublade steht. Ich suche ein Handtuch, an dem ich mir die Hand abwischen kann. Da sehe ich den Fisch und versuche, die Hand daran abzureiben. Die Zensur hat uns verboten, die Szene zu zeigen, weil sie sie als Kommentar auf die Fleischknappheit in Polen betrachtete, denn Senf isst man ja zu Fleisch und nicht zu Fisch.«

Egal, wie abgedroschen und stark zensiert Laskowiks Sendung gewesen sein mag – im wichtigsten Medium der Staatspropaganda wurden kommunistische Witze gesendet. Immerhin machten sich die meisten kommunistischen Witze über die Staatspropaganda in Fernsehen und Presse lustig. Nun hatten die Witze erstmals seit 1917 den Weg in die Medien gefunden. Nicht dass Laskowik analytisch über diesen Moment in seiner Laufbahn nachgedacht hätte: »Wir konzentrierten uns auf die staatliche Propaganda. Wir sahen die Diskrepanz zwischen der Alltagswirklichkeit und der Darstellung in den Medien.«

Smolen: Sehen Sie sich mal die Kartoffel hier an.
Laskowik: Legen Sie sie zur Seite. Ich nehme sie mit in den Fernsehsender. Wenn die sie sehen, sagen sie vielleicht endlich die Wahrheit über den Zustand der polnischen Landwirtschaft.

Doch es war das erste und letzte Mal, dass solche Sketche irgendwo im Ostblock im Fernsehen gezeigt wurden. Laskowik durfte auf Sendung keine politischen Witze mehr machen. Das Opole-Musikfestival beschäftigte auch weiter Kabarettisten, die sich über den polnischen Kommunismus lustig machten, doch diese Nummern wurden nicht im Fernsehen übertragen.

Laskowik gehörte nicht zu den Siegern von 1989. Nach dem Ende des Regimes gab er das Kabarett auf und arbeitete als Postbote. Angeblich hing das mit seiner Trinkerei zusammen, doch die Geschichte war wohl ganz anders, komischer und rührender – wie sein Humor: »Wir schreiben das Jahr 1989, das Jahr der Wende, und ich höre in den Nachrichten, dass eine neue Regierung gebildet werden soll, General Jaruzelski aber polnischer Präsident bleiben wird ...« Im Jahr 1980 führten die Solidarność und Jaruzelski Gespräche am runden Tisch. Kommunisten und Solidarność verständigten sich darauf, eine Regierung zu bilden, in der Jaruzelski vorübergehend bis zu den Wahlen im Amt blieb. »... und ich dachte für mich: Ich bin immer noch betrunken. Wie ist das möglich? Ich wartete, bis ich nüchtern war, und fand dann, dass die lauter faule Kompromisse gemacht hatten; wer weiß, wo die hinführen würden? Und genau in diesem Moment kam ein Postbote in der neuen Uniform mit dem gekrönten polnischen Adler auf der Mütze an meine Tür. Das gefiel mir – endlich sah unsere Post richtig polnisch aus –, und das sagte ich ihm auch. Er fragte mich, ob ich so eine Mütze haben wolle. ›Was tragen dann aber Sie?‹, fragte ich. ›Wenn Sie für uns arbeiten‹, sagte er, ›bekommen Sie eine. Auf dem Postamt ist noch ein Job frei. Es ist ein Teilzeitjob, und niemand will ihn haben.‹ Ich sagte zu meiner Frau: ›Hast du das gehört? Der Kapitalismus ist nach Polen gekommen, und keiner will einen Job!‹ Da ist Geld drin!, sagte ich zu mir. Na gut, dann nehme ich den Job an und lebe die neue Ideologie, von der wir die ganze Zeit geträumt haben.«

Lech Wałęsa, der für den Niedergang des Kommunismus die Rolle des Herkules spielte, lebt noch in Danzig. Ich verabredete mich im Solidarność-Museum mit ihm, das in einem ehemaligen Lagerhaus der Werft untergebracht ist. Weil ich früh dran war, musste ich auf den ehemaligen polnischen Präsidenten und Nobelpreisträger, der nach Ansicht der Amerikaner den Kommunismus im Alleingang gestürzt hatte, eine Weile warten. Daher sah ich mich noch in der Ausstellung um. In dezent beleuchteten Vitrinen waren Abzeichen, Flaggen und andere Werbemittel der Solidarność ausgestellt. Das graffitiartige Solidarność-Logo dieser wohl bekanntesten revolutionären Bewegung der Geschichte rangiert unter den geläufigsten politischen Emblemen auf einer Höhe mit Hammer und Sichel des Kommunismus und dem Siebdruckporträt Che Guevaras. An einigen Wänden hingen die stark vergrößerten Fotografien der polnischen Panzerfahrzeuge, die ihre Wasserwerfer auf mehrere Tausend Arbeiter richteten – Kultbilder der achtziger Jahre. In grobkörniger Auflösung waren an einer breiten Straße Schlachtreihen von Soldaten in Kampfausrüstung zu sehen und dreißig Meter weiter die Demonstranten, verschwommen sichtbar hinter in einer Wolke aus Tränengas und eingefroren in unscharfen Bewegungen, sei es, dass sie einen Stein warfen, ein Spruchband hochhielten oder sich mit einem Hechtsprung in eine Einfahrt retteten. Ich wünschte, ich hätte so ein aufregendes Leben geführt. Vor dem Ausgang des Museums stand als seltsamer Höhepunkt der Ausstellung das Originalpodium mit einem langen Tisch und altmodischen Mikrofonen, an dem Walesa und andere Solidarność-Führer den internationalen Medien Rede und Antwort gestanden hatten. Es war ein merkwürdiges und doch geniales Objekt der Ehrerbietung, das eines Konzeptkünstlers würdig gewesen wäre und mehr wie der minimalistische Altar veralteter Kommunikationstechnik wirkte denn wie ein Relikt des Freiheitskampfes.

Witzeverleugner würden es als bloßen Zufall werten, dass wenige Monate nach Ausstrahlung von Zenon Laskowiks Sendung die Solidarność gegründet wurde und die Straßen von Danzig sich mit Werftarbeitern füllten, die unter Wałęsas Führung demonstrierten. Ganz unrecht haben sie nicht. Ein Jahr, ehe Laskowik vor der Kamera stand, war Papst Johannes Paul II. zu seiner ersten Pilgerreise nach Polen in Warschau eingetroffen. Vor einer riesigen Menschenmenge hatte er kaum verhohlene Kritik am kommunistischen Staat geübt. Die Danziger Werftarbeiter hatten bereits 1970, als achtzig Arbeiter von der Armee getötet wurden, sowie 1976 gegen das Regime demonstriert – das Jahr 1980 war also nur ein weiteres Kapitel in einem bereits begonnenen Buch. Und es war weder der Papst noch Laskowik, sondern die Preiserhöhung für Fleisch, die im Juli 1980 die historische Streikwelle in allen größeren Städten auslöste. Zuerst versuchte es der Staat mit der Verhaftung von Streikführern, dann mit Verhandlungen. Die Streikorganisationen verbündeten sich, und am 18. November 1980 wurde die Solidarność gegründet, die erste unabhängige Gewerkschaft in einem kommunistischen Land, mit zehn Millionen Mitgliedern (Abb. 68). Im Februar des folgenden Jahres übernahm General Jaruzelski das Ruder, der 1968 die polnische Militärhilfe zur Invasion in der Tschechoslowakei befehligt hatte. Nachdem die Sowjets seine Bitte um militärische Unterstützung abgelehnt hatten, rief er im Dezember 1981 das Kriegsrecht aus. Die Solidarność wurde verboten, unzählige Anhänger wurden verhaftet, doch die Führung machte im Untergrund weiter (Abb. 69). Die gesamten achtziger Jahre hindurch konnten sie weiter Zeitungen und Flugblätter veröffentlichen, Presseerklärungen vor den westlichen Medien abgeben und an staatlichen Feiertagen wie dem 1. Mai Demonstrationen gegen die Regierung abhalten.

Ich hatte immer noch Zeit, also ging ich nach draußen zu einer Lagerhalle, die so groß war wie ein kleines Stadion, und

Abb. 68. »Solidarność« (Andrzej Krauze, 1981).

stieg an der einen Seite die ölige Treppe hinauf. Von oben beobachtete ich, wie unter mir Arbeiter mit Schneidbrennern ein
riesiges Lastschiff zerlegten. Lauter kleine Davids, die Goliath
demontierten, wie sie – die Metaphern meiner Tagträume waren wenig originell – schon den Kommunismus demontiert hatten. In Danzig wurde mittlerweile nicht mehr nur Schiffsbau,
sondern auch Schiffsverschrottung betrieben. Anfang der neunziger Jahre ging die Werft beinahe bankrott, konnte sich aber
dank des Welthandelswachstums und der neuen internationalen Umweltgesetze erholen. Trotzdem sieht sie noch aus wie
einer der letzten Außenposten der industriellen Planwirtschaft
unter dem Kommunismus.

Drei grauhaarige Arbeiter, ehemalige Solidarność-Aktivisten, die noch immer auf der Werft arbeiteten, sprachen mich
an. Ich fragte sie nach den kommunistischen Witzen.

»Manche fanden, dass die Witze, über die wir lachten, aus-
reichten – sie betrachteten sie sogar als eine Art Revolution.
Leute wie wir, wir erzählten natürlich auch Witze und so was,

355

Abb. 69. »Willkommen in Polen« (Andrzej Krauze, 1983).

aber das war nicht alles«, sagten sie energisch. »Wir wollten das
sowjetische System bekämpfen, also gingen wir in die illegale
Opposition. Wir fühlten uns betrogen. Da stimmte etwas nicht.
Wohin verschwanden die Güter, die wir produzierten? Wir
wollten laut gegen die Lügen protestieren, nicht darüber lachen.
Wir wollten für Gerechtigkeit und für unsere Rechte kämpfen.«

Da war sie, die minimalistische Theorie des kommunistischen Witzes, aus dem Munde derer, die zur Speerspitze der
Revolution gehört hatten. Witze hielten die Menschen in
schweren Zeiten bei Laune, hatten aber konkret mit dem Sturz
des Regimes wenig zu tun – dafür musste man das Witzeerzählen erst einmal aufgeben.

»Herr Präsident«, fragte ich Lech Wałęsa, »haben Sie früher
kommunistische Witze erzählt?«

»Ich bin Politiker und Revolutionär«, erwiderte er steif.
»Stellen Sie mir nicht solche Fragen.« Wałęsa hatte es sichtlich

356

unbequem, ein alter Mann auf einem kleinen Holzstuhl. Sein
Sohn hatte ihn dazu überredet, mit mir zu sprechen. Er hätte
auch ein T-Shirt mit dem Aufdruck »Lädiertes Ego« oder »Ehemaliger Held – bitte nicht anfassen« anhaben können, trug aber
ein graues Jackett und eine gestreifte Krawatte. Im Jahr 1990
war er unmittelbar nach dem Fall des Kommunismus zum polnischen Präsidenten gewählt worden, verlor die Macht aber
fünf Jahre später schon wieder. Seine Amtszeit gilt gemeinhin
als Misserfolg, der seinen beschränkten intellektuellen Fähigkeiten geschuldet ist. Seither hat er mehrmals ein politisches
Comeback versucht, ohne Erfolg. Nun kandidierte er wieder
für das Präsidentenamt. Es war ein Ausdruck seiner Verzweiflung – oder der seines Sohnes –, dass er annahm, ich könne
bescheiden zu seinem Wahlkampf beitragen. Jedenfalls wusste
er offenbar über das Thema meiner Nachforschungen nicht Be-
scheid. »Ich habe mir die Witze manchmal angehört, aber sie
haben mich nicht im Geringsten erheitert. Stellen Sie mir ernsthafte Fragen«, sagte er.

Aber ich hatte keine ernsthaften Fragen. Wałęsa war das Paradebeispiel eines Menschen, der einen echten politischen Wandel herbeigeführt hatte. Und doch behauptete er, er habe keine
Witze erzählt. Ich wusste nicht, ob er die Wahrheit sagte oder
ob er fürchtete, andernfalls wie ein politisches Leichtgewicht
dazustehen. Seine Laune verschlechterte sich zusehends. Er
muss gedacht haben, dass ich eine der wichtigsten politischen
Umwälzungen des zwanzigsten Jahrhunderts als Witz hinstel-
len wollte. Ich verstand, wie er darauf kam, doch das war nicht
meine Absicht.

»Kennen Sie den: Was würde passieren, wenn man den
Kommunismus in Saudi-Arabien einführte?«, fragte ich. »Erst-
mal gar nichts, aber bald würde der Sand knapp werden.«

Wałęsa zog eine Grimasse. Wie die Werftarbeiter, die ihm
gefolgt waren, betrachtete er Witze als albernen Zeitvertreib,

der das ganze System am Laufen hielt. Das sprach er nicht aus, denn damit hätte er die Witze ernst genommen und zudem analytische Fähigkeiten bewiesen, die er nicht besaß. Stattdessen trug er mir eine kurze, staatsmännische Geschichte Polens seit den achtziger Jahren vor, die er sicher schon tausendmal zu Gehör gebracht hatte. Er sei ein Mann der Tat, nicht der Theorien, sagte er. Er habe sich, inspiriert von Papst Johannes Paul II., für den Kampf gegen den Kommunismus entschieden und gewonnen, was überwiegend Gott zu verdanken sei. Nach 1989 merkten die Polen, dass auch der Kapitalismus seine Unzulänglichkeiten hatte, wenn auch nicht so viele wie der Kommunismus. Ihm tat es leid, dass der Kapitalismus so viel Ungemach mit sich brachte – Inflation, Arbeitslosigkeit, Ungleichheit –, doch das liege auch nur daran, dass die Kommunisten die Wirtschaft ruiniert hatten. Lech Wałęsa betete seine politischen Errungenschaften herunter, als gehöre ich zur Heerschar der polnischen Journalisten. Vielleicht hatte er nie Humor besessen, vielleicht wurde er ihm auch in den Jahren des Spotts von Jerzy Urban (siehe unten) ausgetrieben. Um die Unterhaltung wieder in die richtigen Bahnen zu lenken, versuchte ich es mit einem einigermaßen passenden Witz.

»Kennen Sie den über die Definition von Kapitalismus und Kommunismus? Der Kapitalismus ist die Ausbeutung des Menschen durch den Menschen, und beim Kommunismus ist es umgekehrt.«

»Ja, damit bin ich einverstanden«, sagte er humorlos, dachte dann aber einen Augenblick nach und fügte hinzu: »Aus Kapitalismus Kommunismus zu machen ist so, als wollte man aus einem Aquarium eine Fischsuppe machen. Man kocht das Aquarium auf. Die umgekehrte Richtung, Kapitalismus aus Kommunismus zu machen, ist etwas schwieriger.«

Also kannte er die Witze doch; er hatte mir sogar einen erzählt, der mir neu war!

Wałęsa und die Solidarność hingen der minimalistischen Theorie des kommunistischen Witzes nach. Doch das war damals nur die Sicht der Opposition. Der Staat hatte die Macht des Humors noch nicht aufgegeben.

Im August 1981 ernannte General Jaruzelski einen neuen Regierungssprecher: Jerzy Urban, einen bekannten polnischen Satiriker und professionellen Einzelgänger, »die Sorte Mensch, die demonstrativ und gezielt im Wohnzimmer einen fahren lässt und die Reaktion der anderen Gäste beobachtet«, wie ihn ein polnischer Zeitungsjournalist in den achtziger Jahren beschrieb.

Urban, professionelle antiautoritäre Nervensäge, schrieb in den sechziger und siebziger Jahren geistreiche Kolumnen für die Satirezeitschrift *Szpilki* und andere polnische Zeitungen. Typisch ist die Geschichte, die er 1967 aufgriff: Ein Chauffeur zeigte seinen Chef an, wohl ein Parteimitglied und Betriebsleiter einer staatlichen Firma, weil er den Geschäftswagen für private Zwecke genutzt hatte. Urban schrieb:

Die Moral dieser Geschichte ist signifikant, und alle Verantwortlichen, die sie lesen, werden für diese Lektion dankbar sein. Meine Herren, Sie können Ihre Untergebenen im Büro anbrüllen, Sie können Ihrer Ehefrau zotige Witze erzählen, Sie können sich an Ihrer Geliebten vergehen. Ich kenne Leute, die ein angenehmes Leben führen, obwohl sie mit ihrem Chef im Clinch sind. Aber eines dürfen Sie nicht tun: Verärgern Sie nicht Ihren Fahrer. Ihr Fahrer, meine Herren, ist wichtiger als Ehefrau, Geliebte und Chef zusammengenommen.

Urban hatte zwar nie lautstark Kritik am Kommunismus geübt, doch die Ansichten, die in der Presse veröffentlicht wurden, waren immerhin so deftig gewesen, dass die Regierung seine Veröffentlichungen in regelmäßigen Abständen verbot (allerdings schrieb er unter Pseudonym weiter). Er war auch nie in die Partei eingetreten. Und nun engagierte man diesen Spaßmacher, damit er die Pressemitteilungen des sowjetischen Satellitenstaats formulierte. Der Kreis hatte sich geschlossen. »Ich suchte einen Pressesprecher, der kommunikativ und authentisch war, dem die Leute zuhören würden, nicht so einen Bürokraten, der steife Reden vom Papier abliest«, hatte mir General Jaruzelski einst erklärt.

Ich traf mich mit Urban in seinem Büro in der Stadt und fuhr mit ihm in seine Villa in einem baumreichen Warschauer Vorort. Er hatte absurd große Ohren und war so klein, dass er kaum durch die Windschutzscheibe seines großen schwarzen Mercedes sehen konnte. Dennoch steuerte er das Fahrzeug akkurat in die Garage. Er führte mich durch eine Seitentür in sein beheiztes Schwimmbad. Urban war ein charmanter Gastgeber, und seine Augen blitzten freundlich, doch suchte er mein Gesicht auf Anzeichen für Charakterschwächen ab, während er mich in einen großen Raum führte, der mit einem Dutzend paarweise angeordneter italienischer Designersessel aus den frühen neunziger Jahren ausgestattet war. Die zwei Meter großen pornografischen Ölgemälde an den Wänden zeigten Orgien, die in mir den dringenden Wunsch weckten, zu Urbans nächster Party eingeladen zu werden. Eine Angestellte brachte ein großes Silbertablett mit belgischen Pralinen. Ich nahm mir eine. Er sagte: »Politische Witze waren in Polen und in der Sowjetunion unheimlich verbreitet. Wer sich nicht kannte, erzählte sich erst einmal gegenseitig ein paar politische Witze. Wenn ich mich heute so umsehe, gibt es so etwas wie den politischen Witz nicht mehr. Profis wie ich machen noch Witze. Wir erzählen sie in Karikaturen, Zeitungsartikeln, Zeitschriftenessays oder im Fernsehen, aber mit der Gesellschaft, in der politische Witze ausgetauscht werden, ist es vorbei. Als Thema für Witze bleibt nur noch Sex.«

360

»Erinnern Sie sich an gute Witze?«, fragte ich.

»Ich kann mich nicht einmal an die Witze erinnern, die ich gestern oder vorgestern gehört habe, aber ich weiß noch, wie ich mich einmal in einem Restaurant mit einem bekannten Philosophieprofessor unterhielt und er mir gute Witze erzählte. Ich wusste, dass ich sie gleich wieder vergessen würde, daher entschuldigte ich mich, verließ den Tisch und machte mir Notizen. Ein Ober beobachtete mich beim Schreiben und warnte den Professor, dass ich jedes Wort, das er sagte, aufschrieb.«

Urban führte ein angenehmes Leben. Seit 1990 hatte er mit seiner Satirezeitschrift *Niet* Millionen gemacht, eine polnische Version von *Private Eye*, die jedoch um ein Vielfaches bissiger ist. »Ich mag den Kapitalismus sehr«, wurde er 1990 zitiert. »Als ich noch für die Regierung arbeitete, war ich weniger reich und hatte auch keine Chance, solch ein faszinierendes Spiel zu spielen wie jetzt.« Urbans Laufbahn vor und nach dem Ende des Kommunismus war bemerkenswert kontinuierlich verlaufen. In den achtziger Jahren hatte er als Regierungssprecher die Solidarność und Lech Wałęsa in zahllosen Pressekonferenzen verspottet. Nach dem Untergang des Kommunismus blieb die Zielscheibe dieselbe, nur dass der Spieß nun umgedreht war: Wałęsa war Präsident, Urban durch seine Satirezeitschrift eine der einflussreichsten oppositionellen Stimmen. Seine berüchtigtste Spitze zielte gegen Wałęsas Autobiografie: Zum ersten Mal habe ein Autor ein Buch verfasst, der zuvor nie eins gelesen habe.

In den achtziger Jahren unterhielt Urban mit seinen spitzen Bösartigkeiten und seiner dreisten Rechtfertigung des umstrittenen polnischen Regimes das große internationale Pressekorps, das jede Bewegung der Solidarność genau verfolgte. Meist lauschten die Journalisten zunächst einer Erklärung eines Solidarność-Sprechers und baten dann Urban um einen Kommentar. Polen war somit in diesem gesamten Jahrzehnt das einzige kommunistische Land, das so etwas wie eine Regierung und eine Opposition besaß, eine Art embryonale Demokratie im Wartestand.

Meistens tischte Urban den Journalisten die gängigen Floskeln der Ostblockpropaganda auf, doch die fröhliche Ausgelassenheit, das heitere Selbstbewusstsein und die enthusiastische Übertreibung, mit denen er Vorwürfe zurückwies oder vorbrachte, ironisierten seine Aussagen und gestanden dem Kommunismus eine gewisse Komik zu. Urban bezeichnete die Unterdrückung der Solidarność als »Politik der Normalisierung« und behauptete, die verbotene Gewerkschaft sei nicht existent. Mit der Verhängung des Kriegsrechts sollten Versuche, »Polen zu isolieren«, vereitelt werden. Die westlichen Medien seien selbstverständlich »voreingenommen«, und Amerika mische sich »in die inneren Angelegenheiten Polens ein«. Wo immer möglich, machte er sich über die starke religiöse Komponente der Opposition lustig: »Entweder wir oder die schwarze Madonna von Tschenstochau. Aber muss es denn immer entweder das eine oder das andere sein?« Auf seinen Pressekonferenzen verwandelte er den Saal in ein Klassenzimmer, indem er hin und wieder Artikel der anwesenden Journalisten kommentierte oder gar bewertete. Die mit unbewegtem Gesicht vorgebrachte Haarspalterei verwandelte die internationale Politik in so etwas wie eine theatralische Farce. Als Ronald Reagan sich 1985 weigerte, Jaruzelski auf einer New-York-Reise zu empfangen, schaffte es Urban in die Schlagzeilen, indem er Amerika »schlechte Manieren« vorwarf. »Wir drängen uns in Washington mit Sicherheit nicht auf«, fügte er hinzu. Einmal fragte ihn ein Journalist, ob er die Wahrheit sage. »Sind Sie zum ersten Mal auf einer Pressekonferenz?«, erwiderte Urban. Der Polen-Korrespondent der *New York Times* schrieb 1985: »Während die Parteichefs im Geheimen debattieren und ihre Scharmützel austragen, übt sich Mr. Urban, meist freudvoll und manchmal zynisch, im offenen Zweikampf mit ausländischen Journalisten und über sie mit politischen Abweichlern, westlichen Regierungen und internationalen Organisationen.«

Ein Gag Urbans fand besonders große Resonanz. Im Jahr 1986 hatte der amerikanische Senat Polen eine Trockenmilchspende angeboten, um dem Land durch seine Wirtschaftskrise zu helfen, allerdings unter der Bedingung, dass die Trockenmilch von nichtstaatlichen Organisationen verteilt werde – eine reine Alibigeste. Urban reagierte mit dem Angebot, fünftausend Schlafsäcke für die Obdachlosen nach New York zu schicken, unter dem Vorbehalt, dass sie von Wohltätigkeitsorganisationen verteilt würden. Die Journalisten kicherten, und einer fragte den Pressesprecher, ob er Berichte bestätigen könne, nach denen sich bereits mehrere Polen erboten hätten, die Schlafsäcke persönlich nach New York zu bringen. »In den USA wurde das ernst genommen«, erzählte mir Urban. »Erst behauptete der Bürgermeister von New York, in seiner Stadt gebe es keine Obdachlosen, und dann verhinderte die amerikanische Regierung mit allen Mitteln, dass die Schlafsäcke ins Land kamen.«

Urban war ein Komiker, der die Rolle seines Lebens spielte. Seine Verachtung für die Solidarność war echt. »Ich war gegen die Solidarność, weil ihre Forderungen unrealistisch und inflationär waren. Ich war gegen eine Organisation, die den Leuten versprach, dass sie in fünf Jahren eine eigene Wohnung besitzen würden. Es war eine populistische, stark kirchlich ausgerichtete Bewegung. Das hat mir auch nicht gefallen.« Urban selbst wurde zur Reizfigur und fand sich in Witzen wieder, die jahrzehntealt waren:

Auf einer Kundgebung versucht einer, General Jaruzelski zu erschießen. Er kann aber nicht richtig zielen, weil ihn einer an der Schulter packt und ruft: »Erschieß den Urban auch!«

Doch auch für den Kommunismus hatte Urban wenig übrig (und er hatte ja später im Kapitalismus auch Erfolg). »Die ganze Situation war absurd. Ich nenne Ihnen ein Beispiel. Als ich Regierungssprecher war, war eines der Dauerprobleme, die ich rechtfertigen sollte, der Mangel an Toilettenpapier. Eines Tages erhielt ich einen Brief von einem Bürger, der schrieb, er sei gerade aus der DDR zurückgekehrt und habe eine Rolle deutsches Toilettenpapier mitgebracht. Er vermaß es, verglich es mit der polnischen Klopapierrolle und stellte fest, dass die deutsche Rolle siebzehn Prozent schmaler war als die polnische. Nun hatte er irgendwo in der Zeitung gelesen, dass es in Polen fünfzehn Prozent weniger Toilettenpapier gebe als benötigt, daher schlug er vor, dass man die polnischen Maschinen in den Fabriken schmalere Rollen schneiden lassen solle. Ich fand die Idee gut, gab die Empfehlung an die Industrie weiter und erhielt die Antwort, das sei unmöglich, da nach polnischem Standard Toilettenpapier eine bestimmte Breite haben muss. Ich fragte zurück, wer denn diese polnischen Normen festlege und auf was für einem Klo er dazu hocke. Die Antwort lautete, die Norm stamme nicht aus Polen, sondern orientiere sich am deutschen Standard!«

In den achtziger Jahren, unter dem Kriegsrecht und auch danach, agierte die Solidarność weiter aus dem Untergrund und veranstaltete eigene Maiparaden, Arbeiterdemonstrationen und Streiks. Wałęsa wurde inhaftiert und wieder freigelassen. Er traf sich mit dem Papst und erhielt den Friedensnobelpreis. Solidarność-Aktivisten wurden mit Tränengas und Wasserwerfern traktiert, verhaftet, zusammengeschlagen und manchmal auch inhaftiert – Urban zufolge allerdings nur, wenn sie betrunken waren –, und ein Solidarność-freundlicher Priester wurde gar ermordet. Eine Armee ausländischer Korrespondenten beobachtete jeden Schritt, den Regierung und Gewerkschaft machten. Die Lage war wahrlich ernst, doch an der Peri-

Abb. 70. Major Fydrych, Kopf der Orangen Alternative.

pherie all dieser Vorgänge schlug ein exotischer Komiker ein völlig neues Kapitel des kommunistischen Witzes auf: »Major« Waldemar Fydrych trug in Breslau die Kultur des kommunistischen Witzes auf die Straße (Abb. 70). Fydrych, geboren 1953, studierte Kunstgeschichte, was möglicherweise die surrealistische Note seiner Aktionen erklärt. Den Spitznamen »Major« nahm er an, nachdem er sich mit einer raffinierten Show dem Militärdienst entzogen hatte. Unter anderem war er in Majorsuniform vor der Kommission erschienen und hatte einen krankhaften Eifer für den Militärdienst vorgespielt. Er wurde als psychologisch ungeeignet ausgemustert. Diese Strategie, die Staatslogik ins Extreme zu übersteigern, prägte auch seine späteren Aktivitäten.

Fydrychs erste Aktion bestand darin, dass er in Warschau die Wände mit orangefarbenen Zwergen verzierte. Überall in Polen hatten Solidarność-Aktivisten ihr Symbol, einen Anker, an die Wände gemalt, der von den Behörden mit weißer Farbe übertüncht wurde. Auf die weiße Farbe malte Fydrych nun seine Zwerge und machte damit die Bemühungen der Regierung lächerlich, die Reformbewegung zu unterdrücken.

Im Jahr 1986 gründete Fydrych die Orange Alternative, eine Protestbewegung, die sich von 1986 bis 1988 in mehreren schreiend komischen Aktionen über den Marxismus-Leninismus, die staatliche Propaganda und offizielle Paraden lustig machte. »Die abgedrehten Sachen, die wir damals gemacht haben, die haben uns aufgeheitert, Farbe in das Grau unseres Alltags gebracht. Und dass größere Gruppen auf den Straßen unterwegs waren, hat der Regierung sicher deutlich signalisiert, dass Reformen unausweichlich waren«, sagte mir Fydrych bei einer Tasse Kaffee in einer trendigen Bar im einst wichtigsten kommunistischen Gebäude Warschaus, dem Kulturpalast. Fydrych trug zu diesem Anlass einen seiner orangefarbenen Zwergenhüte.

Fydrych brachte mit seinen humorvollen Aktionen eine unübersehbare Opposition auf die Straßen Breslaus. Seine witzigen Massenaufmärsche ließen sich nicht so einfach niederschlagen wie ernsthafte Demonstrationen. Meist marschierten ein paar Hundert bunt gekleidete Orange-Anhänger durch das Breslauer Stadtzentrum, schlugen ihre Trommeln und skandierten witzige Parolen. Am Weltkindertag verkleideten sich Fydrych und seine Anhänger als Zwerge und Schlümpfe im kommunistischen Rot, tanzten durch die Straßen und verteilten Süßigkeiten. Im September 1986 fand eine Veranstaltung unter dem Titel »Wer hat Angst vor Toilettenpapier?« statt, in der sich der Major und seine Gefolgsleute über die Mangelwirtschaft und den Grundsatz vom Volkseigentum lustig machten, indem sie Klopapier an Passanten verteilten. Darauf stand: »Lasst es uns gerecht teilen. Möge die Gerechtigkeit beim Toilettenpapier anfangen.« Auf dem Flugblatt, das sie ausgaben, hieß es weiter: »So hat der Sozialismus mit seiner eigenwilligen Verteilung der Güter und seiner exzentrischen sozialen Haltung dafür gesorgt, dass in den Träumen der Menschen Toilettenpapier ganz oben rangiert. Drückt das Anstehen nach Toilettenpapier a) den kulturellen Anspruch der Menschen aus, b) den Ruf der Natur oder c) die führende Rolle der Partei in der entwickelten sozialistischen Gesellschaft? Kreuzen Sie die richtige Antwort an.«

Fydrych erinnert sich: »Die Polizei wollte das Verteilen des Klopapiers verhindern, aber wir gaben es stückweise aus. Später kontrollierte die Polizei die Taschen und verhaftete jeden, der ein Stück Toilettenpapier bei sich hatte. Ein Freund von mir hatte einen Hund, der trug eine Fliege aus Toilettenpapier. Er wurde auch verhaftet. Das war schon sehr lustig.«

Fydrych variierte dieses Thema, als er am Weltfrauentag Damenbinden auf der Straße verteilte. Wieder wurde er verhaftet. »In der Nähe war eine Unterführung«, sagte Fydrych, »und die Leute gingen hinunter, um weiterzudemonstrieren. Da rief der Polizeichef in sein Megafon: ›Alle Polizisten bitte in den Untergrund‹, und die Leute applaudierten.« Nach Ausrufung des Kriegsrechts waren auch die Solidarność-Aktivisten »in den Untergrund gegangen«. Fydrych war – auch als ich mit ihm sprach – auf bezaubernde Art kindisch, aber das war ja der Witz an der Sache. Auch der Kommunismus wirkte auf die Bürger ziemlich kindisch – ein politisches System, aus dem Europa herausgewachsen war.

Am 7. Oktober 1988, dem offiziellen Tag der polnischen Polizei- und Sicherheitsdienste, inszenierte die Orange Alternative eine Demonstration zu Ehren der Beamten, die ihren »Dienst mit einem Lächeln« versehen, und ließ Blumen auf Polizisten und Streifenwagen regnen. Auf Versuche, Polizisten zu umarmen und ihnen zu danken, reagierten diese handfest, und Major Fydrych wurde erneut verhaftet. »Man kann bei einem Verhör mit einem Polizisten nicht ernst bleiben«, erklärte er mir, »wenn er einen fragt, ob man an einer illegalen Zwergendemonstration teilgenommen hat.«

Am 6. November 1988, dem Jahrestag der Oktoberrevolution, spielten hundertfünfzig Anhänger der Orange Alternative rund um ein Breslauer Restaurant, das das Winterpalais darstellen sollte, die Oktoberrevolution nach. Zwei Gruppen hatten große Modelle der Kriegsschiffe Potemkin und Aurora gebaut. Wieder waren alle Teilnehmer rot gekleidet. Nach und nach versammelte sich eine große Menschenmenge, die »Revolution« rief und bolschewistische Parolen skandierte. »Da waren Leute, die als Matrosen und Arbeiter verkleidet waren, aber alle in Rot, und der Polizeichef schrie durchs Megafon: ›Verhaftet die Roten!‹ Da drehte sich mein Freund zu mir um und sagte: ›Endlich!‹«

Die Solidarność wollte einfach nicht verschwinden, und man kann darüber streiten, ob General Jaruzelski, ein polnischer Nationalist und Kommunist alter Schule, und Jerzy Urban das überhaupt wollten. Hinter der Ostgrenze waren Gorbatschows Reformen bereits in vollem Gange. Nach einer erneuten Preiserhöhungs- und Streikrunde erkannte die polnische Regierung im September 1988 die Solidarność an. Im Januar 1989 nahmen Gewerkschaft und Staatsführung Gespräche am runden Tisch auf. Die Regierung willigte ein, Wahlen abzuhalten, in der die Solidarność für einige Sitze kandidieren durfte.

Die Orange Alternative, deren Possenspiele Jaruzelski und Urban nach eigener Aussage großen Spaß machten, hielt den Druck aufrecht. Am 27. November 1988, dem Tag, an dem die Volksabstimmung über die Sozialpolitik stattfinden sollte, veranstaltete die Gruppe eine Demonstration unter dem Slogan: »Wählt zweimal Ja«, der sich über die Behauptung der Regierung lustig machte, es handle sich um freie und faire Wahlen.

Hundertfünfzig Menschen wurden verhaftet und mehrere Stunden festgehalten. An einem anderen Tag versammelte sich eine Gruppe im Breslauer Zoo um den Schimpansenkäfig und intonierte stalinistische Hymnen. Im Dezember 1990 trat Fydrych in der polnischen Präsidentenwahl gegen Wałęsa und Jaruzelski an. Mit weniger als einem Prozent der Stimmen gelang es ihm nicht, das Gelächter in politische Macht umzumünzen.

Die Orange Alternative ging ihren Sonderweg weiter. Es entstanden Ableger in Ungarn und anderen osteuropäischen Ländern, und nicht zufällig war im Jahr 2004/2005 Orange die Farbe der großen Demonstrationen in der Ukraine. Doch die Aussagen der Werftarbeiter, Wałęsas Verachtung für den Humor und nicht zuletzt Fydrychs verheerende Wahlniederlage sind deutliche Indizien dafür, dass zumindest auf der Seite der Opposition kommunistische Witze nicht die Triebfeder der Revolution waren, wie es so oft dargestellt wird.

Ich gelangte langsam zu dem Schluss, dass die Menschen im Ostblock, als sie sich erhoben, nicht nur ihre Ketten, sondern auch ihre Witze abwarfen.

Am 11. August 1984 riss Ronald Reagan während einer Mikrofonprobe für seine wöchentliche Radioansprache einen der weltweit bekanntesten kommunistischen Witze: »Meine amerikanischen Mitbürger«, verkündete der Präsident, »ich freue mich, Ihnen heute mitteilen zu können, dass ich ein Gesetz unterzeichnet habe, das Russland für alle Zeit für vogelfrei erklärt. Wir beginnen in fünf Minuten mit der Bombardierung.« Der Soundcheck wurde zwar nicht gesendet, gelangte aber in die Medien und kann noch heute im Internet heruntergeladen werden. Es war ein Festtag für die Weltmedien, wobei die Schlagzeilen je nach nationaler Ausrichtung unterschiedlich ausfielen. Eine französische Zeitung nahm eine psychoanalytische Haltung ein und merkte an, ein Psychologe könne wohl ermessen, inwiefern Reagans Bemerkung etwas »über unterdrückte Sehnsüchte oder den Exorzismus eines gefürchteten Phantoms« aussage. Ein holländischer Nachrichtendienst stellte pragmatisch fest: »Hoffentlich testet der Mann seine Waffen sorgfältiger.« In der Sowjetunion gingen die Kommentatoren der Frage nach, was der Witz über Demokratie und Imperialismus aussagte. In einem Leitartikel hieß es: »Wir würden keine Zeit auf diesen unglücklichen Witz verschwenden, spiegelte er nicht wieder einmal die fixe Idee wider, die den Hausherrn im Weißen Haus umtreibt.«

Es war beileibe nicht der erste Witz dieser Art, den Ronald Reagan erzählte. Er hatte ein Faible für kommunistische Witze, die in seinen Augen Indizien für den unbeugsamen Geist der Osteuropäer und ihre unbezähmbare Sehnsucht nach Freiheit waren – um die damaligen Klischees zu bemühen –, ganz zu schweigen davon, dass sie bewiesen, wie lächerlich die kommunistische Wirtschaftstheorie war. Diese Rezeption war nicht neu: Generationen »Kalter Krieger« vor Reagan hatten die Witze ähnlich aufgefasst. Doch Reagan ging einen Schritt weiter als seine Vorgänger, denn er wies Mitarbeiter des Außenministeriums an, die Witze für ihn zu sammeln und einmal wöchentlich ein Memorandum mit den neuesten Schätzen zu verfassen.

Einer dieser Beamten war Paul Goble, der für die baltischen Staaten zuständig war. »Ich habe heute eine Sammlung mit dreizehntausend kommunistischen Witzen«, brüstete er sich, konnte sie mir aber leider nicht zeigen, weil sie in einer Garage in einer abgelegenen amerikanischen Kleinstadt lagerten.

Paul Goble war vom Scheitel bis zur Sohle der Inbegriff des Kalten Kriegers: kurzes Kraushaar, eckige Brille, Flanellhosen, marineblaue Jacke und ein mattes Lächeln. Wie viele seinesgleichen hatte ihn die Geschichte überholt, und er war nun Universitätsdozent für internationale Beziehungen in Estlands zweitgrößter Stadt Tartu. Ich verabredete mich in Tallinn im obersten Stockwerk des Funkturms mit ihm, einer spindeldürren zwanzig Stockwerke hohen Betonröhre mit Lift, auf der ein UFO-förmiger, mit Antennen gespickter Turmkorb thronte. Es war ein Meisterstück des kommunistischen Science-Fiction-Designs, das eine prima Kulisse für einen Len-Deighton-Krimi abgegeben hätte. Wir spazierten um die Aussichtsplattform, und unsere Absätze klackerten auf dem glänzenden schwarz lackierten Boden. Durch schräge, futuristisch anmutende Fenster blickten wir auf die verregnete baltische Landschaft.

Reagan schürte in den achtziger Jahren den Kalten Krieg nach Kräften an, indem er das neue Waffenprogramm »Star Wars« auflegte, die spätere al-Qaida in ihrem Krieg gegen die Sowjets in Afghanistan finanzierte und, unvergessen, die Sowjetunion als »Reich des Bösen« titulierte. Konservative Historiker behaupten gern, seine kompromisslose Wortwahl und der kostspielige Rüstungswettlauf hätten den Niedergang der Sowjetunion beschleunigt. Doch Reagan hatte noch eine Waffe in seinem Arsenal, deren Wirkung nie ernsthaft untersucht wurde: Witze. Auf Pressekonferenzen, in Reden und auf Gipfeltreffen flocht er, stets mit dem Hinweis auf »mein kleines Hobby«, kommunistische Witze ein, die angeblich bewiesen, dass die Sowjetbürger »eine etwas zynische Haltung zu ihrem System« hatten.

So gut wie jede größere Rede des Präsidenten endete mit einem kommunistischen Witz. Am 9. Mai 1982 sprach er vor ehemaligen Studenten des Eureka College in Illinois:

Ich sammle etliche [dieser Witze], die im russischen Volk im Umlauf sind und die Einstellung der Menschen zur Regierung offenbaren. Und [ich habe hier einen Witz, bei dem] es darum geht, wie Breschnew Präsident wurde. Er zeigt seiner betagten Mutter seinen Amtssitz im Kreml, setzt sie

371

dann in seine Limousine und fährt sie zu seiner prächtigen Wohnung in Moskau. An beiden Orten fällt kein Wort. Sie guckt, sie sagt nichts. Dann bringt er sie mit dem Hubschrauber aufs Land in einen Wald außerhalb von Moskau. Auch hier kein Wort. Schließlich setzt er sie in seinen Privatjet und fliegt mit ihr ans Schwarze Meer, um den Marmorpalast zu besichtigen, seine Strandresidenz. Endlich spricht sie: »Leonid, was passiert, wenn die Kommunisten das herausfinden?‹

Im Juni 1982 sprach Reagan vor dem britischen Parlament: »Die Stärke der Solidarność-Bewegung in Polen bestätigt einen Witz, der unter der Hand in der Sowjetunion erzählt wird. Es geht darum, dass die Sowjetunion auch dann noch ein Einparteienstaat wäre, wenn eine Oppositionspartei erlaubt würde, denn dann würde jeder der Oppositionspartei beitreten.«

Reagan hatte für jedes Publikum die passenden Witze. Als er im September 1986 in der Nationalen Sicherheitsbehörde in Fort Meade vor Agenten sprach, witzelte er: »Ich habe erstklassige Neuigkeiten. Soeben haben wir erfahren, dass KGB-Agenten ab sofort den Befehl haben, ihre Arbeit in Dreiergruppen zu erledigen: Einer macht Notizen und schreibt die Berichte, die anderen beiden behalten den Intellektuellen im Auge.«

In einer Rede vor Landwirten in Iowa sagte er 1984: »Der neuste Witz, den ich gehört habe, handelt von einem Kommissar in der Sowjetunion, der in eine staatliche Produktionsgenossenschaft kam, sich den ersten Arbeiter schnappte, der ihm über den Weg lief, und fragte: ›Genosse, gibt es irgendwelche Beschwerden?‹ Der Bauer antwortete: ›Oh nein, Genosse Kommissar, keine Beschwerden. Mir sind keine Beschwerden zu Ohren gekommen.‹ ›Gut‹, sagte der Kommissar. ›Was macht das Getreide?‹ ›Oh‹, sagte der Bauer, ›das Getreide ist nie besser gediehen, einfach wunderbar!‹ ›Und wie sieht es mit den

Kartoffeln aus?‹ ›Genosse Kommissar‹, sagte der Bauer, ›wenn wir die Kartoffeln auf einen Haufen legen würden, würden sie bis an Gottes Füße reichen.‹ ›Aber in der Sowjetunion gibt es doch gar keinen Gott.‹ ›Kartoffeln ja auch nicht.‹«

Als im Jahr 1987 dank Gorbatschows Glasnost, »Offenheit«, immer offenere Berichte über das Unrecht in der Sowjetunion in den Westen gelangten, erzählte Reagan bei einem Mittagessen der Handelskammer New Jersey in Somerset »einen Witz über Dissidenten in der Sowjetunion. Er beginnt mit einer Frage: Was ist ein sowjetischer Historiker? Und die Antwort: Jemand, der präzis die Vergangenheit voraussagen kann.«

In anderen Reden brüstete sich Reagan damit, dass er die Witze auf Gipfeltreffen dem russischen Präsidenten erzählt und dieser gelacht habe. Das erste Mal geschah dies offenbar auf dem Genfer Gipfel 1985, als die beiden Präsidenten ihre Abrüstungsgespräche aufnahmen. Im Juli 1986 berichtete Reagan in einer internen Besprechung im Weißen Haus: »Es interessiert Sie vielleicht, dass der Generalsekretär viel Humor hat. Ich habe ihm den Witz über den Amerikaner und den Russen erzählt, die sich darüber streiten, wie viel Freiheit sie haben. Und der Amerikaner sagt am Ende zu dem Russen: ›Ich kann ins Oval Office marschieren. Ich kann auf den Tisch des Präsidenten hauen und sagen: Mister President, ich mag es nicht, wie Sie unser Land führen.‹ Und der Russe sagt: ›Das kann ich auch!‹ Der Amerikaner sagt: ›Ach ja?‹ ›Ja‹, sagt der andere. ›Ich kann in den Kreml marschieren, in das Büro des Generalsekretärs marschieren, auf den Tisch hauen und sagen: Herr Generalsekretär, ich mag es nicht, wie Präsident Reagan sein Land führt.‹«

Gorbatschows Berater hatten Reagans Reden gelesen und wussten, was sie erwartete. Doch Gorbatschow konnte nicht mit einem kernigen antikapitalistischen Witz kontern. Stattdessen zeigte er ihm eine Karikatur, auf der er und Reagan auf beiden Seiten eines großen Abgrunds stehen. In der Bildunterschrift schlägt Gorbatschow vor, sie sollten sich doch näher kommen, und Reagan erwidert: »Das ist eine gute Idee. Wie wäre es, wenn du den ersten Schritt machst?«

Auf dem Washingtoner Gipfel vom Dezember 1987, auf dem sich Reagan und Gorbatschow auf die Beseitigung nuklearer Mittelstreckenraketen einigten, riss Reagan offenbar einen Witz nach dem anderen. Berater erinnern sich daran, dass er Gorby fragte, ob er den hier schon gehört habe:

> Als amerikanische Collegestudenten gefragt werden, was sie nach ihrem Abschluss machen wollen, antworten sie: »Ich weiß nicht, ich habe mich noch nicht entschieden.« Russische Studenten sagen auf die gleiche Frage: »Ich weiß nicht, sie haben es mir noch nicht gesagt.«

Gorbatschow soll von Herzen gelacht, dann aber hinzugefügt haben: »Botschafter Matlock darf Ihnen keine Geschichten mehr erzählen.«

Einen anderen Witz sparte sich Reagan für die Pressekonferenz auf dem Washingtoner Gipfel auf: »Es ist nicht übertrieben, wenn ich behaupte, dass in der Sowjetunion die Lieferung eines Autos zehn Jahre dauert, aber bezahlen müssen Sie das Auto sofort, nicht wenn Sie es bekommen. Ein junger Mann geht also von Behörde zu Behörde, holt sich hier eine Genehmigung und dort eine Genehmigung und sammelt fleißig Stempel. Schließlich hat er den letzten Stempel auf dem letzten Formular, legt das Geld auf den Tisch, und der Beamte sagt: ›In zehn Jahren können Sie Ihr Auto abholen.‹ Der junge Mann will gerade gehen, sagt dann aber: ›Am Vormittag oder am Nachmittag?‹ Der Bursche hinter dem Schalter erwidert: ›Was macht denn das für einen Unterschied?‹ ›Am Vormittag kommt der Klempner.‹«

Reagan verfolgte den sowjetischen Regierungschef geradezu mit seinen Witzen. Aus den Mitschriften des Moskauer Gipfels geht hervor, dass sich die beiden einmal sogar über den genauen Wortlaut eines Witzes zankten. Auf der Vormittagssitzung des 30. Mai erzählte der US-Präsident einen Witz, der wahrscheinlich in die dreißiger Jahre zurückreicht und die klammheimliche Militarisierung der sowjetischen Wirtschaft zum Thema hat. »Wissen Sie, es gibt da einen Witz über einen Arbeiter, der in einer Kinderwagenfabrik beschäftigt war. Aber immer, wenn er einen Kinderwagen zusammensetzen wollte, kam ein Maschinengewehr dabei heraus.«

Gorbatschow wies ihn zurecht: »Ja, es gibt bei uns so einen Witz, aber Sie haben ihn falsch erzählt.«

Reagan wies den Vorwurf zurück: »Den kenne ich aber schon aus der Vorkriegszeit ...«

»Ich bin der festen Überzeugung, dass das zum Ende des Kommunismus beigetragen hat«, sagte Goble strahlend. Er gehörte zu den Menschen, die immer noch den Sieg über den Kommunismus feierten. »Ich glaube, dass Präsident Reagans Sowjetunionbild stark von dem geprägt war, was die sowjetischen Bürger einander so erzählten, und ganz besonders von den Witzen, die sie zum Besten gaben. Das bestärkte Präsident Reagan in der tiefen Überzeugung, dass das sowjetische Volk entsetzt war von seiner Regierung, von ihrer Dummheit, Unfähigkeit und Arroganz, dass es frei sein wollte und einen Wandel im politischen System begrüßen würde.«

Als im Januar 1989 Bush senior auf Reagan folgte, teilte man Goble mit, er brauche nun keine Witze mehr sammeln.

Reagans Witze, die Aktivitäten eines Jerzy Urban und Laskowiks Fernsehsendung illustrieren, dass die Witze im Kommunismus Karriere gemacht hatten. Anders als in vorangegangenen Jahrzehnten wurden sie nun öffentlich auf höchster Ebene wahrgenommen. Spielverderber und notorische Witzeverleugner mögen weiter abstreiten, dass der Humor zum Sturz des Kommunismus beigetragen hat, doch sie werden zugeben müssen, dass er die kommunistischen Machtzentren zunehmend einkesselte.

Ein Witz, erzählte mir Jerzy Urban, habe einmal seine diplomatischen Reisepläne durchkreuzt. Mitte der achtziger Jahre steckte der polnische Regierungssprecher in Bukarest fest, nachdem der rumänische Staatschef Nicolae Ceaușescu den rumänischen Luftraum für polnische Flugzeuge gesperrt hatte. Anlass war, dass ein Kabarettist in Warschau folgenden Witz über ihn erzählt hatte: »Alle Staaten der Welt versuchen heutzutage einem Land nachzueifern: den USA. Alle außer Polen natürlich. Wir versuchen, Rumänien nachzueifern.«

Fünfzehn Jahre nach dem Fall Ceaușescus sieht es in Rumänien immer noch aus wie in einem gigantischen kommunistischen Themenpark, in dem keine Attraktion mehr funktioniert. Aus dem Beton unvollendeter Bürohäuser stechen verrostete Stahlträger heraus, in den Brunnen, die den Boulevard des Volkes säumen, sprudelt nur noch selten Wasser, und die Luft ist gesättigt mit den ungefilterten Auspuffgasen zwanzig Jahre alter Dacias aus kommunistischer Produktion.

Warum wird Rumänien das Ende der Welt überleben?
Weil es in allem fünfzig Jahre hinterher ist!

Von den vielen kurzen Streichhölzern zog Rumänien 1945 das allerkürzeste: Das Land bekam die schlimmste Variante des Kommunismus ab, wie diese rumänische Version eines berühmten Hundewitzes illustriert:

Ein polnischer, ein ungarischer und ein rumänischer Hund
unterhalten sich. »Wie lebt es sich denn so in deinem Land?«,
fragt der polnische den ungarischen Hund.
»Na ja, wir haben Fleisch, aber wir dürfen nicht bellen.
Wie ist es denn da, wo du herkommst?«, fragt der ungarische
den polnischen Hund.
»Bei uns gibt es kein Fleisch, aber wenigstens dürfen wir bellen«,
sagt der polnische Hund.
Fragt der rumänische Hund: »Was ist Fleisch? Was heißt Bellen?«

Vieles lief nicht anders als in anderen kommunistischen Nach-
kriegsdiktaturen auch. Der erste kommunistische Staatschef
Gheorghe Gheorghiu-Dej zog Säuberungen, Schauprozesse
und Hinrichtungen durch, ließ politische Gegner Zwangsarbeit
verrichten (beim Bau des Schwarzmeerkanals etwa, der dann
leider für die meisten Schiffe zu eng war) oder in modrigen Ge-
fängnissen foltern – im Gefängnis von Pitești, dem schlimmsten seiner Art, mussten die Häftlinge sich gar gegenseitig quä-
len. Er peitschte industrielle Großprojekte durch, die zum Teil
jeder wirtschaftlichen Sinnhaftigkeit entbehrten (so baute man
Stahlwerke, musste das Eisen aber aus Indien importieren), und
mutete der Bevölkerung auf Kosten der Umwelt schändlich
minderwertige technische Produkte zu, etwa Autos der Marke
Dacia.

An anderen Stellen jedoch wich Rumänien vom Skript ab.
Unter Dejs Nachfolger Ceaușescu war der rumänische Marxismus-Leninismus allzu leicht zu durchschauen. Verglichen
mit anderen Ostblock-Spielarten war er wie ein unartiges Kind,
das hinausplärrt, nachdem ihm die Mutter den Mund verboten hat. Schon immer hatte der Kommunismus mehr mit den
absoluten Monarchien und dem Feudalismus des vormoder-
nen Europa gemein als mit der Demokratie des zwanzigsten
Jahrhunderts. Ceaușescu dokumentierte dies, als er 1964 eine

Amtseinführungszeremonie inszenierte, in der er mit einem goldenen, eigens zu diesem Anlass angefertigten Zepter auftrat. Der surrealistische Künstler Salvador Dalí gratulierte Ceaușescu in einem Telegramm zu seinem Amtsstab. Wenigstens in einem Land der Erde, so Dalí, gebe es noch einen Herrscher der alten Schule. Das Telegramm wurde in den Zeitungen abgedruckt.

Auf einer Nordkoreareise beeindruckten Ceaușescu die Massenveranstaltungen in den Stadien, auf denen, wie es dort bis heute üblich ist, Tausende von Arbeitern mittels farbiger Karten riesenhafte Bilder formten oder in militärischer Kleidung Formationstänze darboten. Ceaușescu importierte den Stil dieser Darbietungen nach Rumänien und verknüpfte ihn mit den Mythen von den glorreichen römischen Vorfahren und den siegreichen Königen seines Landes.

Gleichzeitig hatte der Staatschef sein Land, zumindest in der Wahrnehmung seines Volkes, mithilfe der rumänischen Geheimpolizei Securitate eisern im Griff:

Ceaușescu, Reagan und Gorbatschow machen, begleitet von ihren Bodyguards, gemeinsam eine Kreuzfahrt auf einem Luxusdampfer. Eines Tages kommen sie durch Haigewässer. Reagan will mit dem Können und dem Mut seines Leibwächters angeben. Er nimmt seine Armbanduhr ab und wirft sie über Bord. »Hol sie, John!«, befiehlt er. Der Mann schießt wie ein Blitz ins Wasser und holt die Uhr heraus. Die Umstehenden auf dem Schiff sind begeistert. »Das war mutig!«, rufen sie im Chor.

Dann wirft Gorbatschow seine Uhr über Bord und weist seinen Bodyguard an, sie zu holen. Der KGB-Agent demonstriert die gleiche bedingungslose Ergebenheit.

»Das war mutig!«, loben die anderen und klatschen.

Ceaușescu, der nicht zurückstehen will, wirft seine Uhr ebenfalls über Bord. »Hol sie, Mihai«, sagt er.

Doch sein Leibwächter rührt sich nicht. »Kommt nicht infrage«, sagt er.

Da rufen die Umstehenden anerkennend: »Das ist mutig!«

Nie war der Kommunismus farbenprächtiger – und widersprüchlicher: Hier trafen die Mythen des Mittelalters und die Massenmobilisierung des zwanzigsten Jahrhunderts aufeinander. Es hatte wohl auch nie einen Menschen gegeben, der sich weniger als Objekt für den Personenkult eignete als Ceaușescu: Der Schustersohn war klein, alles andere als imposant, schwächlich und stotterte. Doch den speichelleckerischen Vorworten zu Tausenden von Büchern ist zu entnehmen, dass er und seine Frau Elena sich in so ziemlich jedem Bereich menschlichen Handelns hervortaten.

Die Frontseite des Nationaltheaters in Bukarest soll mit einem Fresko bemalt werden, das die besten rumänischen Schauspieler zeigt. In der Mitte werden Nicolae und Elena Ceaușescu zu sehen sein.

In den sechziger Jahren wurden Millionen von Ceaușescu-Porträts ausgegeben, auf denen er im Dreiviertelprofil abgebildet ist, sodass man nur ein Ohr sieht. Doch dann brachten Scherzkekse dieses Bild mit der rumänischen Redensart »ein Ohr haben« in Zusammenhang, die so viel bedeutet wie »einen Dachschaden haben«. Die Porträts wurden ordnungsgemäß durch andere ersetzt, auf denen klar und deutlich zwei große Ohren zu sehen waren. Auf der Titelseite aller rumänischen Zeitschriften prangten Fotos vom »Giganten der Karpaten«, die den folgenden Witz nach sich zogen:

Warum gibt es in Rumänien keine Pornozeitschriften?
Weil die Titelseite einfach grauenhaft wäre.

Ceauşescus Wirtschaftspolitik brachte entsetzliches Elend über die Bevölkerung. Während andere kommunistische Staaten große Westdarlehen zu günstigen Zinssätzen aufnahmen, tat Ceauşescu das Gegenteil: Anfang der achtziger Jahre gelang es ihm, die Staatsverschuldung abzubauen, indem er alles an Rohstoffen und Erzeugnissen exportierte, was irgend möglich war. Auf einem Staatsbesuch in Großbritannien schlug Ceauşescu 1978 vor, britische Flugzeuge mit rumänischen Orangen zu bezahlen. Im eigenen Land herrschte unterdessen ein ständiger Energie- und Lebensmittelmangel. In Wohnungen, in denen die Temperatur unter null Grad lag, kochten die Leute »Adidas« (zerkleinerte Schweinshaxen) oder »Besteck« (magere Hühnerbeinchen). Ein Witz lautete:

> Ein Mann geht im Winter durch Bukarest. Er ruft in eine Wohnung:
> »Könnten Sie bitte Ihr Fenster schließen? Hier draußen wird es eiskalt.«

Bukarest trug auch den Nachnamen »Ceauschwitz«.

Als die Versorgungslage sich nicht besserte, dachten sich Ceauşescus Leute eine Reihe schwachsinniger Programme aus, mit denen sie die Situation retten wollten. Ein Ernährungsausschuss fand eine Lösung zu den massiven Nahrungsmittelengpässen, indem er in einem Bericht vorrechnete, dass Rumänen mit weniger Kalorien auskämen als andere Europäer. Im Jahr 1988 erwog der Staat einen Rationalisierungsplan, der vorsah, die Hälfte der rumänischen Dörfer mit dem Bulldozer platt zu walzen und die Einwohner in große Städte umzusiedeln. Ein anderer Vorschlag ging dahin, alle Senioren aus den Städten in Dörfer umzusiedeln, damit sie der Wirtschaft nicht so auf der Tasche lagen. Einem unbewiesenen modernen Mythos zufolge wurde dieser Plan aufgegeben, nachdem wachsame Securitate-Agenten dem Innenministerium eine Flut häufig brutaler Witze zu diesem Thema zugetragen hatten.

Zwei ausgehungerte alte Großmütter sitzen in einem Dorf. Eine von ihnen entdeckt eine Schnecke. »Schnell, guck mal hier«, sagt sie, »da ist was zu essen – eine Schnecke.«
Die andere versucht vergeblich, die Schnecke zu fangen. »Die war zu schnell für mich«, sagt sie enttäuscht.

Die Fantasien des rumänischen Kommunismus gipfelten in Ceauşescus Volkspalast, dem größten Palast der Welt und ultimativen Symbol für das kommunistische Märchen. Obwohl erst in den achtziger Jahren erbaut, wirkt er wie ein byzantinisches Versailles, wie der Hof eines exotischen absolutistischen Monarchen. Er ist das architektonische Epitaph des rumänischen Kommunismus und des kommunistischen Traums, ein monumentaler marmorverkleideter Koloss mit unzähligen Säulen, Rundbögen, Ziergiebeln und Türmchen, der neoklassizistische und arabische Motive verbindet und sich wie ein gigantischer Hochzeitskuchen über mehrere Etagen erhebt. Wie ein Fettwanst, der sich nicht mehr von der Stelle bewegen kann, hockt der Palast mitten in Bukarest. Einer der langen, mit Wasserspielen gesäumten Boulevards, die Ceauşescu durch die Stadt ziehen ließ, führt direkt darauf zu. Um Platz zu schaffen für diese Prachtstraßen und die riesigen Wohnblocks, die sie säumen wie Kreuzfahrtschiffe im Trockendock, wurden alte Jugendstilvillen dem Erdboden gleichgemacht und eine Handvoll orthodoxer Kirchen auf Rollen zur Seite geschafft. Biegt man von diesen Boulevards ab, so gelangt man gleich hinter den Betonklötzen rasch ins alte Bukarest mit seinen verwinkelten Gassen und den bröckelnden Villen aus dem neunzehnten Jahrhundert – ein Hinweis darauf, wie oberflächlich der rumänische Kommunismus war, gerade so gehaltvoll wie die Margarineschicht, die sich die Bürger aufs Brot schmieren konnten.

Der Volkspalast versinnbildlicht das Ausmaß, in dem der Kommunismus von seinen Anhängern und Repräsentanten missverstanden wurde. Dachten sie, er führe in die Zukunft, so nahm er sie in Wahrheit mit in die Vergangenheit. Im Palast können die Besucher breite Marmortreppen emporsteigen und über die längsten Teppiche aller Zeiten mit ihren sich endlos wiederholenden geometrischen Mustern durch Räume schreiten, deren verschnörkelte Stuckarbeiten glitzern wie Zuckerguss. Zunächst ziehen den Betrachter die schiere Größe und das Dekor in seinen Bann, doch bald schon wirken sie ermüdend. Die Ursache dafür ist überraschend, aber schnell gefunden: Es ist die ständige Wiederholung – die immer gleichen Muster auf den Teppichen und den Ziergiebeln, die Kronleuchter, die Säulen –, denn in allen Räumen begegnen dem Betrachter dieselben Formeln. Hier ist es, das Zeugnis für die Grenzen der kommunistischen Fantasie.

Wie wird der Volkspalast heißen, wenn er fertig ist?
Mausoleum.

Einer, der sich dem kommunistischen Witz wissenschaftlich genähert hat, ist Calin Bogdan Stefanescu (Abb. 71), ehemaliges Parteimitglied und Amateurstatistiker, der in den achtziger Jahren eine soziologische Analyse kommunistischer Witze in Rumänien durchführte. In den letzten zehn Jahren des Ceaușescu-Regimes, im gleichen Zeitraum also, in dem auch der Volkspalast erbaut wurde, erfasste Stefanescu jeden Witz, den er hörte, mitsamt Ort, Zeitpunkt sowie sozialer Stellung und Altersgruppe der erzählenden Person. Nach dem Fall des Kommunismus veröffentlichte er seine Daten in dem Buch *Zehn Jahre schwarzen Humors in Rumänien*.[65] Die Auflage war winzig, und das Bändchen ist bis heute praktisch unbekannt, und doch gehört es zu den maßgeblichen Texten der kommunistischen Ära, nicht nur wegen seiner beachtlichen wissenschaftlichen Genauigkeit, sondern auch, weil es sich um eine Herkulesaufgabe handelte.

Abb. 71. Calin Bogdan Stefanescu, der, weltweit einzigartig, kommunistische Witze
statistisch erfasste.

Stefanescus Buch enthält über neunhundertfünfzig Witze,
die er zwischen dem August 1979 und dem Dezember 1989
sammelte. »Ich habe ausgerechnet, dass alle 4,71 Tage ein neuer
Witz zu meiner Sammlung kam«, erzählte er mir. Damals arbeitete er in der Verwaltung des Bukarester Verkehrsverbun-
des. In seiner angestaubten Garderobe – ausgebeulte braune
Hosen mit Bügelfalte und ein schmuddeliges kakifarbenes
Hemd – war er vom Scheitel bis zur Sohle der Prototyp des
kleinen Beamten aus einem kommunistischen Balkanland.
Schlimmstenfalls war diese Sorte Mensch faul und korrupt,
bestenfalls aber – und das galt ganz offensichtlich für Stefanescu – gewissenhaft und sorgfältig. Stefanescu sammelte die Witze, die er im Büro, im Urlaub, auf Parteiversammlungen und in
anderer Leute Gespräche hörte. Er verfuhr nicht nur wie ein
Soziologe, sondern auch wie ein Archäologe, denn er rekon-
struierte historische Witze aus Fragmenten. »Ich musste für

mein Buch viele Witze rekonstruieren, weil ich nur den Anfang oder nur die Pointe gehört hatte. Manchmal merkten die Leute, dass ich ihnen zuhörte, dann musste ich gehen. Aber ich kann Ihnen versichern, dass ich mich sehr darum bemüht habe, den Ton derer zu bewahren, die ich den Witz oder den Teil des Witzes hatte erzählen hören.

Mich brachte die Qualität der Witze dazu, überhaupt damit anzufangen. Manche waren wirklich etwas ganz Besonderes. Sehen Sie, Witze sind ja eigentlich dazu da, zwei oder drei Tage, vielleicht eine Woche zu ›leben‹. Ich konnte es einfach nicht zulassen, dass die Witze verschwinden«, erklärte Stefanescu. »Abgesehen davon, dass ich die Witze genial fand, schrieb ich das Buch auch aus einem persönlichen Grund: Irgendwann würde ich mich mit meiner Witzesammlung vor meinen Kindern rechtfertigen können. Ich sah vor mir, wie meine Kinder mich später fragten: ›Papa, was hast du eigentlich unter dem Kommunismus gemacht? Warum bist du nicht auf die Straße gegangen, warum hast du nichts unternommen?‹«

Wie die Witzeerzähler überall im Ostblock betrachtete auch Stefanescu sein Tun als riskante Geheimmission, obwohl die Erfahrung ihn lehrte, dass der Staat seine Witze überhaupt nicht gefährlich fand. »Es gab mehrere Vorfälle, die sich heute komisch anhören, damals aber schrecklich waren. Ich weiß noch, eines Tages ging ich von der Arbeit nach Hause. Mein Arbeitsplatz war im Zentrum von Bukarest, und als ich an der amerikanischen Botschaft vorbeikam, fiel mir plötzlich ein Witz ein. Da ich immer ein Notizbuch bei mir hatte, nahm ich es aus der Tasche und kritzelte den Witz hinein. Unglücklicherweise wurde ich von einem jungen Soldaten beobachtet, der die amerikanische Botschaft bewachte. Dem kam das verdächtig vor. Vielleicht dachte er, ich wollte die Botschaft in die Luft sprengen oder Gott weiß was. Er kam zu mir, wollte meinen Ausweis sehen und brachte mich dann zu seinem Vorgesetzten. Der Offizier prüfte meinen Ausweis noch einmal, nahm dann mein Notizbuch, das voll von Witzen war, und blätterte darin herum. Ich hatte natürlich schreckliche Angst. Innerlich sah ich schon die Handschellen. Doch zu meiner Überraschung gab mir der Offizier den Ausweis und das Notizbuch zurück und ließ mich gehen. Als ich später nach Hause kam, stand ich vor einem schrecklichen Dilemma: Sollte ich das Notizbuch wegwerfen oder es behalten? Was, wenn ich es umsonst wegwarf? Nach quälendem Hin und Her beschloss ich es zu behalten. Das war, wie sich herausstellte, die richtige Entscheidung, denn es kam nie zu einer Hausdurchsuchung.«

Die von Stefanescu gesammelten Witze dokumentierten akkurat die Probleme und Ereignisse im Rumänien der achtziger Jahre. Nach der Benzinpreissteigerung hörte Stefanescu den folgenden Witz:

> Ist dir schon aufgefallen, dass jetzt an jeder Tankstelle ein Arzt und ein Polizist Dienst tun? Der Arzt leistet denen, die beim Anblick des Preises in Ohnmacht fallen, Erste Hilfe, und der Polizist fragt jeden, der tankt, wo er das Geld her hat.

Als der damalige französische Präsident Bukarest besuchte, notierte Stefanescu diesen Kalauer:

> Der französische Präsident Valéry Giscard d'Estaing und seine Frau sitzen mit den Ceauşescus beim Staatsbankett. In dem Versuch, mit Elena Ceauşescu ins Gespräch zu kommen, fragt Frau d'Estaing, wo sie denn ihre Schuhe gekauft habe.
> »Ach«, sagt Elena, »das war das Gesellenstück meines Mannes.«

Im März 1984 verbot Ceauşescu die Abtreibung, was zu grauenhaften Zuständen in den Waisenhäusern Rumäniens führte. Einen Monat später tauchte der folgende Witz auf:

Ceauşescus Hubschrauber landet in Maramures, einem abgelegenen Dorf im Nordwestzipfel Rumäniens. Er trifft mit den Dorfältesten zusammen und erklärt ihnen die neusten gesetzlichen Vorschriften, mit denen die Geburtenrate gesteigert werden soll. In der für sein Regime typischen blumigen Sprache fährt er fort: »Elena, die Mutter aller Rumänen, möchte, dass eure Kinder auch ihre Kinder sind. Sie will gemeinsam mit euch die Nation aufbauen.« Die Dorfbewohner hören ihm aufmerksam zu. Als Ceauşescu fertig ist, will er wissen, ob es irgendwelche Fragen gibt.

Ein alter Mann sagt: »Wir haben Sie vollkommen verstanden und sind bereit, unserem Land zu dienen. Aber eine Frage habe ich noch: Fahren wir mit nach Bukarest, oder kommt sie her?«

»Im Jahr 1981 ist im Vergleich zu 1980 ein gewaltiger Anstieg in der Zahl der Witze über die Lebensqualität zu beobachten«, erklärte mir Stefanescu. »Sie stieg von sechzehn auf vierundvierzig! Das lässt sich mit der Lebensmittelrationierung erklären, die Ceauşescu 1980 einführte und deren Auswirkungen nun spürbar wurden. Damals gehörten Stromausfälle und das Anstehen nach Grundnahrungsmitteln zu unserem Alltag.« In seinem Buch führt Stefanescu zahlreiche Witze aus dieser Zeit auf:

Kind: He, Großmutter, warum trägst du einen Rucksack?
Großmutter: Um Energie zu sparen. Man hat meinen Herzschrittmacher auf Kohle umgestellt.

In einer rumänischen Straßenbahn ruft ein elegant gekleideter Herr: »Rempeln Sie mich gefälligst nicht an! Ich bin Leiter eines Fleischerladens.«
Einer der Passagiere raunt seinem Freund zu: »Den kenne ich. Er ist ein bekannter Universitätsprofessor, aber er leidet unter Größenwahn.«

Hast du schon gehört, dass der Lebensstandard in Rumänien seit
dem Frühling ums Doppelte gestiegen ist?
Früher haben wir gefroren und gehungert, jetzt hungern wir
nur noch.

Jedes Mal wenn er einen Witz aufschrieb, notierte Stefanescu
auch das Profil desjenigen, der den Witz erzählt hatte. Die Auf-
schlüsselung nach Alter und Schicht beweist, dass die meisten
rumänischen Witzeerzähler Akademiker zwischen dreißig und
vierzig waren.

Sozialer Stand der Witzeerzähler in %		Alter der Witzeerzähler in %	
Akademiker	67 %	Unter 30	13 %
Angestellte und Beamte	14 %	30–40	54 %
Arbeiter	11 %	40–50	24 %
Rentner	7 %	Über 50	9 %
Ausländer	1 %		

In Stefanescus merkwürdigstem Schaubild ging es um Witze
über bestimmte Ereignisse. Für ein Korpus von sechzig Witzen zu einem spezifischen Ereignis verglich er das Datum des
Ereignisses mit dem Datum, an dem er den Witz hörte. So
konnte er, erstmalig und einmalig, die Schnelligkeit kommunistischer Witze errechnen (Abb. 72). Stefanescu zeichnete ein
Schaubild zur »Reaktionsgeschwindigkeit und Verteilung des
rumänischen kommunistischen Witzes« und zeigte mir, dass
der Höhepunkt im Jahr 1987 lag: »Dieser Zacken steht für den
Aufstand 1987 in Brașov.« Damit meinte er den Arbeiterauf-
stand, der in der kleinen rumänischen Stadt am Wahltag, dem
15. November, stattfand. Die Leute hatten gehört, dass im Gebäude des Parteikomitees von Brașov für die höheren Funktionäre ein Fest gegeben werde; es würden Speisen serviert, an die
der Durchschnittsrumäne nie herankäme. Eine aufgebrachte

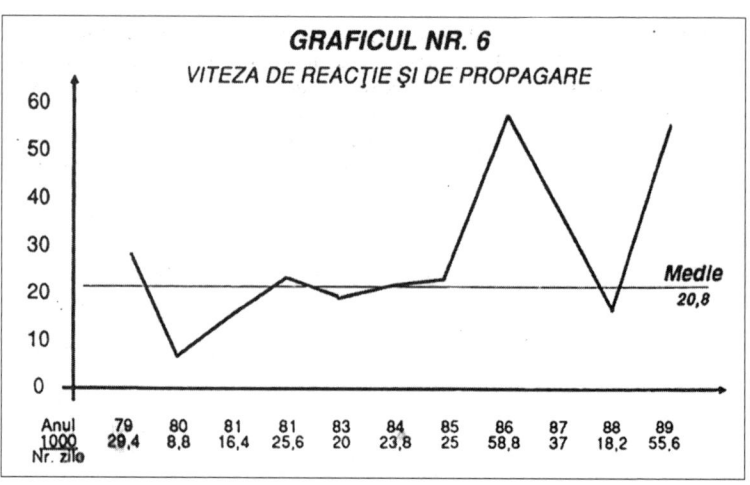

Abb. 72. Schaubild zur Reaktionsgeschwindigkeit und Verteilung des rumänischen kommunistischen Witzes (Calin Bogdan Stefanescu, *Zehn Jahre schwarzen Humors in Rumänien*, 1980).

Menge verschaffte sich Zugang zum Gebäude und plünderte es. Die Sicherheitskräfte schlugen die Minirevolution nieder, und die Protestierenden wurden festgenommen und inhaftiert. Doch bald schon gingen die Ereignisse in neue Witze ein, die auf der Straße erzählt wurden. »Ich habe zwischen dem 23. November, also etwa eine Woche nach dem Ereignis, und dem 20. Januar des folgenden Jahres neun Witze gesammelt, die illustrieren, dass die Vorgänge in Brașov einen enormen Eindruck auf die rumänische Bevölkerung gemacht haben.«

Unter diesen neun Witzen war auch ein neuer Spitzname für die traditionelle rumänische Brezel, der auf die Form anspielte: »Handschellen aus Brașov«. Andere Witze sind auch heute noch verständlich:

Welches ist die schlechteste Presseagentur der Welt?
Agerpress [die staatliche rumänische Presseagentur]: Sie hat nicht einmal vom Aufstand in Brașov gehört.

388

Nach dem Aufstand in Braşov sind sämtliche Nahrungsmittel-
probleme der Bevölkerung von Braşov gelöst, denn jedem
Einwohner wurde ein Schwein zugeteilt.

Ich nahm all meinen Mut zusammen und äußerte Zweifel an der
Genauigkeit von Stefanescus Erhebungen. Ich wollte seine
Leistung keinesfalls schmälern, doch ein Historiker muss die
Fakten bewerten. »Ist das nicht eine etwas ungenaue Wissen-
schaft?«, fragte ich. »Zum Beispiel taucht derselbe Witz oft in
mehreren Versionen auf.«

»Das habe ich eingerechnet«, sagte Stefanescu selbstbe-
wusst. »Es gab eine ganze Reihe von Witzen, die ich zu unterschiedlichen Zeiten hörte. Einige dieser Witze sind mir zweimal in derselben Version und sehr bald nach dem jeweiligen
Ereignis zu Ohren gekommen, andere mit einem erheblichen
zeitlichen Abstand. Wenn ich einen Witz das zweite Mal gehört
habe und er identisch war mit einem, den ich bereits gesammelt
hatte, habe ich ihn einfach nicht berücksichtigt. Waren die Witze dagegen zwar ähnlich, aber nicht identisch, habe ich sie als
zwei Versionen desselben Witzes berücksichtigt.«

»Aber«, wendete ich ein, »nur weil Sie einen Witz so und so
viele Tage nach dem zugehörigen Ereignis gehört haben, muss
das doch nicht heißen, dass jeder ihn zu diesem Zeitpunkt hörte
oder dass er erst nach dem Ereignis erfunden wurde.«

»Sie irren sich in beiden Punkten«, erwiderte der Fachmann
geduldig. »Sagen wir zum Beispiel, ein Witz erreichte mich
zweihundertfünfzig Tage nach dem Ereignis. ... Nach allem,
was ich über den Mechanismus der Witzproduktion weiß, ist
nicht anzunehmen, dass der Witz gerade erst erfunden worden
ist, denn niemand denkt sich zweihundertvierzig Tage nach
einem Ereignis einen politischen Witz aus. Das geschieht sofort. Das ist ja das Typische an politischen Witzen: Ein spezifisches Ereignis ist für jemanden besonders wichtig, und er erfin-

det sofort einen Witz und setzt ihn in Umlauf. Wenn das nicht gleich geschieht, geht das Ereignis ›verloren‹. Die übrige Zeit vergeht mit der Verbreitung, nicht der Produktion. Und da ich erfasse und vergleiche, wie schnell die Witze zu mir gelangt sind, ist es egal, ob sie bei anderen ebenso schnell ankamen, denn die Relation wäre dieselbe.«

Er war schon sehr überzeugend! Ich hatte mittlerweile so großes Vertrauen in seine Zahlen, dass ich ihm die große Frage stellte. Sein wichtigstes Schaubild war auch das einfachste: Auf einer Achse befanden sich die Jahre 1979 bis 1989, auf der anderen die Themen der Witze: Lebensstandard, Ceauşescu, Opposition, Marxismus, Partei, Kultur, Securitate – es war alles da (Abb. 73). Die Tabelle zeigt, welche Themen in wie vielen Witzen im entsprechenden Jahr abgehandelt wurden. Durfte ich hoffen, dass diese Zahlen empirisch etwas über den Zusammenhang zwischen den Witzen und dem Fall des Kommunismus aussagten? Innerlich bebend, meine Anspannung aber verbergend, stellte ich die Frage nach meinem Heiligen Gral.

»Ja, Zahl und Inhalt der Witze verändern sich mit dem Näherrücken der Revolution erheblich«, sagte er. Stefanescu blätterte durch seine Aufzeichnungen – und hielt plötzlich inne. »Hier ist einer der bittersten Witze aus dem Jahr 1987. ›Die Rumänen, die im letzten Winter nicht erfroren sind, und diejenigen, die im letzten Sommer nicht verhungert sind, werden wegen des Verdachts einer Mitgliedschaft in der rumänischen Widerstandsbewegung in Bälde gehängt.‹

Was vorher schon düster war, wurde nun rabenschwarz«, sagte er, die Melodramatik seiner Zahlen auskostend. »Gegen Ende der achtziger Jahre spürten die Menschen, dass sich etwas verändern würde. Ich würde nicht sagen, dass wir an den Fall des Kommunismus glaubten. Damals konnten wir nur hoffen, die Ceauşescus loszuwerden. Über den 14. Parteitag der Kommunistischen Partei im November 1989 waren viele Witze im

Umlauf. Einer meiner Lieblingswitze damals war der über den Burschen, der auf dem Parteitag einschläft. Während er schläft, kommt eine Ratte in die Kongresshalle und versetzt die Teilnehmer in Angst und Schrecken. Der Mann wacht auf, als die Leute gerade rufen: ›Tötet die dreckige Ratte‹, und er schreit: ›Und wenn ihr schon dabei seid, bringt sie gleich mit um!‹ – womit natürlich Elena Ceauşescu gemeint war.«

Ich fühlte mich von ihm gefoppt. Das waren einzelne Witze, aber ich wollte doch den großen Überblick haben. Stefanescu deutete auf seine Tabelle. Anfang der achtziger Jahren entstanden mit etwa zehn Witzen pro Jahr relativ wenige über Ceauşescu, doch zwischen 1986 und 1989 stieg diese Zahl um etwa die Hälfte auf vierzehn bis sechzehn pro Jahr. In der Kategorie »Opposition« war die Zahlenlage sogar noch deutlicher. Lagen sie zunächst im Durchschnitt bei kaum mehr als zwölf im Jahr, kamen 1988 und 1989 mindestens zwanzig neue Witze in Umlauf. Zwischen 1983 und 1989 stieg die Zahl dieser Witze von vier auf zweiundzwanzig im Jahr, das war ein Anstieg von fünfhundertfünfzig Prozent.

Thema	*Jahr* 79	80	81	82	83	84	85	86	87	88	89	Ges.	Anteil in %
Lebensstandard	18	16	44	25	28	28	33	18	36	21	25	292	30,42
Ceauşescu	14	13	7	10	7	9	8	16	14	14	15	127	13,23
Opposition	10	8	7	8	4	4	8	9	17	20	22	117	12,19
Industrie	8	6	8	1	7	5	2	7	11	13	15	83	8,65
Menschenrechte	9	15	6	8	4	6	12	4	7	4	5	80	8,33
Marxismus	5	6	6	4	4	3	3	6	7	8	6	58	6,04
Kultur	10	5	7	3	3	2	4	5	6	6	4	55	5,73
Geheimpolizei/ Armee	1	3	4	4	2	3	5	8	7	7	3	47	4,90
Partei	7	5	6	4	2	2	1	1	5	4	3	40	4,17
Wirtschaft	5	1	3	3	2	2	2	1	2	0	1	22	2,29
Außenpolitik	1	1	1	2	2	2	1	2	4	2	3	21	2,19
Landwirtschaft	1	0	1	3	3	0	0	2	2	6	0	18	1,87

Abb. 73. Stefanescus Tabelle zu den kommunistischen Witzen in Rumänien, sortiert nach Jahr und Thema.

Eine wohlige Wärme durchströmte mich. Hier war endlich der unanfechtbare Beweis für einen direkten Zusammenhang zwischen den Witzen und dem Sturz des Kommunismus. Stefanescus Statistik bewies, dass Witze eben nicht vom Widerstand ablenkten, dass die Leute sich mit Witzen eben nicht einer echten Oppositionstätigkeit entzogen. Wäre das der Fall gewesen, hätten die Witze umgekehrt proportional zu oppositionellen Aktivitäten stehen müssen. Sie nahmen aber mit der Intensität des Widerstands zu, quantitativ und qualitativ.

Gleichzeitig illustrierten Stefanescus Zahlen, dass gegen Ende der achtziger Jahre nicht alle Themen Zuwachs hatten. Die Kalauer über die Lebensqualität erreichten ihren Spitzenwert von 1981 nie wieder. »Ich würde daraus schließen«, sagte Stefanescu, »dass den Rumänen nach 1987 die Kritik an Ceaușescu wichtiger war als die Klage über den Lebensstandard.« Anhand von Stefanescus Zahlen drängt sich eine weitere These auf: Nicht alle Witze hatten mit dem Regimewechsel zu tun. Die Witze über Versorgungsmängel beispielsweise nahmen mit der Macht der Revolutionskräfte nicht zu. Die Zahlen hatten demnach den Vorzug, beide Argumentationslinien zu verknüpfen: die, dass der kommunistische Witz das Regime in die Länge zog, und die, dass er es unterminierte. Es hing nur davon ab, was für Witze man erzählte.

Die Erforschung des Witzeerzählens hat selbstverständlich ihre Grenzen. Stefanescu räumte die Unzulänglichkeiten bereitwillig ein: »Ich habe gehofft, dass irgendwo in einem anderen Teil Rumäniens jemand das Gleiche macht wie ich. Ich wünschte mir insgeheim, meine Zahlen irgendwann mit denen eines anderen zu vergleichen, um Rückschlüsse darauf zu erhalten, wie die Produktion der Witze verteilt war, wie schnell sie in der Bevölkerung gestreut wurden usw. Leider wird das nie geschehen, denn es hat sich wohl niemand sonst damit befasst.«

Mit wissenschaftlichen Folgerungen sollte man vorsichtig sein, doch Stefanescus Untersuchung kommt kulturelle Bedeutung zu, hat er doch eine *Meta*studie zum kommunistischen Humor durchgeführt: Er untersuchte die Witze mithilfe des naiven Rationalismus der kommunistischen Sozialtheorie. Ehrfürchtig betrachtete ich ihn, als mir klar wurde, dass dieser Mann in der ausgebeulten braunen Hose und dem kakifarbenen Hemd dem kommunistischen Witz den ultimativen Streich gespielt hatte.

Dank Stefanescu war ich dem Hauptziel meiner Mission nun einen Schritt näher: Ich hatte Beweise dafür gefunden, dass die Witze nicht mit Apathie, sondern mit Widerstand zu tun hatten. Kommunistische Witze – zumindest einige –, so wusste ich jetzt, begleiteten den Niedergang des Kommunismus, wie sie auch schon seinen Aufstieg begleitet hatten. Doch das letzte Puzzlestück konnte mir Stefanescus Witzstatistik nicht liefern: den Kausalzusammenhang zwischen den Witzen und der Revolution.

Ich überlegte fieberhaft, was das theoretisch bedeutete. Mir kam es vor wie eine sprachphilosophische Frage. Witze waren eine Art Sprache, aber gab es Beispiele dafür, dass die Sprache selbst einen Wandel hervorbrachte? Sprache kann überzeugen, aber da sie immer von etwas handelt, wie soll man da zwischen der Wirkung dessen, wovon sie handelt, und der Wirkung der Sprache selbst unterscheiden? »Stock und Stein bricht mein Gebein, doch Worte bringen keine Pein«, wie wir in England so schön sagen. Kurz und gut: Kann eine Redewendung etwas bewirken? Rechtlich betrachtet spricht einiges dafür. Die britischen Gesetze gegen »Hetze«, gegen rassistische Sprüche, gründen auf der Vorstellung, dass eine Aussage schon eine Art Handlung sein kann.

Mir wurde klar, dass ich nur zwei Möglichkeiten hatte. Ich konnte aufzeigen, dass die Tätigkeit des Witzeerzählens zum aktiven physischen Widerstand, zu Aufmärschen und Demonstrationen führte. Oder ich konnte nachweisen, dass die Regimes zusammenbrachen, weil Politiker die Witze nicht nur hörten, sondern *auf* sie hörten.

Meine Gedanken rasten von solcherlei obskuren linguistischen Überlegungen zu wilden filmischen Fantasien. Ich malte mir alle möglichen Szenen aus: Amerikanische Flugzeuge warfen über der Sowjetunion Flugblätter mit Witzen ab, was eine Woche später zu Massenunruhen führte. Oder diese: Ungarn, Polen und DDR-Bürger trugen auf den Demonstrationen 1988 und 1989 Banner mit politischen Witzen. In einem dritten Szenario würzten die Rädelsführer auf diesen Demonstrationen ihre Reden mit einer Art Witze-Crescendo, das darin gipfelte, dass die aufgebrachte Menge brüllend vor Lachen die Räumlichkeiten der Staatssicherheit plünderte. Oder ich sah vor meinem inneren Auge, wie ich das Protokoll einer Politbürositzung entdeckte, in der Gorbatschow den KGB-Bericht über politische Witze verlas und dann, von Gefühlen überwältigt, sagte: »Die Witze sprechen die Wahrheit. Wir müssen aufgeben.« Welches dieser Szenarien traf zu? Sie kamen mir alle gleichermaßen lächerlich vor.

8

SCHLUSS MIT LUSTIG

Das moderne Utopia, das der Staat seinen Bürgern versprach und von dem viele glaubten, es sei durch den Kommunismus zu erreichen, beschreibt eine DDR-Karikatur (Tafel 8): Ein großer Dampfer fährt über den Ozean, und an der Reling stehen lauter glückliche Bürger. Hinter ihnen rauchen die Schornsteine einer Fabrik, und dahinter erhebt sich die Skyline Ostberlins mit ihrem berühmten futuristischen Fernsehturm. Auf dem Schiffsrumpf sieht man den brüderlichen Handschlag, Symbol für die Freundschaft zwischen der DDR und der UdSSR. Sozialer Wohlstand, eine florierende Industrie, moderne Technik, proletarische Solidarität – all das sollte das Bild ausdrücken, als es 1971 entstand. Doch Mitte der achtziger Jahre hätten die meisten DDR-Bürger es wohl völlig anders verstanden: Die rauchenden Schornsteine standen für die Luftverschmutzung durch die mangelhaft überwachten Fabriken, der Fernsehturm für die Macht der Stasi, die vielen Menschen an Deck waren Ausreisewillige oder auch Bürger, die sich anstellten, um frisch eingetroffene tropische Früchte zu ergattern, und der Ozeandampfer schließlich war ein Sinnbild für die Isolation der DDR im sich verändernden Warschauer Pakt. Man erzählte sich sogar einen Witz über ein berühmtes Schiff:

Die Regierungen Großbritanniens, der USA und der DDR haben beschlossen, gemeinsam die Titanic zu heben. Diese beispiellose Gemeinschaftsaktion ist möglich geworden, weil jeder Staat ein Interesse an dem gesunkenen Schiff hat: Die Briten wollen den Rumpf untersuchen, um die genaue Unglücksursache zu eruieren; die Amerikaner sind hinter dem Schatz her, der mit der Titanic sank; und die DDR-Regierung will mehr über das Orchester erfahren, das bis zum Schluss spielte.

Jahre vor den großen Demonstrationen in Mitteleuropa – gemeint sind Protestmärsche mit mehr als hundertfünfzig Teilnehmern – sagten Witze bereits das Ende des Kommunismus voraus. Die besten kamen aus der DDR. Der Titanic-Witz stammt aus Erik Florians Buch *Der politische Witz in der DDR*, das 1983 in München erschien.[66] Auch der folgende Witz fängt die Atmosphäre der »letzten Tage« ein.

Ein Jude fragt einen weisen Rabbi: »Was kommt?«
Der Rabbi antwortet: »Ich weiß, was kommt, aber ich weiß nicht, was geschieht, bevor es kommt.«

Diese Witze waren prophetisch. Einige passen auf den ersten Blick spezifisch ins Jahr 1989, wurden aber erstmals Anfang der achtziger Jahre erzählt, wie der folgende aus Ján Kalinas Sammlung:

Ein Mann geht in ein Café und sagt: »Ich hätte gern Borschtsch, dann ein Steak, dann einen Kaffee, und bringen Sie mir die *Prawda*.«
Der Ober erwidert: »Gewiss, mein Herr, ich bringe Ihnen das alles, aber ich muss Ihnen sagen, dass keine *Prawda* mehr da ist. Die gab es nur in der kommunistischen Ära.« Der Ober geht und bringt dem Gast seinen Borschtsch.

396

Der Gast sagt: »Das war köstlich, nun bringen Sie mir mein Steak und die *Prawda*.«

Der Ober erwidert: »Nein, mein Herr, Sie verstehen nicht, es gibt keine *Prawda*, die Kommunisten sind weg.« Er bringt ihm das Steak.

Der Gast isst sein Steak und sagt: »Das war köstlich, jetzt bringen Sie mir meinen Kaffee und die *Prawda*.«

Der Ober wird wütend und ruft: »Wie oft muss ich es Ihnen noch sagen? Die *Prawda* ist weg, die Kommunisten sind weg, und alles ist vorbei ...«

Der Gast sagt: »Ich weiß, aber ich höre es so gern.«[67]

Den Witzen folgten unzählige »unpolitische« Vereinigungen, die Anfang der achtziger Jahre in Ungarn, der Tschechoslowakei und der DDR gegründet wurden. Es waren kirchliche Gruppen, Friedensgruppen, Umweltgruppen, Menschenrechtsgruppen, Kriegsdienstverweigerergruppen, Antialkoholikergruppen, John-Lennon-Gruppen, Atomabrüstungsgruppen, Hippiefestivals an der baltischen Küste und nationalistische Gruppen in der Ukraine. Die kommunistischen Regimes wussten, wie man mit Arbeiterprotesten gegen Preiserhöhungen

Abb. 74. Die drei Affen (Andreas J. Mueller, *Eulenspiegel*, 1983).

397

umgeht oder mit Bürgern, die Demokratie einfordern, aber in ihren Richtlinien stand nichts über Friedens- und Umweltbewegungen. Im Verlauf der siebziger Jahre hatten die DDR und andere mitteleuropäische Staaten »Weltfrieden« und ein »entmilitarisiertes Europa« zu Schlagworten ihrer Außenpolitik gemacht. Nun mussten sie mit ansehen, wie sich die neuen Protestgruppen die Themen des Staates zu eigen machten. Noch immer nahm man Demonstranten fest, schlug sie, steckte sie ins Gefängnis und konfiszierte illegale Samisdat-Literatur, doch es wurde zunehmend schwieriger, Bewegungen zu verbieten, deren Ziele der Staat nach außen hin teilte.

Dass sich die politische Atmosphäre veränderte, war in allen gesellschaftlichen Bereichen spürbar, auch in den Heimstätten des offiziellen Humors. Anfang der achtziger Jahre dehnten sich die Parameter des Erlaubten aus. Im Jahr 1983 veröffentlichte der *Eulenspiegel* eine Karikatur mit drei Affen nach dem Motto »Nichts hören, nichts sehen, nichts sagen« von Andreas J. Mueller (Abb. 74). Willy Moese zeichnete 1985 mehrere Männer in Anzug, die, an einem Felsabhang hängend, gebeten werden: »Wer dagegen ist, den bitte ich um das Handzeichen« – eine gezielte Kritik an der politischen Machtausübung in der DDR, die noch wenige Jahre zuvor undenkbar gewesen wäre.

Inoffizielle Samisdat-Publikationen brachten Karikaturen, und auch die populären Karikaturenausstellungen wurden immer mutiger. In der Karicartoon-Ausstellung 1987, die achtundsiebzigtausend Besucher zählte, war Andreas J. Muellers in Aquarellfarben gemaltes »Schöne weite Welt« (1986) zu sehen, das eine idyllische deutsche Landschaft zeigt, hinter der sich anstelle des blauen Himmels eine Backsteinwand erhebt (Tafel 9). Die Partei verlangte, die Karikatur zurückzuziehen. Der Künstler weigerte sich und kam damit durch.

Dann, im Jahr 1985, wurde Gorbatschow neuer sowjetischer Regierungschef. Innerhalb eines Jahres führte er seine Reform-

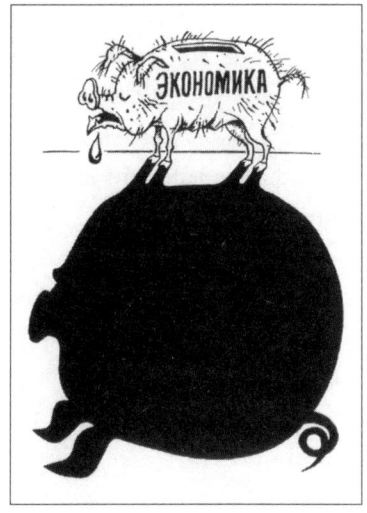 

Zwei Karikaturen aus dem *Krokodil* zur Zeit der Perestroika.
Links (Abb. 75): Karikatur über die Bedeutung des Schwarzmarktes;
auf dem jämmerlichen Schwein oben steht »Wirtschaft«. Rechts (Abb. 76):
Einförmigkeit und Unterwürfigkeit sind in Russland noch immer en vogue (N. Belowzew).

politik Perestroika und Glasnost ein. Beides entwickelte er nicht etwa aus dem Nichts, sondern er orientierte sich an den von den staatlichen Denkfabriken der siebziger Jahre vorgelegten Berichten, die bereits zu Reformen und zur politischen Liberalisierung geraten hatten. Schon Andropow hatte begonnen, einige dieser Empfehlungen umzusetzen. Die Partei erwählte Gorbatschow, diese sowjetische Mission Impossible fortzuführen: Er und seine Clique anders denkender Berater bewunderten die wirtschaftliche Dynamik und den politischen Pluralismus Westeuropas, wollten aber dennoch einen funktionierenden Kommunismus, was bedeutete, dass sie die »Führungsrolle« der Partei beibehielten.

Gorbatschow war entsetzt, wie schlecht es um den Kommunismus stand. In seinen Memoiren schreibt er: »Die Öffentlichkeit konnte sich nur kärgliche Fetzen von Informationen verschaffen, und so ahnte das Volk nicht einmal, bis zu welchem

Punkt unsere Natur heruntergewirtschaftet war und wie weit wir durch diese barbarische Haltung hinter den entwickelten Industriestaaten zurückblieben.«[68]

Die Kolchosen empfand Gorbatschow als System der Leibeigenschaft. Er wusste, dass das Wirtschaftswachstum im Jahr 1980 praktisch zum Stillstand gekommen war, die Militärausgaben vierzig Prozent des Bruttoinlandsprodukts betrugen und fünf Millionen Alkoholiker registriert waren. Als Abstinenzler brachte er als eine seiner ersten Maßnahmen eine überaus unpopuläre Kampagne gegen den Alkohol auf den Weg. Sie zog einen Witz nach sich, der nicht gut genug ist, um ihn in seiner Gänze zu zitieren, der aber mit der Pointe endete: »Was für ein Glück, dass er nicht auch dem Zölibat anhängt.«

Die Umsetzung der Reformen dauerte Jahre, und viele schlugen fehl, doch Perestroika und Glasnost waren Motoren, deren Kraftstoff glühende Worte waren. Schon bei der ersten Gelegenheit, nämlich anlässlich Tschernenkos Beerdigung, nahm der neue sowjetische Generalsekretär die Regierungschefs der Ostblockstaaten zur Seite und erklärte ihnen, es sei an der Zeit, den Wandel einzuleiten oder aber abzutreten. Einen Monat später kritisierte er vor dem Zentralkomitee, dass der Staat nicht die Wahrheit sage und die Realität idealisiere. Im Jahr darauf erklärte er dem Vorstand seiner eigenen Partei in einer nicht öffentlichen Sitzung, der Kommunismus führe »in die Katastrophe«.

Das Unglück von Tschernobyl im April 1986 in einem Kraftwerk, das die Sowjetunion und ihre Nachbarn mit Atomkraft versorgte, war Anlass für Demonstrationen und Reformen. Innerhalb eines Monats wurden hundertfünfunddreißigtausend Menschen aus dem Gebiet evakuiert. Wie drei Soziologen aus Polen, der Tschechoslowakei und Ungarn in jenem Jahr erforschten, war eine Vielzahl von Tschernobyl-Witzen in Umlauf.

Was steht auf dem neuen Schild in den Krankenhäusern von Kiew?
»Patienten, die eine Strahlentherapie wünschen, begeben sich bitte nach draußen.«

Wie viele Russen braucht man, um eine Glühbirne zu wechseln?
Keinen. Sie strahlen alle.

Die Behörden informierten die Bevölkerung nicht sofort über das Ausmaß des radioaktiven Niederschlags. Sie schwiegen auch dann noch, als am Internationalen Tag der Arbeit Tausende von Arbeitern auf Maiparaden durch die Straßen marschierten, während eine radioaktive Wolke von der Sowjetunion aus nach Europa trieb.

Was haben die Arbeiter auf der Maiparade in Budapest festlich begangen?
Die strahlende Freundschaft zwischen Ungarn und der Sowjetunion.

Wie war die Maiparade in Kiew aufgestellt?
In Reihen. In der ersten Reihe marschierten die Parteiaktivisten, in der zweiten die kommunistischen Jugendaktivisten, in der dritten die Gewerkschaftsaktivisten, und am Ende kamen die Radioaktivisten.

Für Gorbatschow unterstrich Tschernobyl die Dringlichkeit von Reformen, während für die Bürger Osteuropas der Kampf nun eine neue Dimension erhielt: Es ging um Leben und Tod. Doch die Demonstrationen dieser Revolutionen, die das Machtmonopol der kommunistischen Parteien beendeten, setzten erst im Frühjahr 1988 ein. Im März marschierten zehntausend Menschen durch Budapest, und in Leipzig fanden zwischen September 1987 und September 1989 fünfunddreißig Demonstrationen statt. Zunächst zählten sie nicht einmal tausend Teilnehmer, doch im Herbst 1989 gingen bereits Zehntausende von Deutschen auf die Straße.

Im September 1988 hielt die Solidarność nach sogenannten Gesprächen am runden Tisch Einzug in die polnische Regierung. Im Februar 1989 verzichtete die Kommunistische Partei Ungarns auf ihren Führungsanspruch und steuerte ein Mehrparteiensystem an. In der DDR waren noch immer keine Reformen in Sicht. Niemand konnte sich vorstellen, dass die Berliner Mauer noch im selben Jahr Geschichte sein würde. Die Kompromisslosigkeit des DDR-Politbüros war Nahrung für neue bissige Witze:

Erich Honecker weiß, dass seine Regierung in Bedrängnis ist. Obwohl er nicht religiös ist, bittet er in seiner Verzweiflung die Bischöfe zu einer Dringlichkeitssitzung. »Ich habe gewaltige Probleme«, vertraut er ihnen an. »Die Wirtschaft geht den Bach hinunter, Gorbatschow gibt den Kommunismus auf, und ich vertraue meinem eigenen Volk nicht mehr. Was kann ich tun?« Die Bischöfe tauschen sich flüsternd aus, dann sagt einer: »Wenn Jesus ein großes Problem hatte, hat er ein Wunder vollbracht.«
»Was denn«, keucht Honecker, »soll ich etwa über Wasser gehen?« Die Bischöfe beraten sich wieder kurz, ehe einer antwortet: »Ja, das wäre eine gute Idee.«
Man kündigt also den großen Tag an, und Tausende DDR-Bürger versammeln sich an einem See am Rande von Berlin, um ihren Staatschef über Wasser gehen zu sehen. Eine Fanfare ertönt. Honecker setzt einen Fuß aufs Wasser, macht einen Schritt und dann noch einen. Vor einem stummen Publikum geht er tatsächlich über das Wasser.
Als er zwanzig Schritte gemacht hat, flüstert ein Bürger seinem Nachbarn zu: »Wusste ich doch, dass der nicht schwimmen kann.«

Klassische kommunistische Witze aus den fünfziger Jahren wurden recycelt:

> Honecker bereist mehrere DDR-Städte. Man zeigt ihm einen
> heruntergekommenen Kindergarten. Die Erzieherinnen bitten um
> Geld für die Renovierung der Einrichtung. Honecker lehnt die Bitte
> ab. Als Nächstes besucht er ein Krankenhaus, wo die Ärzte ihn um
> die Finanzierung neuer Operationsinstrumente bitten. Honecker
> lehnt auch das ab. Der dritte Termin führt ihn in ein Gefängnis.
> Es ist baufällig, und auch hier bittet der Leiter um Geld für die
> Renovierung. Honecker zückt sofort sein Scheckbuch. Er will nicht
> nur die Wände streichen lassen, sondern auch neue Matratzen
> kaufen und die Zellen mit Fernseher und Sofa ausstatten.
> Im Anschluss fragt ihn sein persönlicher Referent, warum er
> im Kindergarten und im Krankenhaus die Hilfe verweigert,
> im Gefängnis aber zugesagt hat.
> Honecker erwidert: »Wo, glauben Sie, werden wir wohl in ein paar
> Monaten wohnen?«

Aus heutiger Sicht fällt die enorme Vielfalt der Revolutionen von 1989 auf. In Ungarn und Rumänien handelte es sich um eine Revolution von oben, allerdings mit unterschiedlichem zeitlichen Rahmen. Das kommunistische Regime Ungarns hatte es eilig, die Hinweise Gorbatschows auf Tschernenkos Beerdigung in die Praxis umzusetzen. Schon im Juni 1985 hielt es einigermaßen freie Wahlen ab, zu denen viele Kandidaten, wenn auch nicht viele Parteien antraten. In Rumänien führte das Innenministerium im Dezember 1989 mit Unterstützung der Securitate einen Staatsstreich durch, eine gewalttätige Revolution alten Stils, die den Reigen der »samtenen Revolutionen« schloss. Ceaușescu wurde in Târgoviște nach einem Schnellverfahren hingerichtet, während in Bukarest Straßenschlachten tobten zwischen Teilen der Securitate, die dem abgesetzten Führer treu ergeben waren, und ihren Gegnern, die von einem Volksaufstand unterstützt wurden. In der Tschechoslowakei und in der DDR war der Sozialismus schon im November 1989 gestürzt worden. Die Tschechen gaben den massiven Demonstrationen nach, wohingegen sich die Revolution in der DDR, einmal abgesehen von den massiven Bürgerprotesten, aus einer völlig anderen Massenbewegung speiste: Die Bevölkerung lief der DDR davon. Nachdem Ungarn im Sommer 1988 die Westgrenze geöffnet hatte, flohen Zehntausende DDR-Bürger auf diesem Weg in den Westen. Und als die DDR-Regierung im September für Ungarn Reisebeschränkungen beschloss, suchten einige Tausend ihrer Bürger Zuflucht in der bundesdeutschen Botschaft in Prag und beantragten Asyl. Am 9. November verkündete der DDR-Staat, in die Enge getrieben von den Demonstrationen in den Großstädten und konfrontiert mit einem unaufhaltbaren Exodus in den Westen, die Reisefreiheit. Einige Politbüromitglieder glaubten tatsächlich, wenn sie die DDR-Bürger in die Bundesrepublik fahren ließen, dann würden sich diese dort ein bisschen umsehen, ein paar Sachen einkaufen und dann wieder zurückkehren.

Es tut mir aufrichtig leid, dass ich in die vorangegangenen Absätze nicht sonderlich viele Witze einstreuen konnte. So wichtig die kommunistischen Witze vor den Revolutionen des Jahres 1989 für die Ostblockbürger gewesen sein mögen, so muss man als Humorologe doch zähneknirschend einräumen, dass der Kommunismus eben nicht von einem Hagel von Witzen zu Fall gebracht wurde. Ganz im Gegenteil: Im Verlauf der Aufstände versiegten die kommunistischen Witze plötzlich.

Auf den Demonstrationsmärschen wurden kaum noch Witze erzählt. Sicher, das eine oder andere Spruchband war geistreich: »Ihr habt uns den Kommunismus aus dem Kopf geschlagen«, hieß es auf einem tschechischen Spruchband in Anspielung auf die brutale Staatspolizei. »Ein Vorschlag für den 1. Mai: Die Führung zieht am Volk vorbei«, stand auf einem DDR-Plakat. Doch meist hieß es einfach nur »Nieder mit der SED«, oder »Freie Wahlen«. Alle, die ich für dieses Buch befragt habe, erinnern sich, dass sich die Witze plötzlich in Luft auflösten. Es trat eine merkwürdige Stille ein. Am treffendsten lässt sich diese Stille vielleicht mit einer Metapher beschreiben, die auf eine mögliche Definition der Rolle des Witzes anspielt: Sie glich der Stille, die im Ersten Weltkrieg über einem Schlachtfeld lag, kurz nachdem das Artilleriefeuer aufgehört hatte und bevor die Soldaten aus den Schützengräben kamen. In Ostberlin erzählte mir György Dalos, der ungarische Witzforscher, unter der Riesenstatue des sowjetischen Soldaten am Ehrenmal: »Das Leben war plötzlich nicht mehr so komisch wie vorher. Solange uns die Staatsmacht überwachte, konnten wir Witze darüber machen.« In Bukarest sagte die Korrektorin Doina Doru wehmütig, die Stimme gegen eine vorbeifahrende alte Straßenbahn erhebend: »Während der Revolution hörten die Witze auf. Und nach der Revolution habe ich nie wieder politische Witze gehört. Obwohl wir jede Menge Politiker hatten, jede Menge Parteien und jede Menge witziger Situationen.«

Abb. 77. Legendäres Titelbild des bundesdeutschen Satiremagazins *Titanic*: »Zonen-Gaby (17) im Glück (BRD): ›Meine erste Banane‹.« In der Hand hat Gaby eine Gurke.

»Die kommunistischen Witze verloren ihre Daseinsberechtigung«, erklärte Jerzy Urban, einst Pressesprecher des polnischen Politbüros und nun Herausgeber einer Satirezeitschrift, in seinem italienischen Ledersessel. »Wenn Redefreiheit herrscht, gibt es keine geheime Witzkultur.«

Der eindrücklichste Revolutionswitz kam von einem *west*deutschen Satiremagazin. In Westberlin waren Bananen, die es im Ostblock kaum gab, wegen der reißenden Nachfrage der DDR-Touristen bald überall ausverkauft. Die bundesdeutschen Satiriker untertitelten das Bild einer jungen Frau mit einer geschälten Gurke in der Hand mit den Worten: »Meine erste Banane« (Abb. 77).

Im Mittel- und Osteuropa und in den baltischen Staaten entstanden in den neunziger Jahren rasch solide Demokratien, doch in der ehemaligen Sowjetunion verlief die Entwicklung anders.

Gorbatschow wollte mit seinen Reformen in der alten UdSSR einen freien Markt und Demokratie schaffen. Weder ahnte noch verstand er die Vehemenz der Kritik und die Unzufriedenheit, die aus der Lockerung der Zensur erwuchsen. Die von ihm so genannten »bösartigen Intrigen von Demagogen« waren in Wahrheit eine Folge der jahrzehntelang unterdrückten nationalistischen Bestrebungen innerhalb der Sowjetunion, befeuert vom ungeduldigen Verlangen der Menschen nach einer spürbaren Verbesserung des Lebensstandards. Beides führte dazu, dass die Sowjetbürger rasch von Gorbatschows Reformen enttäuscht waren. Unter dem Druck der Nationalisten brach die Sowjetunion dann auch auseinander: 1989 und 1990 verabschiedeten sich die baltischen Staaten, Georgien und die Ukraine in die Unabhängigkeit. Im August 1991 putschten führende KGB-Hardliner gegen Gorbatschow, um die Einheit der Union zu bewahren. Dank des von Boris Jelzin angeführten Widerstandes scheiterten sie, doch Jelzin wischte Gorbatschow beiseite und

wurde zum ersten Präsidenten der Russischen Republik gewählt. Im November 1991 löste Jelzin die KPdSU per Gesetz
auf. Das war das Ende des sowjetischen Kommunismus.

Einer der bekanntesten und längsten kommunistischen Wit-
ze bringt die verschiedenen sowjetischen Regierungschefs bis
Gorbatschow und ihre Lösungsansätze zu den Problemen des
Landes auf den Punkt:

Stalin, Chruschtschow, Breschnew und Gorbatschow sind mit der
Bahn unterwegs, als der Zug plötzlich stehen bleibt. Erbost steckt
Stalin den Kopf aus dem Fenster und ruft: »Erschießt den Lokführer!«
Chruschtschow widerspricht: »Nicht doch, rehabilitiert den
Lokführer!«
Breschnew geht zum Fenster und schließt die Vorhänge. »Ich habe
eine bessere Idee. Wir machen das Grammofon an, schunkeln hin
und her und tun so, als ob wir uns bewegen.«
»Genossen, Genossen!«, sagt Gorbatschow. »Lasst uns aussteigen
und schieben.«

Ich flog nach Moskau, um mich mit Michail Gorbatschow über
die Witze zu unterhalten. Das war ein gewagtes Unterfangen,
wusste ich doch, dass der letzte sowjetische Generalsekretär
über sein Renommee als einer der wichtigsten Staatsmänner
des zwanzigsten Jahrhunderts wacht wie über eine zerbrechli-
che Porzellanvase. Dazu hat er allen Grund. Im Ausland gilt
Gorbatschow als Visionär, der den Kalten Krieg beendet hat,
doch in Russland sieht man ihn als kurzsichtigen Apparatschik,
der den Zusammenbruch der Sowjetunion zu verantworten hat.
Nun lebt er in ständiger Angst, dass sich dieses negative Urteil
über die russischen Grenzen ausbreiten könnte. Eine falsche
Bewegung, ein unbefangenes Wort mit einem wenig bekannten
britischen Autor, und die vielen hochkarätig besetzten Galadi-
ners würden sich in Luft auflösen! Ich begann meinen Brief an

ihn mit den Worten: »Mir ist bewusst, dass dieses Thema Ihnen zunächst recht trivial erscheinen mag ...«

Während ich auf eine Antwort wartete, saß ich in Moskauer Internetcafés herum, surfte drahtlos und blätterte in meinen Gorbatschow-Büchern. Der Caffé Latte wurde in hohen Gläsern serviert, die Theken waren lang, und im Hintergrund blubberte Technomusik. Kaum etwas verriet, in welcher Kultur ich mich befand. Ein außergewöhnliches Merkmal war der dicke Zigarettenqualm, der über den Tischen hing und auf typisch osteuropäische Art die Kehle reizte. Ein zweites war die Klientel. An den Nachbartischen saßen Vertreter der Klasse wohlhabender postkommunistischer Neureicher, die »Neuen Russen«. Hochgewachsene junge Frauen genossen mit Geschäftsleuten im Seidenanzug italienische Cuisine.

Während dieser Wartezeit zermarterte ich mir das Gehirn nach einer kohärenten und schlüssigen These, die eine Verbindung zwischen dem Witz und dem Sturz des Kommunismus herstellen konnte. Obwohl ich mich mittlerweile jahrelang mit dem Thema befasst und den gesamten ehemaligen Ostblock bereist hatte, fehlte mir noch immer ein hieb- und stichfestes Argument. Die samtenen Revolutionen stellten mich vor ein weiteres Problem. Waren sie ein Beweis dafür, dass die Witze ihren Zweck erfüllt und die Basis fürs Handeln gelegt hatten und dass sie dann, als sie ihre Schuldigkeit getan hatten, das Zeitliche segneten wie eine Drohne, nachdem sie die Bienenkönigin befruchtet hat? Wenn das der Fall war, so musste ich eine direkte Verbindung herstellen zwischen den Witzen und den Menschen, die den Kommunismus zu Fall gebracht hatten. Dabei war überhaupt noch nicht klar, durch wen oder was das komischste politische System der Welt eigentlich zu Fall gekommen war.

Die einen favorisieren die Massen und die Dissidenten, die in der ersten Hälfte der achtziger Jahre geschickt eine breite

Front von Demonstranten aufgebaut hätten, indem sie Teile der Regimeideologie als Tarnung nutzten – Helsinki, Abrüstung, Frieden, die Umwelt. Erst als die Zahl der Demonstranten zu groß war, als dass sie mit Gewalt hätten aus dem Weg geräumt werden können, warfen sie das Schaffell ab und forderten Demokratie ein. Auch wenn man auf den Demonstrationen keine Witze riss oder geistreiche Spruchbänder vor sich her trug, beeinflussten die Witze die Haltung dieser Demonstranten. Die Friedfertigkeit der samtenen Revolutionen, so hört man bisweilen, erkläre sich aus der humorvollen Gemütsart der Menschenmassen, die sich wiederum auf das Witzereißen auf Kosten des Staates zurückführen lasse. Die Tradition der Witze gegen den Kommunismus erkläre demnach, warum in den Revolutionen des Jahres 1989, Rumänien ausgenommen, die Straßen nicht mit dem Blut der herrschenden Klasse oder der Revolutionäre erfüllt war wie 1917 in Russland, 1848 in Deutschland und 1789 in Frankreich. Statt Hass und Gewalt herrschten Verachtung und Schlagfertigkeit. Wegen eines kleinen Witzes muss man ja nicht gleich beleidigt sein, nicht wahr?

Doch es ist strittig, ob die einfachen Bürger und die Dissidenten wirklich so einflussreich waren. Grundlegende Veränderungen gab es, wie in Ungarn, auch schon, bevor breite Massenbewegungen entstanden, und in Staaten, in denen es, wie in Rumänien, keine Dissidentenelite gab. Kommunistische Politiker waren durchaus in der Lage, selbstständig semidemokratische und kapitalistische Übergänge zu schaffen, wenn sie es wollten. Umgekehrt gab es in Russland eine beträchtliche Zahl zum Teil international bekannter Dissidenten, ohne dass daraus eine überzeugende Demokratie entstanden wäre. Und wenn die Masse in den samtenen Revolutionen doch eine Rolle spielte, so griff wohl nur eine Minderheit die Forderungen der Dissidenten nach Demokratie und Menschenrechten auf. Die Mehrheit wurde stärker vom Konsumstreben getrieben – in der

DDR war es das Verlangen nach dem bundesdeutschen Reichtum – oder aber vom Nationalismus, besonders in der Sowjetunion, in der nach 1991 nationalistische Parteien in diversen nunmehr unabhängigen Republiken erneut einen Einparteienstaat aufbauten.

Wieder andere Historiker halten den Fall des Kommunismus für zwangsläufig, weil die sowjetische Wirtschaft kurz vor dem Kollaps stand – was, wie wir gesehen haben, zuvor bereits jahrzehntelang in zahllosen Witzen beschrieben worden war. Gorbatschow, die Menschenmassen auf den Straßen und die Dissidenten zogen demnach nur die logischen Folgerungen. Gorbatschows Vorgänger Andropow hatte, so betonen diese Historiker, bereits 1983 erste Wirtschaftsreformen eingeführt, die private Unternehmen erlaubten, hatte aber auch viele Dissidenten verhaften lassen. Vielleicht zielte Andropow auf die chinesische Lösung ab: wirtschaftlicher Kapitalismus mit politischen Kommunismus. Da er so früh starb, werden wir es nie erfahren.

Doch das Argument, der wirtschaftliche Zusammenbruch habe den Wandel erzwungen, hat auch deutliche Schwächen. Die sowjetische Wirtschaft war schon in schlechterem Zustand gewesen, Anfang der dreißiger Jahre beispielsweise, nach Stalins Zwangskollektivierung der sowjetischen Landwirtschaft, sowie nach 1946, als in der Ukraine zwei Millionen Menschen einer Hungersnot zum Opfer fielen. Damals hatte es keine Reformen gegeben.

Ich schlürfte den kalten Schaum eines abgestandenen Caffé Latte. Um zu verstehen, warum der sowjetische Kommunismus 1989 zu Fall kam, muss man sich ansehen, wann das nicht geschah: Berlin 1953, Ungarn 1956, Prag 1968, Polen 1970, der Platz des Himmlischen Friedens im Juni 1989 oder gar – um den ideologischen Rahmen kurz auszuweiten – Burma 2007. Was lernen wir aus diesen gescheiterten Revolutionen? Dass sich ein grausames totalitäres Regime an der Macht halten kann, auch wenn seine Bürger in Armut leben, solange es kaltblütig scharfe Munition einsetzt und Oppositionelle scharenweise erschießen oder hinrichten lässt. Natürlich waren die Polizeikräfte im Ostblock Mitte der achtziger Jahre mit Verhaftungen und tätlichen Angriffen auf Demonstranten schnell zur Hand, und in Polen hatte das Regime unter dem Kriegsrecht (Dezember 1981 bis Juli 1983) die beeindruckende Zahl von zehntausend Festnahmen vorzuweisen. Doch all das verblasst gegen das, was die Chinesen auf dem Platz des Himmlischen Friedens anrichteten. Schätzungen des Chinesischen Roten Kreuzes zufolge wurden im Juni 1989 nach Protesten mit bis zu hunderttausend studentischen Teilnehmern zweitausend bis dreitausend Demonstranten von der Armee umgebracht. Im Oktober 1989, als Honecker nach einer Demonstration mit siebzigtausend Teilnehmern Maßnahmen forderte, gab ein Politbüromitglied zu bedenken: »Wir können nicht Hunderttausende von Menschen zusammenschlagen.« Honecker teilte diese Meinung. Wir wissen von 1956 und 1968, dass die Regierungen der Satellitenstaaten damals schon nicht mehr entschlossen waren, im Volk populäre demokratische Bewegungen mit Gewalt niederzuschlagen – den Ausschlag gaben damals die Panzer aus Moskau.

Den Schlüssel zu den samtenen Revolutionen liefern nicht Lech Wałęsa, nicht Václav Havel oder andere Volksbewegungen und auch nicht der wirtschaftliche Niedergang. Nein, ich musste in Moskau danach suchen, bei Michail Gorbatschow. Deshalb wartete ich in den Internetcafés und las noch einmal seine schwülstige Autobiografie. Gorbatschows Weigerung, Volksbewegungen im Ostblock, die Reformen einforderten, mit sowjetischem Militär niederzuschlagen, brachte den Kommunismus zu Fall. Und dass er die Armee nicht zu Hilfe rief, lag daran, dass er an die politischen und wirtschaftlichen Reformen glaubte. Wie wir gesehen haben, kündigte Gorbatschow schon lange vor den großen Demonstrationen in den Satellitenstaaten den Wandel an. Wenn also die kommunistischen Witze einen Einfluss auf die Ereignisse von 1989 hatten, müssen Herz und Verstand des letzten sowjetischen Generalsekretärs befragt werden.

Ich hatte bereits einen Auftritt Gorbatschows ausfindig gemacht, auf dem er einen Witz erzählt hatte. Im Jahr 1995 warb er in der Clive-James-Show der BBC für seine Autobiografie. Mithilfe seines Dolmetschers rief er einen Witz in Erinnerung:

In Moskau hat sich eine zwei oder drei Kilometer lange Schlange vor einem Wodkaladen gebildet. Die Leute machen Gorbatschow dafür verantwortlich. Da sagt einer: »Ich gehe jetzt in den Kreml und bringe Gorbatschow um.« Er macht sich auf den Weg.
Eine Stunde später kommt er zurück. Die Leute sind vorangekommen, stehen aber immer noch weit vom Laden weg.
Sie fragen: »Und, hast du Gorbatschow umgebracht?«
»Nein«, sagt er, »da ist die Schlange noch länger.«

Gorbatschow hatte etwas mit den Demonstranten und den Witzen gemein: die Verachtung für den Kommunismus. Während ich darauf wartete, vom Expräsidenten eine Antwort auf meinen Brief zu erhalten, sprach ich mit mehreren seiner Berater aus den achtziger Jahren. Alexander Jakowlew, der als Architekt der Perestroika gilt, erzählte mir wenige Tage vor seinem Tod, dass ihn und Gorbatschow die »ausgesprochenen Dummheiten« der sowjetischen Politik anspornten. »Als wir erst wussten, wer wir waren und wo wir uns eigentlich befanden, kollabierte das totalitäre Regime«, sagte er. Aber, nein, fügte er zu meiner Enttäuschung hinzu, Gorbatschow erzählte in den Jahren von Perestroika und Glasnost keine Witze, ging überhaupt kaum unter die Leute. Er war zurückhaltend und nervös.

Nach einer Woche Wartens rief ich das erste Mal in Gorbatschows Büro an. Er leitet die Gorbatschow-Stiftung, die in einem großen postmodernen Gebäude mit braunem Spiegelglas und einem exotisch gewölbten Innenraum untergebracht ist. Hier nimmt Gorbi Vorbestellungen für die lukrativen internationalen Vortragsreisen entgegen, hält unanfechtbare Reden darüber, dass ein zweiter Kalter Krieg tunlichst zu vermeiden sei, fordert ein globales Recht auf Wasser für alle und »eine neue Interpretation der Begriffe Fortschritt, Humanismus und Gerechtigkeit«.

Es war gar nicht schwierig, durchzukommen. Ich konnte mein Glück kaum fassen, als seine rechte Hand mir mitteilte, »Mr. Gorbatschow« sei mit einem Interview einverstanden, ich solle aber in zwei Tagen noch einmal anrufen, um Zeit und Ort zu vereinbaren. Doch jedes Mal wenn ich den Termin festmachen wollte, erhielt ich den gleichen Ratschlag: Rufen Sie in zwei Tagen noch einmal an. Nachdem ich diese Botschaft zehnmal vernommen hatte, wurde ich misstrauisch und holte mir Rat von einem alten Freund, der schon viele Dokumentarfilme in Russland gedreht hatte. »Das ist der Code für Bestechung«, sagte er, ohne zu zögern. »Er wartet darauf, dass du ihm Geld anbietest – das fordern die nie direkt.« Die übliche Prozedur war offenbar, dieses Geld auf das Konto der Stiftung zu überweisen. Es gab keine Garantie, wie lang die Audienz mit dem Mann, der den Kalten Krieg beendet hatte, dauern würde – ein amerikanisches Fernsehteam hatte der griesgrämige Expräsident Gerüchten zufolge schon nach zehn Minuten wieder weggeschickt. Der Preis für das Interview belaufe sich auf zehn- bis zwanzigtausend Dollar, so erfuhr ich. Das mochte realistisch sein für jemanden, der Gorbatschows Lösungen zu den Problemen der Welt erfahren wollte, aber für ein paar Witze kam es mir dann doch ein wenig teuer vor.

Zum Glück gab es noch eine andere Möglichkeit, herauszufinden, was Gorbatschow damals umgetrieben hatte. Die Gorbatschow-Stiftung hat ein enormes Archiv mit Unterlagen aus seiner Regierungszeit im Kreml. Heute ist sie für Wissenschaftler nicht mehr zugänglich, doch Anfang der neunziger Jahre wurde sie einer bestimmten Klientel für kurze Zeit geöffnet. Über einen Kontakt, den ich nicht nennen kann, lernte ich einen Mann kennen, dessen Identität ich auch nicht preisgeben kann, der aber Zugang zu diesen Akten gehabt hatte. »Die Geschichte dieser Dokumente« ist ziemlich verrückt«, erzählte er mir am Telefon. »Nach dem Zusammenbruch der Sowjetunion nahmen einige von Gorbatschows Mitarbeitern, als sie aus dem Kreml verjagt wurden, zahlreiche Geheimdokumente mit. Damit verstießen sie natürlich klar gegen das Gesetz. Sie scannten das Material in die Datenbank der Gorbatschow-Stiftung ein. Etwa zehn Jahre später wurde Wissenschaftlern ein beschränkter Zugang zu der Sammlung gewährt. Das ging nur wenige Jahre so, denn als der Kreml davon erfuhr, wurde die Stiftung angewiesen, das sofort einzustellen. Als diese einmalige Gelegenheit aber noch bestand, erhielt ich als studentische Hilfskraft Zugang zu den weniger wichtigen Dokumenten im Archiv der Gorbatschow-Stiftung. Die ganze Sammlung befand sich auf einem Computer. Und auf einem Computer kann man, wenn man Köpfchen hat, einen beschränkten Zugang in einen unbeschränkten verwandeln. Das habe ich getan.«

In einer Stadt außerhalb Russlands übergab er mir in einem Café einen Wust von Ausdrucken – Mitschriften von Sitzungen, in denen Gorbatschow kommunistische Witze erwähnt hatte.

Die Dokumente belegten, dass die Witze in Gorbatschows Augen Symptome der Trägheit waren, die in der sowjetischen Wirtschaft und im Staatswesen herrschte. Am 16. Dezember 1986 sagte er in einer Sitzung mit den ZK-Abteilungsleitern: »Wir sollten die Kriegsveteranen stärker in den Produktionsprozess einbinden. Oder glauben Sie, dass das Sozialismus ist, wenn die Veteranen im Hinterhof sitzen, Domino spielen, Witze erzählen und tratschen? Wenn sie dagegen etwas Nützliches tun, eine Aufgabe haben und gar versuchen, die Früchte ihrer Arbeit auf dem Markt zu verkaufen, dann gilt das als ›Rückzug vom Sozialismus‹.« Am 15. April 1988 beschwerte er sich bei den regionalen Parteisekretären über die Qualität des russischen Parlaments. »Unser Oberster Sowjet ist schwerfällig und kraftlos. Wenn ich vom Tisch des Vorsitzenden aus über den Saal blicke – und Sie wissen, wie groß er ist –, sehe ich endlos viele Menschen. Manche hören zu, andere lesen Zeitung, wieder andere flüstern ihren Nachbarn Witze ins Ohr. Brauchen wir wirklich so ein Parlament?«

In einer Parlamentssitzung im Jahr 1986 musste sich Gorbatschow anhören, was er anderen immer wieder eingeschärft hatte: Ein Duma-Abgeordneter warnte ihn, das russische Volk werde, wenn die Reformen nicht griffen, »zum Wodka und zum *anekdot* zurückkehren«.

Die Dokumente aus dem Gorbatschow-Archiv bestätigen, dass die Witze in der Endphase auf der höchsten Ebene der kommunistischen Gesellschaft als Quell der Wahrheit galten. In seinem Bemühen, einen Wandel herbeizuführen, setzte sie Gorbatschow sogar gegen seine eigene Partei ein. Am 11. April 1988 beschwerte er sich in einer Sitzung mit den Sekretären der regionalen Parteikomitees über die mangelnde Reaktion der Funktionäre auf Volkes Meinung, indem er einen alten Vorkriegswitz zitierte: »Die Menschen wollen gehört werden, aber niemand hört ihnen zu. Sie sind nur dazu da, die Politik der Chefs gutzuheißen. Das ist wie in dem Witz: Die Arbeiterklassen konsumieren jede Menge Cognac – durch ihre gewählten Vertreter.«

Unterdessen erklärten andere führende Ostblockpolitiker einander anhand von Witzen das Straucheln ihres Systems. Am

21. April 1987 traf General Jaruzelski mit Gorbatschow zusammen und erzählte ihm von den Wirtschaftsproblemen Polens, die sich zum Teil aus der Politik der Vollbeschäftigung ergaben. »Darüber kursiert bei uns sogar ein Witz: Zwei junge Männer schieben zusammen einen Schubkarren. Jemand fragt sie: ›Warum macht ihr denn das?‹ Sie antworten: ›Weil der dritte krank ist.‹«

Im Jahr 1989 schließlich erklärte Gorbatschow vor Arbeitern am Stadtrand von Moskau: »*Anekdoty* waren unsere Rettung.«

Das ist nur eine Handvoll Beispiele, die aber einiges aussagen. Sie zeigen, dass der Politiker, der den Kommunismus modernisierte, die Witze wahrnahm und als Indikatoren für die Dringlichkeit von Reformen interpretierte. In den Gesprächsmitschriften treffen auch die beiden Theorien zur Wirkung kommunistischer Witze aufeinander – die traditionelle, nach der Witze den Kommunismus ins Wanken brachten, und die staatlicherseits seit den sechziger Jahren vertretene Haltung, nach der sie ihn stützten. Gorbatschow vertrat beide. Er erkannte die apathische Seite des Humors, den Sowjetbürger als Ausdruck der Hoffnungslosigkeit wie Alkohol konsumierten, um den Schmerz zu lindern, sah sie aber auch als Hort der Wahrheit und schließlich als Motor des Wandels – Witze waren *»unsere Rettung«*.

Egal, was die Witzeerzähler behaupten – die Witzkultur hat sich nicht in Luft aufgelöst. Die Sowjetunion hat etwas geschaffen, das nie sterben wird: den *anekdot*. Mittlerweile gibt es neue *anekdoty* über die Neuen Russen, die postkommunistischen Neureichen Moskaus. Als ich mit meinem Taxi auf dem Weg zu einem legendären zeitgenössischen Witzeerzähler auf den Straßen Moskaus im Stau stand, rief ich mir einige von ihnen ins Gedächtnis.

Zwei Neue Russen begegnen sich. Der eine sagt zum anderen:
»He, guck mal, ich hab mir eine neue Krawatte gekauft!
Hab zweihundert Dollar dafür hingeblättert.«
»Du Idiot! Gleich um die Ecke kriegst du dieselbe Krawatte für
fünfhundert!«

Ein Mercedes stößt mit einem alten Lada zusammen. Ein Neuer
Russe steigt aus dem Mercedes, spuckt aus und sagt: »Macht nichts.
Morgen kauf ich mir einen neuen.«
Doch der Besitzer des Lada hat Tränen in den Augen: »Mein ganzes
Leben habe ich auf dieses Auto gespart, und jetzt ist es Schrott!«
Der Neue Russe erwidert: »Warum hast du dir auch so ein teures
Auto gekauft, du Idiot?«

Ich hatte aus Nostalgiegründen einen Fahrer mit einem alten
Lada engagiert. Durchs Seitenfenster blickte ich zu den großen
Mercedes- und BMW-Geländewagen empor, die nun die Straßen Moskaus beherrschten. Auch die breitesten Straßen – und
im Herzen Moskaus sind sie zum Teil zehnspurig – waren ständig verstopft mit Autos, die nicht vorankamen. Gazprom verdient Milliarden mit dem russischen Erdöl und Erdgas, das es
nach Europa verkauft. Moskau erlebt daher einen Boom und
wird von Zuwanderern aus den ehemaligen Sowjetrepubliken
wie meinem kirgisischen Fahrer überschwemmt. Es war eine
Blade-Runner-Welt mit einer zweistufigen kapitalistischen Wirtschaft. Diejenigen, die die Finger im Honigtopf der privatisier-
ten exkommunistischen Vermögenswerte und des Energiege-
schäfts hatten oder ihre eigene Handy- oder IT-Firma gründen
konnten, verwandelten Moskau in die teuerste Stadt der Welt.
Weit unter ihnen vegetierte eine gleichsam versklavte Un-
terschicht mit einem mickrigen Einkommen dahin. Als mein
Fahrer den Kofferraum seines Wagens öffnete, um mein Gepäck hineinzustellen, sah ich ein zusammengerolltes Etwas aus

schmutzigem und zerrissenem Schaumstoff – seine Matratze, für den Fall, dass ihm das Geld für seine Bleibe ausging. Nachdem ich in der Stadt über dreißig Euro für einen Krabbensalat und Ratatouille ausgegeben hatte, sehnte ich mich bereits nach der Rückkehr Stalins.

Ich traf mich im Kreml mit Pavel Borodin. Er hatte mir angeboten, mich durch die Privaträume und Prunkzimmer des Palastes zu führen, in dem der damalige Präsident Putin ausländische Würdenträger und wichtige Russen empfing. Die fantastische Innenausstattung hatte Zar Nikolaus I. Anfang des neunzehnten Jahrhunderts in Auftrag gegeben, um den Sieg über Napoleon zu feiern. Wir stiegen eine breite Marmortreppe hinauf, die gesäumt war von drei Meter hohen Kristallgefäßen. Am Kopf der Treppe erwartete uns ein großes Gemälde mit einer Schlachtenszene. Türen mit vergoldeten Holzschnitzereien öffneten sich zu Räumen, die mit mehreren Reihen goldener Lüster erleuchtet wurden. Gegen den Kreml wirken der Buckingham-Palast und Versailles wie Jugendherbergen. Borodin war Ende der neunziger Jahre dafür verantwortlich gewesen, dem Palast wieder zu seiner einstigen Pracht zu verhelfen. In zwei Jahren habe er achthundert Millionen Dollar ausgegeben, erzählte er mir stolz, mit einem Team von vierzehntausend Arbeitern und unter Mitarbeit internationaler Firmen. Unerwähnt ließ er, dass ein Schweizer Gericht ihn später schuldig sprach, allein von einem ausländischen Unternehmer fünfundzwanzig Millionen Dollar an Schmiergeldern kassiert zu haben. Borodin wurde nie dafür bestraft. Er war für zweierlei bekannt: dass er der Schweizer Justiz durch die Lappen gegangen war und dass er Witze erzählte.

Borodin trug ein liebenswert schlitzohriges Lächeln und einen glänzenden marineblauen Seidenanzug, wahrscheinlich von Armani. Er hatte einen haselnussbraunen Teint und krauses graues Haar. Borodin war die Art Mensch, die man gern als

Vater hätte. Man könnte sicher sein, dass er sich gut um einen kümmerte, und in seiner Gegenwart war es immer lustig und ungefährlich. Unter Breschnew war Borodin rasch aufgestiegen. Nach seinem Universitätsabschluss arbeitete er an Bauprojekten nördlich des Polarkreises in der sibirischen Provinz Jakutien (heute Republik Sacha), wo die Durchschnittstemperatur im Winter bei minus fünfzig Grad liegt. Er erzählte mir, er habe »fünfundvierzig Kleinstädte gebaut, die Stadt Jakutsk saniert und hundertzwanzig Kilometer Pipeline verlegt«. Mit knapp dreißig Jahren besaß er schon einen Privathubschrauber. In den neunziger Jahren wurde er einer der engsten Berater Boris Jelzins. Seinen politischen Erfolg schrieb er in charmanter Scheinheiligkeit seinem geschickten Umgang mit dem *anekdot zu.*

»Im Jahr 1998 kam Präsident Jelzin einmal zu mir und erzählte mir, er habe soeben mit dem neuen Vizepremierminister Nemzow gesprochen, und der habe ihm vorgeschlagen, alle russischen Abgeordneten sollten ihre BMWs verkaufen und stattdessen russische Wolgas fahren. Das sei besser für die russische Wirtschaft, so Nemzow. ›Ich habe ihm zugestimmt‹, sagte Jelzin. ›Herr Präsident‹, sagte ich, ›ich möchte Ihnen eine Anekdote erzählen. Herr Nemzow besucht Tokio und kommt mit dem Chef von Toyota zusammen, Herrn Hasimoto. Hasimoto hat drei Knöpfe an seinem Jackett, und Nemzow fragt ihn, wofür. Hasimoto erwidert: Das ist mein voll klimatisierter Anzug. Wenn mir heiß ist, drücke ich auf den grünen Knopf. Wenn mir kalt ist, drücke ich auf den roten Knopf, und wenn ich müde bin, drücke ich auf den gelben. Als Hasimoto zum Gegenbesuch nach Moskau kommt, trifft er Nemzow, der die Tür eines Wolga um den Hals trägt. Was ist denn das?, fragt Hasimoto. Das ist mein voll klimatisierter Anzug. Wenn mir heiß ist, öffne ich das Fenster, und wenn mir kalt ist, schließe ich es. Und wenn Sie müde sind?, fragt Hasimoto. Dann lege ich ihn ganz ab.‹ Da sagte Jelzin zu mir: ›Gut, ich habe verstanden.‹ Die russischen Abgeordneten fahren bis heute deutsche Autos.«

Wir schlenderten in Zar Nikolaus' Georgssaal. Unwillkürlich verengten sich meine Pupillen, denn der weiße Stuck des prunkvollen Raumes reflektierte das Sonnenlicht. »Ich erzähle Ihnen mal den wertvollsten Witz, den ich je gerissen habe«, sagte Herr Borodin mit seinem Zahnweißlächeln. »Einen 7,2-Milliarden-Euro-Witz. Ich hatte einen Sitzungsmarathon mit Helmut Kohl, denn ich wollte, dass er Russland einen großen Kredit über 7,2 Milliarden Euro gewährt. Es war alles offen. Jedes Mal tranken wir zusammen Kaffee, und bei unserem fünften Treffen fragte ich schließlich: ›Herr Kohl, soll ich Ihnen einen Witz über unser Treffen erzählen?‹ ›Ja‹, sagte Kohl. ›Also‹, sagte ich, ›ein Mann kommt am Montagabend von der Arbeit zurück und ertappt seine Frau mit einem anderen im Bett. Er zieht sofort die Jacke aus und krempelt die Ärmel hoch, bereit zum Kampf, da ruft der andere Mann ihm aus dem Bett zu: ›Warum willst du gegen mich kämpfen? Lass uns doch lieber einen Kaffee trinken und drüber reden.‹ Der Ehemann willigt ein. Das wiederholt sich, als er am Dienstag, am Mittwoch, am Donnerstag und am Freitag nach Hause kommt. Weil er nicht mehr ein und aus weiß, geht er zum Arzt und erzählt ihm von seinem Problem. ›Und wie kann ich da helfen?‹, fragt der Arzt. Der Mann antwortet: »Sie müssen mir sagen, ob ich so viel Kaffee vertrage.‹ Da stand Kohl auf, rief seinen Finanzminister an, drehte sich dann zu mir um und sagte: ›Herr Borodin, bis Sie in Frankfurt sind, ist das Geld in Moskau.‹ Das war der wertvollste Witz, den ich erzählt habe.«

Im Zusammenhang mit dem Oligarchen Anatoli Tschubais gab mir Borodin eine weitere Kostprobe seines Esprits. In den neunziger Jahren griff in der russischen Regierung so gut wie jeder tief in die Staatskasse, doch kaum einer soll seine prinzipienlosen Pfoten tiefer drin gehabt haben als Tschubais. Als russischer Finanzminister häufte er 1994 bis 1996, als er die Privatisierung staatlicher Unternehmen leitete, angeblich ein Vermögen von einer Milliarde Dollar an. Als Gegenleistung für den Verkauf staatlicher Vermögenswerte soll er Millionensummen an Schmiergeldern und Geschäftsanteilen kassiert haben.

»Im Jahr 1997 wurde Tschubais, dessen herausstechendstes Merkmal sein rotes Haar ist, Jelzins Stabschef«, erzählte mir Borodin, »und das war eine sehr unpopuläre Entscheidung. Die Leute sagten, er werde Russland ruinieren, und ich besuchte Jelzin in seiner Sommerdatscha und fragte den Präsidenten, ob er den neusten Witz hören wolle. Ich sagte: Im Wald ist eine große Grube, die den Jägern als Falle dient, und darin sitzen ein Wolf, ein Fuchs, ein Bär und ein Wildschwein. Eines Tages sagt der Bär: ›Lasst uns Karten spielen.‹ Die anderen sind einverstanden. Der Bär gibt die Karten aus und sieht die anderen Tiere dann streng an. ›Ehe wir anfangen, will ich euch gleich warnen: Jeder, der schummelt, kriegt eins in die braune Fresse!‹«

Ich lachte mit Borodin. Putin war gegen die Oligarchen angetreten und hatte gewonnen. Ihr Vermögen hatte er zurückerobert, indem er ihnen wegen Steuerhinterziehung den Prozess machte. Einige, wie Chodorkowski, brachte er hinter Gitter, andere, insbesondere Beresowski, trieb er in die Flucht.

Dem einflussreichen Witzeerzähler entging nicht, dass ich die seidenen Rüschchenrollos betrachtete, die an allen Fenstern genau zur Hälfte heruntergezogen waren. Er ergriff die Gelegenheit, das Thema zu wechseln.

»Zwei Männer begegnen sich auf einer Party. Sagt der eine zum anderen: ›Du hast so eine wunderschöne Frau. Sag mal: Wann weint sie – wenn du einen Orgasmus hast oder wenn sie einen hat?‹ Der andere erwidert: ›Wenn ich meinen Schwanz am Vorhang abwische.‹«

Die Witze erfüllten für Borodin mehrere Funktionen: Er signalisierte damit, dass er anders war als die korrupten Oligarchen, nutzte sie, um russische Präsidenten, die sich nur kurz konzentrieren konnten, zu beeinflussen, und entlarvte damit, wie unausgegoren die russische Politik immer noch war.

»Im Jahr 1995 fragte ich Jelzin einmal, ob er meinen Lieblingswitz hören wolle, und er sagte Ja. Ich sagte: Wissen Sie, was Glatzköpfigkeit ist? Das ist die graduelle Verwandlung des Kopfes in einen Hintern. Ihr Vorgänger Herr Gorbatschow hat sogar einen Stempel auf der Stirn, der bestätigt, dass der Vorgang erfolgreich abgeschlossen ist.«

Borodin führte mich in den nächsten prunkvollen Saal. Ich betrachtete die Intarsienarbeiten auf dem lackierten Parkettfußboden, die von einer grandiosen für mich einmaligen Kunstfertigkeit waren. Die verschlungenen Blumenmuster aus einundzwanzig verschiedenen Holzarten, detailreich wie auf meinem persischen Teppich, verzweigten sich über eine Fläche von vierzig Quadratmetern.

»Ich habe ein Foto von Herrn Nasarbajew, dem Präsidenten von Kasachstan, wie er sich auf dem Boden wälzt vor Lachen, nachdem ich ihm einen Witz erzählt habe«, sagte Borodin. »Ein Mann kommt nach Hause und sagt zu seiner Frau: ›Du bist doch eine Geschäftsfrau. Lass uns unsere Beziehung ab sofort auf eine geschäftliche Basis stellen. Wenn wir es auf dem Boden treiben, macht das tausend Rubel, im Bett dreitausend Rubel und für etwas Außergewöhnliches gibt es dreißigtausend Rubel.‹ Am Abend kommt sie nach Hause und gibt ihm dreißigtausend Rubel. ›Was willst du denn Besonderes?‹, fragt er. ›Nur normalen Sex‹, sagt sie, ›dreißigmal auf dem Boden.‹ Wenn Sie diesen Witz weitererzählen, erwähnen Sie bitte nicht den Namen des Präsidenten.«

Ich fragte Borodin, ob er mir ein paar Breschnew-Witze erzählen könne, doch er sagte, er wisse keinen mehr. Ich ließ nicht nach. »Ich kann nicht«, sagte er leise. »Ich bin Kommunist, da schickt es sich nicht, kommunistische Witze zu erzählen.« Als

»Staatssekretär« entwickelte Borodin mittlerweile für Jelzins Nachfolger Wladimir Putin die Beziehungen zwischen Weißrussland und Russland, ein Job, der einem humorvollen Mann wie ihm sicher die eine oder andere lukrative Chance bot.

In Putins Regierung hörte man Witze über den Kommunismus gar nicht gern, und je mehr Witze er erzählte, desto deutlicher wurde mir, dass Borodin mir mit den neuen *anekdoty* auch das politische Programm seines Herrn übermittelte. Der Putinismus – ein historischer Abriss als Comedy-Einlage.

»Haben Sie schon den gehört, wie der Krieg in Tschetschenien anfing?«, fragte mein Gastgeber. Ich schüttelte den Kopf. Der Tschetschenienkrieg war 1994 ausgebrochen. Auf der einen Seite stand eine Mischung aus tschetschenischen Nationalisten, Dschihadisten und kriminellen Banden, auf der anderen russische Generäle und Politiker, entschlossen, den Angriffen terroristischer Gruppen, die für die Freiheit der kümmerlichen Überreste des russischen Imperiums kämpften und für das Recht, Heroin und Waffen nach Europa zu exportieren, ein Ende zu setzen. Putins hartes Eintreten gegen die Unabhängigkeit der Tschetschenen war eine der Säulen, auf die sich seine Popularität im russischen Wahlvolk stützte. Die übliche Mischung aus Massakern, Folterungen und schlecht gezielten Luftangriffen, die mit den Kriegen des zwanzigsten Jahrhunderts einherzugehen pflegten, hatte in dem entsetzlichen Massaker von Beslan gegipfelt, in dem bewaffnete Tschetschenen 186 Schulkinder umbrachten. Obwohl offiziell keine russischen Soldaten mehr an der Front waren, zog sich der Krieg weiter hin.

Borodin erzählte seinen Witz weiter: »Ein Tschetschene ist beim Angeln und zieht einen goldenen Zauberfisch aus dem Wasser. Wie es im Märchen üblich ist, verspricht der goldene Fisch, ihm drei Wünsche zu erfüllen. Der Tschetschene denkt einen Moment nach, dann sagt er: ›Mir fällt nichts ein, warum ich dich bitten könnte. Hast du irgendwelche Vorschläge?‹ ›Na ja‹, sagt der Fisch, ›zuletzt wurde ich von einem Ukrainer gefangen, und der bat mich gleich um eine große Kiste Gold, Juwelen und Dollar.‹ Da sagt der Tschetschene: ›Oh, ach so, in dem Fall habe ich einen Wunsch: Gib mir die Adresse dieses Ukrainers.‹«

Viele von Borodins Witzen zeichneten ein lebendiges Bild von der Realpolitik im aufstrebenden Russland unter Putin. Ende der neunziger Jahre bewegten sich mehrere ehemalige Sowjetrepubliken langsam auf den Westen zu, nahmen großzügige Finanzhilfen und Geschäftsangebote aus den USA an und äußerten den Wunsch, sich der NATO anzuschließen. Putin war dabei, diese Entwicklung umzudrehen. Er nutzte die großen russischen Energiereserven, um die Geografie des Kalten Krieges wiederherzustellen, baute Pipelines und richtete den Erdgaspreis an der Ergebenheit der neuen Republiken gegenüber Moskau aus. Außerdem finanzierte er in den neuen Republiken prorussische Politiker und Kriegsherren, egal welcher Couleur. Borodin hatte jede Menge Witze über die außenpolitischen Erfolge gegenüber den jungen Demokratien auf Lager.

»Der ukrainische Präsident Kutschma besucht Moskau. Er kehrt mit guten Neuigkeiten in die Ukraine zurück: ›Ich war in Moskau, und der Kreml hat zugesagt, die zwölf Milliarden Dollar, die wir ihm schulden, in den Wind zu schreiben.‹ ›Wie haben Sie das geschafft?‹, fragen ihn seine Minister. ›Ich habe dem Boss in Moskau gesagt, er soll sich auf dem Roten Platz auf einen Stuhl stellen, und ich hab ihm den Schwanz gelutscht.‹ ›Warum haben Sie ihn auf einen Stuhl gestellt?‹, wollen seine Minister wissen. Kutschma erwidert: ›Sie glauben doch wohl nicht, dass ich vor einem Russen auf die Knie gehe, oder?‹«

Borodins Witze waren komisch und treffend, aber ganz anders als die alten kommunistischen Witze. Es waren keine Volkswitze wie diejenigen, die über Stalin und Chruschtschow erzählt wurden oder über die Absurdität und Verlogenheit des

Staates. Borodin war ein Hofnarr, der dem König kluge Ratschläge in Form von Witzen feilbot, und der König – Jelzin, Putin – hörte ihm zu, weil er es unterhaltsam fand. In Borodins Witzen hielten sich daher Schmeichelei und Kritik die Waage.

Es gab deshalb, abgesehen von den kommunistischen, auch eine zweite Sorte Witz, die Borodin mied: die über Putin.

Putin geht mit den Sprechern der beiden Parlamentskammern ins Restaurant. Der Ober fragt Putin, was er bestellen möchte.
»Ich nehme das Fleisch.«
»Und wie steht es mit dem Gemüse?«
»Die nehmen auch Fleisch.«

Kennst du den über Wladimir Putins Wirtschaftsplan?
Ziel: die Leute reich und glücklich machen. Liste der Leute liegt bei.

In diesen Putinwitzen wurden die Formeln der alten Diktatorenwitze aus dem Kommunismus oder dem Nationalsozialismus wiederbelebt.

Putin sitzt in seinem Büro, den Kopf in die Hände gestützt.
Da erscheint ihm Stalins Geist. Putin erzählt dem Geist von seinen Problemen und klagt über die Unfähigkeit seiner Untergebenen im Kreml.
»Das lässt sich leicht beheben«, sagt Stalin. »Erschieß die schlechten Leute und male die Mauern des Kreml blau an.«
»Warum blau?«, fragt Putin.
»Ach! Wusste ich doch, dass du nur nach den blauen Mauern fragen würdest!«

Borodin führte mich in den letzten großen Saal. Die Farbkombination Gold und Weiß wich hier Gold und Blau. Wieder lag vor mir ein wunderschöner Parkettboden. Am Ende des Raums stand der mit einem Baldachin überdachte Thron Nikolaus' I. Alles, was ich sah, war eine Rekonstruktion. Mein Gastgeber rühmte die Kunstfertigkeit dieses Unterfangens. Immerhin hatte man sich nicht an den architektonischen Originalen orientieren können, sondern hatte auf alte Aquarelle von den Innenräumen des Palastes zurückgreifen müssen. Mir erschien das als Quellenmaterial recht vage, und plötzlich wurde mir klar, dass ich nicht so sehr ein Stück russischer Geschichte betrachtete als vielmehr ein Abbild der Vorstellung, die sich die neuen russischen Machthaber in ihrer Fantasie von der imperialen Vergangenheit gemacht hatten.

»Glauben Sie, dass das goldene zaristische Zeitalter wiederkehren wird?«, fragte ich meinen Gastgeber.

»Es ist schon da«, erwiderte Pavel Borodin.

Borodins neue Witze ergriffen mich nicht so wie die alten kommunistischen Witze. Sie waren für den Humor etwa das, was Sex ohne Liebe ist, eine merkwürdig schale Erfahrung (wenn auch, frei nach Woody Allen, von den schalen Erfahrungen eine der spaßigsten). Die *anekdoty*, die der Staatssekretär für die Union von Russland und Weißrussland zum Besten gab, beschworen nicht dieselbe Stimmung herauf wie die alten Witze – das Tragische, das universelle menschliche Leid. Warum berührten die kommunistischen Witze die Menschen so, sei es im Osten oder im Westen? Als ich am Flughafen von Moskau die Rückreise antrat, überlegte ich, was es zu bedeuten hatte, dass ich mich so von den kommunistischen Witzen angezogen fühlte. Ich entdeckte den Kommunisten in mir, der in jedem von uns steckt.

Jedes Zeitalter schreibt die Vergangenheit neu, doch das einundzwanzigste Jahrhundert hat die mühevolle Aufgabe, die Geschichte des zwanzigsten neu zu erzählen, noch nicht angepackt. Nun, da der Kommunismus in der Ferne entschwindet, suchen wir nach einem neuen Blickwinkel. Als es die Sowjetunion noch gab und der Marxismus unter westeuropäischen Akademikern en vogue war, erschien der Kommunismus als plausible, geradezu tugendhafte Alternative zum Kapitalismus. Er ging aus der Philosophie der Aufklärung hervor und zielte darauf ab, mittels vernünftiger Gesetze eine utopische Gesellschaft zu entwickeln. Die Geschichte des zwanzigsten Jahrhunderts wurde als Schlacht zwischen zwei – während des Dritten Reiches kurzzeitig drei – konkurrierenden Ideologien beschrieben. Dann, unmittelbar nach den samtenen Revolutionen, wurde diese Geschichtsauffassung revidiert. Eine neue Historikergeneration verdammte den Kommunismus als Verbrechen gegen die Gesellschaft, begangen von einem brutalen Staatsapparat, dessen einziges Ziel die Ausdehnung seiner Macht war.

Doch die Vergangenheit gleicht einem impressionistischen Gemälde: Je weiter man sich von ihr entfernt, desto besser fügen sich die unzähligen Pinselstriche der Ereignisse zu einem Bild zusammen. Aus der Perspektive des einundzwanzigsten Jahrhunderts werden wir den Kommunismus und den Kapitalismus des zwanzigsten Jahrhunderts sehr wahrscheinlich als zwei Seiten derselben modernistischen Medaille betrachten.

Manch ein Kommunist hat schon erfolgreich geltend gemacht, dass Demokratie und Faschismus eng miteinander verwandt sind. Doch im Rückblick wird deutlich, dass die Demokratien des zwanzigsten Jahrhunderts und der Kommunismus Schwestern waren. Beide gehörten zum Projekt der Moderne, nach dem gütige, alles umschließende große Staaten unser Leben organisieren und auf die Art universelles Glück herbeiführen. Auch in den kapitalistischen Staaten des zwanzigsten Jahrhunderts gab es umfängliche Maßnahmen einer zentralen Planwirtschaft. Die Wirtschaft war zu einem erheblichen Teil im Besitz des Staates: Autobauer, Zechen und Telekommunikationsunternehmen. In Deutschland saßen Arbeitervertreter in den Vorständen großer Industriebetriebe.

Alternde Staatschefs leiteten korrupte technokratische Staaten, in Wien ebenso wie in Moskau. Regierungen steckten Hunderte von Millionen in verlustreiche Industrien und rohstoffgewinnende Betriebe, in Großbritannien ebenso wie in Russland. Unter den großen Koalitionen in Italien und Deutschland muteten diese Länder an wie Einparteienstaaten, und wenn die Führungspolitiker oder Regierungen doch – meist ritualhaft – wechselten, so änderte das nichts an der Politik. Die europäische Union entwickelte eine Bürokratie, die der sowjetischen in nichts nachstand, ja, die EU-Landwirtschaftspolitik stellte mit ihren Festpreisen und der gänzlichen Missachtung des Prinzips von Angebot und Nachfrage alles in den Schatten, was sich die Sowjets je einfielen ließen. Zu jeder kapitalistischen Volkswirtschaft Westeuropas mit einem sogenannten freien Markt gehörte und gehört bis heute eine massive Regulierung. Im Westen versprach der demokratische Staat seinen Bürgern außerdem Sicherheit und Gleichheit – ein Gesundheitssystem, freie Bildung, Sozialhilfe und bezahlten Urlaub. So kommen gerissene Altkommunisten wie der Stalin- und Putin-Biograf Roy Medwedew zu ihrer Behauptung, die sozialen Demokratien von heute, insbesondere in Frankreich und den skandinavischen Staaten, seien kommunistisch.

Aus diesem Grund wurden die kommunistischen Witze auch auf die Unzulänglichkeiten der westlichen Volkswirtschaften angepasst. Problemlos ließen sie sich von einer Westentasche in die andere stecken. »Warum hat ein Austin Allegro eine beheizbare Heckscheibe?«, lautete ein Kalauer über ein unzuverlässiges britisches Automodell der siebziger Jahre. »Damit man sich beim Schieben die Hände wärmen kann.«

Der Kommunismus brachte paradigmatisch den Traum von einer utopischen Gesellschaft zum Ausdruck, den man im zwanzigsten Jahrhundert träumte. Daher berühren viele von uns die alten Witze noch heute. Manch einer von uns identifiziert sich mit den Leiden der Sowjetbürger. Wir wissen, dass sie einen hohen Preis für das bezahlt haben, woran sie glaubten. Um mit Václav Havel zu sprechen: »Die totalitäre Gesellschaft ist der Zerrspiegel der gesamten modernen Zivilisation.«

Sie machten die Witze für uns alle (Tafel 8).

Die Sommersonne brannte auf tausendfünfhundert Kühlerhauben, die sich zum größten Trabi-Treffen Deutschlands eingefunden hatten. Ich war in Zwickau, der Heimat der Trabant-Fabrik, und schlenderte durch die Reihen der Trabis. Einige waren mit fluoreszierender Farbe lackiert, andere schmückten sich mit dem Ferrari-Emblem. Die Autos waren alt, nicht aber ihre Besitzer. Rund um die polierten und umgebauten Fahrzeuge saßen zwischen Bierkisten junge Ostdeutsche, die Jungs mit geschorenem Kopf, die Mädchen mit bauchfreiem Top und Bauchnabelpiercing.

Abb. 78. Trabant mit zwei Lenkrädern, Motoren und Fahrern, Internationales Trabantfahrer-Treffen, Zwickau, 2005.

Der Trabant wurde schon lange nicht mehr produziert. Zurück blieb eine Trabant-Nostalgie als Bestandteil einer umfassenderen Sehnsucht nach der DDR-Vergangenheit, der Ostalgie.

In den neunziger Jahren war das eine Zeit lang der letzte Schrei. Junge Leute schmissen Kostümpartys, für die man die alten Arbeiterklamotten und Uniformen aus DDR-Zeiten aus dem Schrank kramte und auf denen man Platten von DDR-Gruppen spielte. Über das Revival wurde in Hochglanzgazetten, im Fernsehen und im *Spiegel* berichtet. Doch mittlerweile hatten die Medien das Interesse verloren, und nachdem die Maske der Schlagzeilen gefallen war, stand die Sehnsucht nach der Vergangenheit in ihrem ganzen Elend vor mir – in Form einer Art automobilem ostdeutschen Dünkirchen. Gerade traten mir die Tränen in die Augen, als ich einem Auto ausweichen musste, das wohl von Dr. Doolittles Stoßmich-Ziehmich inspiriert war (Abb. 78): Es bestand aus zwei zusammengeschweißten Trabi-Vorderhälften, hatte zwei Motoren, zwei Lenkräder und zwei Fahrer. Das knallorangefarbene Fahrzeug ließ sich tatsächlich in zwei Richtungen fahren – unübersehbar eine Art Witz, ein Sinnbild für die Widersprüchlichkeit der DDR vielleicht oder für die zwiespältige Haltung der jüngeren Generation zur Vergangenheit.

Der Trabant war neben dem russischen Lada das bekannteste Fahrzeug der kommunistischen Ära. Die Massenproduktion begann 1957, und schon nach wenigen Jahren liefen sechshundert Fahrzeuge in der Woche vom Band. Dreißig Jahre lang veränderte sich das Modell kaum. Für mich symbolisierte es die technische Rückständigkeit der staatlichen Wirtschaft, für andere dagegen stand es für ein Gesellschaftsmodell, in dem die Verbraucher zu Bescheidenheit angehalten wurden, statt sich gierig auf jede Neuheit zu stürzen. Es gab Hunderte von Trabi-Witzen:

Was steht auf den letzten sechs Seiten der Gebrauchsanleitung für den Trabi?
Die Bus- und Zugfahrpläne.

Trifft ein Trabi einen Esel. Fragt der Esel: »Was bist du denn?«
»Ich bin ein Auto«, sagt der Trabant. »Und was bist du?«
»Wenn du ein Auto bist«, lacht der Esel, »bin ich ein Pferd.«

Nachdem ich in anthropologischen Zeitschriften bereits eine Unmenge Witze gelesen hatte, hatte ich vor, auf dem Trabantfahrer-Treffen selbst ein wenig Feldforschung zu betreiben. Ich wollte testen, wie kommunistische Witze in einer zeitgenössischen kommunistischen Umgebung ankommen.

Ich sprach Nancy an, zwanzig Jahre alt, vollschlank, blond. Sie hatte Rennsitze in ihr Auto gebaut und es innen mit rosa Plüsch ausstaffiert. »Weißt du, woran man einen Sport-Trabi erkennt?«, fragte ich. »An den Turnschuhen auf der Heckablage.«

»Ich mag keine Trabi-Witze«, erwiderte sie gereizt. »Ich habe den Trabi von meinem Opa. Der ist mein ganzes Heiligtum.«

Das fing ja schon mal gut an. Aber es kam noch besser. Ich hatte etwa vierzig Trabi-Witze auswendig gelernt und stimmte sie nun sorgfältig auf meine Gesprächspartner ab. Mehrere junge Männer bauten gerade einen Trabant in eine Art Gokart um. »Ist der so schnell wie ein Trabi?«, fragte ich.

»Schneller«, antworteten sie ernst.

»Wisst ihr, wie man die Geschwindigkeit eines Trabi misst?«, fragte ich. »Mit dem Kalender!« Sie stöhnten und sagten etwas in einem mir unverständlichen Dialekt.

An diversen Ständen wurden Ersatzteile für den Trabant verkauft. »Ich hätte gern zwei Scheibenwischer für meinen Trabant«, sagte ich zu einem Verkäufer.

»Klar«, erwiderte er und langte unter den Tisch.

431

»Nein, nein«, sagte ich. »Kennen Sie nicht den Witz: ›Haben Sie einen neuen Scheibenwischer für meinen Trabant?‹ ›Ja, gut, fairer Tausch.‹«

»Nein«, sagte der junge Mann und fügte sarkastisch hinzu: »Ist der neu?«

Ich fragte die Trabant-Besitzer, ob sie das Auto »als eine Art Witz« fuhren. Die Antwort lautete nein. Er sei kompakt und leicht einzuparken, hieß es. »Man kann alles selber reparieren. Die Unterhaltskosten sind sehr gering.« Der Trabant wurde in den fünfziger Jahren entwickelt. Der Westen hatte ein Embargo auf Stahlblechexporte in die DDR verhängt. Die Ingenieure entwickelten deshalb ein Auto mit einer Stahlkarosserie und einer Außenhaut aus einem aus sowjetischem Harz sowie Woll- und Baumwollresten hergestellten Kunststoff – das erste Fahrzeug aller Zeiten, das aus Recyclingmaterial gebaut wurde. Der Motor brachte es auf bescheidene fünfundzwanzig PS.

Die Trabi-Besitzer hatten ihre eigene Verschwörungstheorie zu den Mängeln ihrer Autos. In den siebziger Jahren, vier Jahre, bevor VW seinen Golf herausbrachte, seien die Trabant-Entwickler so weit gewesen, mit einem neuen Schrägheckmodell in Produktion zu gehen. Doch das Politbüro legte sein Veto ein. Als Erklärung für diese politische Entscheidung bot ich an, dass die DDR-Führung vielleicht fand, wenn ihre Bürger schon sieben Jahre auf einen Trabant warten mussten, hätten sie ein Recht darauf, das zu bekommen, wofür sie bezahlt hatten.

Wie sich herausstellte, waren zwei ältere Ingenieure aus dem Team, das den Trabant einst entwickelt hatte, auf dem Treffen anwesend. »Sehen Sie sich die jungen Leute hier alle an«, sagten sie stolz. »Das ist eine Freude. Die Jugend hat eine Aufgabe und wird nicht von bösen Sachen abgelenkt. Außerdem können sie an dem Trabant alles selber reparieren.«

»Kennen Sie die alten Trabi-Witze?«, fragte ich die Ingenieure.

»Nein, habe ich mir nie merken können«, antwortete einer. »Hab zwar drüber gelacht, aber was soll ich meinen Geist anstrengen, mir diesen Blödsinn zu merken.« Der andere fügte hinzu: »Man hat ja auch gar nicht so viele Witze über den Trabant gemacht.«

»Wie viele Arbeiter braucht man, um einen Trabi zu bauen?«, fragte ich. Es entstand eine Pause. Sie wussten die Antwort nicht. Ich fuhr fort: »Zwei – einen zum Falten und einen zum Kleben.«

»Das ist überhaupt nicht witzig«, sagte Dr. Reichelt, leitender Entwicklungsingenieur bei Trabant.

»Wissen Sie, warum es in der DDR keine Banküberfälle gab?«, fragte ich mit einem versöhnlichen Lächeln. »Weil man fünfzehn Jahre auf das Fluchtauto warten musste.«

»Was heißt denn Fluchtauto? Also das empfinde ich ja nun als Beleidigung. Wir haben ein Auto für die Bevölkerung gebaut, damit sie in den Urlaub fahren kann.«

Ich hatte Verständnis dafür, dass ich meine Gesprächspartner mit meiner Fragerei quälte. Die Trabant-Fabrik wurde 1991 geschlossen, und die Arbeiter verloren ihre Arbeit. Die Fertigkeiten, die sie für den Bau eines der langsamsten, schmutzigsten und gefährlichsten Autos der Welt erlangt hatten, waren nicht mehr gefragt. Ihre Kinder, die Jugend von Zwickau, waren ebenfalls arbeitslos, und das Wertvollste, was sie besaßen, war der alte Trabant, den die Großeltern ihnen hinterlassen hatten. Es war klar, dass sie die Witze nicht lustig fanden, hatte der Kommunismus doch mittlerweile die Seiten gewechselt: Er war zu einer Gegenkultur im Untergrund geworden, der Kraft, die den herzlosen Monolith Kapitalismus bekämpfte. Es wäre gerechtfertigt gewesen, etwas mehr Mitgefühl zu zeigen, aber es gab durchaus auch Gründe dagegen.

Ich begegnete mehreren jungen Leuten um die zwanzig, umgeben von sauber restaurierten ostdeutschen Grenzfahrzeugen. Daneben erhob sich ein hoher Mast, an dessen Spitze sich die DDR-Flagge gegen den blauen Himmel abzeichnete. Die Trabi-Fans trugen die Uniform der DDR-Grenzsoldaten – der Menschen, die Mitbürger auf der Flucht aus der DDR erschossen hatten. Ich startete meine Witzattacke.

»Warum hat ein Trabi Räder? Damit man ihn nicht tragen muss.«

»Kennt ihr den von dem Trabi, der sich nicht vom Fleck bewegt, als die Ampel grün wird? Er klebt an einem Kaugummi fest.«

Ich lächelte provokativ. »Wie vervierfacht man den Wert eines Trabis?«, frotzelte ich. »Indem man eine Banane auf den Rücksitz legt.«

»Noch einen, und ich kleb dir eine«, sagte einer der Jugendlichen.

Und wieder hatte ich ihr die Maske vom Gesicht gerissen, der Brutalität, die hinter der Fassade des Kommunismus lauert. Ich machte mich auf den Weg zum Ausgang.

Ariane fuhr mit mir nach Norden in Richtung Wandlitz in die Seenlandschaft nördlich von Berlin.

Ein paar Tage zuvor hatte ich Ariane angerufen und gefragt, ob wir uns noch einmal sehen könnten. Ich wusste, dass sie die Revolution von 1989 mitgemacht hatte, und wollte ihre Version der Ereignisse hören. Außerdem gebe ich zu, dass ich meine kleine Kommunistin vermisste. Irgendwie gefiel es mir, dass sie nicht über meine Witze lachte. Sie war meine erste Freundin gewesen, die auf die Frage, warum sie mich mochte, nicht antwortete: »Wegen deines Humors.«

Ihre Stimme am Telefon klang sanft und warm: »Na gut, aber bitte komm mir nicht mit kommunistischen Witzen.«

Wir fuhren durch den Wald, kamen an Fachwerkhäusern und kleinen preußischen Fabriken vorbei und passierten Dorfstraßen, die mit den typischen Backsteinhäusern des ausgehenden neunzehnten Jahrhunderts gesäumt waren. In der Nähe befand sich die Waldsiedlung, in der Honecker und andere prominente SED-Politbüromitglieder ihre Häuser hatten. In die Mitte der Straße war immer noch der breite Streifen eingelassen, auf dem Honeckers Flugzeug hatte landen können.

Wir bogen in einen unmarkierten Weg ab und ließen das Auto stehen. Nach einem zehnminütigen Spaziergang durch den Wald kamen wir an einen hübschen See, der inmitten alter Bäume lag. Am einen Ende des Sees stand ein vornehmes, aber heruntergekommenes Schlösschen aus dem achtzehnten Jahrhundert. Der helle Anstrich und der Glockenturm verliehen ihm ein aristokratisches Aussehen, doch die Fenster im ersten Stock waren zu Bruch gegangen und die im Erdgeschoss mit Blech verrammelt. »Das war das Jagdschloss von Erich Mielkes Ministerium für Staatssicherheit«, erklärte Ariane. »Nach dem Fall der Mauer wurde eingebrochen und das Gebäude verwüstet. Seither steht es so da, und die Behörden versuchen zu klären, wem es jetzt eigentlich gehört. Es wissen nicht viele Leute davon, und man möchte, dass es so bleibt.«

Die Spätsommersonne stand schon tief. Wir schlenderten auf dem Pfad, der sich um den See schlängelte, durch den Wald, und ich fragte Ariane, was sie von den Ereignissen 1989 hielt.

»Du musst unterscheiden zwischen dem, was bis Juni geschah, und der Zeit danach. Alles nach dem Juni 1989 war Scheiße«, sagte sie. Der Juni war der Monat, in dem Tausende DDR-Bürger über Ungarn in den Westen flohen. »Jeder wollte nur noch ein Westauto.«

»Meinst du, es ging in Wahrheit um Konsum und nicht um politische Veränderung?«, fragte ich und bemühte mich um ein unschuldiges Gesicht.

»Wir wollten eine andere Revolution, aber die wurde uns weggenommen«, sagte Ariane. Die Demonstrationen in Arianes Stadt hatten Anfang der achtziger Jahre begonnen. Die älteren Brüder ihrer Schulfreundinnen hatten an Umweltdemonstrationen teilgenommen, und die Stasi hatte viele von ihnen ins Gefängnis gesteckt. Ende der achtziger Jahre lebten schon viele in Westdeutschland, nachdem die Bundesrepublik sie mit harten Devisen »freigekauft« hatte. Andere hatte die Staatssicherheit zu rekrutieren versucht – Arianes damaliger Freund wimmelte die Stasi-Leute mit den Worten ab: »Nein, ich wäre nicht der Richtige für euch. Ich kann meinen Mund nicht halten.« Als sie etwas älter war, wurde sie Punk, und 1989 schloss sie sich den Demonstranten an, die in Leipzig für den politischen Wandel auf die Straße gingen. »Wir wollten ein faireres System, nicht das Ende des Systems. Dafür kämpften wir nicht.«

»Glaubst du, dass das realistisch war?«, fragte ich. »War die DDR nicht schon am Ende?«

»Wir waren die DDR. Das haben wir auf den Demonstrationen ja auch gerufen: ›Wir sind das Volk.‹ Es war schrecklich. Hinterher behaupteten Leute wie du, die Demonstrationen hätten gar keine Rolle gespielt. Gorbatschow hätte das alles zustande gebracht. Die Sowjets hätten den Kommunismus beendet. Aber wir waren doch auf der Straße.«

Arianes grüne Augen blickten so ernst. Seit Hegel können die Deutschen schon eine unübertroffene Ernsthaftigkeit an den Tag legen. Immerhin hatten sie große Bewegungen ins Leben gerufen – Heideggers Phänomenologie, den Kommunismus von Karl Marx und Friedrich Engels, und sogar Hitler war deutschsprachig. Man hatte schon einiges vorzuweisen. Ariane und ihre Freunde mit dem schwarz gefärbten Haar sahen sich als Pioniere einer postkommunistischen politischen Philosophie, dabei waren sie nicht mehr als eine Randerscheinung. Der Konsum tötete den Kommunismus, das war die historische Wahrheit.

»Der materielle Nutzen steht hinter jeder Revolution«, sagte ich. »Die Französische und die russische Revolution brachen aus, weil die Leute mit dem Brotpreis unzufrieden waren. Brot, BMWs – das ist alles eins.«

Der Wald reichte bis ans Ufer des Sees. Die Sonnenstrahlen versahen Baumstämme und Blätter mit Lichttüpfelchen. Ariane und ich fanden eine kleine Lichtung und zogen uns aus. An den Seen rund um Berlin waren alle nackt, auch wenn sie gerade politische Auseinandersetzungen austrugen. Ich watete in den schlammigen See. Ein Fisch, wohl halb so groß wie eine Hand, flitzte zwischen meinen Füßen hindurch. Ich sah mich nach Ariane um, die noch am Ufer stand, nackt.

»Sie wollten eben shoppen«, sagte ich und lächelte sie gleichermaßen flehend und ironisch an.

»Grins nicht so blöd. Ich rede nicht gern mit dir über solche Sachen, weil du alles, was ich zu sagen habe, als Witz abtust. Das Problem ist, dass du keine Ahnung hast, wie es ist, an politischen Ereignissen wirklich teilzuhaben. Deshalb kannst du nur Witze darüber reißen.«

Ich sah sie an und dachte kurz über eine Entgegnung nach. Ich näherte mich dem Ende meines Buches über kommunistische Witze, doch noch immer gab es welche, die ich nicht erzählt hatte und die vielleicht passten. Da war zum Beispiel dieser Klassiker über den kommunistischen Traum …

Was ist der Unterschied zwischen einem sowjetischen Märchen und einem westlichen Märchen?
Ein westliches Märchen beginnt mit den Worten »Es war einmal«, ein sowjetisches mit den Worten »Es wird einmal«.

Nicht zu vergessen den alten Witz über den Guru des Kommunismus:

Ein alter Mann mit dichtem grauen Bart klopft an die Himmelspforte. Peter Petrowitsch begrüßt ihn und fragt: »Wer war dein Vater?«

»Ein Industrieller.«

»Und deine Mutter?«

»Die Tochter eines Kaufmanns.«

»Und deine Frau?«

»Eine Adlige.«

»Und was hast du in deinem Leben so gemacht?«

»Ich bin gereist und habe Bücher geschrieben.«

»Bourgeoise Herkunft«, notiert Peter. »Das wird schwierig, aber sag mir noch, wie du heißt.«

»Karl Marx.«

Der war vielleicht ein bisschen lang. Ich kannte einen kürzeren Witz über die Zukunft, der gut zum Endstadium meiner Geschichte passt:

Stimmt es, dass es keine politischen Witze mehr geben wird, wenn wir den Vollkommunismus erreicht haben?
Ja, bis auf den hier.

Aber bevor ich etwas sagen konnte, brach es aus Ariane heraus: »Dein Problem ist, dass du nichts ernst nehmen kannst – den Kommunismus nicht, mich nicht … nicht einmal dich selbst.«

»Das stimmt«, sagte ich, »aber das nehme ich sehr ernst.«

Einen Augenblick später spürte ich, wie mich die Wahrheit hinter Arianes Vorwurf wie in Zeitlupe mit der Wucht einer Kugel mitten ins Hirn traf. Ich hatte die kommunistischen Witze von allen Seiten beleuchtet, ohne mich je zu fragen, warum ich von dem Thema eigentlich so besessen war. Was steckte dahinter? Ariane kannte die Antwort: Mithilfe der Witze mied ich Aktion und Interaktion. Sie schufen Distanz. Aber man kann seiner Überzeugung nicht folgen, solange man lacht. Das ist der Unterschied zwischen Humor und Leidenschaft – sei es in einer Revolution oder einer Beziehung. Unter dem Kommunismus hatten die Leute einander jahrzehntelang Witze erzählt, doch dann kam der Moment, in dem sie bewusst damit aufhörten, um einen entscheidenden Schritt zu tun. Ich musste dieselbe Entscheidung treffen.

Die Witze brachten den Kommunismus fast, aber nicht ganz zu Fall. Und sie zerstörten fast, aber nicht ganz meine Beziehung.

Ariane kam in den See und schwamm auf mich zu.

»Hast du schon den von dem politischen System gehört, das einfach weggelacht wurde?«, fragte ich.

»Spar dir den für ein andermal auf«, sagte sie und schlang die Arme um mich. Vielleicht lag es an ihren schwarzen Locken, jedenfalls fielen mir plötzlich die Berge geschredderten Papiers ein, die die Demonstranten vorfanden, als sie 1989 ins Stasi-Hauptquartier einfielen. Die Staatssicherheit hatte beim Mauerfall versucht, alle Akten zu vernichten, und zu diesem Zweck Agenten nach Westberlin geschickt, jeden Reißwolf aufzukaufen, den sie finden konnten. Das war der letzte Versorgungsmangel der DDR.

»Den Rest kann ich dir sowieso nicht erzählen«, sagte ich. »Die Pointe hat die Stasi geschreddert.«

9

SCHLUSS

Die Witze waren beileibe nicht die einzige Waffe im Widerstand sowjetischer Bürger gegen den Kommunismus – diese Vorstellung entsprang der Fantasie sowjetischer Emigranten, Kalter Krieger, Politiker und Medienvertreter im Westen. Dass sie allerdings eine belanglose und historisch irrelevante Form der öffentlichen Meinungsäußerung gewesen seien, wie es manche Historiker und Humorologen gern darstellen, trifft auch nicht zu.

Unter dem Kommunismus gab es zwei Arten von Humor. Die inoffiziellen, anonymen Witze hinter vorgehaltener Hand nahmen die Mängel und Verfehlungen des Kommunismus aufs Korn, wohingegen der offizielle Humor in den Satirezeitschriften, im Film und im Kabarett das Volk mittels Komik für die Sache gewinnen wollte. Auf beiden Seiten tummelten sich Maulwürfe, Doppelagenten und Zweifler. Viele Spaßvögel im Volk unterstützten den Kommunismus und zielten mit den Witzen nicht etwa darauf ab, das System zu verdammen, sondern die Probleme zu bagatellisieren. Viele der angestellten Satiriker bemühten sich unterdessen, mittels Satire wirtschaftliche und politische Veränderungen im Sowjetsystem herbeizuführen.

Ungeachtet der Durchmischung der beiden Seiten tobte das gesamte kommunistische Jahrhundert hindurch ein Krieg zwischen diesen beiden Arten des Humors. Die Witzeerzähler trugen am Ende den Sieg davon, nicht ohne zuvor schwere Rückschläge und Niederlagen hingenommen zu haben. In den zwanziger Jahren brachte der Kommunismus eine Blüte des satirischen Humors in Form veröffentlichter Essays und Kurzgeschichten hervor. Dieses »goldene Zeitalter« der sowjetischen Satire endete, als die entsprechenden Zeitschriften und Zeitungen eingestellt wurden. Da es fortan keine Möglichkeit mehr gab, sich öffentlich zu äußern, entwickelte sich eine mündliche Satirekultur: die kommunistischen Witze. Das unglaubliche Elend des Alltags, die Ballung von Menschen in Städten und Lagern sowie Ungerechtigkeit und Brutalität des Staates, denen sich die Bürger nicht widersetzen konnten, ließen im großen Stil Witze mit Galgenhumor entstehen. Gleichzeitig förderte der Staat den offiziellen »positiven« Humor, der darauf abzielte, Herz und Verstand der Menschen zu gewinnen und negativen Erscheinungen des Kommunismus, etwa der starren Bürokratie oder Faulheit unter den Arbeitern, den Garaus zu machen.

Im Zweiten Weltkrieg verblasste der kommunistische Humor und verschwand hinter NS-Witzen und antisemitischen Witzen. Der Blick auf die Witze, die im Zweiten Weltkrieg von den Nationalsozialisten und über sie erzählt wurden, bestätigt, dass die kommunistischen Witze eine eigenständige Kultur hatten, denn anders als ihre NS-Pendants nahmen sie das gesamte System des Staates und seine Ideologie ins Visier.

In den fünfziger Jahren entwickelte sich in den neuen sowjetischen Satellitenstaaten eine Witzkultur, die der russischen sehr ähnlich war, allerdings das zusätzliche Genre des Besatzungswitzes ausbildete. Die Menschen erfanden kommunistische Witze, erzählten sie ausgiebig und wurden dafür verhaftet. Für den offiziellen Humor gründeten die Ostblockstaaten ihre jeweils eigenen Organe.

Und welche Seite trug in der Nachkriegszeit den »Sieg« davon? Für die Sowjetunion fällt die Antwort anders aus als für die Satellitenstaaten. In der UdSSR geht aus den Dokumenten über Streiks, Aufstände und Demonstrationen unter Chruschtschow zwischen 1953 und 1962 hervor, dass auch die Gegner des Staates der Staatspropaganda überwiegend folgten. Sie machten Bürokraten, »falsche Leninisten« oder Chruschtschow für ihre Nöte verantwortlich, nicht aber Stalin oder den Kommunismus. Der »positive Humor« hatte in der Sowjetunion demnach Erfolg. In den Ostblockstaaten sprechen die Aufstände in Berlin 1953 und in Ungarn 1956 dafür, dass die Opposition hier anders gelagert war. Allerdings lässt sich nicht genau nachvollziehen, inwieweit sich die breite Ablehnung der Sowjets womöglich nicht gegen die Ideologie, sondern gegen die Besatzung richtete.

Ende der fünfziger Jahre wurden im Rahmen der »Tauwetter«-Politik Witzeerzähler nicht mehr verhaftet. Nach Stalins Ableben bedachte die Staatsführung Spaßmacher und andere politische Missetäter nicht mehr mit dem gleichen Maß an Unterdrückung. Man kam zu dem Schluss, dass Witze den kommunistischen Staat nicht akut gefährdeten. Aber konnte der Staat seinen angeblichen Erfolg im Kampf gegen die kommunistischen Witze ohne Gewaltanwendung behaupten?

Die sechziger Jahre waren das »goldene Zeitalter« des kommunistischen Witzes. Nie waren so viele Witze in Umlauf gewesen. Ein sowjetischer Emigrant veröffentlichte 1951 in München ein Buch mit dreihundertachtzig kommunistischen Witzen, in der Tschechoslowakei erschien 1972 eines mit elfhundert Witzen. Der Staat versuchte mit dem offiziellen Humor dagegenzuhalten, doch in den Zeitschriftenredaktionen und den offiziell zugelassenen Kabarettgruppen bemühten sich nun auch die staatlich legitimierten Humoristen um mehr Freizügigkeit. Inwieweit es diesen Rebellen gelang, das erlaubte Themenspektrum auszuweiten, und wie groß die Wirkung ihrer verdeckt kritischen Texte auf die Leserschaft war, darüber lässt sich trefflich streiten.

Der inoffizielle Humor gewann unterdessen immer mehr an Boden und erreichte mit dem Widerstand gegen den sowjetischen Einmarsch in die Tschechoslowakei einen Höhepunkt. Doch hier zeigten sich auch die Grenzen dessen, was der Humor ausrichten konnte, denn gegen Panzer war er machtlos. Als Reaktion auf die ausufernde Propaganda rund um Lenins Geburtstag im Jahr 1970 erzählten die Sowjetbürger dann erstmals eine Flut von Witzen über Lenin und drangen damit zum Heiligtum des Kommunismus vor. Die verächtlichen Pointen dieser Leninwitze illustrieren, dass die sowjetischen Witzeerzähler ihren Spott bereits 1970 gegen Lenin und seine Ideologie des sowjetischen Kommunismus richteten.

Nun müsste man als nächste Phase eine Gegenrevolution erwarten können. Aus den Themen der Witze sprach bereits eine feindselige Haltung gegenüber dem Gründer des Systems und damit dem System selbst. Hätten die Menschen den Witzen nicht Taten folgen lassen müssen? Doch in den siebziger Jahren blieb das aus. Stattdessen folgte eine Ära der Apathie. In der Sowjetunion gab es nach 1964 keine Streiks und Demonstrationen mehr, und das gleiche Bild bot sich, abgesehen von Polen, im gesamten Ostblock. Der Sowjetstaat machte sich in dieser Zeit kaum noch die Mühe, jemanden wegen »antisowjetischer Propaganda« zu verhaften. Die Menschen erfanden weniger Witze, die nur noch halb so komisch waren wie die der vorangegangenen Epochen. Für die kleine, aus ein paar Dutzend Dissidenten bestehende Opposition hatten die Witze keinerlei Bedeutung. Und der offizielle Humor erwies sich in dieser Zeit als ebenso zahnlos, denn er versäumte es, die Unzulänglichkeiten des Kommunismus – die Trunksucht, die Trägheit der Arbeiter, die schlechte Wirtschaftsleistung und die lähmende Bürokratie – ins Visier zu nehmen. Ende der siebziger Jahre sah es so aus, als spiele der Humor für die Geschichte des Kommunismus keine Rolle mehr.

Doch in den Achtzigern feierten die Witze ein Comeback. Nicht dass es viele neue Witze gegeben hätte, nein, die alten Kalauer wurden in neuer Umgebung zum Besten gegeben, und zwar in aller Öffentlichkeit: im Fernsehen, auf Pressekonferenzen und auf Gipfeltreffen. Indem sie diese Witze erzählten, gestanden die Bürger der kommunistischen Regimes einschließlich ihrer politischen Führung ein, dass der Kommunismus geradezu »lachhaft« baden ging. Die Witze brachten den Kommunismus »zu Fall«, in dem Sinne, dass sie einen wesentlichen Bestandteil der Kritik am Kommunismus bildeten, in der sich Staatsführung und Bürger am Ende einig waren und die seinen Sturz herbeiführte.

Kommen die guten Zeiten je wieder? Dafür müsste der Kommunismus zurückkehren oder ein neues politisches System entstehen, das grundlegende Kriterien mit ihm teilt. Anders als andere allgemein anerkannte Ideologien, etwa der Imperialismus, der Kapitalismus, der Faschismus und der Fundamentalismus, war der Kommunismus aufgrund einer einzigartigen Kombination von Faktoren von Natur aus »komisch«; dies waren etwa die Untauglichkeit der Theorien, die Verlogenheit der Propaganda und die Macht der Zensur. Die Grausamkeit der Methoden und der Humor der Menschen, die ihnen ausgesetzt waren, beeinflussten sich gegenseitig. Dass die gesamte politische und ökonomische Macht in der Hand des Staates konzentriert war, der auch das künstlerische Schaffen zu dirigieren versuchte, führte dazu, dass jeder Witz, der das Leben in einer kommunistischen Gesellschaft kritisierte, de facto vom Kommunismus handelte. Daraus erwuchs der eigentümliche und unverkennbare Humor des Kommunismus – seine größte kulturelle Leistung.

Danksagung

An erster Stelle möchte ich Nick Fraser danken, TV-Redakteur der BBC-Dokumentarreihe *Storyville*. Mein Projekt nahm als Fernsehdokumentation seinen Anfang, und ohne Nicks engagierte Unterstützung wäre nie etwas anderes daraus geworden. Von Anfang an war er zuversichtlich, wo andere zweifelten. Ihm und meiner französischen Produzentin Christine Camdessus ist es zu verdanken, dass wir bei der BBC, bei ARTE und weiteren Fernsehsendern rund um den Erdball das Geld dafür aufbringen konnten. Mein Dank gilt außerdem mehreren europäischen Redakteuren, die mir sehr geholfen haben – eine unbemerkte intellektuelle Elite: Martin Pieper vom ZDF, Mette Hoffman Meyer von TV2, Hans Robert Eisenhower von ARTE, Ikke Vehkalahti vom finnischen Sender YLE, Nathalie Windhorst von VPRO in den Niederlanden sowie meine Produzentin und Geschäftspartnerin Fiona O'Doherty, mein Komponist Daniel Pemberton, meine kanadischen Koproduzentinnen Leah Mallen und Trish Dolmen von Screen Siren, das Filmförderprogramm der Europäischen Union, Michael Burns, ehemals Documentary Channel in Kanada, das Pitching Forum auf dem Filmfestival von Amsterdam, IDFA, wo ich meine exzentrische Idee erstmals vorstellte, Leena Pasanen, heute bei EDN, Seth Benedict Graham von SSEES, der eine inspirierende Doktorarbeit über den »russo-sowjetischen *Anekdot*« verfasste, Richard Klein, der schon früh meine Filme bei BBC 2 unterstützte, Roly Keating,

Antoine Monot vom Züricher Filmfestival sowie Thor Halvorssen und Rob Pfaltzgraff von der amerikanischen Filmstiftung MPA, deren merkwürdige politische Haltung von meiner meilenweit entfernt ist, die aber sehr großzügig Gelder zum fertigen Film beisteuerte und somit die Budgetüberschreitung finanzierte.

Ein Team aus klugen und engagierten Menschen in ganz Europa half mir bei der Recherche zu diesem Buch: Kriszta Fenyo in Ungarn, Alexandra Solomon in Rumänien, Maria Olenewa in Russland, Pavel Stroilov und Dimitri Collingridge in London, Magda »Gorfi« Gorfinska und Pia Rurunen-Rusinek in Polen, Luca Chiari in Paris, der ehemalige *Eulenspiegel*-Redakteur Jürgen Nowak, Jana Cisar, Anna-Claire Schroeder, Elvira Geppert und mein Kameramann Frank-Peter Lehmann in Deutschland.

Timothy Johnston, Forschungsassistent für Moderne Europäische Geschichte am St. Peter's College in Oxford, hat meine Endfassung gegengelesen und die historische Darstellung mit mir durchgesprochen.

Der Fantasie und dem Intellekt meines inoffiziellen Mentors an der Universität Cambridge, dem glänzenden Architekturprofessor Dalibor Vesely, einem tschechischen Emigranten, der mich in die Phänomenologie einführte und mich europäische Geistesgeschichte lehrte, habe ich viel zu verdanken.

Nicht vergessen möchte ich meine neu erworbenen Freunde aus der Verlagsbranche, die an mich und dieses Buch glaubten. Meine Literaturagentin Claire Patterson von Janklow & Nesbitt erklärte mich zum Schriftsteller, noch ehe ich einer war. Alex Linklater, stellvertretender Chefredakteur von *Prospect*, gab mir meinen ersten größeren Job im Journalismus, eine Kolumne über zeitgenössische Kunst, und machte sich später die Mühe, dieses Manuskript zu lesen und mich auf eine

Unzahl Ungereimtheiten aufmerksam zu machen. Und schließlich danke ich meinem Lektor Alan Samson, dessen gleichermaßen enthusiastische und kritische Anmerkungen zu meinem
ersten Entwurf frisch und belebend waren wie ein eisgekühlter
Grasovka.

Literaturverzeichnis

Andrejewitsch, Jewgeni, *Kreml i narod: politicheskie anekdoty*, Moskau 1951 (mit einem englischen Vorwort).

Bulgakow, Michail, *Hundeherz*, aus dem Russischen von Thomas Raschke, Frankfurt a. M./Wien 1994.

Chruschtschow, Nikita, »Über den Personenkult und seine Folgen«, Rede des Ersten Sekretärs des ZK der KPdSU, Gen. N. S. Chruschtschow, auf dem XX. Parteitag der Kommunistischen Partei der Sowjetunion, 25. Februar 1956, eingesehen unter http://www.geheimrede.de.vu/.

Dalos, György, *Proletarier aller Länder, entschuldigt mich: Das Ende des Ostblockwitzes*, deutsche Bearbeitung von Elsbeth Zylla, Bremen 1993.

Dundes, Alan, *First Prize: Fifteen Years: An annotated collection of Romanian political jokes*, Rutherford/London 1986.

Eulenspiegel Sonderausgabe: Die Jahre 1954–1969, Berlin 2004.

Eulenspiegel Sonderausgabe: Die Jahre 1970–1979, Berlin 2004.

Florian, Erik (Hg.), *Der politische Witz in der DDR: Humor als Gesinnungsventil*, München 1983.

Freud, Sigmund, *Der Witz und seine Beziehung zum Unbewussten*, Frankfurt a. M. 1992.

Getty, J. Arch, Oleg V. Naumov und Benjamin Sher, *The Road to Terror: Stalin and the Self-Destruction of the Bolshevics 1932–1939*, New Haven 2002.

Gorbatschow, Michail, *Erinnerungen*, aus dem Russischen von Igor Petrowitsch Gorodezki, München 1995.

Hartley, L. P., *Der Zoll des Glücks*, aus dem Englischen von Maria Wolff, München 1956.

Havel, Václav, *Das Gartenfest/Die Benachrichtigung*, Reinbek 1989.

Hertle, Hans-Hermann, und Stefan Wolle, *Damals in der DDR: Der Alltag im Arbeiter- und Bauernstaat*, unter Mitarbeit von Nicolaus Schröder, München 2006.

Herzog, Rudolph, *Heil Hitler, das Schwein ist tot! Lachen unter Hitler – Komik und Humor im Dritten Reich*, München 2008.

Hirche, Kurt, *Der braune und der rote Witz*, Düsseldorf/Wien 1964.

Hoensch, Jörg K., »Zur Phänomenologie und Soziologie des politischen Witzes in Osteuropa«, in: *Bohemia* 13 (1972), S. 1–16.

Ilf, Ilja, und Jewgeni Petrow, *Zwölf Stühle*, aus dem Russischen von Ernst von Eck, Leipzig 1965.

Kalina, Ján, *Nichts zu lachen: Politik und andere Witze aus den Ländern des real existierenden Sozialismus zwischen Zweitem und Drittem Weltkrieg*, München/Berlin 1980.

Kalina, Ján, *Nichts zu lachen: Die tollsten Ostblockwitze*, Rastatt 1986.

Katajew, Walentin, »Ostern am 1. Mai«, aus dem Russischen von Hans Ruoff, in: *Simplicissimus* 36 (1931), Heft 1, S. 2 f.

Klötzer, Sylvia, *Satire und Macht: Film, Zeitung und Kabarett in der DDR*, Köln 2005, S. 134 f.

Kukin, Mischka, *Humor hinter dem Eisernen Vorhang*, Gütersloh 1962.

Majakowski, Wladimir, *Die Wanze, Schwitzbad und andere satirische Dichtungen aus den Jahren 1928–1929*, Nachdichtung von Rainer Kirsch, Darmstadt 1980.

Majakowski, Wladimir, *Gedichte*, aus dem Russischen von Karl Dedecius, Stuttgart 1971.

Marx, Karl, und Friedrich Engels, *Das Kommunistische Manifest*, eingesehen unter http://www.vulture-bookz.de/marx/archive/volltext/Marx-Engels_1848-90~Das_Kommunistische_Manifest.html

Medwedew, Roy, *Das Urteil der Geschichte: Stalin und Stalinismus*, 3 Bde., hg. und aus dem Russischen übers. von Hilde und Helmut Ettinger, Berlin 1992.

Mostowicz, Arnold, *Szpilki und ihre Zeichner*, Berlin 1962.

Olescha, Juri, *Neid*, aus dem Russischen von Ingeborg Schröder, Berlin 1973.

Rasgon, Lew, *Nichts als die reine Wahrheit: Erinnerungen*, aus dem Russischen von Monika Tantzscher, Berlin 1992.

Russell, Robert, »Satire and Socialism: The Russian Debates 1925–1934«, in: *Forum for Modern Language Studies* 30, Nr. 4, S. 341–352.

Samjatin, Jewgeni, Brief an Stalin (Juni 1931), in: ders.: *Ausgewählte Werke*, Bd. IV, Leipzig/Weimar 1991, S. 147–153.

Schiewe, Andrea und Jürgen, *Witzkultur in der DDR: Ein Beitrag zur Sprachkritik*, Göttingen 2000.

Schille, Peter, »Gesellschaft der Wahnsinnigen«, in: *Der Spiegel* 31 vom 30.7.1990, S. 86–100.

Soschtschenko, Michail, »Die Galosche«, aus dem Russischen von Rolf Graschey, in: *Simplicissimus* 40 (1935), H. 30, S. 356–358.

Ders., »Der Spürhund«, aus dem Russischen von Hans Ruoff, in: *Simplicissimus* 45 (1940), H. 48, S. 574 f.

Ders., *Die Reize der Kultur*, aus dem Russischen von Thomas Reschke, Berlin/Weimar 1980.

Ders., *Das Himmelblaubuch*, aus dem Russischen von Thomas Reschke, Berlin 1987.

Stefanescu, Calin Bogdan, *10 Ani De Umor Negru Romanesc. Jurnal de bancuri politice*, Bukarest 1991.

Steffen, Joachim, *Auf zum letzten Verhör: Erkenntnisse des verantwortlichen Hofnarren der Revolution Karl Radek*, München 1977

Stein, Mary Beth, »The Politics of Humor: The Berlin Wall in Jokes and Graffiti«, in: *Western Folklore* 48 (1989), S. 85–108.

Stokker, Kathleen, *Folklore Fights the Nazis: Humor in Occupied Norway, 1940–1945*, Madison, Wisconsin/London 1997.

Unterm Strich: Karikatur und Zensur in der DDR, hg. Stiftung Haus der Geschichte der Bundesrepublik Deutschland/ Zeitgeschichtliches Forum Leipzig, 2005

Werth, Nicolas, »Ein Staat gegen sein Volk«, in: Stéphane Courtois et. al., *Das Schwarzbuch des Kommunismus*, München 1998.

Wolle, Stefan, *Die heile Welt der Diktatur*, Bonn 1999.

Woman and Russia: First Feminist Samizdat, Einleitung von der Women in Eastern Europe Group, London 1980.

Autor und Verlag danken folgenden Rechteinhabern für die Abdruckgenehmigung für ihre Fotografien und Illustrationen. Es wurde alles unternommen, die Inhaber der Bildrechte ausfindig zu machen. Sollte eine Urheberin oder ein Urheber versehentlich nicht genannt worden sein, so bittet der Verlag um Benachrichtigung, um den Fehler in der nächsten Auflage zu beheben.

Illustrationen Nr. 1, 2 und 3 Stasimuseum Berlin; 4 D. Moor; 5 Kukryniksi; 6 Boris Jefimow; 7 Kukryniksi; 8 I. Semenow; 9 Nikolai Bucharin; 10 W. Litwinenko; 11 Staatliches Archiv für politische Unterdrückung der Region Perm; 12 G. Pirzachalow; 13 L. Gentsch; 15 Kukryniksi; 16 und 17 K. Rotow; 18 W. Dobrowolski; 20 Ben Lewis; 21–26 Boris Jefimow; 27 Kukryniksi; 28 B. Klintsch; 29 und 30 Kukryniksi; 33 W. Titschanowitsch; 35 J. Ganf; 36 B. Leo; 37 Kurt Poltiniak; 38 aus:

Ernst Röhl, *Rat der Spötter*, Leipzig 2002; 39 J. Hanf; 40 R. Verdini; 41 Karl Schrader; 42 Peter Dittrick; 43 Frank Leuchte; 44 und 45 Karl Schrader; 46 Barbara Henniger; 47 Heinz Belling; 49 und 50 Willi Moese; 51 Manfred Bofinger; 58 aus: *Prager Tagebuch*, München 1968; 59–62 Ivan Steiger; 63–69 Andrzej Krauze; 70–72 Calin Bogdan Stefanescu; 73 Andreas J. Müller; 74 und 75 N. Belowzew; 76 *Titanic*; 77 Ben Lewis.

Quellenangaben

[1] http://www.vulture-bookz.de/marx/archive/volltext/Marx-Engels_
1848-90~Das_Kommunistische_Manifest.html

[2] Stefan Wolle, *Die heile Welt der Diktatur*, Bonn 1999, S. 253.

[3] Neu aufgelegt München und Berlin 1980.

[4] Gütersloh 1962.

[5] Jewgeni Andrejewitsch, *Kreml i narod: politicheskie anekdoty*, Moskau 1951 (mit einem englischen Vorwort).

[6] Andrea und Jürgen Schiewe, *Witzkultur in der DDR: Ein Beitrag zur Sprachkritik*, Göttingen 2000.

[7] Ebenda, S. 57.

[8] Sigmund Freud, *Der Witz und seine Beziehung zum Unbewussten*, Frankfurt a. M. 1992, S. 119.

[9] George Orwell, »Funny, but not Vulgar«, erstmals erschienen in: *Leader* vom 28. Juli 1945.

[10] Milan Kundera, *Der Scherz*, aus dem Tschechischen von Susanna Roth, Frankfurt a. M. 1989, S. 270.

[11] Alan Dundes, *First Prize: Fifteen Years: An annotated collection of Romanian political jokes*, Rutherford/London 1986.

[12] Nicolas Werth: »Ein Staat gegen sein Volk«, in: Stéphane Courtois et. al., *Das Schwarzbuch des Kommunismus*, München 1998, S. 142f.; Zitat: S. 143.

[13] Michail Bulgakow, *Hundeherz*, aus dem Russischen von Thomas Raschke, Frankfurt a. M./Wien 1994, S. 116f.

[14] Juri Olescha, *Neid*, aus dem Russischen von Ingeborg Schröder, Berlin 1973, S. 38f.

[15] Aus dem Russischen von Hans Ruoff, in: *Simplicissimus* 36 (1931), Heft 1, S. 2f. http://www.rockborn.de/article/30957

[16] Ilja Ilf/Jewgeni Petrow, *Zwölf Stühle*, aus dem Russischen von Ernst von Eck, Leipzig 1965, S. 192f.

[17] »Der Spürhund«, aus dem Russischen von Hans Ruoff, in: *Simplicissimus* 45 (1940), H. 48, S. 574f.

[18] In: *Die Reize der Kultur*, aus dem Russischen von Thomas Reschke, Berlin/Weimar 1980, S. 20–23.

[19] *Das Himmelblaubuch*, aus dem Russischen von Thomas Reschke, Berlin 1987, S. 314.

[20] Aus dem Russischen von Rolf Graschey, in: *Simplicissimus* 40 (1935), H. 30, S. 356–358.

[21] In: *Die Reize der Kultur*, S. 52 f.

[22] *Das Himmelblaubuch*, »Die letzte Geschichte«, S. 434–438. Es handelt sich wahrscheinlich um dieselbe Kurzgeschichte, allerdings fehlt in der dt. Ausgabe der zitierte Schlussatz.

[23] Jewgeni Samjatin: Brief an Stalin (Juni 1931), in: ders., *Ausgewählte Werke*, Bd. IV, Leipzig/Weimar 1991, S. 147–153.

[24] Robert Russell, »Satire and Socialism: The Russian Debates 1925–1934«, in: *Forum for Modern Language Studies* 30, Nr. 4, S. 341–352, S. 342.

[25] Ebenda.

[26] Ebenda.

[27] http://www.bolschewiki.org/html/zeitungen/14nr2006/14kultur.html

[28] Wladimir Majakowski, *Gedichte*, aus dem Russischen von Karl Dedecius, Stuttgart 1971, S. 18.

[29] »Aus vollem Halse«, in: *Gedichte*, S. 68.

[30] Wladimir Majakowski, *Die Wanze, Schwitzbad und andere satirische Dichtungen aus den Jahren 1928–1929*, Nachdichtung von Rainer Kirsch, Darmstadt 1980, S. 31–33.

[31] http://images.zeit.de/text/1977/37/Ein-Hofnarr-r-Revolution

[32] Radek-Anekdoten aus: Joachim Steffen, *Erkenntnisse des verantwortlichen Hofnarren der Revolution Karl Radek*, München 1977.

[33] http://webpages.dcu.ie/~sheehanh/lysenko.htm

[34] Lew Rasgon, *Nichts als die reine Wahrheit: Erinnerungen*, aus dem Russischen von Monika Tantzscher, Berlin 1992.

[35] J. Arch Getty, Oleg V. Naumov und Benjamin Sher, *The Road to Terror: Stalin and the Self-Destruction of the Bolshevics 1932–1939*, New Haven 2002, S. 89.

[36] Roy Medwedew, *Das Urteil der Geschichte: Stalin und Stalinismus*, 3 Bde., hg. und aus dem Russischen übersetzt von Hilde und Helmut Ettinger, Berlin 1992.

[37] Kurt Hirche, *Der braune und der rote Witz*, Düsseldorf/Wien 1964, S. 73.

[38] Ebenda, S. 79.

[39] Rudolph Herzog, *Heil Hitler, das Schwein ist tot! Lachen unter Hitler – Komik und Humor im Dritten Reich*, München 2008, S. 72.

[40] Ebenda, S. 73.

41 Ebenda, S. 110.

42 Finck-Zitate ebenda, S. 78, 81, 83, 146.

43 Ebenda, S. 148.

44 Ebenda, S. 186.

45 Ebenda, S. 188 f.

46 Kathleen Stokker, *Folklore Fights the Nazis: Humor in Occupied Norway, 1940–1945*, Madison, Wisconsin/London 1997.

47 Mary Beth Stein, »The Politics of Humor: The Berlin Wall in Jokes and Graffiti«, in: *Western Folklore* 48 (1989), S. 85–108.

48 *Proletarier aller Länder, entschuldigt mich: Das Ende des Ostblockwitzes*, deutsche Bearbeitung von Elsbeth Zylla, Bremen 1993.

49 *Szpilki und ihre Zeichner*, Berlin 1962, o. P.

50 Sylvia Klötzer, *Satire und Macht: Film, Zeitung und Kabarett in der DDR*, Köln 2005.

51 http://www.dradio.de/download/94088: Deutschlandradio Kultur, »Zeitreisen am 5. November 2008«, Redaktion: Peter Kirsten, »Der schmale Grat: Studentenkabarett in der DDR« von Ulf Dammann.

52 »Über den Personenkult und seine Folgen«, Rede des Ersten Sekretärs des ZK der KPdSU, Gen. N. S. Chruschtschow, auf dem XX. Parteitag der Kommunistischen Partei der Sowjetunion, 25. Februar 1956, eingesehen unter http://www.geheimrede.de.vu/, S. 7 f., 10, 13, 25 f.

53 *Eulenspiegel Sonderausgabe: Die Jahre 1954–1969*, Berlin 2004, S. 29.

54 *Unterm Strich: Karikatur und Zensur in der DDR*, hg. Stiftung Haus der Geschichte der Bundesrepublik Deutschland/Zeitgeschichtliches Forum Leipzig, 2005, S. 10.

55 *Eulenspiegel Sonderausgabe: Die Jahre 1970–1979*, Berlin 2004, S. 11.

56 »Der Meister kommt« (1974), in: *Eulenspiegel Sonderausgabe: Die Jahre 1970–1979*, Berlin 2004, S. 86.

57 Ebenda, S. 9.

58 »Wie schreiben wir über Walter Ulbricht?« (1963), in: *Eulenspiegel Sonderausgabe: Die Jahre 1954–1969*, Berlin 2004, S. 116.

59 *Eulenspiegel*, Heft 41, S. 2.

60 Kalina, Ján L., *Nichts zu lachen: Politik und andere Witze aus den Ländern des real existierenden Sozialismus zwischen Zweitem und Drittem Weltkrieg*, München und Berlin 1980, S. 14.

61 Hans-Hermann Hertle und Stefan Wolle, *Damals in der DDR: Der Alltag im Arbeiter- und Bauernstaat*, unter Mitarbeit von Nicolaus Schröder, München 2006.

62 Peter Schille, »Gesellschaft der Wahnsinnigen«, in: *Der Spiegel* 31 vom 30. 7. 1990, S. 86–100.

[63] *Das Gartenfest/Die Benachrichtigung*, Reinbek 1989, S. 234, S. 102.

[64] *Woman and Russia: First Feminist Samizdat*, London 1980.

[65] Stefanescu, Calin Bogdan, *10 Ani De Umor Negru Romanesc. Jurnal de bancuri politice*, Bukarest 1991.

[66] Erik Florian (Hg.), *Der politische Witz in der DDR: Humor als Gesinnungsventil*, München 1983.

[67] Ján Kalina, *Nichts zu lachen: Die tollsten Ostblockwitze*, Rastatt 1986.

[68] *Erinnerungen*, aus dem Russischen von Igor Petrowitsch Gorodezki, München 1995, S. 310.

Maxim Leo

Haltet euer Herz bereit

Eine ostdeutsche Familiengeschichte

ISBN 978-389667-401-2

Die Familie von Maxim Leo war wie eine kleine DDR.
In ihr konzentriert sich vieles, was in diesem Land einmal wichtig war: Die Hoffnung und der Glaube der Gründerväter. Die Enttäuschung und das Lavieren ihrer Kinder, die den Traum vom Sozialismus nicht einfach so teilen wollten. Und die Erleichterung der Enkel, als es endlich vorbei war. In dieser Familie wurden im Kleinen die Kämpfe ausgetragen, die im Großen nicht stattfinden durften.
Maxim Leo erzählt anhand seiner Familie liebevoll und mitreißend, was die DDR zusammenhielt und was sie schließlich zerstörte.

»... was Leos Buch ... besonders macht, sind der Witz und seine Lakonik, die Wehleidigkeit nicht gestatten. Er erzählt ohne zu rechtfertigen die Geschichte seiner grossbürgerlich jüdischen Familie, die kommunistisch wurde und in der DDR zur Nomenklatur zählte.« *NZZ am Sonntag*

KARL BLESSING VERLAG